식민지 조선과 일본군'위안부' 문제 자료집 Ⅰ

- 중일전쟁 이후 일제의 도항 통제 (자료 편) -

동북아역사재단 편

• 이 책은 2019년도 동북아역사재단 기획연구 수행 결과물임(NAHF-2019-기획연구-10).

일제침탈사
자료총서 95

식민지 조선과 일본군'위안부' 문제 자료집 I

– 중일전쟁 이후 일제의 도항 통제 (자료 편) –

동북아역사재단 편

동북아역사재단
NORTHEAST ASIAN HISTORY FOUNDATION

| 발간사

일본제국주의의 식민 침탈에서 벗어난 지 75년이 넘었지만, 그 역사가 아직도 한일 관계에서 큰 걸림돌로 작용하고 있습니다. 21세기에 들어 일본 정부의 독도 영유권 주장은 점차 도를 더해 가고 있으며, 최근에는 일제의 강제동원 문제와 한국 대법원 판결, 일본군'위안부' 문제 해결 방안 등으로 갈등이 불거졌습니다. 급기야 그 불이 무역 분쟁, 안보 문제까지 옮겨 붙었습니다.

한일 간의 역사 문제는 우선 '식민 지배'라는 역사를 어떻게 볼 것인가 하는 역사인식에서 기인합니다. 우리는 언제나 오늘날의 입장에서 과거의 역사를 바라보고, 다시 미래로 나아갑니다. 과거 침략의 역사를 미화하면서 평화로운 미래를 얘기하는 것은 불가능합니다. 식민 지배로 인한 잘못을 인정하고 반성하지 않으면 다시 전쟁이 일어날 위험성이 있고, 인권을 존중하지 않는 군국주의 부활을 획책할 수도 있습니다. 따라서 역사를 보는 미래지향적 인식이 필요하고, 이를 한일 양국이 공유해야 할 것입니다.

다음, 지금의 한일 역사 문제는 '과거'의 '사실'이 명확하게 규명되지 않은 것에서 연유한 점이 있습니다. 해방된 이후, 일제강점기에 대한 개인적인 연구는 다수 이루어졌으나, 학계나 정부 차원에서 식민 지배의 실상을 체계적으로 연구 정리하고, 관계되는 자료집을 모아 정리하지 못하였습니다. 지금까지 항일, 독립운동사에 대한 연구와 자료집은 많이 출간되었지만, 일제의 통치 자체를 정리하지 못한 것입니다.

또한 일제의 식민 침탈의 실상을 국민에게 알리고 교육하는 것도 체계적이지 않았습니다. 초등학교에서 고등학교에 이르는 학교의 역사교육은 나름대로 성과가 있었지만, 일반 시민교육에는 사실 무관심하였습니다. 그러자 최근에는 일제의 한반도 강점과 식민 지배로 인한 피해를 부정하는 인식 아래 일제강점기에 한반도가 근대화되었고, 수탈이나 강제동원은 꾸며진 이야기라고 주장하는 책이 시중에 나오기도 했습니다. 역사인식이 명확하지 않았던 일부 국민들이 여기에 호기심을 가졌고, 또한 이를 넘어 찬동하는 사태도 일어났습니다. 이런 책에서 부정한 것은 일제 침탈의 역사뿐만 아니라 항일 독립운동의 역사, 나아가 우리 민족사 전체입니다.

학계는 일찍부터 일제 침탈의 역사를 체계적·객관적으로 정리해야 한다는 점을 잘 알고 있었지만, 차일피일 미루다가 너무 많은 시간이 흘렀습니다. 이에, 더 늦기 전에 우리 재단이 중심이 되어 한국 학계의 힘을 모아 일제침탈사 연구를 집대성하고, 관련된 자료를 수집하여 체계적으로 정리하고, 일제 침탈 실상을 바로 알리기 위한 국민 대상의 교양서 발간을 기획하게 되었습니다. 2020년부터 사업을 시작하였고, 앞으로 몇 년에 걸쳐 이를 수행할 예정입니다. 일제침탈사 편찬사업은 크게 세 부분으로 나누어 (1) 일제 침탈의 전모를 학문적으로 정리한 연구총서(50권), (2) 문호개방 이후 일제강점기에 이르는 기간의 일제침탈 자료총서(100여 권), (3) 일반 국민이 일체 침탈을 올바르게 알 수 있는 주제를 쉽게 풀어쓴 교양총서(70여 권)로 구성하고자 합니다.

그동안 일제의 침탈상을 밝히려는 연구가 없었던 것은 아닙니다. 관련 자료집도 여러 방면에서 편찬된 바 있습니다. 그러나 모든 분야를 망라하여 학계의 연구 성과를 종합하고 관련 자료를 편찬하는 일은 이번이 처음입니다. 무엇보다 일반 시민들이 과거 제국주의 시대 우리가 겪었던 침략과 수탈의 역사를 또렷하게 직시할 수 있게 하는 종합 자료집은 드물었습니다. 따라서 정치·경제·사회·문화 등 모든 방면에 걸쳐 침탈의 역사를 알기 쉽게 기록하고 그에 대응한 자료를 모아 번역함으로써 시민들에게 일제 식민 지배의 실체와 침탈의 실상을 전하고자 합니다.

동북아역사재단에서는 일본군'위안부' 관계 자료집으로 '식민지 조선과 일본군'위안부' 문제 자료집' 시리즈를 기획하고 있습니다. 그동안의 한국과 일본, 중국에서 나온 일본군'위안부' 관계 자료에 대한 이해를 수렴한 위에 식민주의와 조선인 '위안부' 피해 문제를 클로즈업해서 해명하기 위한 기획입니다. 『식민지 조선과 일본군'위안부' 문제 자료집Ⅰ: 중일전쟁 이후 일제의 도항 통제』는 그 첫 번째 성과로서 '번역·해제 편'과 '자료 편'으로 나누어 발간합니다. 중일전쟁 이후 일제의 도항 통제와 관련하여 조선총독부 관계 부서가 접수하고 조선사회에 적용한 공문서를 정리하고, 일본정부·군의 전반적인 도항 정책과 '위안부' 이송 방침을 살펴볼 수 있는 문서를 수록하여 일제의 도항 정책 속에서 '위안부' 모집과 이송은 어떻게 이루어졌는지 살펴보았습니다. 이때 식민지 조선이라는 지역이 활용되는 방식을 통해 '위안부' 동원·이송 정책의 식민지성을 확인할 수 있을 것입니다. 이 시리즈는 식민지 조선을 중심으로 살펴보는 인신매매 사건, 유언비어 통제, 공창제 등 자료집으로 이어질 예정입니다. 계속해서 관심을 가져주시길 부탁드립니다.

2020년 12월

동북아역사재단 이사장

| 머리말

식민지 조선과 일본군'위안부' 문제, 역사상의 조각 찾기를 시작하며

김학순이 일본군'위안부' 문제를 전쟁범죄와 식민지 지배책임 문제로서 공개증언하고 30여 년이 지났다. 여성의 관점과 소수자의 경험을 배제해 온 역사쓰기에 거리를 두고, 역사를 배우기보다 역사에서 배우는 것이 더욱 중요하다는 사실을 깨달아 온 시간이었다. 동시에 평화와 인권을 존중하는 미래를 만들기 위해 각자 역사쓰기에 적극적으로 참여해야 한다는 사실을 깨닫는 시간이기도 했다. 개인의 자유의지와 자율적인 일상이 보장받는 개인의 권리란, 타인의 권리와 균형을 이뤘을 때 비로소 평화로운 상태에 이르기 때문이다. 따라서 타인을 위한 역사를 안다는 것은 나를 위한 역사쓰기의 전제조건이며, 누구라도 타자화하지 않는 역사쓰기를 하려면 각자의 역할과 책임을 공유하는 민주적인 공동체사회를 지향해야 한다는 목적의식이 있어야 한다.

그리고 우리는 그 어려운 일을 해내기 위해 지난 역사에서 여러 권력들이 저질러 온 폭력과 이로 인한 인간의 고통을 배워야 한다. 피해자의 편에서 분노하고 가해자를 응징하기 위해서만이 아니다. 폭력을 낳는 구조와 그로 인해 이득을 얻는 주체를 직시하고 폭력을 재생산하는 구조를 해체하기 위해서다. 동시에 폭력 구조가 짜놓은 관계의 그물망에서 가해와 피해 사이 어디쯤에인가 배치되어 있는 우리를 해방시키기 위해서다. 오늘날까지 지속된 폭력 구조는 미래에도 이어질 것이며, 그로 인한 인간의 갈등과 고통은 끝이 나지 않을 것이기 때문이다.

《식민지 조선과 일본군'위안부' 문제 자료집》 시리즈는 군사주의와 식민주의, 그리고 가부장주의를 발판으로 삼고 있던 일제(日帝) 권력이 어떠한 지배구조를 만들어 내고 이를 차별적으로 운용했는지 점검하면서 일본군'위안부'의 '피해'에 접근하고자 한다. 자료를 엮는 첫 번째 주제는 '도항 통제와 '위안부'의 도항'이다. 이 책을 시작으로 '인신매매,' '유언비어,' '공창제'

등의 열쇠말로 일본군'위안부' 문제를 둘러싼 폭력구조와 피해자 경험을 드러내고자 한다. 그 안에 내재되어 있는 식민주의와 젠더 차별은 이 자료집 시리즈를 관통하는 주요 관점이 될 것이다.

일본군'위안부' 문제를 해결하려고 노력해 온 지난 30여 년 간의 시간 속에서 우리는 수많은 '자료 발굴' 보도와 자료집 발간, 그리고 데이터베이스 공개 소식을 접해 왔다. 그간의 수고와 노력이 없었다면 이 자료집 시리즈를 기획하기 어려웠을 것이다. 따라서 이 자료집 시리즈의 성과도 그간의 성과에 빚지고 있다고 할 수 있다.

한편 수많은 자료 발굴과 연구 성과에도 불구하고 '팩트'를 내세우며 일본군'위안부' 피해와 그 책임을 부정하는 역사부정론자들의 목소리 또한 높아진 현실에 주목한다. 이는 일본군'위안부' 진상규명이라는 과제가 자료의 '발굴'에서 '해석'으로 이행되었음을 시사한다. 그리고 우리는 어떠한 관점을 가지고 자료 해석을 거쳐 어떠한 미래를 만들어 나가기 위한 '위안부' 역사쓰기를 할 것인가에 대한 질문과 맞닥트리고 있다. 이제 '위안부' 문제의 해결이라는 당위를 외치기에 앞서 그 해결의 길을 찾기 위해 우리에게 필요한 관점이 무엇인지 확인하고 이를 토대로 일본군'위안부' 제도의 역사상을 구성해 나갈 때다. 이 자료집 시리즈가 역사로부터 배우는 방법을 사유하는 데 밑거름이 될 수 있기를 바란다.

이 책을 엮는 데 많은 분들의 도움을 받았다. 책의 제Ⅱ장을 번역해 준 박환무 선생님과 제Ⅳ장 1절을 번역해 준 강혜정 선생님은 전체 원고를 점검하면서 많은 질문과 의견을 던져 주었다. 이 책의 번역과 해제 과정 곳곳에 밴 깊은 고민과 새로운 시도의 흔적들은 이 분들의 지원에 힘입은 바가 크다. 또한 원고교열과 편집을 맡아준 선생님은 수차례 점검하는 수고를 마다하지 않으며 원고의 오류를 바로잡고 책을 보기 편하게 만들어 주었다. 수차례 이어지는 원고수정 요청도 언제나 수용해 주었으며 늦어지는 원고도 인내하며 기다려 주었다. 재단 출판 관계자들에게 마음 깊이 감사와 응원을 보낸다.

2020년 12월

동북아역사재단 연구위원

박정애

| 차례

II. 조선총독부 외무과 편철, 「1938~1939년 여권예규(동양)」

Ⅲ. 부록

일러두기

1. 『식민지 조선과 일본군'위안부' 문제 자료집 Ⅰ-중일전쟁 이후 일제의 도항 통제(자료 편)』 발간에 관하여

- 이 책은 동북아역사재단에서 기획하고 있는 '식민지 조선과 일본군'위안부' 문제 자료집' 시리즈의 첫 번째 성과로서 중일전쟁 이후 일제의 도항 통제 자료를 정리한 것이다. 번역·해제 편(자료총서 94)과 자료 편(자료총서 95) 총 2권으로 구성되어 있으며 그중 자료 편에 해당한다.
- 번역·해제 편은 제Ⅰ장 『고등외사월보』 기사, 제Ⅱ장 「1938~1939년 여권예규(동양)」 문서, 제Ⅲ장 『매일신보』 기사, 제Ⅳ장 부록으로 구성했다. 마지막 장은 다시 일본 외무성 아메리카국 제3과 사무보고 자료와 일본군·일본정부의 '위안부' 관계 주요 도항 통제 자료로 구성했다. 각 장에 수록한 자료는 모두 주제와 관련 있는 것으로 편찬자가 발췌하여 번역·해제한 것이다.
- 이 가운데 이 책 자료 편을 통해 원문 내용을 확인할 수 있는 것은 제Ⅰ장과 제Ⅱ장, 그리고 제Ⅳ장 부록 중 외무성 아메리카국 제3과 사무보고 자료이다. 한글 한자 혼용 자료인 제Ⅲ장 『매일신보』 기사는 국립중앙도서관 대한민국 신문 아카이브 사이트에 탑재되어 누구나 손쉽게 접근할 수 있는 환경이라는 점을 감안하여 자료 편에 제외하였다. 제Ⅳ장 일본군·일본정부의 '위안부' 관계 주요 통제 자료 또한 이미 알려진 관계 사이트나 자료집들을 통해 어렵지 않게 찾아볼 수 있는 것들이다.
- 자료 편에는 '위안부' 관계 자료로서 새롭게 분류하고 정리하여 소개하는 자료들의 원문을 수록했다. 이에 따라 새롭게 제Ⅰ장과 제Ⅱ장, 그리고 제Ⅲ장으로 구성하였다.
- 전체 자료의 해제는 『식민지 조선과 일본군'위안부' 문제 자료집 Ⅰ-중일전쟁 이후 일제의 도항 통제(번역·해제 편)』을 참고하기 바란다.

2. 자료 원문의 출처 및 소장처에 관하여

1) 『고등외사월보』의 원문 출처는 宮田節子 編·解說, 『一五年戦争極秘資料集⑥ 高等外事月報』, 不二出版, 1988이다.
2) 「여권예규」는 한국 국가기록원에 소장되어 있다. 원문은 국가기록원 조선총독부기록물 외사편(http://theme.archives.go.kr/next/government)에서 확인할 수 있다.
3) 아메리카국 제3과의 사무보고의 원문은 일본의 아시아역사자료센터(https://www.jacar.go.jp)[레퍼런스코드 B10070007700(1938년), B10070002400(1941~1942년)]에서 확인할 수 있다.

Ⅰ. 조선총독부 경무국 보안과, 『고등외사월보』, 1939. 7.~1940. 9.

1. 『고등외사월보』 1, 1939. 7.
2. 『고등외사월보』 3, 1939. 9.
3. 『고등외사월보』 4, 1939. 10.
4. 『고등외사월보』 13, 1940. 8.
5. 『고등외사월보』 14, 1940. 9.

1. 『고등외사월보』 1, 1939. 7.

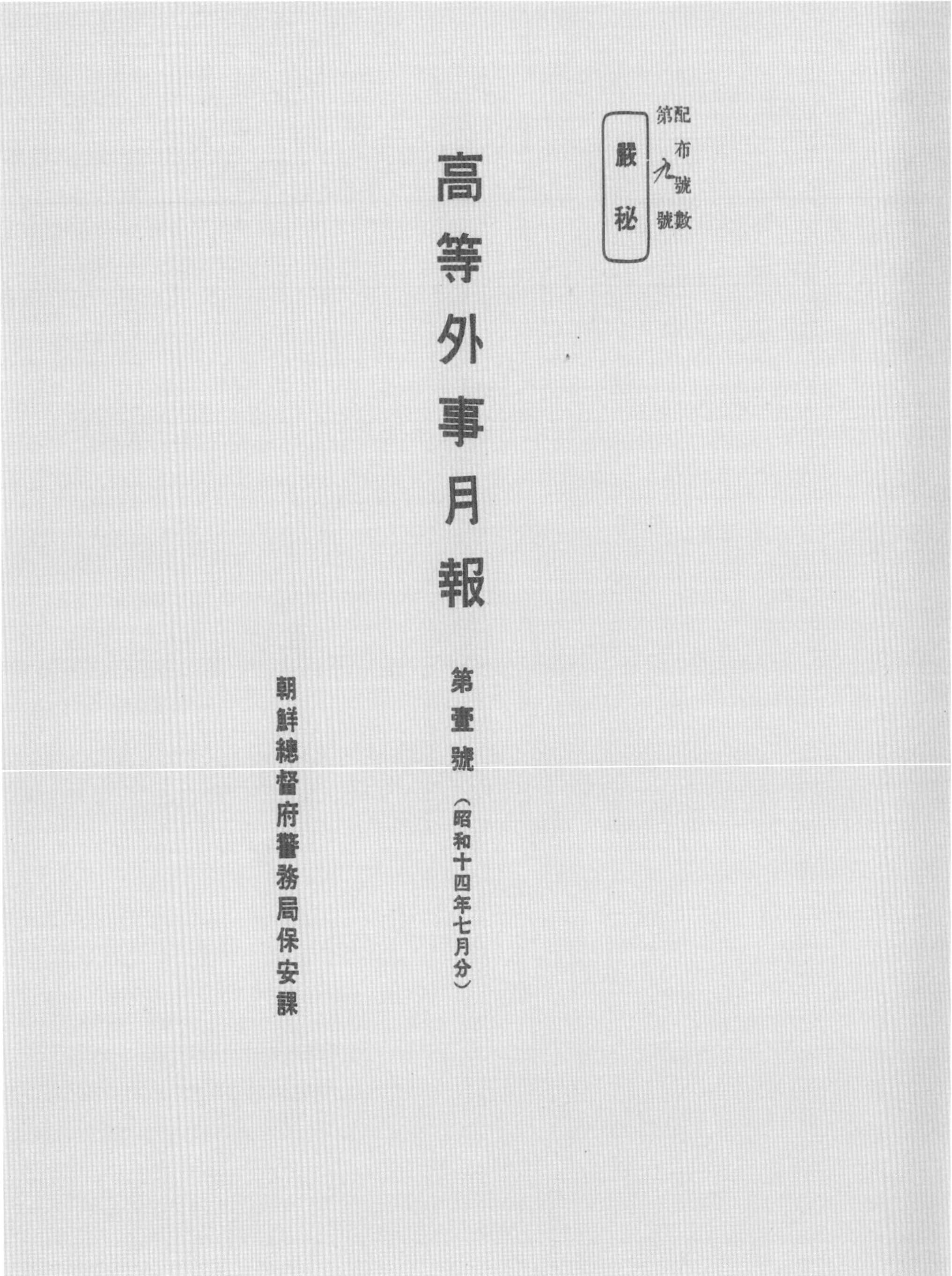

配布號數 第九號

嚴秘

高等外事月報

第壹號 (昭和十四年七月分)

朝鮮總督府警務局保安課

高等外事月報　昭和十四年七月分

目次

治安狀況

資料

雜錄

1) 재지 조선인의 지도와 지나 도항 단속 상황 在支朝鮮人の指導と渡支取締狀況

(四) 國外關係

一、在支朝鮮人の指導と渡支取締の狀況

一、在支朝鮮人の狀況

朝鮮人の支那移住は主に明治四十三年日韓併合を契機として始められたり。卽ち合邦に不滿を懷く一部民族主義者が支那に安住の境域を求めて渡航し其の他一攫千金を夢みて渡支する者もあり、其の後是等先住者の緣故を辿り渡航する者漸次多きを加ふるに至れるが、大正八年獨立騷擾事件後は檢擧を脫れて上海外國租界に遁入する者著增し、是等不逞者の勢力は在支朝鮮人一般に對し完全に支配的關係を保ち上海は最近迄朝鮮獨立運動者の巢窟をなせり。

又昭和六年九月勃發せる滿洲事變終熄後半島人の渡支は急激なる增加を來し、殊に冀東政權樹立せらるゝや地理的關係もあり滿洲方面より渡支する者亦著しく增加するに至れり。

斯くて在支朝鮮人は支那事變直前たる昭和十二年六月末現在に於て當局に屆出を爲せる者

北支	七、八五四人
中南支	一、七九七人
計	九、六〇五人

を算し、之に無屆者を合算せば概數三萬と稱せられたるが、支那事變の進展、占領地域の擴大に伴ひ之等の地域を追ふて進出する朝鮮人は時と共に其の數を增し、本年四月末現在の在留者は屆出を爲せる者のみにても

北支	三〇、七五七人
中支	三、五八三人
南支	三〇九人
計	三四、六四九人

の多きに達し、之に無届者、調査漏或は軍雇傭者等を合算すれば優に十萬を突破して居るものと認めらるゝ實情にして其の後尚毎月激增の一途を辿り止まる處を知らざる情勢を示し、興亞の運營に主要なる一翼として着々其の地步を占めつゝあり。曾ては在支朝鮮人の中心指導勢力たりし不逞獨立團の如き轉々として奥地逃避を續け、今や僅かに重慶、桂林地方に餘喘を保つに過ぎざる狀態なるに對し、異常の勢を以て支那各地に地盤を築きつゝある善良なる朝鮮人の勢力は一部不逞徒輩の策動を以てしては微動だもせざる狀態を現出し、之等在留者を以て結成せる團體は其の主なるものゝみにても左記の如く十八團體に達し、何れも相互の親睦扶助、團結の强化、日本國民としての自覺向上、或は生活改善修養、銃後の强化等を目標として着々其の實績を收めつゝあり。

在支朝鮮人團體

北支・蒙疆

天津朝鮮人民會　北京朝鮮料理屋組合
天津朝鮮人婦人會　大日本國防婦人會北京朝鮮分會
天津日本義勇隊特別班　濟南朝鮮人會
天津朝鮮人基督敎長老會　靑島朝鮮人民會

天津興業金融組合　青島朝鮮青年團
朝鮮妙香山普賢寺天津布敎所　山東省興亜協會
北京興業金融組合　張家口朝鮮親和會
北京朝鮮人旅館及下宿組合

中支・南支

徐州朝鮮人親睦會　上海朝鮮人會
上海朝鮮人學父兄會

以上の外南京・漢口其の他に團體組織計畫中なるも其の後の狀況不詳。

二、在留朝鮮人の指導と渡支取締

前項の如く在支朝鮮人數の激增は亦一面に諸種の弊害を伴ひ、將來朝鮮人大陸進出上の障碍を現出するに至れり。即ち先住在留者の多くが不正業に依り生計を營み居りし關係にて、出先當局の熱誠なる指導撫育にも拘らず一朝にして正業に復歸し難き事情もあり、加之漫然渡航者の增加は勢ひ不正業顚落を餘儀なくせらるゝ者の續出を來し、或は軍通譯其の他の雇傭人等にして軍を背景として不正暴戾を働き、到る處に於て善良なる支那人の怨恨を買ひ日支提携を阻害し、或は時局認識を缺き邦人としての體面を汚損し、或は窮餘所在に不信を行ひ、爲に最近一部軍、官、民官に於ては朝鮮人絕對不使用の聲をすら洩すに至り、半島の國策響應上憂ふべき現象を露呈するに至れり。

本府に於ては夙に斯る情勢を慮り、重要地に派遣員を增派し、朝鮮人の保護撫育及取締に當られしめ居るも、其の機構たるや到底廣汎なる地域に發展しつゝある多數の朝鮮人に對し影響力を有せざるは當然にして、結局は朝鮮人自らの自肅、自戒に俟つの外なき現狀にして、之が徹底には特に研究考慮を要するものあり。

其の當面の施策として考慮せらるべきは、出先當局の指導撫育と併行して將來渡支せんとする者に對する住所地所轄當局の教養指導と渡支適格者の嚴選に在り。本施策の徹底に依り一應前記諸弊の防遏に役立ち得べく、更に渡支者に對する指導取締の徹底を期する爲出先當局との緊急なる連絡協調を要する次第にして、渡支の前後を通して所轄警察當局の施措は重大なる役割と重責を有するや言を俟たざる處なり。

以上の實情に鑑み渡支取締に關しては別表の如く逐次に亘り多數の通牒を爲し之が徹底を期し居る次第なるも、時に渡支途上の一部の者に就き調査せる結果に徵するに、

離鮮直前既に無一文同樣の者

渡航先明確ならざる者

渡航後の就職或は業務不明確なるもの

等續出の狀況にして、將來改善刷新を要望せらるゝ所以なり。

殊に在支不良邦人の取締驅逐には現地陸、海、外各當局に於て强硬なる意見を堅持しつゝあり。當分間は朝鮮人の特殊事情と之に關する本府當局の申入に鄕應し、暫定的に取締の緩和を爲し在るも、將來興亞政策の進行に伴ひ既定方針を嚴行すべきは必定にして、其の際在支朝鮮人が現在の如き情態を持續するに於ては、當然大多數は退去處分を受くべきを豫想し得る處にして、斯くては多年培はれたる半島同胞の在支地盤は一朝にして覆さるゝ悲運に逢會せざるべかるを想ふとき、本件指導取締の意義の重大なるを再認識する次第なり。

以下渡支取締に關する通牒拔萃及軍部指導の下に作成せられたる北支渡來者の心得を添付したるが、兩者共渡支者に對する指導取締の好參考たるべし。

附一　渡支取締に關する通牒摘錄

總括的通牒

文書番號	件名	摘要	備考
昭和十二年九月三日 朝保秘第六四六號	不良分子の渡支取締に關する件	事變直後の混亂に際し不良徒輩の支那渡航は軍後方地區の治安確保上支障あるに鑑み、邦人の支那渡航には所轄警察署長の身分證明を發給することゝしたるが、其の適格者は 1　渡支後不正行爲を爲す虞なきもの 2　業務上家庭上其の他正當目的の爲至急渡支を必要とする者のみに限定し本證明書なき者に關しては出發地所轄署長は之を差止むるものとす（本手續は九月一日より施行）	各道知事宛「拓務省よりの通報に據る」
九月十七日 朝保秘第六九四號	不良分子の渡支取締に關する件	支那在留者にして「業務上家庭上其の他正當目的の爲至急本邦に往復を必要とするもの」及「一旦引揚たる者にして前記目的の爲是非支那へ歸還を必要とするもの」に關しては今後在支所轄公館長より身分證明書又再渡航許可書を發給することにし、右證明書を有する者に關しては本邦警察署長發給の身分證明書所持者と同樣の取扱をなすこと	各道知事宛「外務、拓務通報に據る」
十月十九日 朝保秘第七八四號	不良分子渡支取締方に關する件	飛行機に依り渡支せんとするものに關しても本邦警察警察署長若は在支公館長發給の身分證明書を必要とすること	各道知事、遞信局長宛「拓務外務省通報に據る」

日付・番號	件名	內容	宛先
十二月二日 朝保秘第九一四號	在支朝鮮人事務の處理方に關する件	十月十八日本府外務省間に本件協定の成立を見たるが其の要旨は 1　在北支朝鮮人に關する事務及之に要する經費 イ、民令及警察的取締に關する事項は外務省 ロ、敎育衞生産業金融其の他保護撫育に關する事項は朝鮮總督府にて夫々分擔すること 2　在中南支朝鮮人に關する事務は追て何分の協定ある迄從來通り外務省に於て之を行ふ	各道警察部長 上海、北京、新京各派遣員宛
昭和十三年一月三十一日 朝保秘第六六號	渡支身分證明書發給狀況に關する件	昭和十三年一月分より 一、渡支身分證明書發給狀況調 二、渡航別調 三、渡航目的調 の三表を月報として提出	各道警察部長宛 例規「拓務省照會に據る」
七月十四日 朝保秘第四二號	不良分子の渡支取締に關する件	新渡航者なると復歸者なるとを問はず、素行經歷平素の言動等不良にして渡支後不正行爲を爲す虞ある者を除く外、凡て身分證明書發給差支なしとする全面的緩和なり 註、本件通牒により渡支制限は全面的に緩和せられたるが如きも右は現地に於ける人的不足を補はんとする一時的應急措置と觀るを妥當とすべく、其の後に於ける渡支者の嚴選漫然渡支の嚴重取締及中支に於ける不良邦人取締に關する具體的取極め通牒等に徵し明瞭なり	各道警察部長宛 上記緩和通牒に捉はれ其の後の情勢の變化に即應することなく施措適順を缺く向なしとせざるは遺憾にして將來充分の硏究と考慮を要するものなり

九月七日 朝保秘第五六五號	渡支取締に關する件	戰時氣分に増長し、一攫千金式の野望を懷く漫然渡支者漸増し日本人としての品位を傷け、延ひて日支提携を害するが如もの漸増に鑑み、支那在留者及渡支者に關する注意書なるが、其の要項は 一、漫然渡支斷禁 二、一攫千金式意圖の排除 三、支那人との融合、指導的觀念の堅持 四、日本人としての品位保持 五、銃後國民の責務自覺等	各道警察部長 「內閣情報部の揭出せる支那在留者竝に渡航者への注意書に據る」
昭和十四年三月二十八日 朝保秘第一九〇朝	支那に於て社会事業を經營せむとする者の取締に關する件	團體又は個人にして支那に於て社会事業經營の目的を以て渡支せんとする者の中、純眞の動機に出てず偽に却つて我對支文化工作上の支障となる者あるに付之等の渡支は可及的阻止するの要あり	各道警察部長宛 「拓務省、興亞院通報に據る」
六月十四日 朝保秘第三五八號	朝鮮人の漫然渡支及不正手段に依る渡支取締に關する件	北支殊に天津地方に於ける朝鮮人の職は漸次狹められつゝあるが如き狀態なるに拘らず、漫然渡來者は其の跡を絕たず不正業又は不良邦人への顚落を餘儀なくせられつゝあるに鑑みまた漫然渡支への嚴戒及滿洲國又は關東洲を經て不正渡支者絕えず偽に關係機關に種々の煩累を及ぼし居るに鑑み取締の勵行を偽す	各道警察部長宛 「天津派遣員報告に據る」
七月五日 朝保秘第四〇一號	支那向渡航者の發還方に關する件	支那旅行者の投出する旅費は相當額に達し日系通貨の價値維持上多大の負擔となり諸施策遂行上の障害を招來し作戰行動にも支障を來す虞あるに鑑み漫然渡支の抑制殊に一時的渡支者の嚴選取締を要す、一時渡航者の所持金額は七月分月報より附記報告することゝす	各道警察部長、拓務省朝鮮部長宛 「興亞院、拓務省通報に據る」

七月二十二日 朝保第四四六號	金圓紙幣の北支流入防止方の件	金圓紙幣北支流入防止の爲七月二十日より青島渡航者に關し船内に於て所持の金圓紙幣を聯絡券と交換せしむることに付京畿道船舶の乘込警察官の所持現金申告書及大藏省の五百圓以上金圓所持許可書調査等の措置	京畿警察部長宛 「青島總領事照會に據る」
北支一般			
昭和十二年八月二十五日 朝保秘第六〇一號	北支に無職不良分子流入阻止取締に關する件	支那向渡航者に關する制限取締の第一着手にして、天津軍に於て北支軍後方地區の治安確保の爲、公務並に業務又は家庭上其の他眞に必要止むを得ざる者のみに限り北支入りを認め、其の他の無職不良分子の流入は嚴に之を阻止すべき方針を決定し、之が協力方依賴ありしに基き之に對應し 北支に旅行又は移住するものは官公吏は所屬長に於て其の他は所轄警察署長に於て身分證明書を發給することゝし、尙發給狀況を月報として報告方指示（本件は別前例規通牒により廢止せらる）	各道知事、陸軍省軍務局長、朝鮮軍參謀長、本府各局長、官房部課長、第一次所屬官長宛 「朝鮮軍參謀長、關東軍參謀長通報に據る」
青島濟南地方			
九月二十日 朝保秘第七一五號	不良分子の渡支取締に關する件	冀東地區内旅行邦人に關しては前項身分證明書を要せざるものと誤認し證明書不所持の儘冀東管内に入らんとする者あるに付右是正方指示	各道知事 「天津派遣員報告に據る」
昭和十三年二月二日 朝保秘第七〇號	不良分子の渡支取締方に關する件	青島方面渡航者は當分の間同地居留復歸者の外は陸、海外當局の了解ある者に限り上陸を許可すること及膠濟鐵道沿線の居留民復歸は當分見合はすることに決定せらる	各道警察部長宛 「拓務、外務省通報に據る」

二月二十四日朝鮮秘第一二〇號	不良分子の渡支取締方に關する件	二月中旬より濟南、張店、博山等膠濟鐵道沿線への渡航者に付ては復歸者に限り青島向渡航差支なき旨指示	各道警察部長宛「拓務、外務省通報に據る」
五月四日朝保秘第二三二號	青島經由濟南方面旅行者の取締に關する件	濟南行き旅行者が沿線の實狀を見て山東省の治安不良を過大に傳ふる者あるに鑑み、當分の間濟南行渡航者を完全に阻止すべし	各道警察部長宛「朝鮮軍參謀長、青島特務機關長通報に據る」
八月二十三日朝保秘第三五六號	青島方面渡航者の取締に關する件	七月一日以降は初渡航者と雖も青島渡航を許可し差支なきも青島より奥地に入り込む者に關しては軍側に於て尚相當制限あることを承諾する者に限り身分證明書發給差支なし	各道警察部長宛「拓務、外務省通報に據る」
昭和十四年四月二十八日朝保秘第二五〇號	青島方面渡航者の取締緩和方の件	治安著しく改善せられたると復興上手不足に鑑み今後身元確實なる青島方面渡航者に關しては身分證明書發給差支なし	右同
海州地方			
昭和十四年四月十九日朝保秘第二三三號	海州方面渡航者の取締に關する件	四月七日より海州新浦方面への邦人入域を許可することゝなれるが渡航者は所轄警察署の身分證明書を有する者に關し青島領事館警察署に於て審査を行ひ身分證明書を下附し、之に基き青島陸軍特務機關に於て入域許可書を下附するものにして、漫然渡航者の絶對阻止を指示す	各道警察部長宛「外務省通報、青島派遣員報告に據る」
七月六日朝保秘第三九七號	海州地區渡航取締緩和に關する件	海州地區の治安囘復と進展情況に鑑み六月二十二日以降前項特務機關の入域許可書を要せざることに取扱緩和せらる	各道警察部長宛「青島派遣員報告に據る」
龍口地方			

蒙疆一般			
昭和十四年四月八日朝保秘第二一五號	龍口在留民の復歸に關する件	山東省龍口在留民復歸に關する現地の準備成れるを以て先づ男子及特殊營業者の復歸を許すことゝなれり	各道警察部長宛「拓務、外務省通報に據る」
昭和十三年七月十四日朝保秘第四〇九號	蒙古地帶旅行者の取締に關する件	蓮沼兵團及關東軍に於て「入蒙取締暫行規定」を制定し七月一日より實施することゝなれるが、入蒙(滿洲蒙古並に京包線沿線以外の地に入ること)希望者は蓮沼兵團本部又は關東軍司令部の許可を要することゝし、特殊の事情ある者に關し蒙疆地區にては張家口、大同、厚和、包頭特務機關長に於て、滿洲國にては日滿兩國官吏及特殊團體及會社員に關し所屬長の身分證明を以て入蒙を許可せらる	各道警察部長宛「張家口出張所長報告に據る」
昭和十四年三月二十三日朝保秘第一八〇號	蒙疆地域の旅行に關する件	張家口出張所に於て作成せる蒙疆地方旅行者の心得	右同
中支一般			
昭和十四年七月七日朝保秘第四〇〇號	中支軍直轄地帶內の營業許可方針に關する件	中支那方面陸海軍占領警備區域中軍直轄地帶內諸營業許可及取締方針決定六月上旬より實施をする(邦人關係支那人關係第三國人關係)	各道警察部長宛「上海派遣員報告に據る」
七月二十四日朝保秘第四四一號	不良邦人取締に關する外、陸、海現地當局の申合に關する件	在滬外、陸、海現地當局に於ては中支在留不良邦人の取締に關し豫て協議を重ねつゝありしところ、本年三月中旬申合案を決定し中央當局に諮りたるところ、一部の修正を見又在留朝鮮人の取扱に關して特殊事情を認め漸進的取締の强化をなすことゝし、七月中旬より之が實施の運びとなれるものなるが、本申合の主眼は軍部を背景とする惡質政治ゴロ、利權屋、新政權を圍繞する不良	各道警察部長、各派遣員宛「外務、拓務省通報に據る」

		取卷連驅逐とし、其の他日支提携を阻害し、或は不正營業を事とし新秩序建設上支障を來すが如き一切の行爲を取締り、之等在支不適格者に關しては苛酌なく諭旨退去又は在留禁止處分を爲し被處分者の再渡支を嚴禁する等具體的規定をなせり、尙本件は北南支方面に於ても同樣の取扱行はるゝ見込なり	
上海地方			
昭和十二年十一月二十二日朝保秘第八八〇號	上海方面への渡航者取締に關する件	戰局の推移に伴ひ前居留者にして復歸希望者多きも現地事情に無制限復歸を許さゞる情況に在り、當分の間本邦警察署長及在滬領事の身分證明書所有者に限り渡支を認む	各道警察部長宛「拓務、外務省通報に據る」
十一月二十九日朝保秘第八九九號	不良分子の渡支(上海方面)取締方に關する件	戰局進展治安も稍々安定し來れるを以て、前上海居住者に關しては不正行爲を爲す虞ある者、及歸還後生活の救濟を生ずる虞ある者を除き、男子のみならず婦女子も歸還を許し、長江沿岸卽ち南京、蕪湖、九江、漢口、沙市、宜昌、重慶、蘇州、杭州、長沙、鄭州等より引揚の前在留者にして上海渡航希望者に關しては、前項の不適格者及身元及渡航後の業務確實たる者に限り男女共渡航せしめ差支なし	右同
漢口地方			
昭和十三年十二月七日	漢口及廣東方面渡航者の統制に關する件	前居留者に關し優先的に復歸を認め個人營業に付ては資金及技術を有する者のみ渡航を認む、渡航者は總て上海又は南京領事館の指示を受くるものとす	各道警察部長宛「拓務、外務省通報に據る」

日付・番號	件名	內容	備考
昭和十四年二月六日朝保秘第八八號	邦人の漢口渡航に關する件	一般渡航者に關しても資力技能を有する者及商店員の呼寄等に關し身分證明書發給差支なし	右同
三月十日朝保秘第一六四號	漢口渡航者取締に關する件	飲食店、カフエー、料理屋、軍慰安所等飽和狀態に在り又中には惡質者もあるに鑑み、資金技術を有せざる漫然たる新規渡航者に關しては制限取締の要あり	右同
南支地區廣東地方			
昭和十三年十二月七日	廣東及漢口方面渡航統制に關する件	當分の間前居住者、軍部關係商人及其の用務者にして業務上家庭上其の他用務の爲特に至急渡航を要するもののみ渡航を認む	各道警察部長宛「拓務、外務省通報に據る」
昭和十四年三月八日朝保秘第一六六號	廣東渡航者の統制方に關する件	廣東が貿易に主眼を置く方針に基き今後商況視察者に關しても身分證明書發給差支なし	右同
五月二日朝保秘第一六六號	廣東渡航者の統制方に關する件	在住者四千人以上に達し各種營業も飽和狀態に在るを以て新規渡航者に關しては嚴選を要す	右同
厦門地方			
昭和十三年六月九日朝保秘第三一二號	厦門方面渡航者の取締に關する件	當分の間領事館及海軍の必要と認むる者以外は渡航を認めず	各道警察部長宛「拓務、外務省通報に據る」
六月二十三日朝保秘第三五七號	厦門方面渡航者の取締に關する件	渡來者に取り大なる經濟上の發展は望み難き狀況に在るも居留民の復歸及一部新渡來者の渡航を認む	右同

汕頭地方			
昭和十四年七月二十二日 朝保秘第四三八號	汕頭渡航に關する件	現地機關の必要により呼寄せる場合を除き一般の上陸を許可せず	各道警察部長宛 一拓務、外務省通報に據る一
海南島			
四月二十日 朝保秘第二三七號	海南島渡航に關する件	當分廣東領事館の證明書なき者は渡航を認めず	右同
六月九日 朝保秘第三四二號	海南島渡航に關する件	左の者に限り渡航を認む 一、在海口陸海外三省會議にて調査又は産業開發を認許せる者 二、官廳關係視察旅行者 三、永住希望者にして身體强健及資金を有する者 四、單純なる視察目的の短期滯在者	右同

附二　北支渡來者の心得

渡來者は先づ日本人たるの十分なる自覺を持つたものでなければならぬ。苟くも海外殊に支那に進出せんとするものは各自が皇國の代表者であり、各々が聖職の奉行者であるとふい心構へを堅めた人でなければならぬ。

皇軍が絶大なる犧牲を拂つて苦心經營をなして來た事も居留者の不注意の言動によつて覆へされる事とでもなつたならば、遺憾此上もない事である。

以下項を分かつて北支渡來者の心得ふべき事項を述べることゝする。

一、新渡來者の資格條件

一、北支在住に關し的確なる目標無き者は渡來せざること。

唯漫然と世間一般の北支熱と、好景氣の風評に浮かされ、容易に就職が出來るとか、金儲けが多いとか、浮薄な考へで渡來することは甚だしき心得違ひである。

二、火事泥根性の所有者は資格無し。

渡來邦人中素質惡く、ドサクサ紛れに一儲けせんとする如き者少なからず金儲けの爲には手段を選ばず屢々問題を造つてゐる者があるが、結局に於て之等の者は皇國の冒瀆者であるから、これ亦渡來の資格は無い。

三、健康に自信なき者は、大陸進出を思ひ止まれ。

自己の健康に絶對自信ある者に非ざれば、大陸發展は覺束ない。

地理的關係、氣候風土の相違、飲食物、生活様式、衛生設備の不完全等を始め、特殊の風土病、傳染病等があり、病を得て雄圖を空しくする者尠からず、健康は基本條件である。

四、現地事情の豫備智識を蓄へよ。

現地に渡來してその認識の上に、餘りに豫想外とすることの無き樣、豫め諸事情に對する一通りの智識を持つべきである。殊に現地の一般情勢等について出來得る限り、豫め知り置く事が必要である。

五、的確なる目的、不拔の精神、確固たる信念の下に渡來せよ。

支那大陸に踏み込む以上、興亞の大業の實踐者として又其の先驅者として堅實なる思想明確なる時局認識を以て渡來する事が肝要である。

六、事前に現地の調査、連絡、紹介狀等を用意し、萬全を期して渡來せよ。事前準備の不足は渡來後悔ゆるも及ばず、萬全を期すべきである。

二、旅行に關する心得

一、身分證明書は必ず携行せよ。

一時的旅行にも亦移住にも、市町村長の身分證明書及び居住地所轄警察署發行の身分證明書を携行せざれば、入國を拒否せらる。尙、身元引受證も持參するを可とす。

二、蒙疆地區（京包線沿線以外）を旅行する場合は、在張家口部隊本部、關東軍又は特務機關の入蒙許可證を要する。

三、流行病（傳染病）所在地通過等の場合は、豫防注射完了の證明書を要する。

四、寫眞撮影について注意せよ。

北支は作戰地域なれば、軍事其他の關係上撮影禁止となつてゐる地帶あり列車、船中からの撮影せざる事。視察觀光地に於ける撮影も、官憲又は案內人の指示を受けるがよい。

五、視察、觀光地に於ける注意

名所、古蹟、戰跡等には各種注意事項が掲示してあり、又何等明示されて居らずして或種の拘束を受くべき所もある。從つて一應現地の官憲又は案內人の指示を受けるがよい。

六、步哨線に注意せよ。

必要に應じて隨所に皇軍の步哨線、又は滿洲國軍の步哨線が張られて居るから、通過に際しは誰何を待たず、進んで挨拶をなし、通過の目的を述べて許可を受くるがよい。

觀光又は視察箇所に、歩哨或は警備員が配置されて居る場合は其許可を必要とし、寫眞撮影等に關してもその指示に從ふ事、前述の通りである。

七、記念物其他の蒐集に注意せよ。

戰利品と目さるゝもの（青龍刀、槍、銃彈の藥莢等）及び寺廟古蹟にて入手したるが如き佛像、古瓦の類は、官憲の許可せしもの以外、全部沒收せらるべきに付注意する事。

八、圖書類、寫眞、繪葉書等に注意せよ。

圖書類、寫眞、繪葉書等の中には、風紀公安上注意すべきものあり、之等は我本國に於て輸入を禁止されて居るもの多き故、購入に際し特に注意する事。

九、奥地旅行に付ての注意。

場所又は時期に依り、治安上旅行を差控ふべき場合あり、現地の官憲又は旅行斡旋機關について、狀況調査したる上にて行ふ事。

一〇、皇軍慰問について注意せよ。

皇軍慰問を計畫する時は、必ず軍に連絡を採る事。特に團體等の場合は先づ陸軍省に連絡を採る事。

慰問に名を藉りて軍主腦部を訪問し、北支の諸問題に關して說明を求め、或は身邊の保護、其他却つて迷惑をかくる如き事無き樣注意する事。

就中慰問品と僞稱して運輸又は輸送上の便宜を得、商品の脫稅を企つるが如き不心得者は嚴罰に處せられる。

一一、稅關の檢査に注意せよ。

旅行に必要なる手廻り品以外は、課稅さるゝ事が原則となつてゐる事を承知し、檢査に際しては進んで申告するがよい。

一二、邦貨は全部交換せよ。

我本國の通貨政策を理解し、日本銀行券、朝鮮銀行券、臺灣銀行券、滿洲中央銀行券等は、必要の場所に於て全部之れを中國聯合準備銀行券に交換すべきであり、又蒙疆地區に於ては、蒙疆銀行券と交換すべきである。

一三、爲替管理法に違反するな。

我が本國より國外に携帶し得る金額は、現金にて五百圓までと銀行信用狀にて五百圓迄にて、之れ以上は爲替管理法に依る許可を要し、違反者は沒收せらるべきにつき注意が肝要である。

一四、旅行者は金錢浪費を愼め。

最近北支物價高の一因は、邦人旅行者の金錢浪費にありとも言はれる。國家非常の際、外地に必要以上の金を落す行爲は愼むべきであり、殊に土產物等我本國内に輸入せらるゝ外地物件の金額も相當額に上つてゐる。特に注意すべきである。

一五、防諜に意を用ひよ。

北支の各地は作戰區域にして、共產黨、國民黨を始め、國際的スパイの暗躍跳梁するあり、彼等の手先たる密偵等の出沒は油斷ならず、防諜訓練の足らざる邦人は、無意識不用意の間に、軍機密漏洩の場合無しとせず、然るに旅行者は現地に來りて、軍事、政治、交通、通信、經濟其他國家的談話を喜ぶ傾向あり。列車内、驛待合室、乘合バス内、旅館、飲食店、料理屋、映畫館、浴場、公園のベンチ等に於て軍事々國事に關する件乃至重要機關等に關する談話は一般に愼むべきである。

一六、醜窟や珍奇を漁る勿れ。

好奇心に駆られて醜窟や珍奇に類する方面を漁り、邦人の面目を汚損して支那人の惡印象を與ふる者多し、愼むべきである。

一七、外人經營のホテルには成るべく宿泊しない樣心がけよ。

已むを得ず外人經營のホテルに宿泊する場合は特に服裝、態度に留意し、浴衣がけ或ひはスリッパにて食堂、ロビー等に出入せざる事。外人より輕侮の念を以て見られる虞れがあるからである。

一八、初めての者は夜中到着せぬ樣心掛くる事。

一九、日曜日の到着も出來るだけ避ける事。安息日に出迎へや斡旋者に迷惑を掛けるのみならず、關係方面が休業等の爲に本人も連絡に不便を感ずるから。

二〇、眞に意義ある旅行目的を達せよ。

一時的なる事象のみを見聞して、錯誤多き速成支那通となりすまさゞる樣現地認識を深むるやう努むべし。

三、個人の行動に關する心得

一、自己の本分を守れ。

朝野を問はず、現地に於ては日本國家を代表するものと心得、國民の選手たるの心構へにて事に臨み、其の使命の重大なる事を自覺し、其の本分を守りて努力すべきである。

二、自肅自戒を要す。

(イ) 北支何れの都會地に於てもカフエー、料理屋等の享樂機關必要以上に開業せられ、比較的收入多き男子によりて之等の商賣は繁昌の狀況にあり。從つて亂醉、亂舞、酩酊して街頭を徘徊する等の不體裁は嚴に愼むべき事。

(ロ) 時局を再認識し、國策に寄與する爲、物資を有効適切に使用し、消費節約と同時に貯蓄を圖る事。

(ハ) 北支の物價高は邦人の渡來激增も其の一因。或程度迄現地に卽應したる支那式生活の長所を取入れ、簡易安價に大陸生活の合理化を圖るべきである。

(ニ) 衞生に注意せよ。

北支は不衞生地帶とも評される。飲食物と不攝生に注意する事。

花柳病の蔓延甚だし。戒しむべきである。

不幸傳染病に罹りたる時は、德義を重んじて直ちに申出で、他への傳染を防止すべし。

(ホ) 外出時の服裝に注意せよ。

外出時の服裝は成るべく清潔端正なるを要し、寢衣に素足、洋服に下駄穿等を避くる事。

(ヘ) 帽子を冠り外套を着たるまゝ、內外人の集れる食堂等に於て飲食せぬ樣注意すべきである。

(ト) 人力車に相乘りするな。

一人乘りの車に大の男が相乘りし、甚だしきは男女が相乘りするなども愼むべきだ。

（チ）公德を重んぜよ。

交通違反乃至交通妨害を爲し、甚だしきは交通巡査に暴行する如きは以ての外である。

支那の官憲や警察官等には其の職務に對して敬意を拂ひ、相互民衆の融和に資すべきである。公園其他遊覽地等に於ては公德心を重んじ、放縱の行爲を愼み、禁制を侵さゞる事。映畫館、劇場、浴場等に於ても亦然りである。

（リ）邦人同志喧嘩する勿れ。

飮酒酩酊の上邦人同志喧嘩するが如きは、最も愼むべきだ。

（ヌ）都市の美觀保持に力めよ。

北支の文物は一事一物と雖も、歷史的意義を有するもの多く東洋人として東洋文化の愛護保存は、當然其の義務なる事に深く思を致すべきである。

單なる好奇心より琉璃瓦等の剝脫をなし、或は建築物の一部を破壞し甚だしきは不良土民と結託して名勝舊蹟荒しを爲すが如き行爲は、嚴に之を戒しむべきである。

名所舊蹟に樂書するな。例へば萬壽山の壁等に樂書するが如きは、日本人（特に旅行者）の惡癖なり。愼むべし。廣告又は廣告物の設置は、取締當局の指示に從ひ、都市の美觀保持については、支那側當局の取締りに進んで協力する心掛けを必要とする。

（ル）個人の行動は、支那側國民に直接又は間接に至大の影響を與ふること勿論なれば、邦人は相互に相戒しめて彼をして敬仰せしむる如く愼重の態度に出づべきである。

四、對支那人關係の心得

一、誤れる優越感を是正せよ。

親日政權治下に在る官民は、我本國の味方にして相互に親善提携し、東亞新秩序の建設を爲すべき秋、戰勝國民、文明國家としての優越感を誤用するときは、却つて聖戰の逆効果を齎すことゝなる。

從つて支那人に對し、國威を借りて越權苛酷の處爲があつてはならない。

二、支那民心の安定に努めよ。

事變後神經過敏となれる彼等の心裡から、事態に對する不安と邦人に對する恐怖猜疑の心とを去らしめ、我國の力によりて彼等の生命財產が、安固なるを得るとの信賴心を惹起せしむべきである。

三、全體的に民心を收攬せよ。

西洋人は彼等の爲めに學校を建て、病院を設け、教會を作り銀行を開き而も個人的に紳士としての體面を保持し、彼等の操縱に巧妙にして絕對に尊敬心服され居たるに對に、現在邦人の態度をそれと比較しつゝある彼等に向つて、絕對我國を信賴せしむる樣、國民全體的に彼等を指導する事に心掛くべきである。

四、支那語を早く習得せよ。

意思の疎通を缺き感情の疏隔する場合の多くは、言語の通ぜざるに因る事多し、支那に來らば先づ言語の研究が先決の問題である。

五、速に現地の事情に通ぜよ。

現地に渡來する事前に於て、一通りの豫備的智識を備ふべきは前述の通りであるが、渡來後は實情に即して速かに之が通曉に至らざれば、何事にも不便不自由なるのみならず、一切の活動を澁滯せしめる惧れがある。

六、支那の慣習を知れ。

支那には我本國と異つた種々なる慣習があり、現にこれが墨守されて居る。

（イ） 買物について

掛値をする事は北支商人の習慣である。現に邦人の値切り下手より、物價高を招けりとの説さへ出てゐる折柄買物は上手にすべきである。

（ロ） 洋車の乘方

何處迄幾許と、當初に決めて乘れば、後で車夫との間に文句は起らぬ筈である。彼等階級の行動は、庶民宣撫上影響する點多し、心得置くべきであらう。

（ハ） 口錢は當然と心得よ。

使用人が主家の買物の口錢を取る事、其他コンミッション取りは支那人の惡習ではあるが、此の所暫時彼等に對し寛容でありたい。

（ニ） 使者には心附を與へよ。

贈物等を屆けたる使者（先方使用人）には必ず若干の心附を與へ、自動車の運轉手等にも少額の心附を要し、支那料理屋の給仕は勿論の事、喫茶店のボーイ、旅館の帽子外套預り人案内人、理髪館に於てすら、夫々多少の心附を與ふる事が、彼等舊來の習慣である事を心得置くべきであらう。

（ホ） 返禮を忘るゝ勿れ。

贈物を受けたる場合返禮せざれば、交際上對等扱より除外される。招待されたる場合も亦同樣である。

（ハ）（ニ）（ホ）は、さう心得る程度で可なるべし。

七、彼等の『面子』を重んぜよ。

支那人に對しては、成るべく其の『面子』即ち面目を立てゝやる樣心掛ける事。

面子を潰さるゝ事は、彼等に一生の恨みを買ふ事となる場合がある、深く注意すべきである。

八、面と向つて支那人と呼ぶ事を成るべく避けよ。

彼等に對しては、一般に中國人と呼び、單に支那人又は極端なチャンコロ等の言葉は絶對に愼むべきである。

九、彼等の惡習の矯正には貸すに時日を以てせよ。

賄賂、賭博、阿片吸飲、蓄妾、秘密、不潔、吐痰、手鼻、婦人の纏足、極端なる個人主義、金錢萬能、國家意識の稀薄、歐米人崇拜等、彼等の缺點を擧ぐれば限りはないが、之を捉へて面罵するには尚早である。自然感化の時機も遠くはあるまい。暫く寛恕すべきであらう。

一〇、義理や交際を缺く勿れ。

彼等にも、日常の交際や義理を重んずる美風が殘つて居る。支那人との附合に、義理を缺く所があつては、彼等が邦人を見下げる動機ともならう。

一一、彼等を毆打する勿れ。

短氣なる邦人は、概して手が早い。腕力沙汰を愼まないと、何より長恨を殘し、反感を助長する事となる。心すべきである。

一二、彼等の取扱に注意せよ。

使用人の如きも、少しの過失によりて、妄りに解雇せず成るべく永く雇傭する事。又與ふべきは與へ、其の操縱にコツを得る樣努むべきである。

一三、交友關係を多くせよ。

彼等と交友關係を多くする事が、彼我親善の捷徑にして、何かにつけて便益が多い。但し、情實利害に引込まれぬ事。

一四、自己に腹心者を得よ。

支北に於て大いに活躍せんと欲せば、先づ支那人の腹心者を作るに力め、之れを善用せば對支那人との交渉、取引關係等、幾多の便益を得る事は言ふ迄も無からう。但し、人選には特に注意せよ、却つて禍される事がある。

一五、異性に注意せよ。

支那の一般婦人は、見知らぬ男子と談話する事を不躾と心得總て深窓に育つた古いタイプの令孃の樣な矜恃を持つて居る。從

つて日本の婦人が動もすれば、支那人男子に向ひ、馴れ馴れしくする結果、彼等の習慣上意外な誤解を招き日本婦人與み易しといふ感じを與へる事がある。すべて敬遠第一と心得るべきだ。

一六、支那式の禮儀作法

（イ）宴　會

支那人に案內狀を出す場合には、支那の書式に從ふ事。但し支那人は招待の理由を書かないのが習慣であるが、招待の理由は、日本式に明かにするが可なるべし。

宴會は八人を一卓とする習慣のある事を心得置くべきだ。

宴席に着く場合、上座下座の區別を辨へ、上座に勸めらるゝ場合、一應は謙遜するを禮儀とする。

但し、主賓が正座に坐らねば、招待子の面子を傷ふ事となる。其の他些細な習慣作法あり、研究すべきである。

（ロ）家庭訪問

相手の面子上貧弱なる風體を爲し、汚れたる靴等を用ひざる事。

家庭の婦人について執拗に質問せざる事。

訪問を受けたる場合は必ず立つて出迎へる事。

訪問辭去の際は、成るべく門外迄出て見送る事。

來客には茶の熱いものを取替へて出す事。

斯る末節的な事を彼等は案外重大視するから心得べきである。

但し、日本人の習慣にして悪しからざる事は、堂々と彼等に知らしむべし。

(八) 交通其の他

彼等との通信には、成るべく支那式封筒を用ひよ。

手土産、祝賀の贈物には外包に紅色の紙を貼り、喪には白紙を用ゆる。

品物の個數は偶數を歡迎する。

(ニ) 朝夕の挨拶其の他

朝夕の挨拶無くも必ずしも無禮ならず。

彼等の『御飯は濟みましたか』等と言ふ問は、通常の挨拶として失禮視すべからず。

姓を聞くは儀禮と心得べし。

衣服、靴、帽子等其他何に限らず、所持品の値段を聞くを必ずしも失禮なりと思ふべからず。

一八、家屋問題に善處せよ。

邦人急激の増加に依り家屋拂底し、支那人との間に惹起しつゝある問題は多くは土地家屋の問題であり、之れは單に日支人間のみの問題ではなく、邦人相互間に於ても厄介なる問題となりつゝある。

正當に入手する事に努め、惡辣なる策合に注意を要す。苟くも邦人たる以上、軍又は官憲關係を濫用して有利に解決を圖り、又は威嚇を爲す等の行爲があつてはならない。

自己の借入れたる土地家屋の轉貸に際しても、不當の利得をしてはならない。權利無き者が支那人を脅迫し、または彼等と結托して不法の行爲をしてはならない。承認を得ずして轉貸賃借權の讓渡、修築、改築、造作、設備等をしてはならない。自己の居住するに必要なる程度の補修を爲し、その費用を不當に取得してはならない。

自己の費用を以て造作したる理由を以て、家主又は管理人及び賃貸人の承諾を得ずして、他人に之れを讓渡し又は不當の權利金等を取得してはならない。

之等は各當局に於て嚴重に取締り、違反者は嚴罰に處せらるゝ事となつてゐるから特に注意すべし。

五、在留邦人間の心得

一、北支在留同胞は親和一致せよ。

日支親善を言ふ前に、先づ邦人相互間の親和一致が先決である。北支の現狀では、邦人同志の無益なる競爭又は紛爭事件さへ少くはない。斯くては對支那人工作に面白からざる影響を及ぼす事勿論である。今後現地に集れる邦人は釋然として互に胸襟を披き、相提携して國策の線に沿ひ、東亞新秩序の建設に應分の努力を致すだけの決心が無くてはならない。

二、居留邦人は遲滯無く居住屆を提出せよ。

居留邦人は、領事館、民會、民團へ居住の屆出を爲す事となつて居る。從來は怠り勝ちであつたが、大いに注意すべきである。

三、民會、民團等を理解せよ。

民會、民團等は居留同胞の機關として學校や病院を設けたり、社會施設を備へたりして、之等を居留民に提供してゐる。在留民は前項の經費を分擔する事となつてゐる。一定の申告や納附等は、關係相勵まして其の義務を怠らぬ樣心掛くべきである。

四、公的行事には進んで參加せよ。

當局の主催又は提唱する國民的諸行事や、指示命令事項等に關しては、何れも外地に在る同胞らしさを以て、組織ある國民的行動に出づべきである。

五、在留邦人の理想社會を作れ。

邦人個々の力に依りて、支那人を善導する外、更に在留邦人の一致團結せる社會力を以て、直接間接に支那大衆宣撫工作に援助貢獻する心掛がなくてはならない。

六、同胞の失業を防止せよ。

北支に於ける邦人が、誤つて惡事を爲すのは、一定の正業なきに因るものが多い。

失業を防止すると同時に、大陸を志す前途ある邦人に對しては相互に同胞の好を以て盡力すべきである。

又現地に在住する半島同胞は、朝鮮に在るよりも一層日本人としての自覺と時局認識に目覺め、對支那人關係について自重自戒すべきである。

七、經濟的發展を圖れ。

產業の開發、經濟の發展は當面の急務であつて、我本國の對支經濟負擔を輕からしむる爲めには、先づ以て各個人の經濟的充實發展を心掛くべきである。

八、感恩の念を忘る勿れ。

在留同胞に課せられたる任務は、甚だ多かるべきも、機會ある毎に、國威の宣揚に努むる皇軍に感謝の念を捧ひ、且つ我が官憲、警察官其他時局擔任の諸氏に對しては、心からなる敬意を表はす心掛が必要であらう。

九、支那人の見たる邦人の缺點。

最後に支那人は我等同胞の缺點を左の如くに見て居る模樣であるから、參考の爲め記載して置く。

一、儀禮殊に社交的でない。
二、男女關係が嚴格でない。
三、支那人に比べて甚だしく短氣である。
四、近きをのみ視て、遠き慮りが無い。
五、小事に拘泥して、大事を忘れる。
六、鷹揚でなく服裝が惡い。
七、餘りに權利義務を強調し過ぎる。

2. 『고등외사월보』 3, 1939. 9.

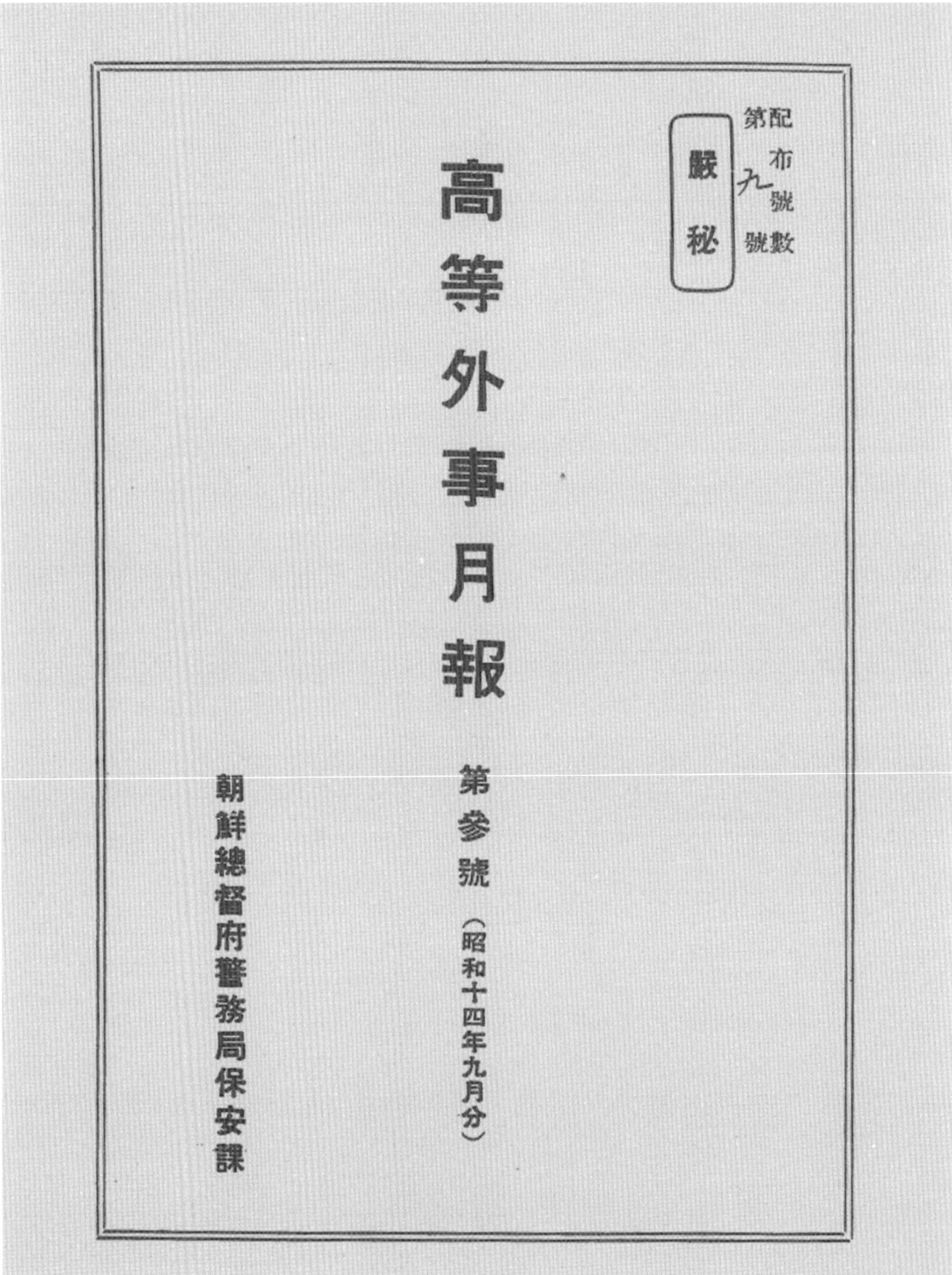

配布號數 第九號

嚴秘

高等外事月報

第参號（昭和十四年九月分）

朝鮮總督府警務局保安課

高等外事月報 昭和十四年九月分

目次

治安狀況

資料

雜錄

1) 지나 내지 황군 점거 지역 내 여행에 대한 증명서 발급 상황의 건

支那內地皇軍占據地域內旅行に對する證明書發給狀況の件

二、支那內地皇軍占據地域內旅行に對する證明書發給狀況

支那に於ける皇軍占據地域內の旅行者に對しては、軍の必要竝に治安保持上夫々旅行證明書を發給して之を統制し居れり。其の本邦人、外國人竝に支那人に對する取扱振大要左の如し。（月報第一號「渡支取締に關する通牒摘錄」參照）

(1) 蒙疆聯合委員會管轄區域

當地方は作戰地帶たる關係上左の通一律日本側軍部に於て旅行證明書を發給す。

一、北支地域より鐵道に依り入蒙する者に對しては北支方面軍に於て張家口迄の旅行證明書を發給す。

二、張家口以西鐵道沿線及奧地を旅行する者に對しては蓮沼部隊に於て旅行證明書を發給す。

(2) 大同

一、日本人

在留邦人の內地、朝鮮、關東州及滿洲方面への旅行に對しては在大同日本總領事館出張所に於て身分證明書及旅行證明書を發給す。但し帝國總領事館警察官の駐在せざる岱岳鎮、朔縣左雲、右玉、平魯、陽高等の在留邦人に對しては、現地駐屯憲兵隊に於て便宜右證明を發給す。

軍作戰地域への旅行に對しては、憲兵隊より旅行證明書を發給す。

二、外國人

在留外國人に對しては、最寄駐屯憲兵隊及部隊より大同迄の一時旅行證明書を發給し、來同後に於て大同特務機關より更に目的地迄の旅行證明書を發給す。

三、支那人

晉北政府側に於ては、支那人の管外旅行に對しては所轄縣警務科（但し大同縣は大同警察署）より旅行證明書を發給し、管內旅行に對しては豫てより交付し居る良民證を以て旅券に代へ居れり。

(3) 山海關

一、日本人

在留日本人にして他へ旅行せんとする者に對しては、願出に依り在山海關總領事館分館警察署竝に同秦皇島分署に於て身分證明書を發給す。

二、外國人

外國人に對しては證明書を發給し居らず。

三、支那人

支那人に對しては日支各機關に於て證明書を發給し居らず。

(4) 北　京

一、日本人

非營業鐵道地域を旅行する本邦人は、軍側又は帝國在外公館の證明書を要す。但し渡支に際し、行先地を明記せる帝國官憲發給の證明書を有するものは、右證明書に依り目的地迄旅行し得

二、外國人

（イ）一般外國人には北京特別市公署に於て、旅券に「、、、に赴くものに相違なき」旨の證明を附與す。

（ロ）無條約國人竝に無國籍人には「修正北京市管理無條約國人無國籍人請願居留執照及旅行護照暫行規則」に依り、支那側警察局に於て遊歷護照を發給す。

三、支那人

支那人に對しては、北京特別市公署警察局發給旅行證暫行規則に依り、警察局に於て旅行證明書を發給す。

(5) 天　津

一、日本人

別に旅行證明書は發給せざるも、在天津日本總領事館警察署に於て居住證明書を發給し、旅行中に於ける身分を證明する資料とす。

二、外國人

有國籍人且條約國人に對しては、支那側警察局に於て旅券又は國籍證明書の空欄に遊歷査證印を押捺し且旅行心得を貼附す。但し、右遊歷査證は北京、北戴河、塘沽間は不要なり。

一般外國人は北京杉山部隊司令部發給の旅行證明書を必要とす各國領事館より依賴ありたる場合は、在天津日本總領事館に於て北京日本大使館宛の紹介狀を與へ、本人をして同大使館に出頭せしめ、北京杉山部隊司令部の旅行證明書の發給方に付同大使館の斡旋を依頼す。但し、天津駐屯本間部隊管下のみを旅行する者に對しては、特に在天津日本總領事館發行の旅行證明書に、特務機關の奥書を添へたるものを以て右に代ふ。

三、無國籍人（主として舊露國人）

支那側警察局に於て發給せる居留執照及註册執照（身許に關する證明書）を、一時警察局に預りたる上遊歷護照を發給す、但し本證明書は北京、北戴河、塘沽間は不要なり。

尙又無國籍人は之に加ふるに天津陸軍特務機關擔任者の許可印ある北支防共委員會發給の旅行證明書竝に北京杉山部隊司令部發給の旅行證明書を必要とす。

外國商館使用の無國籍人は當該領事より、又然らざる無國籍人は北支防共委員會より、在天津日本總領事館宛に依賴狀を提出せしめ、一般外國人同樣北京杉山部隊司令部の旅行證明書の取得に付斡旋す。

四、支那人

支那人に對しては稅額七等（租稅額一ヶ月六圓）は二名八等（同四圓）九等（同二圓五十錢）は三名以上の店舖を有する支那人の保證ある願書を提出せしめたる上、本人及保證人を調査し支那側警察局に於て內地旅行證明書を發給す。但し、外國商館使用

の支那人及支那國籍を取得せる外國人には、外國商館の當該國領事の保證書を提出せしむ。尙右證明書には一律特務機關の檢印を要す。但し、北京に旅行する場合に限り該證明書を必要とせず。

(6) 石家莊

一、日本人

太原、新鄕以南地區に旅行する者に對しては、在石家莊日本領事館警察署に於て旅行證明書を發給し、石家莊附近の旅行に付ては豫め防諜の目的を以て同領事館警察署に於て發給しある居住證明書を以て旅行證明書に換ふ。

尙渡支に際し行先地を明記せる帝國官憲發給の證明書を有する者は、右證明書に依り目的地迄旅行を爲すことを得。

二、外國人

外國人に對しては市公署に於て旅行證明書を發給す。

三、支那人

支那人旅行者に對しては、日支各機關とも證明書を發給し居らず。

(7) 濟南

一、日本人

營業線の鐵道旅行には證明書携帶の要なきも、途中取調を受くるが如き場合に備ふる爲、任意證明書の發給を願出づるもの多く、在濟南日本總領事館警察署に於て之を發給し居れり。

非營業鐵道及奧地旅行者は軍特務機關より許可書又は鐵道便乘

券請求書の發給を受くるを要す。

二、外國人

外國人及無國籍人に對しては、軍特務機關に於て證明書を發給する建前なるも、實際に於ては在濟南日本總領事館に於て身許取調の上發給せる證明書に對し、軍特務機關に於て加印し居れり。但し、最近に於ては右證明書は必ずしも當該官憲に對し提示を要せず、殊に津浦線北段、膠濟線等にありては、何等證明書を有せずして旅行し居る者多し。

三、支那人

臨時政府管轄區域內の旅行には證明書携帶の要なきも、右以外の地に旅行する者に對しては、支那側警察局に於て身元取調の上證明書を發給す。

(8) 張店

一、日本人

營業鐵道沿線に來住せんとする者には、在張店日本總領事館出張所に於て旅行證明書を發給す。

非營業鐵道沿線來住者は憲兵又は特務機關に於て證明書を發給す。

二、外國人

膠濟沿線旅行に際しては別段證明書を發給せず、我方軍警にて行動を監視し居れり。

三、支那人

一般支那人にして良民證等所持の者に對しては憲兵、憲兵の駐屯せさる地にては、警備隊又は宣撫班等の監督の下に縣公署又は警務局に於て旅行證明書を發給す。

(9) 坊　子

一、日　本　人
日本人及日本人使用の支那人に對しては、在坊子日本總領事館出張所より旅行證明書を發給す。坊子驛に於ては右證明書所持者に限り乘車券を發賣す。
又維縣に於ては維縣警察分署に於て右旅行證明書を發給す。

二、外　國　人
外國人に對しては證明書を發給し居らず。

三、支　那　人
支那人に對しては坊子鎭公所に於て一名の保證人を立てしめ膠濟旅施行者に限り證明書を發給し居れり。

(10) 靑　島

(A) 膠濟鐵道沿線

一、日　本　人
帝國軍官憲發給の身分證明書に基き在靑島日本總領事館に於て膠濟鐵道沿線入城許可書を發給す。

二、外　國　人
旅行中生ずることあるべき、生命財產上の危險に對し日本官憲に於て責任を負はざること、竝に日本軍憲に於て軍事上必要なりと認めて發することあるへき一切の命令に服從すべきことを記載せる誓約書を在靑島日本總領事館に提出せしめ、同館に於て身元調査の上證明書を交付し、之を陸軍特務機關に提出同機關に於て許可を與ふ。但し、蘇聯邦人及無國籍人に對しては許可せず。

三、支　那　人
支那側警察局に於て身分證明書を發給す。

(B) 海州新浦方面

一、日　本　人
在靑島日本總領事館に經歷書を提出せしめ身元調査の上身分證明書を交付し之を陸軍特務機關に提出同機關に於て許可を與ふ。但し、身分證明書の發給に際しては家屋捜底等の事由に依り隨時特務機關と連給相當の制限を加ふ。

追　記

靑島より海州方面に旅行せんとする外國人船客は在靑島日本總領事館發給の旅行證明書に、又支那人船客は靑島特別市警察局發給の旅行證明書に、靑島帝國海軍武官府の檢閲證明を受け、更に出港前之を海軍審査に提示し乘船許可の取得を要す。

二、外　國　人
旅行を許可せす。

三、支　那　人
支那側警察局に於て身元調査の上旅行證明書を交付し之を陸軍特務機關に提出同機關に於て許可を與ふ。

(C) 連　雲　港

一、日本人

日本軍憲發給の身分證明書を海軍武官府に提出、同武官府に於て許可を與ふ。

二、外國人

旅行を許可せず。

三、支那人

支那側警察局に於て身元調査の上身分證明書を發給し之を海軍武官府に提出同武官府に於て許可を與ふ。

(D)右地域以外

一、日本人

青島居留者に對しては日本總領事館警察署に於て旅行證明書を發給す。但し、帝國官憲發給の身分證明書を所持せる者には之を發給せず。

二、外國人

日本船舶利用者には日本總領事館に於て旅券其の他に就き身元調査の上旅行證明書を發給す。

尙外國船舶利用者は旅券のみにて何等證明書を携行せず。

三、支那人

支那側警察局に於て身元調査の上旅行證明書を發給す。

(11) 芝罘

一、日本人

在芝罘日本領事館に於て旅行證明書を發給す。

二、外國人

日本側支那側共に證明書を發給し居らず。尤も、昭和十四年五月二十日以降市內の一部なるも陸戰隊哨兵線外なる地域の居住者及出入外國人に對しては、在芝罘日本領事館に申告し同隊より哨兵線通行許可證を發給することとなれり。

三、支那人

海路皇軍占領地域に旅行する者に對しては煙臺市公署警察局に於て旅行證明書を發給し、之に對し陸軍特務機關出張所の許可奥書を與ふ。

(12) 上海

一、日本人

本邦人の旅行は憲兵司令部を通じ軍司令部に願出で許可を得る次第なるも、慰問團又は知名人士の旅行には許可を必要とせず取引を目的とする場合は取引許可書のみにて許容せらるゝものにして、右の外特に旅行許可書を必要とせず。

二、外國人

外國人に對しては、內地たると商埠地たるを問はず占領地域に於ては所屬國領事館を通じて在上海日本總領事館に出願せしめ之を陸軍側に移牒し軍司令部に於て許可書を發給す。(但し海軍占據區域への來住には海軍側の許可を必要とす)

三、支那人

支那人の旅行は市民協會又は知合の邦人等を通じ憲兵司令部に願出て右司令部より軍司令部に移牒し同司令部に於て詮議の上許可す。

(13) 杭州

一、日本人
他地方への日本人旅行者に對しては各機關共身分證明書を發給し居らず。

二、外國人
上海方面竝に海杭鐵道沿線地區旅行の外國人は在杭州日本領事館に通行許可證の發給方を願出でしめ、同領事館の審査の上通行許可證を作成して同地駐屯部隊に移牒し其の證印を得たる後之を本人に交付す。

三、支那人
支那人に對しては杭州市政府より身分保障證を發給し、右保障證に依り軍側機關に於て詮議の上通行許可證を發給す。

(14) 南京

一、日本人
南京警備司令部名義の通行許可證を居留民會をして發給せしむるを原則とするも、其の他特務機關、憲兵隊等にても發給し居る實例あり、其の有效期間は大體一ヶ月乃至半ヶ年にして長きは稀に一ヶ年のものあり。

在留邦人の南京城門出入は從來警備司令部名儀の通行許可證を居留民會をして發給せしめ居たるが、昭和十四年六月一日以降は在南京日本總領事館發給の在留證明書を以て之に代ふことゝす。

二、外國人
所屬國領事館を通じ、領事館存在せざるものは直接、何れも在南京日本總領事館に出願せしめ之を陸軍側に移牒し南京警備司令部（南京と上海、蚌埠或は蕪湖等との間及右地域以內の場合）又は中支軍司令部（前記以外の地域への場合）に於て通行許可證を發給す。右通行許可證の有效期間は大體往復十日間片道數日を普通とす、尙南京在住第三國人の單なる南京城門出入の場合下關挹江門、中山門等の如く平素頻繁に出入する箇所は在南京日本總領事館經由警備司令部發給に係る身分證明書を所持するを以て足るも其の他の城門出入には前記通行許可證を要するを原則とす。

三、支那人
南京特別市公署を通じて軍特務機關に出願せしめ同機關より通行許可證を發給す、其の有效期間は長きも三ヶ月を出でず。

尙南京居住支那人の單なる南京城門出入の場合は南京城特別市政公署をして南京特務機關名議の市民證を發給せしむ、其の手數料十仙なり。

(15) 蕪湖

一、日本人
日本人の船舶に依る旅行に付ては、南京特務機關蕪湖班に於て通行許可證を又陸路若は鐵道に依る旅行に付ては、蕪湖憲兵分隊に於て通行證明書を發給す。

二、外國人
外國人の皇軍占據地域內の旅行に付ては、在蕪湖日本總領事館分館に出頭許可證下付願を提出せしめ之を蕪湖警備司令部に移牒し部に於て更に軍司令部の承認を得て旅行許可證を發給し同總領事館分館を經て交付す。

尚外國人の市內通行に付ては同總領事館に出頭許可證の下付願を提出せしめ、之を蕪湖警備司令部に移牒し、同部より一定期間（大低三ヶ月間）の通行許可證を發給し、同總領事館を經て交付す。

三、支那人

支那人の旅行に對しては、汽車、汽船たると陸路たるとを問はず、特務機關蕪湖班に於て通行許可證を發給す。

蕪湖縣內居住の支那人に對しては南京特務機關蕪湖班指導の下に縣知事に於て市民安居證又は鄕民安居證を發給し市內外の通行證に代ふ。

(16) 九　江

一、日本人

本邦人の旅行に對しては、先づ憲兵隊に於て通行許可證を發給し、右に基き在九江日本領事館に於ては、軍特務機關宛の通行證下付願を認めしめ、同領事館警察署に於て取調の上願出人をして同機關に提出せしめ通行證の下付を受けしむ。

二、外國人

外國人に對しては、內地たると商埠地たるとを問はず占領地域內の旅行に付ては、其の所屬領事館を通じ漢口、南京又は上海帝國總領事館に出願せしめ、軍司令部に於て通行許可證を發給す。

三、支那人

支那人に對しては憲兵隊に於て旅行證明書を發給す。

(17) 漢　口

(A) 上海方面へ下江の場合

一、日本人

在漢口日本總領事館に於て身分證明書を發給し碇泊場司令部にて便乘許可を受く。

二、外國人

原則として商用に依る一般外國人の往復を認めざる軍側の內規あり轉任、歸國、疾病等人道上已むを得ずと認むる場合は下江を許可せらる、右許可を受くるには先づ所屬國領事館を通じ在漢口日本總領事館に出願せしめ之を軍側に移牒し軍司令部より許可を與ふ、下江に先立ち宣誓せしめ便乘券請求書を交付す、右請求書を碇泊場司令部に持參し便乘券を受領す。

三、支那人

市政府社會局の紹介にて軍務部に於て通行許可證を發給す。

(B) 皇軍占據地域旅行の場合

一、日本人

本邦人の一般旅行に付ては明確なる規定なく關係官憲に於て適宜通行證を發給し居れり、但し軍需品買付の爲の旅行に付ては軍經理部長より現地部隊長宛紹介狀を發給し之を以て通行證に代ふ、又民需品買付の爲旅行に付ては在漢口日本總領事館より證明書を發給し憲兵隊及軍特務部の奧印を得、現地に赴き現地部隊長より更めて許可證を受領す。

二、外國人

軍司令部より通行許可證を發給す。

三、支那人

軍特務部に於て特殊支那人に限り通行證を發給す。

(C)漢口市內通行の場合

一、日本人

制限なし、佛租界出入許可「パス」を廢止せらる。

二、外國人

午前七時より午前零時半迄通行可能。但し、所屬國領事館を通じ在漢口日本總領事館に身分證明書を請求し之を携帶するを要す。

三、支那人

午前七時より午後八時迄通行可能。但し、軍特務部發給の安居證又は通行證を携帶するを要す。

(18)厦門

一、日臺人

日本人は上陸後旅行自由なるも、臺灣人は在厦門日本總領事館より發給する通行證(無期限)を携帶することを要す。

二、外國人

厦門に渡航の外國人は一旦共同租界たる鼓浪嶼在留外國人同樣在厦門日本總領事館の厦門入島許可の査證(無期限)を受くるに非ざれば厦門に赴くことを得ず。

三、支那人

厦門治安維持會より通行證を發給す。

厦門に赴かんとする外地よりの支那人も亦一應鼓浪嶼に上陸し鼓浪嶼在住の支那人と同樣保證人二名を立て種痘を施したる後厦門治安維持會鼓浪嶼辨事處より通行證(無期限)の交付を受くることを要す。

三、蒙古聯合自治政府成立

蒙疆政權は從來察南、晉北、蒙古聯盟の三自治政府並に蒙疆聯合委員會を以て構成し、三自治政府は各々分治分作の立場に在りて獨立の地位を有し、蒙疆聯合委員會は此等三政府に相互關聯する重要事項に就きて之を統合し、緊密なる連繫

3. 『고등외사월보』 4, 1939. 10.

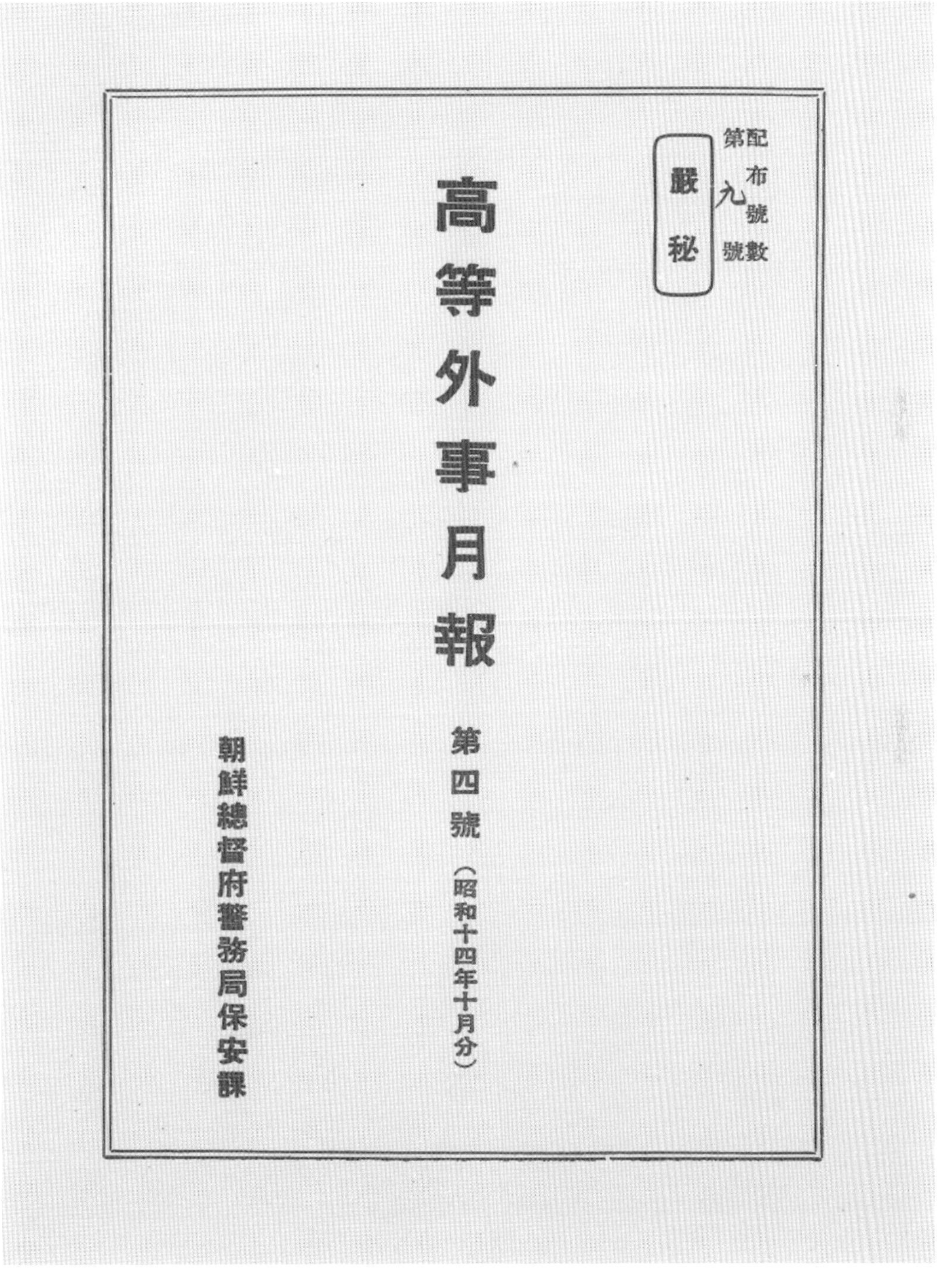
配布數 第九號
嚴秘

高等外事月報

第四號
（昭和十四年十月分）

朝鮮總督府警務局保安課

高等外事月報　昭和十四年十月分　目次

治安狀況

目次

1) 몽강 여행 주의사항 蒙疆旅行心得

以て實踐隊を組織し、爾來排英運動、傷痍軍人の慰問、入植開拓民の慰問等に相當熱意ある活動を爲し來れるが、更に隊員に對する規律的訓練の涵養に併せて戰時體制下青年に必要なる軍事技術を修得せしむる目的を以て軍事敎練の實施を計劃し、關係各機關の諒解を得て所在滿洲國軍日系少校を敎官に仰ぎ、在鄕軍人分會及滿軍より銃器を借用、九月二十五日より一箇月間每週月、火、木、金、土曜日午後五時より一時間宛訓練を實施中の處、豫定の訓練を終了したるを以て、十月二十八日午後一時よりハルビン神社に參拜、市內行進、發火演習、閱兵式を爲したる後、協和會朝鮮人分會講堂に於て終了式を擧行せり。

三、蒙疆旅行心得

昭和一四、一〇、二五、張家口朝鮮總督府出張所編纂に係る首題心得左記の如し。

記

一、皇軍將兵殊に步哨及警乘兵に對しては禮を失しない樣に御注意下さい、我々は必ず敬禮することにしてゐます。

二、現地人に對しては常に範を垂れることを心懸け、苟も醉態、粗暴、我利的の行爲に依つて、彼等に輕侮心を誘發するが如きことのない樣に御注意下さい。

三、每月六日は酒なしデーです、每月一日の興亞記念日は現地も日本も同じことです。

四、汽車、宿屋等の設備は凡ゆる點で日本の內地、朝鮮に比し行屆かないのは已むを得ないことであります。然し往々にして內地、朝鮮に比べて不滿を漏らす人がありますが、現地は未だそんな時代ではありません。疊が敷かれ日本の調度品があると言ふ程度でも事變後に比して格段の進步をしてゐるのですから、凡ゆる點で御辛棒を御願ひ致します。

五、現地の諸機關は非常に多忙ですから面會を申込んでも仲々簡單に運ばないことが多いのです、其の點豫め御含みが肝要です尙蒙疆の大體の事情は當出張所で御說明致します。

六、軍及軍關係影像、長城、橋梁、鐵道、同驛舍並に俯瞰圖の撮影は禁止されてゐます。尙何處にしろ撮影する場合には一應憲兵隊又は領事館警察署の諒解を得るが宜しいと思ひます。

七、骨董類を漁ることはあまり感心しませんが、若し買はれたら必ず領收書を取る樣にして下さい、支那を出る時に嚴重な檢査があります。

八、天然痘、コレラ、チブスの接種證明が必要な場合があります夫れは大體出發驛で判る筈です、併し何時何處で流行地に引かからないとも限りませんから、長途の旅行であれば各證明を携行される方が安心です。

九、例へ身分證明があつても內蒙には自由には入れませんから、其の際は豫め御相談下さい。

一〇、京包線列車時刻は別表一の通りです。尙現在は朝鮮から直通切符が買へます、往復切符は六十日有效で、鮮滿の部分は二割引です。

一一、同蒲北部線は目下大同より寧武迄廣軌で以下狹軌です、尙大同、太原間は二日行程です。乘合自動車も二日行程で通つてゐますが途中は相當の險路です。

一二、各地郵電局（郵便局とは言ひません）から和文電報を打てますが、各驛では電報の取扱ひを致してゐません。從て車中から電報を打つことも車中宛に打つことも出來ません。

電報料は次の通です。（普通電報）

日本向	十五字迄	一圓	五字未滿増す毎に	二十錢
滿洲北支向	同	六十錢	同	十二錢
蒙疆內	同	四十錢	同	八錢

一三、天津北京（以下蒙疆）宣化、張家口、〇張北、大同、〇岱岳鎭、豐鎭、平地泉、厚和、包頭相互間に長距離電話が通じます。（〇印京包沿線外）

一四、蒙疆を中心とする航空便は別表二の通です。（別表省略）

一五、張家口驛は張家口市街內にありますが大同、厚和、包頭は何れも驛から市街迄二十町前後あります。但し何れもバスが通つてゐます。尤も厚和は舊城（舊歸化城）行のみで新城（舊綏遠）には洋車しか行ません。尙新舊兩城間は約一里で十五分毎にバスが通つてゐます。

一六、蒙疆の法定紙幣は蒙疆銀行券（本店張家口）です、日本銀行券、朝鮮銀行券、滿洲中央銀行券も通用しますが、蒙疆銀行券に換へて使はねばなりません。之は日本圓紙幣擁護上からも日本人が義務的に考ふべきことです、尤も天津又は山海關で中國聯合準備銀行券に兌換して、更に蒙疆銀行券に兌換する順序になる譯ですから、圓紙幣を實際上持込むことは出來ない譯です。

中國聯合準備銀行券は通用しませんから、北京驛で交換するのが一番早途です、南口驛でも交換しますが精々五十圓迄しか應じません。無論張家口の蒙疆銀行本店でも交換出來ますし、張家口驛にも交換所がありますから、何處かで交換すれば宜しい譯です。嚴密に言へば、蒙疆通貨防衞令に依れば蒙銀券、日銀券鮮銀券、滿銀券以外を使用するのは法令違反になるのです。

一七、洋車に乘るにしろ一寸煙草を買ふにしろ補助貨は非常に必要です。

一八、旅行豫定を前以て通知して居られる方で日程を變更された場合、連絡を取つて頂かないと屢々手違ひを生ずる場合があります。甚だしい例を申しますと驛に四度出迎へても來られず、宿屋は四日間に亘り四囘取消し、又は豫定の列車よりも早い列車で到着された爲に御迎へが出來ず又總督府出張所以外とも二重三重に連絡を取つて居られたので、宿屋の手配が二箇所にも三箇所にもなつたこともあります。豫報日程の變更は場所柄已むを得ないと思ひますが、當地の宿屋は滿員續きで一度申込んだのを變更された場合、旅館も困りますし御世話する方でも困ります。殊に數人一度に來られた時には宿の室を求められないこともあります。故に豫報日程に變更があつてもなくても張家口到着日時を北京から連絡して下さい。然るざる限り旅館の手配は致しません。之は甚だ不親切の樣ですが現狀としてはかうする外致方ありませんから御諒承願ひます。尤も正午頃張家口着の場合は一部屋なら宿も何とかなると思ひます。

一九、視察調査等の便宜の爲と思つて豫め豫告日程に依つて現地の機關（張家口以外）に連絡し又は紹介狀を御送りして置くのですが、其の豫定日程を變更しながら默つて居られ、而も出張所と連絡なしに先に奥の方へ行かれたりして、出張所から出した紹介狀が先方の人に對して甚だ失禮な結果になつたことがありましたので、今後は此の種連絡や紹介狀は出さないことに致します、必要があれば張家口出張所で御面接の上作成し御自身持參して頂くことに致します。

二〇、大　同　晋北ホテル

厚　和　日本ホテル（新城）

包　頭　包頭ホテル

右に宿泊御豫定の場合は左の形式で電報を打つて頂けば「ボーイ」が驛に迎へに出ますし、自分の方が差支へあるときは他に適當な宿の手配をして置いてくれることになつてゐます。

1. 張家口から發信の場合

「何日何時何某着く部屋幾つ頼む」總督府（一人ならば部屋數は要りません）

2. 張家口以外から發信の場合

前例の「總督府」とあるを「張家口總督府」とすれば宜しいのです。

二一、張家口に豫告なしに下車された場合は、洋車に乘つて「堡子裡棋盤街朝鮮總督府」（ブーヅリーチーバンヂーチョオセンツンドフ）と言はれたら大抵大丈夫です、發音で通じなかつたら右の通り字を御書きになれば通じます、料金は驛から十錢です、荷物が多かつたり泥濘の場合は五錢增して下さい。

二二、張家口に夕方着かれて甚だしきは其の日の夜半の汽車で出發される方や翌朝早く出發される方もありますが、これでは單に街を素通りする丈けで終ります。蒙疆は特殊の使命を有つて複雜な貌で發達してゐる地區ですから、少くとも丸一日は滯在せらるゝ樣豫定されませんと、視察の目的は達せられません。

二三、ジヤパンツーリストビユーローは張家口、大同、厚和に夫夫あります。

改正列車時刻表（昭一四、一一、一）

上り（東行）

驛名 ＼ 列車	三〇六 二、三等	三〇四 二、三等食	三〇二 一、二、三等食寢
包頭發			八・五〇
厚和着發			一二・〇八 一二・一八
大同着發		九・〇〇	一九・五〇 二〇・〇〇
張家口着發	九・〇〇	一三・〇五 一三・一五	〇・一〇 〇・二〇
北京着	一五・五〇	二〇・一〇	七・二五
北京發（釜山行）	一九・〇〇		七・五五

下り（西行）

驛名 ＼ 列車	三〇三 二、三等食	三〇一 一、二、三等食寢	三〇五 二、三等
北京發	九・二〇	一七・〇五	二三・三〇
張家口發着	一七・〇五 一六・五五	〇・二五 〇・一五	八・二〇 八・〇〇
大同發着	二一・二〇	七・四〇 七・三〇	一三・四〇 一三・一五
厚和發着		一五・二二 一五・一二	二二・〇〇
包頭着		一八・四〇	
（釜山より）北京着		一〇・三五	二二・四〇

京包線は三等寢臺なし。

本表以外に一、二列車あるも混合にして三等車（座席板張）のみなり。

4. 고등외사월보』 13, 1940. 8.

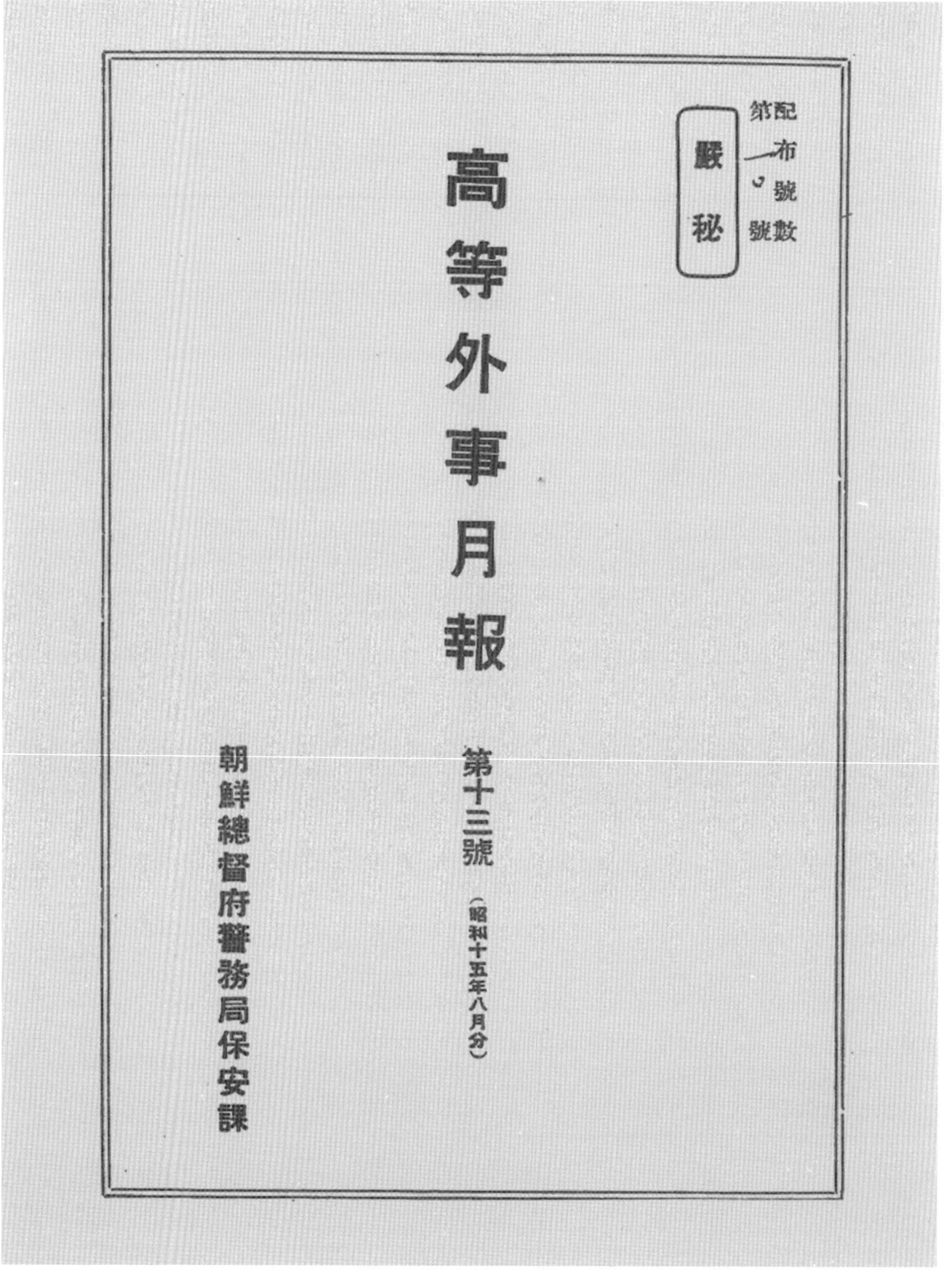

配布號數 第 號

嚴秘

高等外事月報

第十三號

(昭和十五年八月分)

朝鮮總督府警務局保安課

高等外事月報 昭和十五年八月分 目次

治安狀況

一、外　事

資　料

雜　錄

1) 경상남도의 밀항 근절 주간 실시 상황 慶尚南道に於ける密航根絶週間實施狀況

二、慶尙南道に於ける密航根絶週間實施狀況

一、査察取締の狀況

現在に於ける密航ブローカー名簿登載者二二九名及內地渡航諭止者名簿登載者一〇、六〇一名竝に一時歸鮮者に對し之等の動靜を査察すると共に密航監視連絡員六〇四名と夫々緊密なる連繫を保ち密航者の事前發見に力め一面密航ブローカーをして蠢動の餘地なからしむべく各警察署共全署員を擧げて徹底的取締を嚴行したるが更に八月二十日週間最終日を期し道內全般の各要所の一齊檢索を實施し密航の絶滅に全力を傾倒したるが週間中に於ける密航ブローカー等の檢擧狀況左の通り。

密航ブローカー等檢擧狀況表

署名	密航ブローカー 件數	密航ブローカー ブローカー數	密航ブローカー 應募者數	密航ブローカー容疑者檢索人員
釜山警察署	四	六	一四	八三
北釜山警察署	三	五	一〇	九〇
釜山水上警察署	—	—	—	一一
馬山警察署	—	—	—	四九
晋州警察署	—	—	—	五八
宜寧警察署	—	—	—	二〇

治安状況

咸安警察署	|	|	|	二三
昌寧警察署	|	|	|	一八
密陽警察署	|	|	|	二一
梁山警察署	|	|	|	一五
蔚山警察署	|	|	|	四八
東萊警察署	|	|	|	一〇
金海警察署	|	|	|	一二
鎮海警察署	|	|	|	八
固城警察署	|	|	|	三二
統營警察署	|	|	|	四九
巨濟警察署	|	|	|	三七
泗川警察署	|	|	|	三四
南海警察署	|	|	|	二二
河東警察署	|	|	|	三〇
山清警察署	|	|	|	一八
咸陽警察署	一	一	|	九
居昌警察署	|	|	|	一五
陜川警察署	|	|	|	一三
總計	八	一三	二四	七二五

備考　咸陽署検挙一名は手配中のもの

三二

二、指導啓蒙の狀況

密航取締を嚴行する反面密航防止宣傳ポスター壹萬板、ビラ五萬枚を作成し管内各署に配置し宣傳に力めると共に密航防止紙芝居と併行し各所に於て密航防止座談會、講演會を實施し一般民衆に對し密航防止と内地渡航制度趣旨の周知徹底を圖りたるが座談會等の開催狀況左の通り。

座談會等開催狀況

署名	座談會、講演會 實施度數	座談會、講演會 集合人員	紙芝居實施回數
釜山警察署	二	一七五	二
北釜山警察署	七	一、四四〇	四
釜山水上警察署	一	三〇	一
馬山警察署	二八	一、三二〇	九
晉州警察署	一八	一、〇七二	八
宜寧警察署	一二	八三六	五
咸安警察署	二〇	二、三二三	一三
昌寧警察署	一五	九八〇	二
密陽警察署	七	三一〇	五
梁山警察署	一一	六〇四	二
蔚山警察署	三一	一、八六六	六

治安狀況

東萊警察署	一一	五二五	五
金海警察署	一五	九二〇	五
鎭海警察署	七	二八五	二
固城警察署	一四	六七八	六
統營警察署	九	三七二	四
巨濟警察署	一〇	八二五	六
泗川警察署	一一	六三〇	六
南海警察署	八	二九八	四
河東警察署	一七	一、二一〇	九
山淸警察署	一一	四九二	五
咸陽警察署	一二	六二〇	六
居昌警察署	一三	七三五	七
陜川警察署	一八	一、一二〇	五
總計	三〇八	一九、六六六	一二六

三、民衆への反響

従來の密航對策は單に取締のみに專念し隱密裡にブローカーの檢擧に力めたるが眞の內鮮一體、融和協力を圖り密航の掃蕩を期するには一般大衆に呼掛け之が協力を俟つの必要を痛感し玆に公然と時代に即應せる密航防止の大施を驅し週間行事の實施計畫を樹立の上敢行したる結果一般民衆各層に對し內地渡航問題に關する理解を與へ認識を深めしめ將來

2) 지나 도항 방인의 임시 처리 방침 渡支邦人暫定處理方針

の密航取締上相當の實效を收め得たるものと思料す。

四、其他參考事項

密航防止紙芝居「明暗の岐路」の學童に與へたる反響として別紙作文添付す。

明暗の岐路を見て

東海公立尋常小學校

第六學年黃河淑

昨日内山の警察から明暗の岐路に對することを一般の人に知らせる爲に、紙芝居で說明して下さいました。一體明暗の岐路とは内地に渡航する時に、あたりまへの手續をして證明をもらつて渡航するのと、本當の手續をしないで密航して内地に渡航したらどんなに苦しむか、又どんなに一家の不幸であるかがつくぐ〱と感じ、明暗の岐路の區別が分かりました。私は絕對に密航して行かないで、本當の證明をもらつて内地に渡航して勉强したいと思ひます、なるべくなら内地に渡航しないで半島に留つて、半島の進展をはかり銃後の務を果して御國の爲に盡したいと思ひます。

明暗の岐路を見て

東海公立尋常小學校

第六學年鄭丁甲

明暗の岐路は一體どういふものであらうか。勝手に手續をしないで内地に密航からだまされて渡つて其所へ行き、さま〲〵な苦心をするのが何がよいでせう、警察官で、あたり前の手續をしてもらつてそれから内地へ渡航したら、どれ程よいでせう、昨日、芝居を見た通り、おぼれ死ぬこともあるから、私は絕對いけないと思ひますが、その中手續の爲惡い心で密航で渡る者が此の地方にも數人は居るだらうと思ひますが、私が分つたら少しでも何んとかして止めさせたいと感じます、私達も大きくなつたら内地へ渡ることがあるかもわかりませんが、こんな惡い事はしないと思ひます。かういふ密航にだまされて行き後で警察官にしかられ、おこられ、顏も出されぬことでは我が大日本帝國の國民でない思ひがします。銃後の我等は決して惡い事はせず、一生懸命に働かねばなりません。

三、渡支邦人暫定處理方針

從來本邦人の渡支取締に關しては昭和十二年八月二十五日附朝保秘第六〇一號「北支に無職不良分子流入阻止取締に關する件」並に同年九月七日附朝保秘第六四六號「不良分子の渡支取締方に關する件」に依り主として不良分子の渡航阻止

の目的を以て身分證明書發給制度を實施し來れる處本制度實施以來客年十二月末迄に於ける本邦人渡支者の延人員は五十九萬人に達し其の携行する金額一箇年間概ね一億圓の巨額に達する狀況にして其の結果現地に於ける圓系通貨（聯銀券、軍票等）の著しき膨脹となり目下其の價値維持の爲圓系通貨の氾濫を極力抑制するの必要に迫られ居れる實情に鑑み當分の間現地の斯る切迫せる實情に照らして在支圓系通貨放出制限の見地より一般の視察、慰問其の他不急不要と認めらるゝ旅行者に對する渡支制限を强化することは極めて適切緊要なりと認めらるゝを以て今般内地側の取締方針に順應し今後は從來に於ける不良分子の渡航阻止取締の外更に別紙の取扱方針をも併せ實施して國策の緊要性に即應することゝなりたるが本件實施に當りては一般に對する政治的影響甚大と認めらるゝに付可及的一般民衆に不快の念を與へず進むで國策に協力せしむると共に本制度實施に關し敵國又は外國に逆用せられざる樣現地の實情を秘匿し別紙發表案程度の理由に依り趣旨の徹底を計られ度。

取扱方針

一般に視察を目的とする支那渡航は當分の間之を禁止することゝし其の他特に支那渡航を要するものに對しては左記に該當する場合に限り所轄警察署長に於て身分證明書を發給し渡航せしむるものとす。

本方針は支那現地の事態の許すに到りたるときは速に之を緩和するものとす。

記

一、慰問（演劇又は演藝に依る慰問を含む）の爲渡支せんとする者（劇團を含む）に就ては豫め陸海軍省の承認を得たるもの。

二、家事用務の爲一時渡支せんとする者に就ては在支關係者の所轄領事館警察署の證印を押捺せる文書を有するもの。

三、商取引の爲一時旅行せんとする者に就ては在支關係會社、商店又は取引先の所轄領事館警察署の證印を押捺せる文書を有するもの。

四、定住又は現地勤務の爲渡支せんとする者に就ては行先地所轄領事館警察署の證印を押捺せる文書を有するもの又は在支陸海軍の發給したる軍屬たるの身分證明書（呼寄證明書を含む）を有するもの。

五、其の他の者にして眞に已むを得ざる事情ありと認めらるゝもの。

許可要領

本件取扱方針の中

一、に於ける

陸海軍省の承認を得たるものとは陸軍省恤兵部、(朝鮮軍司令部經由)海軍省軍事普及部(鎭海要港部經由)の證印ある文書を有するものに限るものとす。

二、に於ける

家事用務の爲とは近親者の葬儀及養護看護等眞に已むを得ざる場合に限るものとす。

三、に於ける

商取引の爲とは在支關係會社、商店又は取引先との間に現實に商行爲存在し又は具體的なる商業進出者にして渡支せざれば眞に處理し難き事情ある場合に限るものとす。

四、に於ける

定住又は現地勤務の爲とは半永久的に支那に居住し具體的計畫と所要の準備とを以て一般實務に從事せんとする者在支商社に勤務する者、日系官吏、招聘官吏及現地軍採用に係る軍屬又は雇傭人竝に永住を目的とする家族の呼寄に限るものとす。

五、に於ける

其の他の者にして眞に已むを得ざる事情ある場合とは

イ、正當の事由により第二號に揭ぐる所轄領事館警察署の證印を押捺せる文書の下附を受くる暇なき場合

ロ、政治、經濟、文化的見地より事變處理に直接且積極的に關係あるものに付興亞院及關係官廳に於て協議の上承認したる

ものにして興亞院又は外務省の證印を押捺せる文書を有する場合に限るものとす。

支那渡航取扱手續

一、(イ) 朝鮮より支那に渡航する日本人に對しては當分の間居住地所轄警察署長に於て甲號樣式に依る身分證明書を發給するものとす。

本身分證明書には最近の撮影に係る本人の手札型無帽上半身の寫眞を貼附す。

(ロ) 公務の爲派遣せらるゝ官公吏(日系及招聘官公吏を含む、)其他の者に對しては派遣官公署に於て乙號樣式に依る身分證明書を發給するものとす。

二、警察署長第一項(イ)號の身分證明書の下附願出ありたるときは本人の身分、職業、渡航目的、要件、期間、關係携帶公文書等を調査し左の通取扱ふ。

(イ) 素性、經歷、平素の言動等不良にして渡支後不正行爲を爲すの虞あるものに對しては身分證明書を發給せず。

(ロ) 取扱方針竝許可要領に基く關係公文書を有するものに對しては愼重精査の上證明書を發給す。

(ハ) 取扱方針第五號竝許可要領第五號イ、に基き實情眞に已むを得ざる事情ありと認むる場合には特に愼重精査の上身分證明書を發給す。

(ニ) 許可し得ざるものに對しては克く支那渡航制限の趣旨の徹底に努むるものとす。

（ホ）本件證明書發給状況は昭和十四年一月三十一日朝保秘第六六號通牒に依り月報を提出す。

三、出發地所轄警察署長は第一號の身分證明書又は帝國領事館發給の身分證明書若は帝國政府發給の旅券を有するものに非ざれば支那に向け渡航せしめざるものとす、但し現役又は召集中の帝國軍人軍屬にして制服着用の者は此の限りに非らず。

四、第一項(イ)號の身分證明書の發給に對しては手數料を徵收せず

五、本手續は支那行外國旅券の發給を妨げず。

六、本手續は昭和十五年五月二十日より之を施行す。

追て昭和十二年八月二十五日附朝保秘第六〇一號、及び同年九月七日附朝保秘第六四六號「不良分子の渡支取締」に關する支那渡航取扱手續は本規定の實施と共に之を廢止す。

甲號樣式

身分證明書

本籍

現住所

職業

氏名

生年月日

一、支那渡航ヲ必要トスル目的理由期間

右證明ス

昭和　年　月　日

警察署長官　氏名　印

(乙號樣式)

身分證明書

官職氏　　　　名

生年月日

一、支那ヘ渡航ヲ必要トスル目的、用務

右證明ス

昭和　年　月　日

(派遣官公署)　官職氏　　　　名㊞

（取扱方針二、三、及四、に基き在支領事館にて發給する文書の樣式）

渡支事由證明書

職業　　　名

生年月日

一、保證人

本籍

現住所

職業　　　氏名

生年月日

一、渡支ヲ必要トスル事由

右證明ス

年　月　日

在、領事館警察署長　氏　名　印

又は在、領事館警察分署長　氏　名　印

（許可要領五のロに基き外務省に於て發給する文書の樣式）

氏　名

生年月日

右者　　　ノ爲支那ヘ渡航スルニ付渡支身分證明書ヲ發給セラレタシ

年　月　日

外　務　省　印

警察署長殿

渡支邦人の暫定取締に關する當局談

從來朝鮮に於ける渡支者の取締は本人の渡航目的や素行、經歷平素の行動等に徵し專ら不良分子其の他漫然渡航者の阻止取締の見地から警察署長に於て渡支身分證明書を發給して參つたのでありますが、現地の治安が恢復さるゝに連れ大陸景氣に憧れて北支中支に進出する者が日に月に增加し、中には確乎たる見透しも信念もなく渡支して果ては不正業に轉落する者があつたり、又は事變を機會に一攫千金を夢み商用の振れ込みでどさくさ紛れの金儲や利權漁りを目的とした者が混入したり或は現地慰問に名を藉つて自己宣傳に沒頭する者、現地將兵の勞苦も思はずに視察名義の見物旅行を企つる者があつたりして、新東亞建設の重大責務を負擔する大日本國民としての體面を傷つけ、眞の大陸發展を阻害して現地の軍及び興亞院當局の頭を惱ます等遺憾ながら國策を裏切る所業に及んだ例は乏しくない實情にありますので、去る七日外務省發表のありました通り、今般閣議の決定により新支那建設に直接必要のある者以外の不急不要の旅行者は、當分の間支那渡航を制限することになり、朝鮮に於ても現地の經濟的理由其の他の見地から國策の緊要性に即應して來る二十日から內地側と全く同樣な渡支身分證明書發給取扱を爲すことゝ相成り、本日夫々管下に此の旨通達したのであります。之によつて今後警察署長の渡支身分證明書の發給を受け得る者は、大體

一、慰問（演劇又は演藝に依る慰問を含む）を目的とする場合は、豫め陸軍省恤兵部へ少くとも一箇月の餘裕を以て朝鮮軍司令部を經由せること）海軍省軍事普及部（少くとも一箇月の餘裕を以て鎭海要港部經由）の承認を得た者（團體も同樣）

二、近親者の葬儀や養護、看護など、眞に已むを得ぬ家事用務のある場合在支關係會社や商店などゝの商取引のために是非渡支を必要とする場合、及び支那に定住して事業を爲し又は現地の官公衙商店に勤務する場合は、夫々在支關係先の所轄領事館警察署の證明書を有する者に限らるゝことゝなつたのでありま す。尤も領事館警察署の證明書下附を受くる暇のない緊急の場合には、居住地警察署長に事情を具申して、特別の取計ひを依賴する事が出來ることになつてをります。

御承知の通り支那は今や新中央政府の樹立を見、當路者は東亞新秩序の建設に日夜精勵努力してゐるのでありまして、之に積極的支援を與へてゐる我帝國としても、此の新支那建設に、直接且つ積極的に協力する者以外の一般視察旅行者は、此の際渡支を差控へて現地各機關の負擔を輕減するやう協力するのは當然であります。官廳關係の公用旅行も勿論其の心構でありますので、現地の事態が緩和する迄暫くの間國民一般も多少の不便を忍んで國策に順應協力せらるゝ樣期待するものであります。

5. 『고등외사월보』 14, 1940. 9.

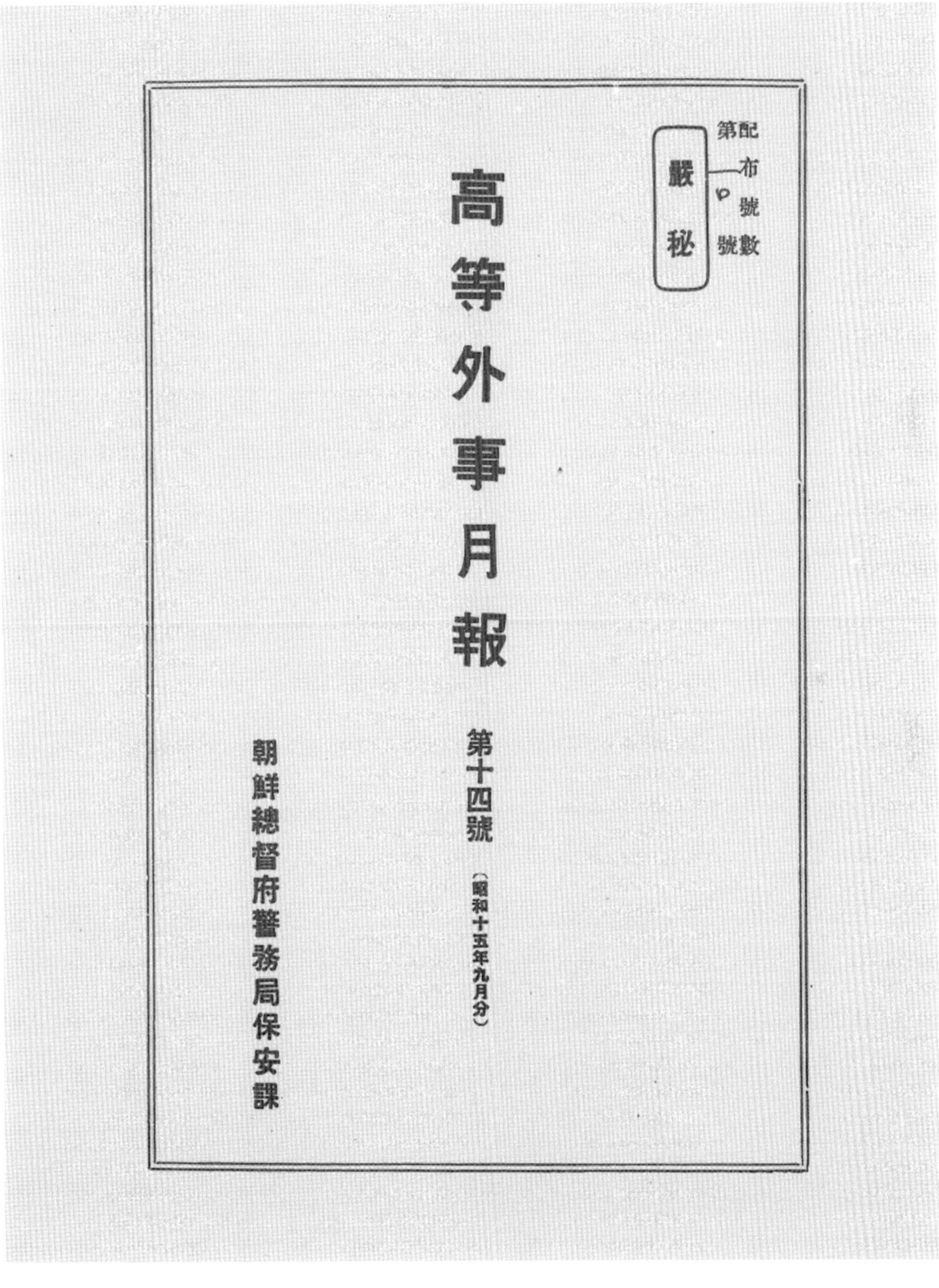

嚴秘

配布數

第 號

高等外事月報

第十四號

(昭和十五年九月分)

朝鮮總督府警務局保安課

高等外事月報　昭和十五年九月分　目次

治安狀況

資料

雜錄

1) 8월 중의 지나 도항 단속 상황표 八月中に於ける渡支取締狀況表

累計	募集に依る勞働者の家族	六、〇〇四	七、九七七	二、四〇六	一六、三八七	三、九一〇	五、一一八	一、四三二	一〇、四六〇
	募集に依らざる勞働者の家族	二六、六三七	一九、〇八三	一三、〇六四	五八、七八四	三、三〇九	九、七一七	五、三八一	一八、四〇七
	計	三二、六四一	二七、〇六〇	一五、四七〇	七五、一七一	一六、二一九	一四、八四五	六、八〇三	三七、八六七
八月現在									
八月分	募集に依る勞働者の家族	七九六	九四七	二七八	二、〇二一	七三〇	八〇一	三〇二	一、八三三
	募集に依らざる勞働者の家族	三、二七四	二、二四八	一、七四六	七、二六八	一、七八一	一、四四五	八五八	四、〇八四
	計	四、〇七〇	三、一九五	二、〇二四	九、二八九	二、五一一	二、二四六	一、一六〇	五、九一七
累計	募集に依る勞働者の家族	六、八〇〇	八、九二四	二、六八四	一八、四〇八	四、六四〇	五、九二九	一、七三四	一二、三〇三
	募集に依らざる勞働者の家族	二九、九一一	二一、三三一	一四、八一〇	六六、〇五二	一四、〇七〇	一一、一六二	六、二五九	三一、四九一
	計	三六、七一一	三〇、二五五	一七、四九四	八四、四六〇	一八、七一〇	一七、〇九一	七、九九三	四三、七九四

備考　本表は昭和十五年一月より起算す。

五、八月中に於ける渡支取締狀況表

一、渡支身分證明書發給狀況調（八月分）

區分 / 地方別	許 內地人	許 朝鮮人	許 計	否 內地人	否 朝鮮人	否 計
北支方面	二六〇	二八九	五四九	三五	八〇	一一五
中支方面	一八	九〇	一〇八	七	一四	二一
南支方面	三	一〇	一三	一	八	九

治安狀況　四七

合計	二八一	三八九	六七〇	四三	一〇二	一四五

二、渡航別調（八月分）

區分／地方別	初渡航 內地人	初渡航 朝鮮人	初渡航 計	再渡航 內地人	再渡航 朝鮮人	再渡航 計
北支方面	二五二	二六五	五一七	八	二四	三二
中支方面	一六	七四	九〇	二	一六	一八
南支方面	三	八	一一	—	二	二
合計	二七一	三四七	六一八	一〇	四二	五二

三、渡航目的調（八月分）

區分／目的別		北支方面 內地人	北支方面 朝鮮人	北支方面 計	中支方面 內地人	中支方面 朝鮮人	中支方面 計	南支方面 內地人	南支方面 朝鮮人	南支方面 計
一時旅行者	皇軍慰問	—	—	—	—	—	—	—	—	—
	視察	—	—	—	—	—	—	—	—	—
	新聞記者	二	—	二	—	—	—	—	—	—
	遊藝人	—	—	—	—	—	—	—	—	—
	商用	二	一〇	一二	二	一	三	—	—	—
	計	四	一〇	一四	二	一	三	—	—	—
官吏		八	二	一〇	—	—	—	—	—	—

治安狀況

移住者	農業	三	五	八	—	—	—	—	—	—
	銀行員	九	—	九	二	—	二	—	—	—
	會社員	三九	一七	三六	三	二	五	—	一	一
	土木請負	九	七	一六	—	—	—	—	—	—
	鑛山業	一	八	九	—	—	—	—	—	—
	工業	六	七	一三	—	—	—	—	—	—
	商業	一三	三〇	四三	—	六	六	—	一	一
	料理屋飲食店	一	五	六	—	一	一	—	一	一
	貸座敷	—	—	—	—	—	—	—	—	—
	女給仲居	二	七	九	—	—	—	—	—	—
	藝娼妓	三	二九	三三	—	四	四	—	六	六
	無職	九九	七三	一七三	七	四一	四八	三	—	三
	其の他	六三	八九	一五三	四	三五	三九	—	一	一
	計	二五六	二七九	五三五	一六	八九	一〇五	三	一〇	一三
合計		二六〇	二八九	五四九	一八	九〇	一〇八	三	一〇	一三

四九

Ⅱ. 조선총독부 외무과 편철, 「1938~1939년 여권예규(동양)」

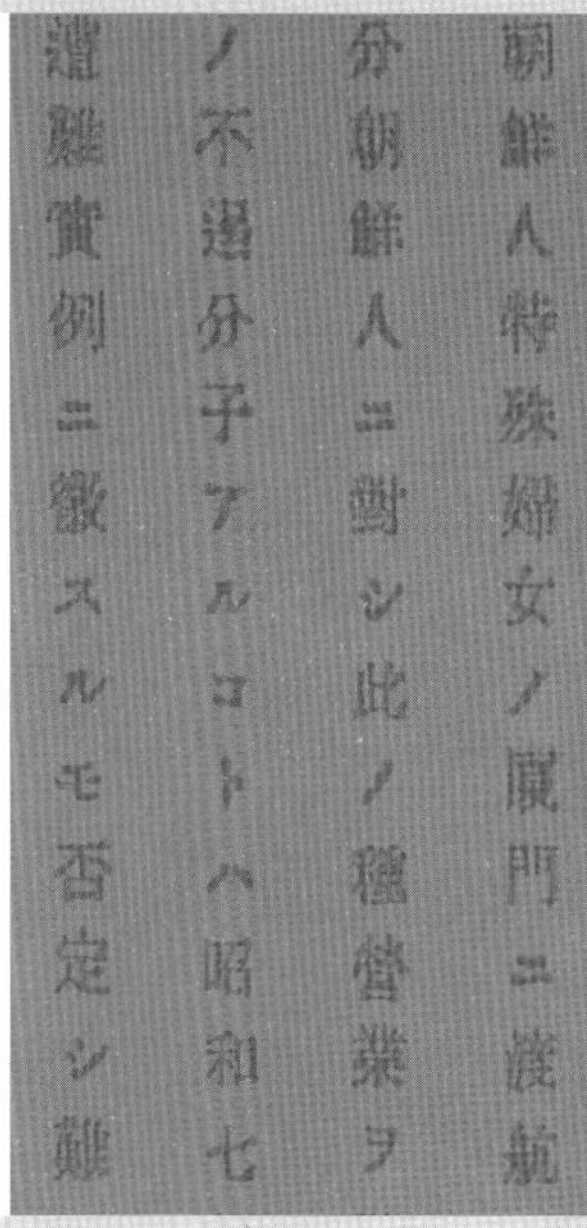

1. 중국 일반
2. 북중국, 만주, 몽강(蒙疆) 일반
3. 칭다오(靑島), 지난(齊南) 지역
4. 룽커우(龍口), 하이저우(海州) 지역
5. 상하이(上海) 지역
6. 한커우(漢口) 지역
7. 광둥(廣東) 지역
8. 홍콩(香港), 샤먼(廈門), 산터우(汕頭), 베이하이(北海) 지역
9. 하이난섬(海南島)

1. 중국 일반

1) 불량 분자의 지나 도항 단속에 관한 건 不良分子ノ渡支取締方ニ關スル件(1938. 7. 4.)

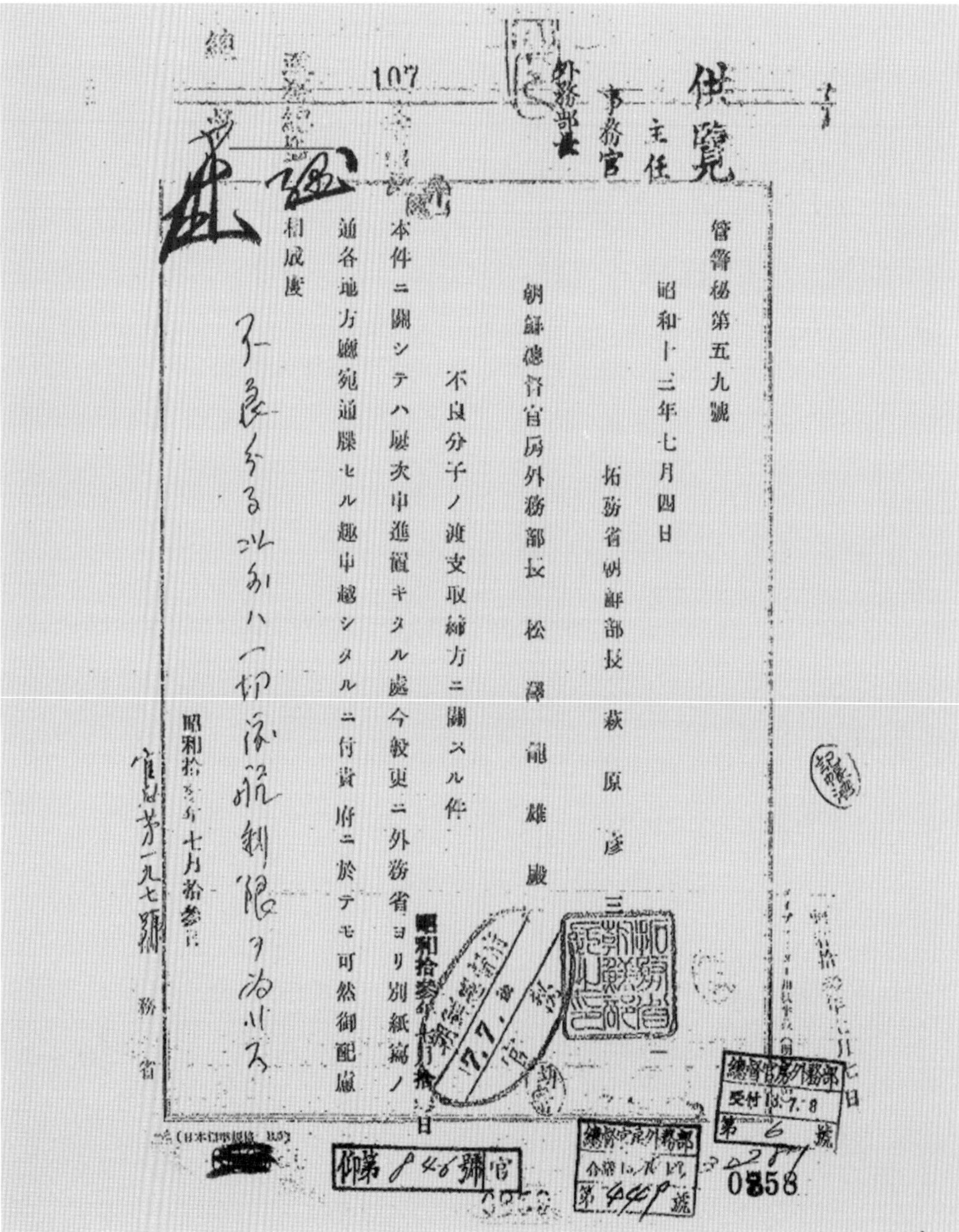

管警秘第五九號

昭和十三年七月四日

拓務省朝鮮部長 萩原彥三

朝鮮總督官房外務部長 松澤龍雄殿

不良分子ノ渡支取締方ニ關スル件

本件ニ關シテハ屢次申進置キタル處今般更ニ外務省ヨリ別紙寫ノ通各地方廳宛通牒セル趣申越シタルニ付貴府ニ於テモ可然御配慮相成度

108

機密

寫

米三機密合第三〇五二號

昭和十三年六月二十八日

外務省亞米利加局長 吉澤清次郎

宛先ハ末尾記載ノ通リ

不良分子ノ渡支取締方ニ關スル件

本件ニ關シテハ客年八月三十一日附米三機密合第三七七六號往信以來數次申進置ノ次第アリタル處之ヲ綜合スルニ來ル七月一日以降ハ青島方面行初渡航者ノ制限撤廢ト共ニ支那何レノ方面ニ渡航スル者ニ付テモ其ノ新渡航者ナルト復歸者ナルトヲ問ハス素性經歷平素ノ言動等不良ニシテ渡支後不正行爲ヲ爲ス虞アル者ヲ除クノ外ハ凡テ身分證明書ヲ發給スルコトト相成所謂不良分子ニ非サル限リ何等渡支者ヲ制限抑止スル必要ナキノミナラス却テ現地ニ

外務省

0859

109

2

於テハ善良ナル邦人ノ渡支ヲ必要トスル現狀ナルニ付身分證明書ノ願出ニ對シテハ不良分子ヲ除クノ外ハ可成迅速ニ之ヲ發給スルコトトシ且又出發港ニ於テモ警察署長又ハ在外公館長發給ノ身分證明書ヲ携帶スル者ニ對シテハ再ヒ之ヲ取調フルカ如キコトナク直ニ乘船セシメ可成渡支者ニ對シ不便ヲ與ヘサル樣取扱方可然御配意相成度此段申進ス

本信送付先　警視總監、各地方長官、關東州廳長官

本信寫送付先　拓務次官、內務省警保局長、在支各公館長

外務省

0360

110

總督官房外務部
發送 13.7.11
第352號

昭和13年7月8日

總督

政務總監

主務 外務部長

事務官

主任

文書課長

件名 不良分子ノ渡支取締方ニ關スル件

外務部長

警務局長 宛

昭和拾參年七月七日

0861

本件ニ関シ今般外務省ヨリ各地方
庁宛別紙ノ通通牒セル旨拓務省ヨリ
移報アリタルニ付右可然御取計相成度

0862

2) 광둥 및 한커우 도항자 단속에 관한 건

廣東及漢口渡航者取締ニ關スル件(1939. 3. 3.)

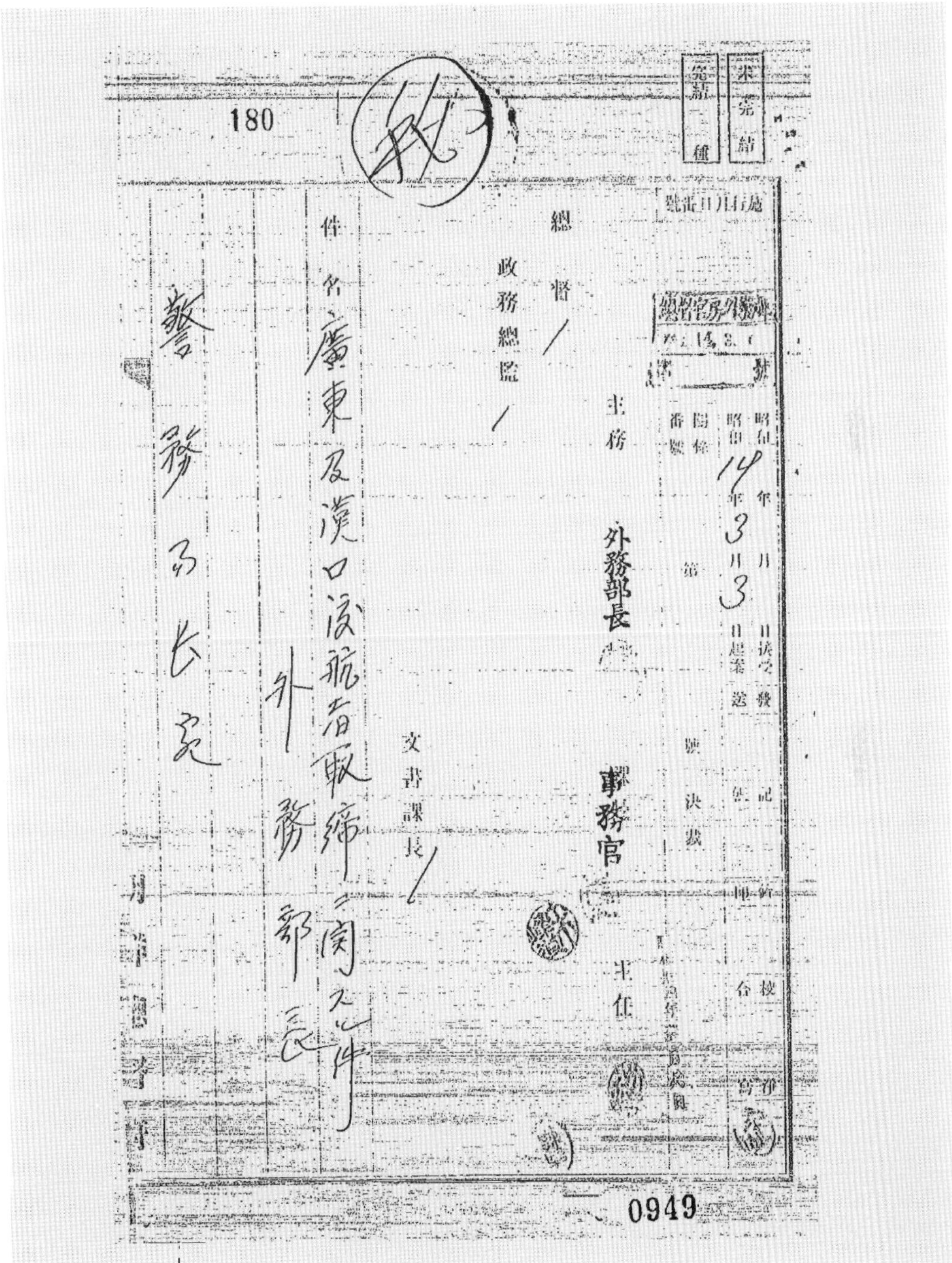

180

完結 二種 未完結

總督

政務總監

主務 外務部長

事務官

主任

昭和14年3月3日 起案

文書課長

件名 廣東及漢口渡航者取締ニ関スル件

外務部長

警務局長宛

0949

本件ニ関シ今般拓務省ヨリ別紙写

ノ通申越タルニ付（一〇號）ノ通措置相成度

別紙写添付

0950

181

秘

管齋第二五一號

昭和十四年二月二十日

拓務省朝鮮部長 萩原彦三

朝鮮總督官房外務部長 松澤龍雄殿

廣東渡航者ノ統制方ニ關スル件

本件ニ關シ今般別紙寫ノ通各關係官廳宛通牒シタル趣外務省ヨリ申越シタルニ付委細御了悉ノ上可然御取計相成度

總督官房外務部 受付14.2.20 第1183號

拓務省

0951

182

米三機密合第五五一號

昭和十四年二月三日

外務省亜米利加局長 吉澤清次郎

廣東渡航者ノ統制方ニ關スル件

本件ニ關シテハ曩ニ客年十一月十一日附米三機密合第五二四〇號ヲ以テ申進置タル處今般在廣東總領事ヨリノ通報ニ基キ同地ニ於ケル復舊状況竝ニ今後同地カ貿易ニ主眼ヲ置ク方針ナル次第ニモ鑑ミ爾後一般商況視察者ニ對シテモ身分證明書ヲ發給スルコトト致度ニ付右樣御取計相成度此段申進ス

追而右以外ノ旨ニ關シテハ從前通リ御取扱ノコトト御承知置相成度

本信送付先 警視總監、各地方長官、關東州廳長官

拓務省

0952

183

秘

管警第二五五號

昭和十四年二月二十日

拓務省朝鮮部長 萩原彦三

朝鮮總督官房外務部長 松澤龍雄殿

漢口ヘノ渡航者取締ニ關スル件

本件ニ關シ曩ニ客年十二月二十三日附管警秘第一九二一號ヲ以テ申進置キタル處今般更ニ外務省ヨリ内地各地方長官宛別紙寫ノ通通牒シタル趣申越シタルニ付右御了知ノ上可然御取計相成度

漢口ニ於テハ飲食店、カフエー、喫茶店、料理店、雜貨商、慰安所等已ニ飽和状態ニアリ

總督官房外務部
受付14.2.26
第[illegible]號

拓務省

0953

機密

184

米三機密合第六〇五號

昭和十四年二月七日

外務省亞米利加局長　吉澤清次郎

漢口ヘノ渡航者取締ニ關スル件

本件ニ關シ客年十二月十六日附米三機密合第五八〇二號往信ヲ以テ申進置タル處今般在漢口花輪總領事ヨリ同地ニ於ケル一月末現在邦人在留數ハ二二八九名外ニ武昌約七百余名ニシテ飲食店二百十四軒、「カフェー」一九軒、喫茶店一七軒、料理屋八軒及雜貨商二百二十軒外ニ軍慰安所二十軒ノ多數ニ上リ今後モ便船毎ニ激增ノ傾向ニ在ルモ其ノ質ハ必シモ優良トハ言ヒ難ク臨時腰掛的ニ進出シ軍人相手ノ營業ヲ營ミ一儲セントスルノ輩モ尠カラス前記

外務省

0954

185

2

ノ如キ種類ノ營業者ハ既ニ飽和狀態ニ在リテ今後同業者ノ增加ハ共倒レニ至ルノ懸念存スルノミナラス邦人使用家屋ハ最近支那人ノ復歸、復業ノ進捗ニ伴ヒ借入困難ノ狀態ナルヲ以テ向後苟モ資金、技術ヲ有セサル不堅實ナル分子カ同地方ノ空景氣ニ惑レテ漫然ト渡航スルカ如キハ之ヲ嚴重取締ルノ必要アルニ付テハ漢口ヘノ新規渡航者ニ對シテハ右ノ實情ヲ充分認識セシメ漫然渡航スルカ如キコトナキ樣指導致度趣申越ノ次第有之タルニ付委細右ニテ御了知ノ上此ノ旨同地渡航者ニ周知ト共ニ辨導方可然御取計相成度此段申進ス

本信送付先　警視總監、關東州廳長官、各地方長官

外務省

戊

0955

3) 지나행 도항자의 엄선 방법에 관한 건

支那向渡航者嚴選方ニ關スル件(1939. 7. 7.)

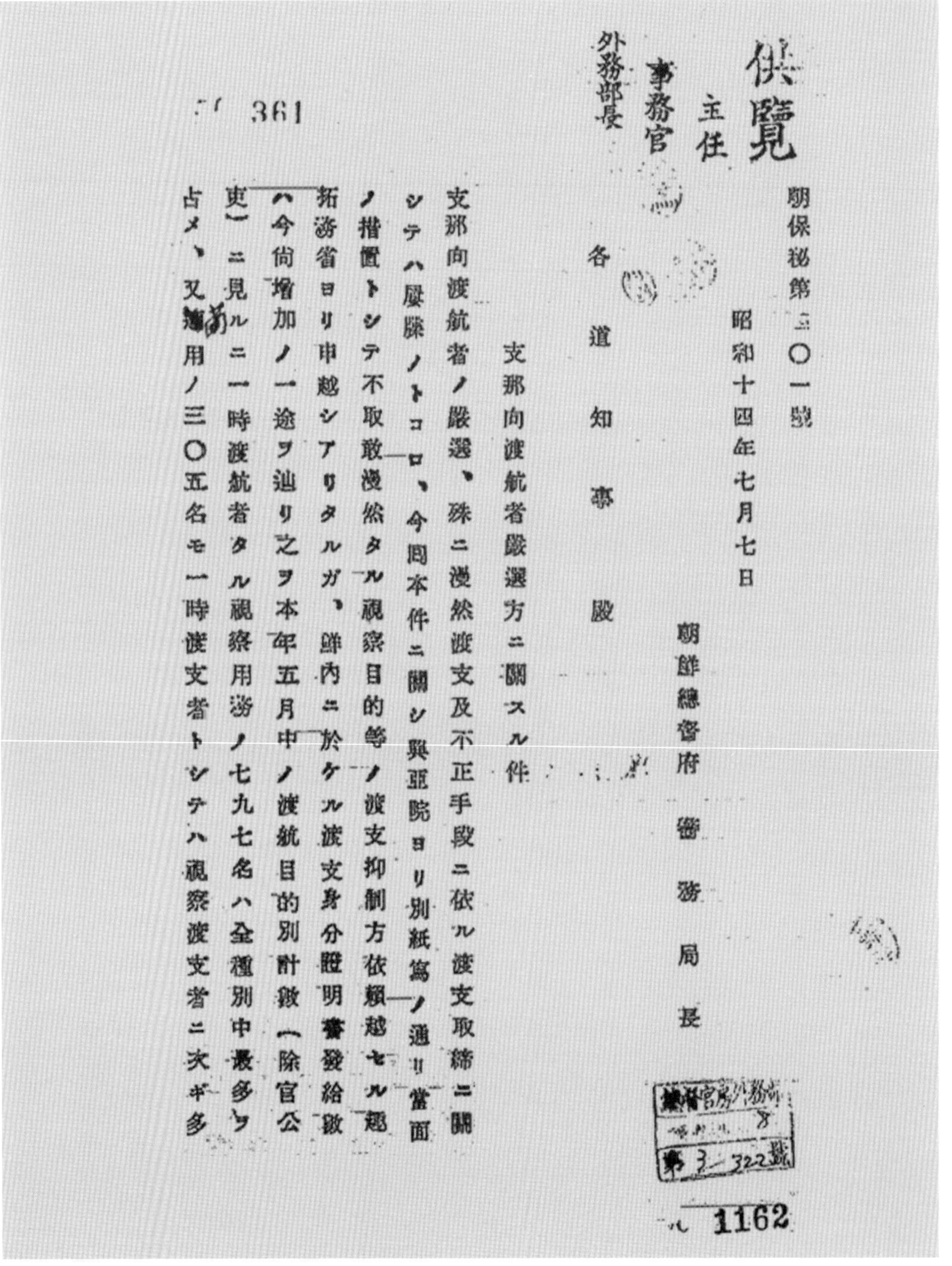

361

供覽
主任
事務官
外務部長

朝保秘第三〇一號

昭和十四年七月七日

朝鮮總督府警務局長

各道知事殿

支那向渡航者嚴選方ニ關スル件

支那向渡航者ノ嚴選、殊ニ漫然渡支及不正手段ニ依ル渡支取締ニ關シテハ屢陳ノトコロ、今回本件ニ關シ興亞院ヨリ別紙寫ノ通リ當面ノ措置トシテ不取敢漫然タル視察目的等ノ渡支抑制方依賴越セル趣拓務省ヨリ申越シアリタルガ、鮮內ニ於ケル渡支身分證明書發給數ハ今尚增加ノ一途ヲ辿リ之ヲ本年五月中ノ渡航目的別計數（除官公吏）ニ見ルニ一時渡航者タル視察用務ノ七九七名ハ全種別中最多ヲ占メ、又[illegible]用ノ三〇五名モ一時渡支者トシテハ視察渡支者ニ次ギ多

第3-322號

1162

數ヲ占ムル實況ニシテ之等ニ對シテハ尚相當嚴選抑止ノ餘地存スルヤニ認メラルルノミナラズ其ノ他ノ一時渡航者（皇軍慰問、新聞記者、遊藝人等）ニ於テモ名實必ズシモ一致セザルモノ、或ハ私利ヲ目的トスルモノ等ナシトセズ、之等ニ對シテモ亦抑止ヲ要スル者アルベキニ付別紙ノ趣意了悉ノ上一時渡航者ニ對シテハ特ニ適切ナル措置相成度

追テ當分ノ間渡支身分證明書發給月報第三表ノ一時渡航者（皇軍慰問、視察、新聞記者、遊藝人、商用）欄ノ渡航者數ニハ携帶旅費金額ヲ併記セラレタシ

362

昭一四經發第二六八號

昭和十四年六月二十四日

興亞院總務長官

內務次官殿

支那向渡航者嚴選方ニ關スル件

支那ニ於ケル我方占據地域內ノ治安良化等ニ伴ヒ近時支那向渡航者ノ數著ク增加シツツアル現況ニ有之右ハ固ヨリ大陸發展認識普及等ノ點ニ於テ喜ブベキ所ナルモ一面之等渡航者中ニハ往々渡航ノ目的明瞭ナラザルノミナラズ其ノ質ニ於テ不都合ナルモノ尠カラズ特ニ其ノ放出スル旅費等ハ假令善意ノモノニ在リテモ支那ニ於ケル日系通貨ノ價値維持上多大ノ負擔トナル等却テ諸施策實施上ノ障害ヲ招キ延テハ作戰行動ニモ支障ヲ來ス虞アリ支那渡航者ヲ質的量的ニ極力

1163

嚴選スル要アリト認メラレ之ガ行政上ノ取締方ニ付テハ不日御協議致度モ當面不取敢漫然タル視察ヲ目的トスル渡航者ノ如キニ對シテハ警察署長ノ身分證明書ノ發給方ニ付キ此ノ際極力抑止スル樣致度ニ付テハ其ノ旨至急御管下ニ御令達相成度此段及御依頼候也

4) 내지 경유 만주·지나 도항의 타이완적민(臺灣籍民)의 취급에 관한 건

內地經由渡滿支ノ臺灣籍民取扱ニ關スル件(1939. 8. 11.)

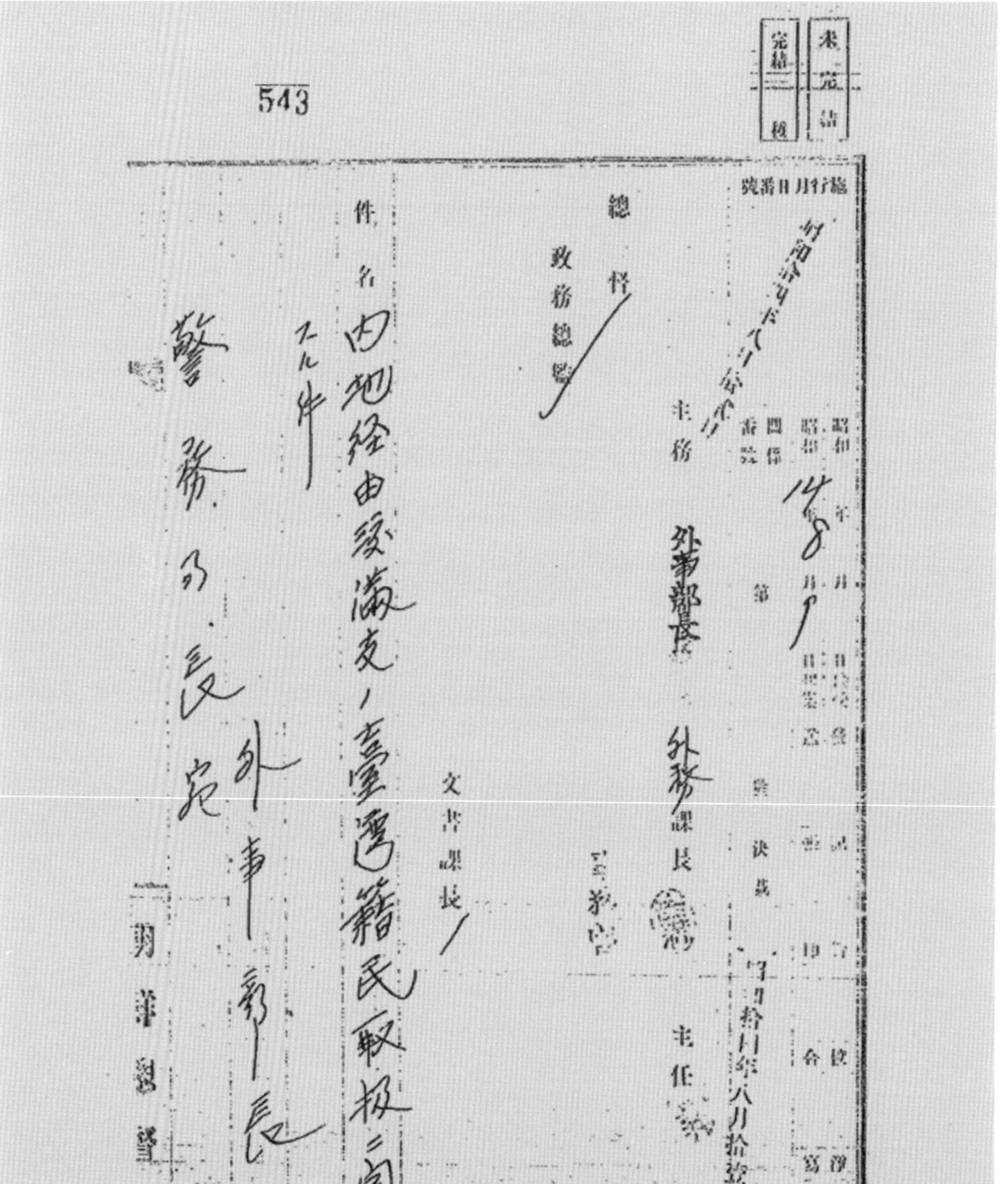

543

總督

政務總監

件名 內地經由渡滿支ノ臺灣籍民取扱ニ關スル件

警務局長宛

外事部長

主務 外事部長

外務課長

文書課長

昭和14年8月9日

昭和拾四年八月拾壹日

朝鮮總督府

1389

本件ニ關シ招聘者ヨリ別紙寫ノ通
申越タルニ付可然 御措置方承度

朝鮮總督府

1390

544

管警第一二七二號

昭和十四年八月一日

拓務次官　田中武雄

朝鮮總督府政務總監　大野緣一郎殿

內地經由渡滿支ノ臺灣籍民取扱ニ關スル件

今般臺灣總督府ヨリノ照會ニ依リ外務省ニ於テハ別紙寫ノ通內地及關東州各關係官廳宛通牒セル趣ノ處本件ニ付テハ貴府ニ於テモ可然御措置相成度

拓務省

別紙添附

朝鮮總督府 14.8.4. 外務 93

總督官房外務課 受付14.8. 第1347

No196

1391

545

米三機密合第二四八二號

昭和十四年七月七日

外務省亜米利加局長 吉澤清次郎

内地經由渡滿支ノ臺灣籍民取扱ニ關スル件

本件ニ關シ今般森岡臺灣總督府總務長官ヨリ別紙寫ノ通申越ノ次第有之タルニ付委細右ニテ御了悉ノ上本件ノ趣旨徹底方可然御配慮相成度此段申進ス

本信送付先 警視總監、各地方長官、關東州廳長官

本信寫送付先 拓務次官

拓務省

1392

546

官外第三五〇號

昭和十四年七月一日

臺灣總督府外務部長官 森岡二朗

外務次官 澤田廉三殿

内地經由渡滿支ノ臺灣島民取扱ニ關スル件

標記ノ件ニ關シ本年四月二十日附米三機密第一二一號ヲ以テ御通報ノ趣了承本島人ニシテ一旦内地又ハ本島以外ノ外地ニ渡リシ一定期間滯在若クハ居住ノ上渡支渡滿スル場合ノ取扱ニ付テハ客年九月本府府令第一一八號制定以來本府ニ於テモ考究中ナリシ處右府令制定ノ趣旨ニモ鑑ミ爾今此ノ種本島人ノ渡支渡滿スルモノニ對シテハ昭和十二年八月三十一日附米三機密第三七七六號不良分子ノ渡支取締ニ依ル支那渡

外務省

1393

拓務省

航取扱手續ニ準シ本人居住地所轄警察署長發給ノ身分證明書ヲ携帯セシシムルコトトシ尙所轄警察署長ニ於テ右下付願書ヲ受理シタル場合ハ支那人ニ對スル旅券下付ノ場合ト同様本人ノ身許等一應其ノ本籍地所轄官廳ヘ照會シ其ノ差支無キ者タルコトヲ確メタル上之ヲ下付スルコトトシ以テ取締ノ完全ヲ期シ度候ニ付テハ右可然御配意相成度此段得貴意候也

5) 지나에서 황군 점거 지역 내 여행에 대한 증명서 발급 상황의 건

支那内地皇軍占據地域内旅行ニ對スル證明書發給狀況ノ件(1939. 9. 1.)

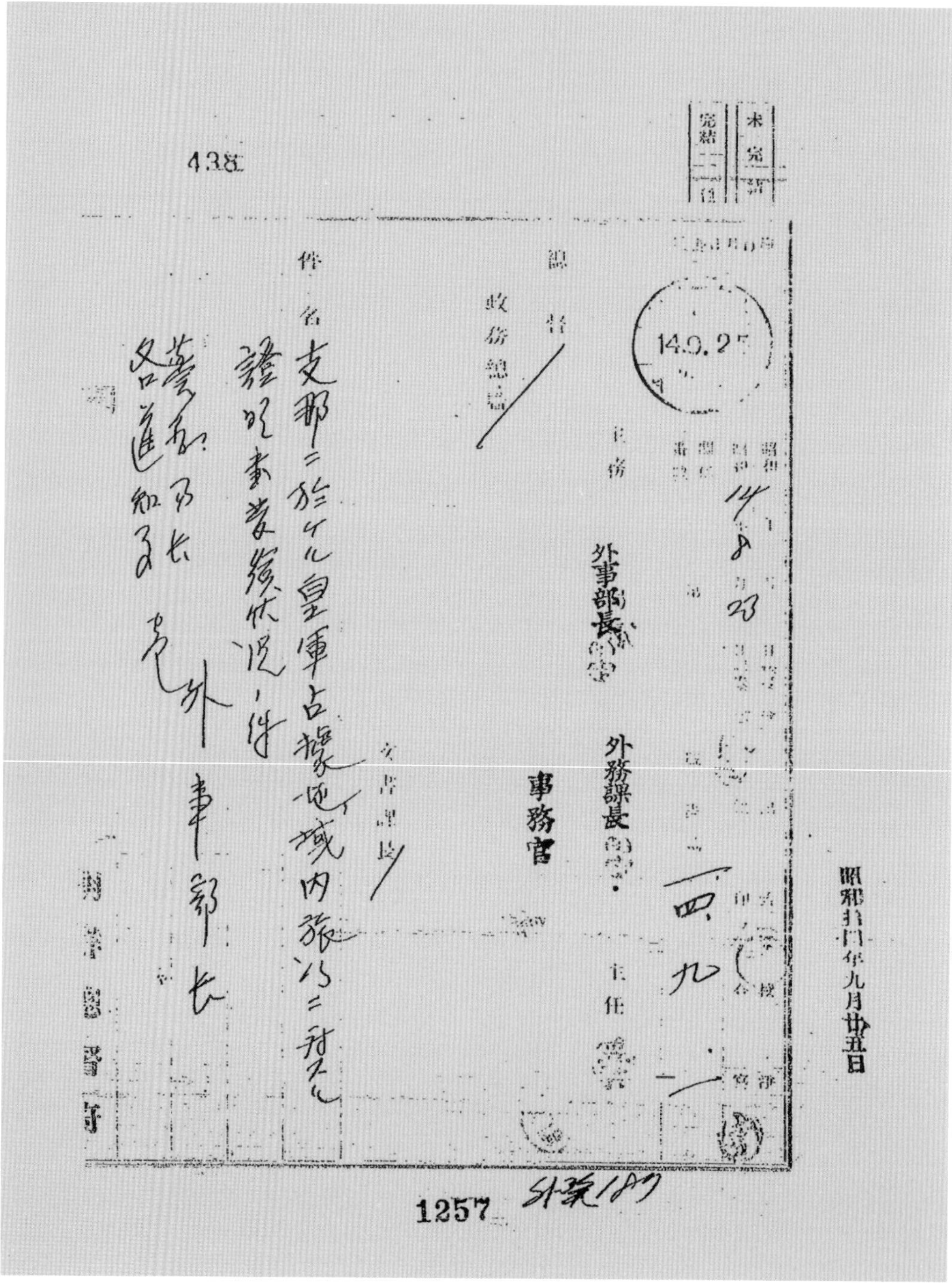
438

件名 支那ニ於ケル皇軍占據地域内旅行ニ對スル證明書發給狀況ノ件

各道知事 宛 外事部長

政務總監

外事部長

外務課長

事務官

主任

昭和十四年九月廿五日

1257

本件ニ関シ外務省ニ於テ作成セル調
書四部参考迄送付ス

別紙調書写添付

朝鮮総督府

0 1258

439

供覽

主任
事務官
外務課長
外事部長

管警第一四二〇號
昭和十四年八月九日
拓務次官 田中武雄

朝鮮總督府政務總監 大野綠一郎 殿

支那ニ於ケル皇軍占據地域内旅行ニ對スル證明書發給狀況ノ件

本件ニ關シ在支各公館ノ報告ニ基キ別紙ノ通調書作成シタル趣外務省ヨリ通報越シタルニ付右御參考迄送付ス

拓務省

別紙添附

總督官房外務部
受付 14. 8. 12
第13 351 號

1259

440

支那內地皇軍占據地域內旅行ニ對スル
證明書發給狀況

支那ニ於ケル皇軍占據地域內ノ旅行者ニ對シテハ軍ノ必要並ニ治安保持上夫々旅行證明書ヲ發給シテ之ヲ統制シ居レリ其ノ本邦人、外國人並ニ支那人ニ對スル取扱振大要左ノ如シ

蒙疆聯合委員會管轄區域

當地方ハ作戰地帶タル關係上左ノ通一律日本側軍部ニ於テ旅行證明書ヲ發給ス

一、北支地域ヨリ鐵道ニ依リ入蒙スル者ニ對シテハ北支方面軍ニ於テ張家口迄ノ旅行證明書ヲ發給ス

二、張家口以西鐵道沿線及奧地ヲ旅行スル者ニ對シテハ蓮沼部隊ニ於テ旅行證明書ヲ發給ス

U 1260

441

大同

一、日本人

在留本邦人ノ內地、朝鮮、關東州及滿洲方面ヘノ旅行ニ對シテハ在大同日本總領事館出張所ニ於テ身分證明書及旅行證明書ヲ發給ス

但シ帝國總領事館警察官ノ駐在セサル岱岳鎭、朔縣、左雲、右玉、平魯、陽高等ノ在留邦人ニ對シテハ現地駐屯憲兵隊ニ於テ便宜右證明ヲ發給ス

軍作戰地域ヘノ旅行ニ對シテハ憲兵隊ヨリ旅行證明書ヲ發給ス

二、外國人

在留外國人ニ對シテハ最寄駐屯憲兵隊及部隊ヨリ大同迄ノ一時旅行證明書ヲ發給シ來同後ニ於テ大同特務機關ヨリ更ニ目的地迄ノ旅行證明書ヲ發給ス

三、支那人

1261

442

晉北政府側ニ於テハ支那人ノ管外旅行ニ對シテハ所轄縣警務科（

但シ大同縣ハ大同警察署）ヨリ旅行證明書ヲ發給シ管内旅行ニ對

シテハ豫テヨリ交付シ居ル良民證ヲ以テ旅券ニ代ヘ居レリ

1262

CC 443

山海關

一、日本人

在留日本人ニシテ他ヘ旅行セントスル者ニ對シテハ願出ニ依リ在山海關總領事館分館警察署並ニ同秦皇島分署ニ於テ身分證明書ヲ發給ス

二、外國人

外國人ニ對シテハ證明書ヲ發給シ居ラス

三、支那人

支那人ニ對シテハ日支各機關ニ於テ證明書ヲ發給シ居ラス

1263

444

北京

一、日本人

非營業蔵遣地域ヲ旅行スル本邦人ハ軍側又ハ帝國在外公館ノ證明書ヲ要ス但シ渡支ニ際シ行先地ヲ明記セル帝國官憲發給ノ證明書ヲ有スルモノハ右證明書ニ依リ目的地迄旅行シ得

二、外國人

(イ)一般外國人ニハ北京特別市公署ニ於テ旅券ニ「〃〃〃ニ赴クモノニ相違ナキ」旨ノ證明ヲ附與ス

(ロ)無條約國人竝ニ無國籍人ニハ「修正北京市管理無條約國人無國籍人請願居留執照及旅行護照暫行規則」ニ依リ支那側警察局ニ於テ遊歷護照ヲ發給ス

三、支那人

支那人ニ對シテハ北京特別市公署警察局發給旅行證暫行規則ニ依リ警察局ニ於テ旅行證明書ヲ發給ス

1264

天津

一、日本人

別ニ旅行證明書ハ發給セサルモ在天津日本總領事館警察署ニ於テ居住證明書ヲ發給シ旅行中ニ於ケル身分ヲ證明スル資料トス

二、外國人

有國籍人且條約國人ニ對シテハ支那側警察局ニ於テ旅券又ハ國籍證明書ノ空欄ニ遊歷査證印ヲ押捺シ且旅行心得ヲ貼附ス但シ右遊歷査證ハ北京、北戴河、塘沽間ハ不要ナリ

一般外國人ハ北京杉山部隊司令部發給ノ旅行證明書ヲ必要トス各國領事館ヨリ依頼アリタル場合ハ在天津日本總領事館ニ於テ北京日本大使館宛ノ紹介狀ヲ與ヘ本人ヲシテ同大使館ニ出頭セシメ北京杉山部隊司令部ノ旅行證明書ノ發給方ニ付同大使館ノ斡旋ヲ依頼ス但シ天津駐屯本間部隊管下ノミヲ旅行スル者ニ對シテハ特ニ在天津日本總領事館發行ノ旅行證明書ニ特務機關ノ奥書ヲ添ヘ

タルモノヲ以テ右ニ代フ

三 無國籍人（主トシテ舊露國人）

支那側警察局ニ於テ發給セル居留執照及註册執照（身許ニ關スル證明書）ヲ一時警察局ニ預リタル上遊歷護照ヲ發給ス但シ本證明書ハ北京、北戴河、塘沽間ハ不要ナリ

尙又無國籍人ハ之ニ加フルニ天津陸軍特務機關擔任者ノ許可印アル北支防共委員會發給ノ旅行證明書並ニ北京杉山部隊司令部發給ノ旅行證明書ヲ必要トス

外國商館使用ノ無國籍人ハ當該國領事ヨリ又然ラサル無國籍人ハ北支防共委員會ヨリ在天津日本總領事館宛ニ依賴狀ヲ提出セシメ一般外國人同樣北京杉山部隊司令部ノ旅行證明書ノ取得ニ付斡旋ス

四 支那人

支那人ニ對シテハ税額七等（租税額一ケ月六圓）ハ二名八等（同

447

四圓）九等（同二圓五十錢）ハ三名以上ノ店舗ヲ有スル支那人ノ保證アル願書ヲ提出セシメタル上本人及保證人ヲ調査シ支那側警察局ニ於テ內地旅行證明書ヲ發給ス但シ外國商館使用ノ支那人及支那國籍ヲ取得セル外國人ニハ外國商館ノ當該國領事ノ保證書ヲ提出セシム

尚右證明書ニハ一律特務機關ノ檢印ヲ要ス但シ北京ニ旅行スル場合ニ限リ該證明書ヲ必要トセス

1267

448

石家莊

一、日本人

太原、新鄕以南地區ニ旅行スル者ニ對シテハ在石家莊日本領事館警察署ニ於テ旅行證明書ヲ發給シ、石家莊附近ノ旅行ニ付テハ豫メ防諜ノ目的ヲ以テ同領事館警察署ニ於テ發給シアル居住證明書ヲ以テ旅行證明書ニ換フ

尙渡支ニ際シ行先地ヲ明記セル帝國官憲發給ノ證明書ヲ有スル者ハ右證明書ニ依リ目的地迄旅行ヲ爲スコトヲ得

二、外國人

外國人ニ對シテハ市公署ニ於テ旅行證明書ヲ發給ス

三、支那人

支那人旅行者ニ對シテハ日支各機關トモ證明書ヲ發給シ居ラス

1268

濟　南

一、日本人

營業線ノ鐵道旅行ニハ證明書携帶ノ要ナキモ途中取調ヲ受クルカ如キ場合ニ備フル爲任意證明書ノ發給ヲ願出ツルモノ多ク在濟南日本總領事館警察署ニ於テ之ヲ發給シ居レリ

非營業鐵道及奥地旅行者ハ軍特務機關ヨリ許可書又ハ鐵道便乘券請求書ノ發給ヲ受クルヲ要ス

二、外國人

外國人及無國籍人ニ對シテハ軍特務機關ニ於テ證明書ヲ發給スル建前ナルモ實際ニ於テハ在濟南日本總領事館ニ於テ身元取調ノ上發給セル證明書ニ對シ軍特務機關ニ於テ加印シ居レリ但シ最近ニ於テハ右證明書ハ必スシモ當該官憲ニ對シ提示ヲ要セス殊ニ津浦線北段、膠濟線等ニアリテハ何等證明書ヲ有セスシテ旅行シ居ル者多シ

450

四、支那人
臨時政府管轄區域內ノ旅行ニハ證明書携帶ノ要ナキモ右以外ノ地ニ旅行スル者ニ對シテハ支那側警察局ニ於テ身元取調ノ上證明書ヲ發給ス

0 1270

451

張店

一、日本人

營業鐵道沿線ニ來往セントスル者ニハ在張店日本總領事館出張所ニ於テ旅行證明書ヲ發給ス

非營業鐵道沿線來往者ハ憲兵又ハ特務機關ニ於テ證明書ヲ發給ス

二、外國人

膠濟沿線旅行ニ際シテハ別段證明書ヲ發給セス我方軍警ニテ行動ヲ監視シ居レリ

三、支那人

一般支那人ニシテ良民證等所持ノ者ニ對シテハ憲兵、憲兵ノ駐屯セサル地ニテハ警備隊又ハ宣撫班等ノ監督ノ下ニ縣公署又ハ警務局ニ於テ旅行證明書ヲ發給ス

1271

坊子

一、日本人

日本人及日本人使用ノ支那人ニ對シテハ在坊子日本總領事館出張所ヨリ旅行證明書ヲ發給ス坊子驛ニ於テハ右證明書所持者ニ限リ乘車券ヲ發賣ス

又濰縣ニ於テハ濰縣警察分署ニ於テ右旅行證明書ヲ發給ス

二、外國人

外國人ニ對シテハ證明書ヲ發給シ居ラス

三、支那人

支那人ニ對シテハ坊子鎭公所ニ於テ一名ノ保證人ヲ立テシメ膠濟線旅行者ニ限リ證明書ヲ發給シ居レリ

青島

(A)

膠濟鐵道沿線

一、日本人

帝國軍官憲發給ノ身分證明書ニ基キ在青島日本總領事館ニ於テ膠濟鐵道沿線入城許可書ヲ發給ス

二、外國人

旅行中生スルコトアルヘキ生命財産上ノ危險ニ對シ日本官憲ニ於テ責任ヲ負ハサルコト並ニ日本軍憲ニ於テ軍事上必要ナリト認メテ發スルコトアルヘキ一切ノ命令ニ服從スヘキコトヲ記載セル誓約書ヲ在青島日本總領事館ニ提出セシメ同館ニ於テ身元調査ノ上證明書ヲ交付シ之ヲ陸軍特務機關ニ提出同機關ニ於テ許可ヲ與フ但シ蘇聯邦人及無國籍人ニ對シテハ許可セス

三、支那人

支那側警察局ニ於テ身分證明書ヲ發給ス

(B) 海州新浦方面

一、日本人

追記

青島ヨリ海州方面ニ旅行セントスル
外國人船客ハ在青島日本總領事館發
給ノ旅行證明書ニ又支那人船客ハ青
島特別市警察局發給ノ旅行證明書ニ
青島帝國海軍武官府ノ檢閲證明ヲ受
ケ更ニ出港前之ヲ海軍警査ニ提示シ
乘船許可ノ取付ヲ要ス

1274

總領事館ニ經歷書ヲ提出セシメ身元調査ノ上身分證
シ之ヲ陸軍特務機關ニ提出同機關ニ於テ許可ヲ與フ
明書ノ發給ニ際シテハ家屋拂底等ノ事由ニ依リ臨時
連絡相當ノ制限ヲ加フ
セス

1275

二、支那人
支那側警察局ニ於テ身元調査ノ上旅行證明書ヲ交付シ之ヲ陸軍
特務機關ニ提出同機關ニ於テ許可ヲ與フ

454

(C) 連雲港

一、日本人
日本軍憲發給ノ身分證明書ヲ海軍武官府ニ提出同武官府ニ於テ
許可ヲ與フ

455

二、外國人
旅行ヲ許可セス
四、支那人
支那側警察局ニ於テ身元調査ノ上身分證明書ヲ發給シ之ヲ海軍武官府ニ提出同武官府ニ於テ許可ヲ與フ

(D) 右地域以外

一、日本人
青島居留者ニ對シテハ日本總領事館警察署ニ於テ旅行證明書ヲ發給ス但シ帝國官憲發給ノ身分證明書ヲ所持セル者ニハ之ヲ發給セス

二、外國人
日本船舶利用者ニハ日本總領事館ニ於テ旅券其ノ他ニ就キ身元調査ノ上旅行證明書ヲ發給ス
尚外國船舶利用者ハ旅券ノミニテ何等證明書ヲ携行セス

1276

弍 支那人

支那側警察局ニ於テ身元調査ノ上旅行證明書ヲ發給ス

457

芝罘

一、日本人

在芝罘日本領事館ニ於テ旅行證明書ヲ發給ス

二、外國人

日本側支那側共ニ證明書ヲ發給シ居ラス尤モ昭和十四年五月二十日以降市內ノ一部ナルモ陸戰隊哨兵線外ナル地域ノ居住者及出入外國人ニ對シテハ在芝罘日本領事館ニ申告シ同隊ヨリ哨兵線通行許可證ヲ發給スルコトトナレリ

三、支那人

海路皇軍占領地域ニ旅行スル者ニ對シテハ烟台市公署警察局ニ於テ旅行證明書ヲ發給シ之ニ對シ陸軍特務機關出張所ノ許可奥書ヲ與フ

0 1278

458

上海

一、日本人

本邦人ノ旅行ハ憲兵司令部ヲ通シ軍司令部ニ願出テ許可ヲ得ル次第ナルモ慰問團又ハ知名人士ノ旅行ニハ許可ヲ必要トセス取引ヲ目的トスル場合ハ取引許可書ノミニテ許容セラルルモノニシテ右ノ外特ニ旅行許可書ヲ必要トセス

二、外國人

外國人ニ對シテハ内地タルト商埠地タルヲ問ハス占領地域ニ於テハ所屬國領事館ヲ通シテ在上海日本總領事館ニ出願セシメ之ヲ陸軍側ニ移牒シ軍司令部ニ於テ許可書ヲ發給ス（但シ海軍占據區域ヘノ來往ニハ海軍側ノ許可ヲ必要トス）

三、支那人

支那人ノ旅行ハ市民協會又ハ知合ノ邦人等ヲ通シ憲兵司令部ニ願出テ右司令部ヨリ軍司令部ニ移牒シ同司令部ニ於テ詮議ノ上許可ス

1279

杭州

一、日本人

他地方ヘノ日本人旅行者ニ對シテハ各機關共身分證明書ヲ發給シ
居ラス

二、外國人

上海方面竝ニ海杭鐵道沿線地區旅行ノ外國人ハ在杭州日本領事館ニ通行許可證ノ發給方ヲ願出テシメ同領事館ハ審査ノ上通行許可證ヲ作成シテ同地駐屯部隊ニ移牒シ其ノ證印ヲ得タル後之ヲ本人ニ交付ス

三、支那人

支那人ニ對シテハ杭州市政府ヨリ身分保障證ヲ發給シ右保障證ニ依リ軍側機關ニ於テ詮議ノ上通行許可證ヲ發給ス

南京

一 日本人

南京警備司令部名儀ノ通行許可證ヲ居留民會ヲシテ發給セシムルヲ原則トスルモ其ノ他特務機關、憲兵隊等ニテモ發給シ居ル實例アリ其ノ有效期間ハ大体一ヶ月乃至半ヶ年ニシテ長キハ稀ニ一ヶ年ノモノアリ

在留邦人ノ南京城門出入ハ從來警備司令部名儀ノ通行許可證ヲ居留民會ヲシテ發給セシメ居タルカ昭和十四年六月一日以降ハ在南京日本總領事館發給ノ在留證明書ヲ以テ之ニ代フコトトス

二 外國人

所屬國領事館ヲ通シ領事館存在セサルモノハ直接何レモ在南京日本總領事館ニ出願セシメ之ヲ陸軍側ニ移牒シ南京警備司令部（南京ト上海、蚌埠或ハ蕪湖等トノ間及右地域以内ノ場合）又ハ中支軍司令部（前記以外ノ地域ヘノ場合）ニ於テ通行許可證ヲ發給ス

461

右通行許可證ノ有效期間ハ大体往復十日間片道數日ヲ普通トス
尙南京在住第三國人ノ單ナル南京城門出入ノ場合下關挹江門、中山門等ノ如ク平素頻繁ニ出入スル箇所ハ在南京日本總領事館經由警備司令部發給ニ係ル身分證明書ヲ所持スルヲ以テ足ルモ其ノ他ノ城門出入ニハ前記通行許可證ヲ要スルヲ原則トス

三、支那人

南京特別市政公署ヲ通シテ軍特務機關ニ出願セシメ同機關ヨリ通行許可證ヲ發給ス其ノ有效期間ハ長キモ三ケ月ヲ出テス
尙南京居住支那人ノ單ナル南京城門出入ノ場合ハ南京特別市政公署ヲシテ南京特務機關名儀ノ市民證ヲ發給セシム其ノ手數料十仙ナリ

0、1282

蕪湖

一 日本人

日本人ノ船舶ニ依ル旅行ニ付テハ南京特務機關蕪湖班ニ於テ通行許可證ヲ又陸路若ハ鐵道ニ依ル旅行ニ付テハ蕪湖憲兵分隊ニ於テ通行證明書ヲ發給ス

二 外國人

外國人ノ皇軍占據地域内ノ旅行ニ付テハ在蕪湖日本總領事館分館ニ出頭許可證下付願ヲ提出セシメ之ヲ蕪湖警備司令部ニ移牒シ同部ニ於テ更ニ軍司令部ノ承認ヲ得テ旅行許可證ヲ發給シ同總領事館分館ヲ經テ交付ス

尚外國人ノ市内通行ニ付テハ同總領事館分館ニ出頭許可證ノ下付願ヲ提出セシメ之ヲ蕪湖警備司令部ニ移牒シ同部ヨリ一定期間（大抵三ケ月間）ノ通行許可證ヲ發給シ同總領事館分館ヲ經テ交付ス

463

ロ、支那人

支那人ノ旅行ニ對シテハ汽車汽船タルト陸路タルトヲ問ハス特務機關蕪湖班ニ於テ通行許可證ヲ發給ス

蕪湖縣內居住ノ支那人ニ對シテハ南京特務機關蕪湖班指導ノ下ニ縣知事ニ於テ市民安居證又ハ鄉民安居證ヲ發給シ市內外ノ通行證ニ代フ

0.1284

九江

一、日本人

本邦人ノ旅行ニ對シテハ先ツ憲兵隊ニ於テ通行許可證ヲ發給シ右ニ基キ在九江日本領事館ニ於テハ軍特務機關宛ノ通行證下付願ヲ認メシメ同領事館警察署ニ於テ取調ノ上願出人ヲシテ同機關ニ提出セシメ通行證ノ下付ヲ受ケシム

二、外國人

外國人ニ對シテハ内地タルト商埠地タルトヲ問ハス占領地域内ノ旅行ニ付テハ其ノ所屬領事館ヲ通シ漢口、南京又ハ上海帝國總領事館ニ出願セシメ軍司令部等ニ於テ通行許可證ヲ發給ス

三、支那人

支那人ニ對シテハ憲兵隊ニ於テ旅行證明書ヲ發給ス

465

漢口

(A)上海方面ヘ下江ノ場合

一、日本人

在漢口日本總領事館ニ於テ身分證明書ヲ發給シ碇泊場司令部ニテ便乘許可ヲ受ク

二、外國人

原則トシテ商用ニ依ル一般外國人ノ往復ヲ認メサル軍側ノ内規アリ轉任、歸國、疾病等人道上已ムヲ得スト認ムル場合ハ下江ヲ許可セラル右許可ヲ受クルニハ先ツ所屬國領事館ヲ通シ在漢口日本總領事館ニ出願セシメ之ヲ軍側ニ移牒シ軍司令部ヨリ許可ヲ與フ下江ニ先立チ宣誓セシメ便乘券請求書ヲ交付ス右請求書ヲ碇泊場司令部ニ持參シ便乘券ヲ受領ス

三、支那人

市政府社會局ノ紹介ニテ軍特務部ニ於テ通行許可證ヲ發給ス

0.1286

466

(B)皇軍占據地域旅行ノ場合

一、日本人

本邦人ノ一般旅行ニ付テハ明確ナル規定ナク關係官憲ニ於テ適宜通行證ヲ發給シ居レリ但シ軍需品買付ノ爲ノ旅行ニ付テハ軍經理部長ヨリ現地部隊長宛紹介狀ヲ發給シ之ヲ以テ通行證ニ代フ又民需品買付ノ爲ノ旅行ニ付テハ在漢口日本總領事館ヨリ證明書ヲ發給シ憲兵隊及軍特務部ノ奧印ヲ得現地ニ赴キ現地部隊長ヨリ更メテ許可證ヲ受領ス

二、外國人

軍司令部ヨリ通行許可證ヲ發給ス

三、支那人

軍特務部ニ於テ特殊支那人ニ限リ通行證ヲ發給ス

(C)漢口市內通行ノ場合

一、日本人

1287

467

制限ナシ佛租界出入許可「パス」モ廢止セラル

二、外國人

午前七時ヨリ午前零時半迄通行可能但シ所屬國領事館ヲ通シ在漢口日本總領事館ニ身分證明書ヲ請求シ之ヲ携帶スルヲ要ス

三、支那人

午前七時ヨリ午後八時迄通行可能但シ軍特務部發給ノ安居證又ハ通行證ヲ携帶スルヲ要ス

1288

廈門

一、日臺人

日本人ハ上陸後旅行自由ナルモ臺灣人ハ在廈門日本總領事館ヨリ發給スル通行證（無期限）ヲ携帶スルコトヲ要ス

二、外國人

廈門ニ渡航ノ外國人ハ一旦共同租界タル鼓浪嶼在留外國人同様在廈門日本總領事館ノ廈門入島許可ノ査證（無期限）ヲ受クルニ非サレハ廈門ニ赴クコトヲ得ス

三、支那人

廈門治安維持會ヨリ通行證ヲ發給ス

廈門ニ赴カントスル外地ヨリノ支那人モ亦一應鼓浪嶼ニ上陸シ鼓浪嶼在住ノ支那人ト同様保證人二名ヲ立テ種痘ヲ施シタル後廈門治安維持會鼓浪嶼辦事處ヨリ通行證（無期限）ノ交付ヲ受クルコトヲ要ス

1289

6) 지나 재도항 신분증명서에 관한 건

再渡支身分證明書ニ關スル件(1939. 9. 14.)

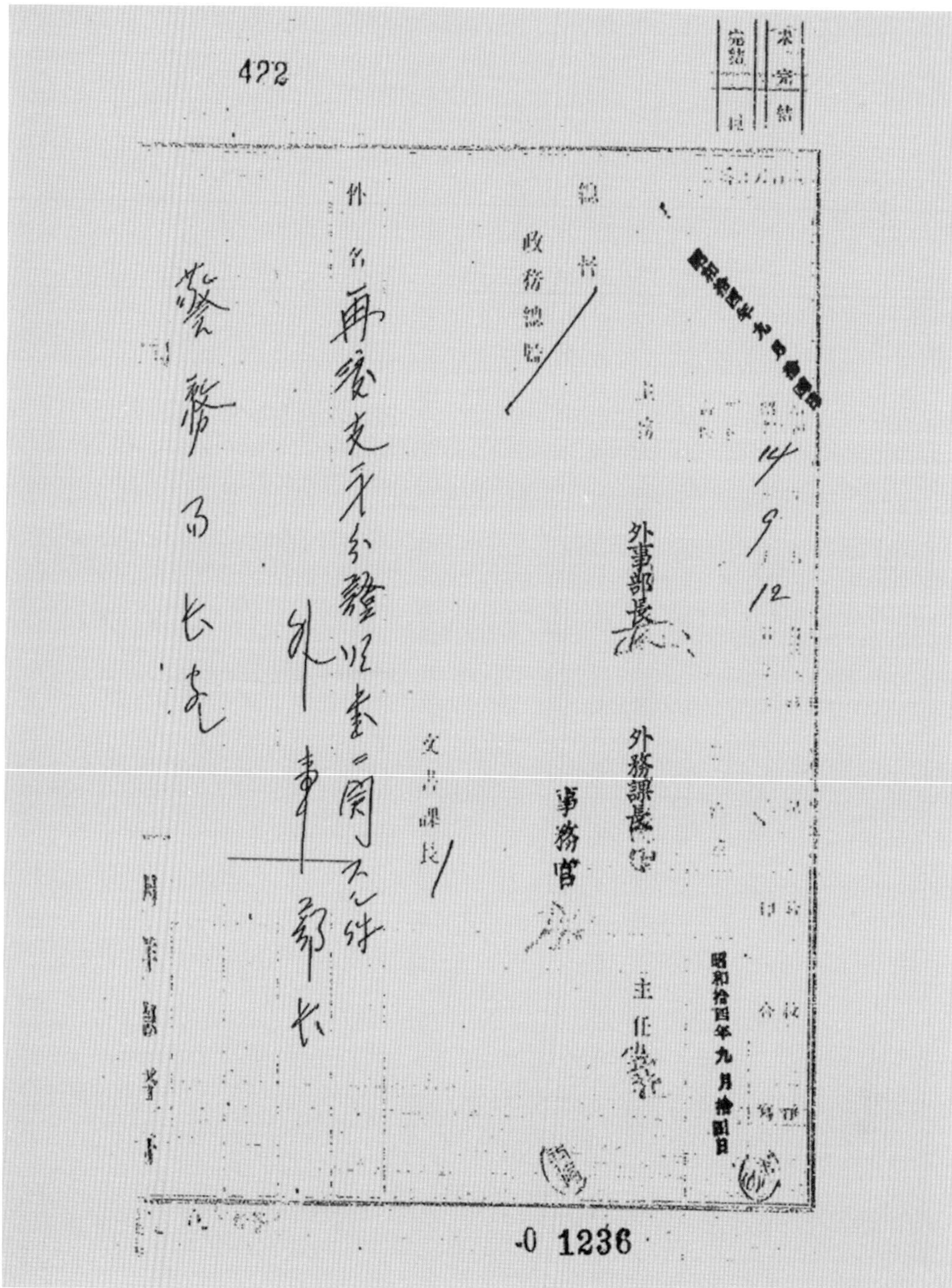

472

總督

政務總監

件名 再渡支身分證明書ニ關スル件

警務局長宛

外事部長

外事部長

外務課長

事務官

主任

文書課長

14/9/12

昭和拾四年九月拾四日

-0 1236

本件ニ関シ外招聘者ヨリ各地方廳宛

別紙写ノ通通牒セル旨招聘者ヨリ

移報アリタルニ付可然御措置相成度

別紙亜米利加局長

公信写添付

(各局用)

1237

423

別紙添附

管警第一五七七號

昭和十四年九月八日

拓務次官　田中武雄

朝鮮總督府政務總監　大野緑一郎殿

再渡支身分證明書ニ關スル件

本件ニ關シ今般外務省ヨリ別紙寫ノ通内地各地方長官及關東州廳長官宛通牒セル趣申越シタルニ付委細右ニテ御了知ノ上可然御措置相成度

拓務省

外務省 14.9.12 受

1238

11-424

米三普通合第四二四六號

昭和十四年八月二十九日

外務省亞米利加局長　吉澤清次郎

再渡支身分證明書ニ關スル件

最近支那在留邦人ニシテ本邦トノ間ヲ往復スルタメ旅行身分證明願ナルモノニ在上海總領事館ノ證明アル文書ヲ携行シ來レル者多々アル處右ハ所定ノ身分證明書トハ異ルモ既ニ發給濟ミノ分ニ對シテハ便宜上特ニ乘船ヲ許可セラルル樣御取計相成度此段申進ス

追而右既發ノ分ノ最終發給月日ハ八月二十二日、最終有效期日ハ十一月三十日ナルニ付右爲念申添フ

拓務省

1239

7) 지나 도항 신분증명서에 휴대한 금액을 기재하는 건

渡支身分證明書ニ携行金額記載方ノ件(1939. 9. 15.)

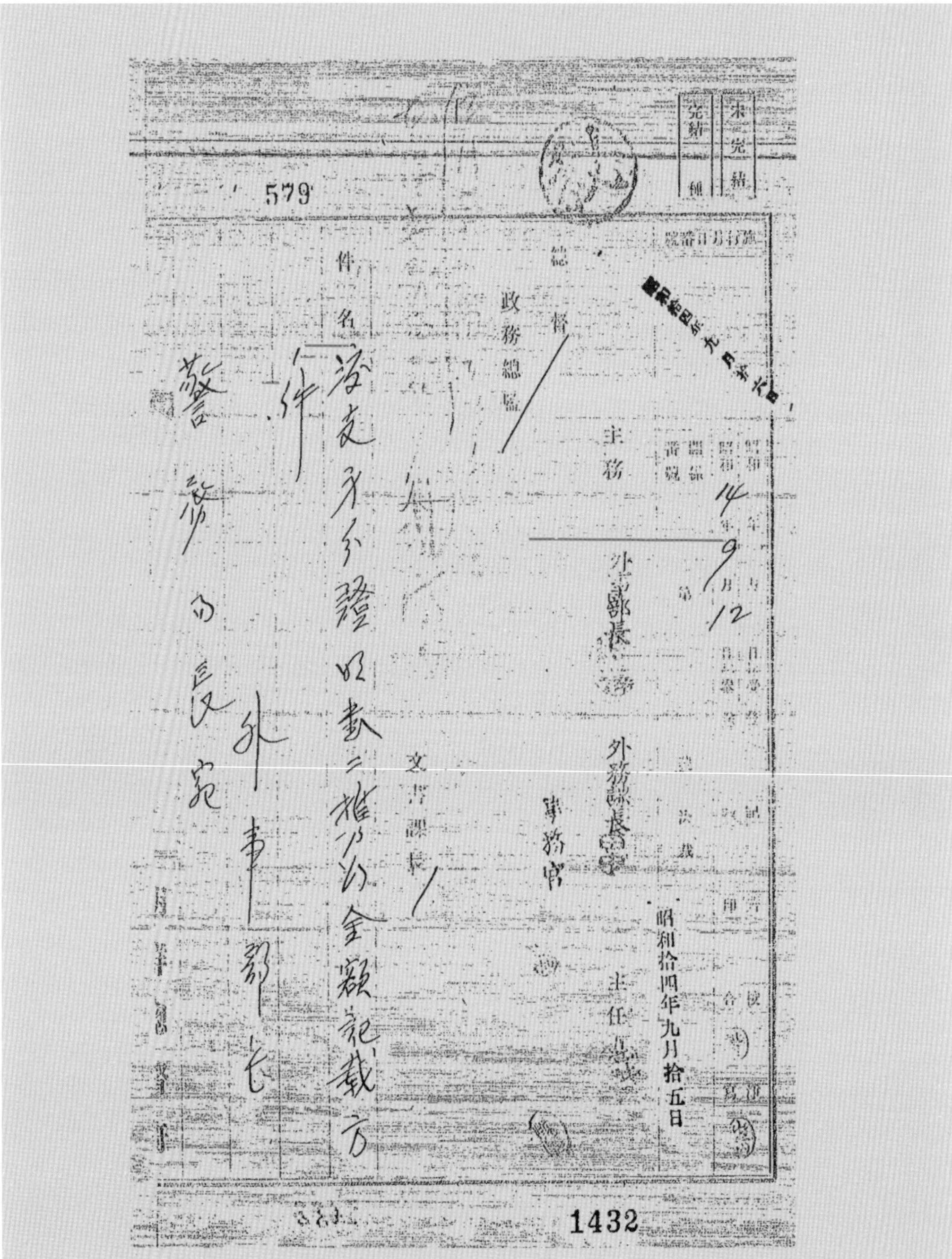

579

總督

政務總監

件名 渡支身分證明書ニ携行金額記載方ノ件

警務局長宛 外事部長

昭和14年9月12日

外事部長

外務課長

事務官

文書課長

昭和拾四年九月拾五日

1432

本件ニ関シ拓務省ヨリ別紙写ノ通
照会アリタルニ付委曲右ニテ御了知ノ上
貴見至急御回示相煩度

別紙写添付

1433

580

別紙添附

管警第一五七五號

昭和十四年九月八日

拓務次官　田中武雄

朝鮮總督府政務總監　大野緑一郎殿

渡支身分證明書ニ携行金額記載方ノ件

本件ニ關シ今般別紙寫ノ通在山海關小坂部副領事ヨリ北支ニ於ケル金圓紙幣ノ流入及流通制限ノ强化ニ協力スベキ目的ヲ以テ渡支身分證明書ノ發給ニ際シ該證明書ニ本人ノ携行金額記載措置方申越セル

拓務省

1434

581

趣ヲ以テ外務省ヨリ意見ノ有無照會越シタルニ付テハ何分ノ儀至急
御回示相成度

拓務省

(日本標準規格 B5) 14. 1 青山納

1435

5824

機密第三九六號

昭和十四年七月二十九日

在山海關副領事 小坂部 濫

外務大臣 有田八郎殿

金圓紙幣流通制限竝滿洲國爲替管理法ノ強化ニ關スル件

近次爲替相場ノ變動ヲ奇貨トシ利鞘稼キノ爲金圓紙幣ノ現送ヲ爲ス者今タニ跡ヲ絶タサル實狀ニ鑑ミ之ニ對スル取締ヲ一層徹底セシメ同時ニ應急物價對策ニ資スル爲金圓紙幣ノ流入及流通制限ヲ強化スルノ要アリトナス趣旨ニ於テ興亞院華北連絡部長官ヨリ在北京堀内參事官宛要望アリタルニ基キ同參事官ヨリ天津總領事ヲ通シ現地ニ於テ何等措置方指示アリタル處次テ秦皇島町田部隊長ヨリモ軍中央ノ要望ナリトシテ協力措置方申出ノ次第モアリタルヲ以テ不取敢當地山海關日報紙上ニ中央ノ方針タル(一)北支在住邦人ニシテ金圓紙幣ヲ所持シ居ル者ハ速ニ本邦銀行又ハ中國聯合準備銀行ニ於テ之ヲ中聯券ト交換スルコト

拓務省

1436

(二)北支在住邦人ハ各種ノ支拂ニ付必ス中聯券ヲ使用スルコトトシ又金圓紙幣ノ受入ヲ避ケルコト(三)北支旅行者ニシテ金圓紙幣ヲ所持スル者ニ對シ之ヲ中聯券ト交換スル樣勸奬スルコト(四)北支旅行者ニシテ金圓紙幣ヲ使用スル者ニ對シ中聯券ヲ使用スル如ク勸奬スルコト等ヲ發表一般邦人ニ周知徹底方竝注意ヲ喚起スル方法ヲ講シ一方當地各機關ト協議ノ上中聯分行ヲ主体トシテ本月十四日關係者ノ意見交換モ兼ネ聯合協議懇談會ヲ開催シタルカ結局陸路北支行旅行者ニ對シ唯一ノ重要關門タル當地ニ於テ所在各機關ノ努力如何ハ國策ニ甚大ナル影響ヲ齎スモノナリトノ明確ナル認識ノ下ニ金圓紙幣ヲ携帶スル者ニ對シ今後如何ニシテ最モ有效且適切ナル方法ニ依リ中國聯銀券ニ兌換セシムルヲ得ヘキヤニ關シ數時間ニ亘リ隔意ナキ意見ノ交換ヲ遂ケタル結果滿洲國爲替管理法强化實施ヲ見ル迄ナリトモ差當リ大体次ノ方法ニ基キ實施スルコトニ意見一致シ各機關ハ夫々決定事項ニ關スル具体的方法ヲ講究ノ上速ニ實行ニ着手スルコトニ協議纏マルニ至レリ

(一)聯銀側ニ於テハ驛構内既定兌換場ヲ擴張シ一般旅客ヲシテ各列車三十分間ノ停車時間中ニ兌換完了セシムル如ク務ムルコト、同時ニ鐵道側トシテモ右施設ニ協力スルコト

(二)鐵道側ニ於テハ車掌及給仕等ヲシテ金圓紙幣ヲ中華民國内ニ携行スルコトノ不可ナル旨ヲ最モ理解シ易キ方法ニ依リ旅客ニ告知セシムル樣手配スルト同時ニ右趣旨ノ宣傳「ポスター」ヲ各驛構内及列車内ニ揭ケ本件目的達成ニ協力スルコト

(三)列車警乘ノ憲兵及警察官ハ稅關吏又ハ車掌、給仕ノ本件目的達成上必要ナル行爲ヲ援助スルコト

(四)滿支稅關吏ハ列車内タルト國境監視所タルトヲ不問旅具其他檢査ニ際シ同時ニ圓通貨流入防止上適當ノ措置ヲ講スルコト

(五)領事館警察ニ於テハ差當リ旅客檢査ノ際極力聯銀券兌換ヲ勸告スルコト

次テ滿洲國ニ於テハ御承悉ノ通日滿協同經濟國策ニ基キ來ル八月一日

拓務省

ヨリ同國爲替管理法ヲ強化、取締ヲ爲スコトトナリ之カ實施ニ際シ當地同國稅關ノ活躍ハ關東州ニ於ケル大連ニモ比スヘキ重要性大ナルモノアルニ鑑ミ各機關ノ協力ヲ求メ且實際問題トシテ意見ノ交換ヲ爲スヘク去ル二十六日滿洲國稅關主催ノ下ニ關係各機關首腦者會議ヲ開催大体左記ノ方法ニ依リ取締ヲ強化スルコトニ決定當館トシテモ前段北支側措置ト相俟テ協同取締ヲ爲スコトト致シタルニ就テハ委曲右ニテ御了承ノ上當地ニ於ケル日滿支各機關ノ取締強化振ニ關シ本邦内地各關係機關ニ對シテ右周知徹底方急速御取計相煩度同時ニ滿側警察署取締ノ例ニ倣ヒ身分證明書發給ニ際シ本人ヲシテ携行金額ヲ右證明書ニ記載セシムル如ク措置セシメ以テ本件取締上充分協力方可然御手配相成度此段報告旁御依賴申進ス

記

一、當地滿洲國稅關ニ於テハ八月一日以降滿支行各列車ニ稅關官吏ヲ乘車セシメ乘客ノ身体檢査ヲ實施ス

乗車區間ハ錦州、唐山間ニシテ北支側乗車區間ニ關シテハ滿側當局ヨリ臨時政府ニ交渉了解取付濟ノ趣ナルカ右區間邦人旅行者ニ對スル身体檢査實施ハ滿側爲替管理法強化ヲ目的トスル範圍內ニノミ限ラルルモノナルモ邦人ニ關スル限リ領事館警察ノ協力ヲ必要條件トシテ要求セラレ居レリ

二、滿洲各地警察機關ニ於テ支那旅行ニ必要ナル身分證明書ヲ發給スル場合邦人ヲシテ携帶金額ヲ記入セシム

三、滿洲ヨリ支那ニ旅行スル者ニ對シ滿側ニ於テ奉天及山海關兩驛ニ兌換所ヲ設ケ中國聯合準備銀行券（以下中聯券ト略稱ス）ニ両替セシム

列車內ニ於ケル兌換ハ經營其ノ他ノ關係上當分實施困難トセラル

四、鐵道當局ニ於テハ列車乗務員ヲシテ税關官吏ノ職務執行ニ對シ協力セシムト共ニ金圓紙幣攜帶ニ關スル取締事項ヲ車內ニ掲示ス

五、憲兵及滿洲國警察ノ警乗員ハ滿洲國税關吏ノ職務執行ニ對シ援助ヲ

拓務省

1438

與フルモノトス

六、領事館警察ハ警乘實現ヲ見ル迄北支側措置ニ於ケルト同様善當リ由

海關驛停車中旅行證明書檢査ノ際中聯券ノ兌換ヲ極力勸誘スルコト

七、當地滿側郵政局ニ於テハ書狀發送ニ際シ現金密送ヲ防止スル如ク措置スルコト

八、滿洲勞工協會ニ於テハ入滿勞力ノ入國ニ際シ攜帶品ノ檢査ヲ嚴重ナラシムルコト

九、中聯及中國稅關側ニ於テハ滿側ノ取締ニ對シ全面的ニ協力ヲ爲スコト

十、中聯券ヲ滿洲國內ニ携行スル場合滿側ニ何等ノ制限ナク中國側トシテハ國外搬出ノ限度ヲ五百圓ニ制限シ居ル關係上取締ノ徹底ヲ期シ得サル嫌アルニ付日滿爲替管理法强化ノ精神ヲ援用シ中聯側ヨリ滿側ノ協力的考慮ヲ要望シタル處右ハ爲替管理當局ト協議ノ上何分ノ決定ヲ爲スコトトナレリ

以上

8) 지나 방면 도항자 보호 단속에 관련하여 특수 신분증명서 발급 방법의 건

支那向渡航者保護取締ニ關聯シ特殊身分證明書發給方ノ件(1939. 12. 13.)

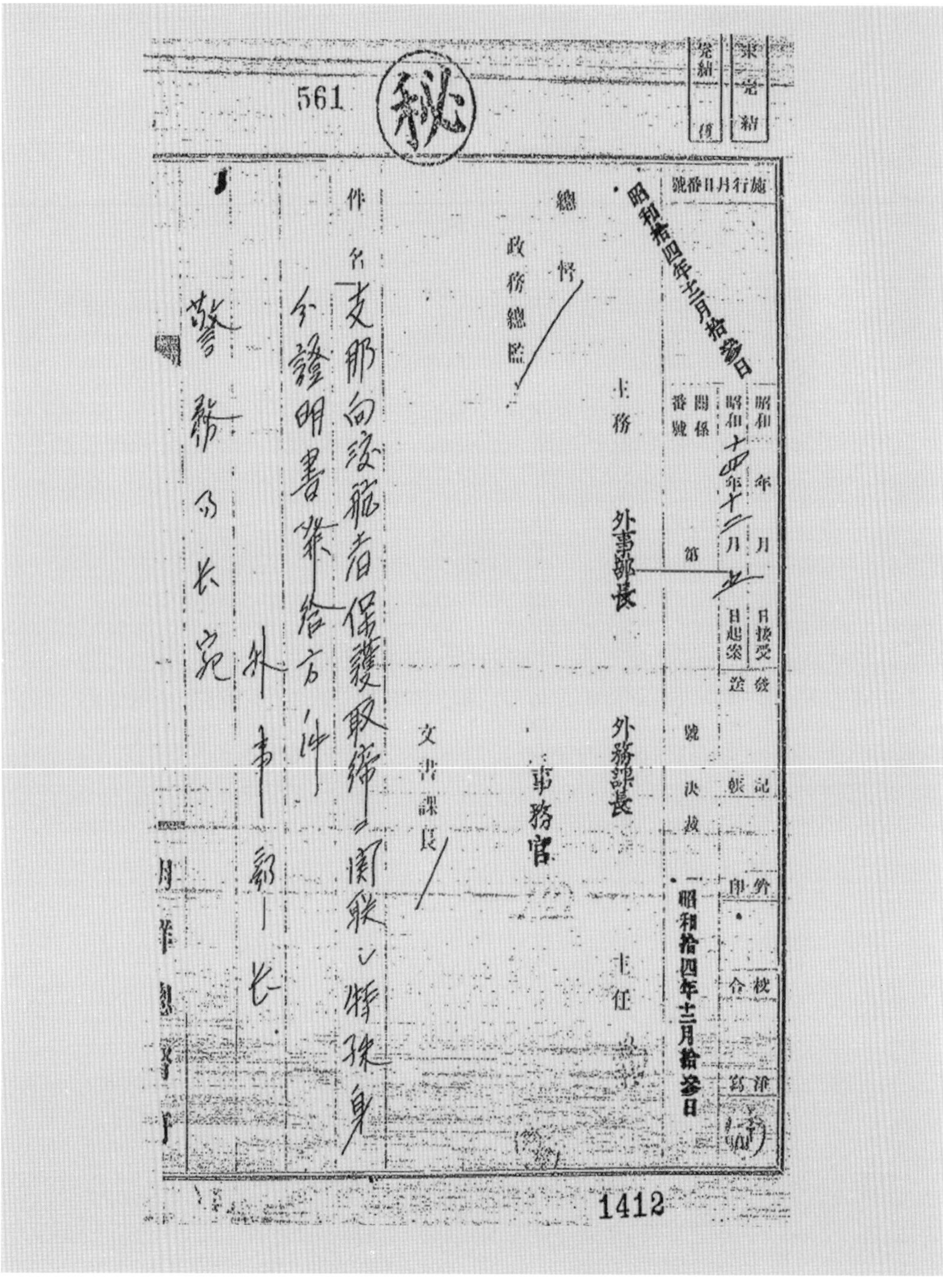

561

秘

昭和拾四年十二月拾參日

總督

政務總監

主務 外事部長

外務課長

事務官

文書課長

主任

昭和拾四年十二月拾參日

件名 支那向渡航者保護取締ニ關聯シ特殊身分證明書發給方ノ件

警務局長宛

外事部長

1412

本件ニ関シ天津総領事ヨリ別紙ノ通

架電アリタルニ付御参考迄

別紙写タイプノ上

添付スルコト

1413

供覧 寫

主任
事務官
外務課長
外事部長

562

機密第一七六九號

昭和十四年十一月二十四日

在天津
總領事 武藤義雄

外務大臣 野村吉三郎 殿

支那向渡航者保護取締ニ關聯シ特殊
身分證明書發給方ノ件

最近ニ於ケル滿支渡航邦人ノ激增ハ我國民ノ大陸進出振ヲ示ス次第
ナルカ之ヲ仔細ニ觀察スレハ必スシモ前途ノ樂觀ヲ許スヘキ事象ノ
ミニハアラサルヤニ認メラルル卽チ不逞徒輩、資金ヲ有セサル所謂一
旗組、貧困且惡質ナル密入國半島人等所謂北支景氣ヲ夢ミテ渡航ス
ルモノ多キ現狀ナリ。彼等ハ御承知ノ通リ共喰的職業、寄生蟲的職
業或ハ麻藥類ノ密賣買（內地人、支那人ノ聯絡機關トナル）等ヲ營

No 9246

朝鮮總督府 14.12.4 73/11 外

1414

563

ムニ至ルモノ多ク今次聖戰ノ目的タル東亞新秩序建設ヲ阻害スルコ
ト尠ナカラス大局上遺憾ナリ從テ當館ハ勿論各館ニ於テモ極力之カ
取締並ニ保護ニ當リ居ルモ一面館署員ノ手不足ニ基キ之カ徹底ヲ期
シ得サルト共ニ他面本邦内外地官憲ニ於テ渡航者ニ對シ身分證明書
渡航證明書等ヲ發給シ居ルモ右ハ單ニ下船地或ハ國境地點ニ於テ帝
國官憲ヨリ入國ヲ許可セラルニ止マリ渡支後ノ一般ノ保護取締ニ役立タシムル様
工夫シ居ラサル爲遺憾ノ點多々アリテ在留邦人ノ保護取締ノ完璧ヲ
期シ得サル有様ナリ即チ當館管内ニ就テ見ルモ渡航者ノ三、四割ハ
在留屆出ヲ爲サス（茲ニ奇異ナルハ最近ニ於ケル食糧米統制ニ際シ
配給ヲ受クルニハ在留屆出者タルヲ要スルコトトセル結果當館警察
署ニ屆出者激増シタル事象ナリ）居住移轉營業ニ關スル屆出規則（
明治三十五年二月二十二日附館令第四號）アルモ邦人ノ激増ト館署
員手不足トノ爲之カ充分ナル適用ヲ期シ得サル現狀ナリ
就テハ此ノ際右取締ノ完璧ヲ期スル爲從來内地及朝鮮官憲ノ發給シ
來レル身分證明書ヲ改變シテ支那向身分證明書ヲ制定シ出先領事館

1415

現地發給ノモノハ證明書ハ手數料ノ徵收セス

564

ノ取締並ニ保護ニ便ナラシメ度（滿洲國在住內鮮人ニ對シテハ在滿大使館指導ノ下ニ滿洲國官憲ニテ發給セシムルコト便利ナルヘシ）處之カ發給，取締及ヒ保護ノ具体的方法ヲ示セハ大体左記ノ如シ

(一)支那向身分證明書ハ外國旅券ニ準シ外務大臣之カ事務ヲ管掌シ各道府縣ヲシテ適宜之カ發給事務ヲ分担セシム而シテ本件證明書ハ其ノ樣式ヲ旅券ト略同一トシ異ナル點ハ外國旅券カ主トシテ邦人ノ保護ヲ外國官憲ニ要請スルニ對シ之ハ主トシテ出先日本官憲ニ本人ノ身分ヲ明瞭ナラシメ之カ保護取締ニ便スルモノトス尚之カ發給手數料ハ右事務ニ必要ナル經費ヲ支辨スルニ足ル程度ニ止ムルコト可然ト思料ス例ヘハ一圓乃至一圓五十錢程度カ適當ナルヘシ尚數次渡航身分證明書ノ如キモノモ當然考慮セラルヘキモノトス

(二)現地ニ於テハ從來ノ身分證明書カ主トシテ渡航地竝ニ國境地點通過ヲ律スルニ止マリ兎角在留屆出ヲ懈怠セシメタルニ反シ本件證明書ニハ屆出ノ義務ヲ負ハシメ（本件冊子末尾ニ在留屆用紙ヲ添

1416

付シ置キ旅券裏面ノ注意書同様ノ規定ヲ記ス）在留地到着後身分證明書ヲ提示シ在留屆出濟ノ上檢印ヲ受ケシムルコトトス万一右懈怠ノ場合各種證明ヲ拒否スル外今次ノ如キ食糧米統制ニ際シテハ配給ヲ受クル資格ナキコトトセハ取締並ニ保護上實績多カルヘシ尚在留地變更ノ場合新舊在留地官憲ニ屆出シムルハ勿論ナリ

(三) 現地ニ既ニ在留スル邦人ニ對シテハ逐次右證明書ヲ發給スルコトトシ手數料ヲ以テ右所要經費ニ充當スルコトトス尤モ手數料ハ一旦歲入トスヘキハ勿論ニシテ其ノ額丈ケ歲出トシテ計上セラルルヲ望ムモノナリ。而シテ之カ發給事務ヲ當館ニ例ヲ採レハ管內邦人數ヲ五萬ト假定シ乳幼兒未成年者ヲ家長或ハ配偶者トノ家族身分證明書トシ（旅券取扱ノ場合ト同樣家族數多キトキハ家長ヲ單獨トシ其他ヲ家族證明書トスルコト可然尚寫眞ヲ貼付スルハ勿論ナリ）大略二、三万冊子ノ發給申請アルヘク之ヲ假ニ手數料壹圓トセハ年額二、三万圓ヲ徵收シ得ヘク約一ケ年繼續的ニ一日百冊乃至三百冊位ヲ發給スルニ於テハ本件事務遂行容易ナルヘシ而

1417

シテ之ニ要スル職員トシテハ書記生或ハ警部ヲ主任者トシテ其ノ下ニ女事務員拾名位トシテ執務セシムルコトトス尚右冊子ハ本省ニ於テ印刷作成シ各館ニ配付スルコトトス

(四) 尚邦人カ日本内外地ヨリ本件證明書ヲ取得シテ渡航スル場合北支ニ於テハ下船地或ハ國境地點ニテ聯銀券ト交換ノ場合本冊子ニ交換検印ヲモ行ハシムルコトトセハ取締上至便ナルヘシ

(五) 尚本件證明書ニ乳幼兒ノ種痘濟證明、學童ノ轉校時ニ於ケル在學證明(場合ニ依レハ通信簿ヲモ本件冊子內ニ併置ス)男子丁年時及夫以後ニ於ケル兵役事項等ヲモ記入セシムルコトトモナラハ紛失シ易キ紙片ニ之ヲ爲スヨリモ後日便利ナルヘシ

(六) 本件證明書ヲ所持スルモ領事館ニ在留屆出ヲ怠ルコト數次ニ及フ者(右懈怠ノ事實ハ警察官ノ戶口調査其他ニテ相當多數判明スヘシ)ニ對シテハ內地歸還後再渡航ノ場合之ヲ許可セサルコトヲ得ト爲ス外適當罰則ヲ規定スルコトモ考慮シ得ヘシ

敍上ハ單ニ概略申進シタルニ過キサル處本件ニ關シ北京警務部竝ニ

567

當館警察署ト館員ヲシテ打合セシメタルニ大体主義ニ於テハ賛成セルモ主トシテ現地ニ於ケル發給手數煩雜ナリトノ理由ノ下ニ實現困難ナリトスルモノナルニ付テハ右警察側意見ヲ左記ノ通列擧シ之ニ對シ逐一當館ノ意見ヲ附シタルニ依リ本省ニ於テ大局上御異存無クハ充分御研究ノ上可成速カニ右實施相成様御配慮相成度此段卑見申進ス

記

(一)證明書ノ數カ相當數ニ達シ之カ發給ニハ非常ナル時日ト係員ノ增加ヲ必要トスルモノニシテ現在ニ於テハ手不足ノ折柄可能性ナシト思料ス

(當館回答)

前記本信ニテ御承知アリタシ

(二)本件證明書發給手數料ヲ徵收スルトキハ下附ヲ申請セサルモノ生スヘシ若シ之ヲ強要スルトキハ全居留民カ此ノ手數料ヲ出シ得ルヤ否ヤ疑問ナリ

1419

(註)當初警察側ヘ本件提示ノ際ハ手數料ヲ三圓ト假定セリ

（當館回答）

薄資者渡航ヲ可成拒否スルニ出テタルニ依リ既ニ在留ノ薄資者ニ對シテハ手數料ヲ免除スルモ差支ヘナシ

一右本件證明書發給後各種ノ事項ヲ一々記入スルコトハ之亦非常ナル手數ヲ要スルモノナルコト

（當館回答）

一現在ノ身分關係證明事務ト同樣ニシテ繁雜ナラスト思料ス「ゴム」判等ヲ作成シ各種證明ヲ順次之ニ爲スニ於テハ從來ニ比シ一層便利ナルヘシ

(四)右事項ノ記入毎ニ手數料ヲ徵スルトキハ貧困者ニトリテ大打擊ナルヘシ、手數料ヲ徵セサルコトトセハ從來徵收シ來リシ諸證明料金ノ大減額トナルヘシ

（當館回答）

前段回答濟

569

後段各種證明ハ從來通リナルニ依リ證明料ノ減額スル理由存セス
假ニ一歩ヲ讓リ當方面ニ於ケル在留邦人中本件證明書發給手數料
並ニ各種證明料ヲ納入シ得サル薄資者多カリシ場合ハ當然右大減
額トナルヘキモ本件制度樹立ノ主目的カ將來斯ノ如キ薄資者渡航
統制ニアルヲ以テ大減額ハ一時的事象ニ止マルヘシ

(五)手數料ハ之ヲ本件事務取扱費ニ充當シ得ルヤ

(當館回答)

本省ニ於テ若シ本件制度ヲ有效適切ナルモノト認メラルルトセハ
本省會計事務當局ニテ右充當方法ヲ講セラルヘキヲ以テ出先ニ於
テハ之カ論議ノ要ナク唯制度ノ是非ヲ研究スルノミニテ足ルヘシ

(六)現地在留邦人ニ對シ「期日ヲ限リ下附手續ヲ爲サシムル云々」ハ
事務繁忙ナリ他ニ適當ナル方法ナキヤ

(當館回答)

本信ニ於テ回答濟

(七)一家族ヲ假リニ五人ト見テ各自ニ證明書ヲ發給スルトセハ單ニ本

1421

570

籍、住所、氏名、生年月日ヲ記入スルノミニテモ煩ニ堪ヘス

（當館回答）

本信ニ於テ回答濟、尙假ニ煩雜ナリトスルモ發給ノ場合ノミノ事ニテ其ノ後ハ便利トナルヘシ

（以上當館警察署側）

(八)假リニ本件證明書ヲ發給シ所要事項ノ記入ヲ了セハ在留屆其ノ他ノ屆出ヲ省クモ差支ナキモノト誤解シ却ッテ反則者ヲ出ル虞アリ

（當館回答）

右ハ主トシテ現ニ在留中ノ者ニ對シテノ意見ナリト思料セラルル處告示、新聞記事等ニテ周知セシムレハ可ナリト認メラル尙之ニテモ反則者ノ出スル虞アラハ本件册子ノ最後ニ「カード」式在留屆用紙ヲ作成シ置キ右發給ト同時ニ未屆者ニ對シテハ其ノ場ニテ右用紙ヲ切リ取ラシメ屆出ヲ爲サシムレハ一擧兩得ナリト存セラル。卽チ之本件制度ヲ在留屆出ト一元的ニスルモノナリ

(九)本案ノ主眼タル不良邦人取締ハ邦人ノ激增ニ伴ヒ必然的ニ擴充セ

1422

571

ラルヘキ警察機構ノ充實ト現在ノ身分證明ノ強化改善ニヨリ達シ得ヘシ

（當館問答）

不良邦人渡支ヲ取締マルコト先決問題ナラン、警察機構ノ大充實ハ早急實現不可能ナルヘシ

(十) 少數ノ不良邦人取締ノ爲メ善良ナル大多數ノ在留民ニ對シ多少ノ犧牲ヲ負擔セシメ且其ノ效果モ大シテ期待シ得サルカ如キ制度ハ警察比例ノ原則ニ反シ尚大陸進出ノ現下ノ國策ニ反スルコトナキヤ

（當館問答）

右ハ取締ノミノ意味ニアラス保護ヲモ目的トスルモノナリ善良ナル在留邦人ハ却テ便利トナルヘシ薄資者不良者ノ大陸進出ヲ阻止スルハ國策ニ順應スル所以ナリ尚警察比例ノ原則ニ反スル理由ヲ了解シ得ス

(十一) 爲替管理法ノ容認スル範圍ニ於テ「見セ金」制度ヲ確立セハ或ル

1423

572

程度ノ効果アルニ非スヤ

（當館回答）

普通人ニ對シテハ見セ金制度ハ何等ノ意味ヲモ爲サス而シテ現ニ管理法ノ容認スル金額ハ五百圓ニ過キス而シテ右五百圓ヲ所持スルノミニテ他ニ何等信用ヲ背景トセサルカ如キ渡航者ハ好マシカラサル種類ニ屬ス此ノ意味ヨリ見セ金制度ハ效果ナキモノト認メラル

(十一)右ノ案ヲ奏効セシムルニハ取締上一層努力ヲ要スルハ勿論取締ノ根據トシテ館令以上ノ強力ナル法規ヲ制定シ渡滿支後目的地所在領事館ノ捺印ヲ受クルト同時ニ在留者ハ確實ニ登錄ノ手續ヲ履行スルニアラサレハ本趣旨ノ徹底ヲ期スルヲ得サルヘク然ラサレハ從來ト何等變リナシ

（當館回答）

本信ノ意味ヲ了解セハ本項ノ疑問解決スヘシ

(十二)右ノ如キ制度ヲ設クルヨリ警察ノ充實ヲ計リ不斷ノ査察取締ヲ嚴

1424

ニシ不良者ノ彈壓ニ力ヲ注クヲ得ハ時代ニ逆行セル斯ノ如キ策ヲ出ス要ナシト思料セラル

（當館回答）

(九)ニ於テ回答濟

（以上警務部側）

以上

本信寫送付先　在支大使　北大　滿大　青島　塘沽　山海關

唐山　朝鮮總督府外事部長

2. 북중국, 만주, 몽강(蒙疆) 일반

1) 만주국의 무사증 입국자 취급 방안에 관한 건

滿洲國ノ無査證入國者取扱方ニ關スル件(1938. 1. 15.)

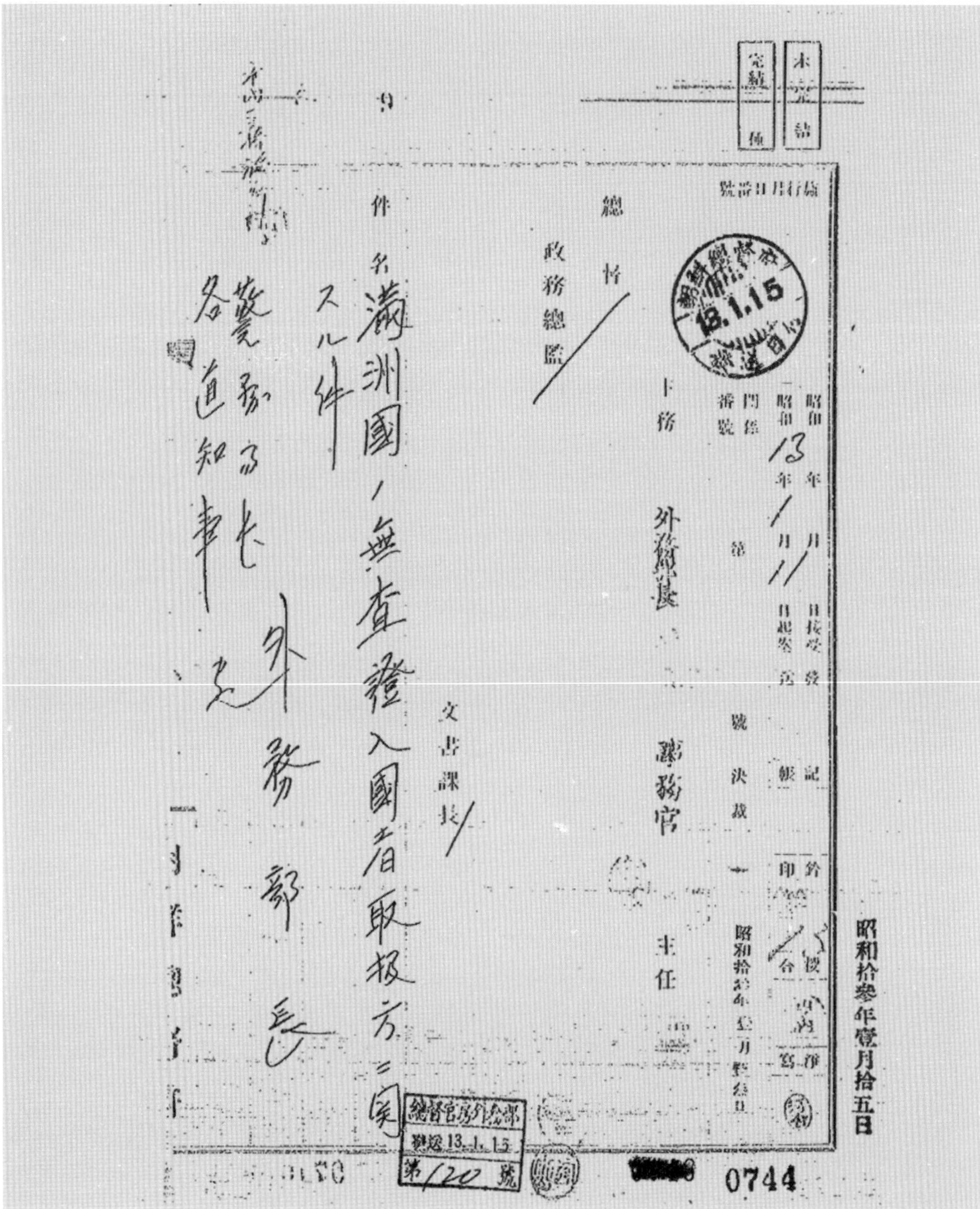

昭和拾參年壹月拾五日

總督

政務總監

外務部長

事務官

主任

文書課長

件名 滿洲國ノ無査證入國者取扱方ニ關スル件

各道知事

外務部長

總督官房外務部

第120號

0744

標記ノ件ニ関シ今般拓務省ヨリ
別紙写ノ通通報アリタルニ付為
参考茲ニ送付ス

別紙写添付

0745

10

管管第八五三號

昭和十三年一月六日

拓務省朝鮮部長　萩原彦三

朝鮮總督官房外務部長　松澤龍雄殿

滿洲國ノ無査證入國者取扱方ニ關スル件

本件ニ關シ滿洲國外務局長官ヨリ在滿帝國大使館宛別紙寫ノ通報告アリタル趣ヲ以テ外務省ヨリ通知越シタルニ付御參考迄送付ス

拓務省

タイプライター用紙小型（百年紙）

（日本標準規格　B5）

0746

11

外政三第二八號

康德四年十二月三日

外務局長官 大橋忠一

治安部警務司長 澁谷三郎殿

無查證入國者ノ取扱方ニ關スル件

滿鐵附屬地關係旅券查證取扱廢止ノ實施ニ伴ヒ無查證入國者多數ニ上ルモノト豫想セラルル處斯種入國者ニ對シ貴部關係官ハ左記ノ如ク取扱ハルル樣本局トシテハ希望致度此段申進ス

追而目下手續中ノ新查證規則公布セラルルモ本件ニハ何等ノ變更無之ニ付爲念申添フ

拓務省

0747

記

一、無査證入國者發見セラレタル場合

當該旅券檢查係官ハ本人ニ對シ外務局、駐哈爾賓外務局特派員公署又ハ外務局辦事處ニ於テ査證ノ補行ヲ受クル樣注意シ且其ノ旨本人旅券（若ハ國籍證明書）本邦若ハ日本（關東州ヲ含ム）警察官署發給ノ居留（居住）證明書又ハ旅券査證豫諾書ニ明記シ置クコト

二、外務局又ハ前記外務局所屬地方機關所在セサル地ニ於テ無査證入國者ニ居留證明書ノ下付又ハ書替ヲ許可セラルル場合

當該警察官署ハ本人ヨリ左ニ記載スル必要書類ヲ提出セシメ之

ヲ外務局又ハ外務局所屬地方機關宛送付シ査證ノ補行ヲ受ケシ
ムルコト

必要書類

(イ)本人カ本邦又ハ關東州內定住者ニアラサルトキ

(A)旅券（若ハ國籍證明書）

註(一)無國籍人ニアリテハ旅券査證、豫諾書又ハ日本（關東
州ヲ除ク）警察官署發給ノ居住證明書ノミニテ可

(二)前記書類ヲ所持セスシテ無査證入國セル無國籍人ニ對
シ特ニ居留ヲ許可セラルル場合ハ斯種書類ノ提出ヲ總
ヘテ省略スルコトヲ得

外務省

0748

(B) 經歷書

1、姓名及父名 2、國籍 3、民族 4、年齡 5、出生地 6、職業 7、性別 8、同伴者（妻子）ノ姓名及父名、年齡、性別 9、入境年月日 10 入境地點 11 査證ヲ受ケサリシ事由 12、居留地 ヲ明記セルモノ

(C) 印花拾圓

但シ査證ヲ受ケサリシ事由カ正當ナラサルモノト認メラレタルトキハ貳拾圓乃至五拾圓

(ロ) 本人カ本邦內定住者（本邦警察官署發給ノ現ニ有效ナル居住證明書ヲ有スル者）ナルトキ

(A) 旅券（若ハ國籍證明書）及居留證明書

無國籍人ニアリテハ居留證明書ノミニテ可

(B) 經歷書

(イ)ニ同シ

(C) 印花

不要

(ハ) 本人カ關東州内定住者（關東州警察官署發給ノ現ニ有效ナル居住證明書ヲ有スル者）ナルトキ

(A) 旅券（若ハ國籍證明書）及居住證明書

無國籍人ニアリテハ居住證明書ノミニテ可

拓務省

0749

(B) 經歷書

(イ)ニ同シ

(C) 印花式圖

三、査證ノ補行ヲ受クヘキ旨注意セラレタルニ拘ラス之ヲ受ケサル者又ハ無査證入國二回以上ニ亘ル者ニシテ正當ノ事由ナシト認メラレタルトキハ之ヲ國外ニ退去セシムルコト

本信寫送付先　在外使領館長、哈特員、各辦事處長
日本大使館參事官、關東憲兵隊司令官
關東軍第二課長、同第三課片倉參謀

2) 입몽 단속 임시 시행 규정에 관한 건 入蒙取締暫行規定ニ關スル件(1938. 7. 5.)

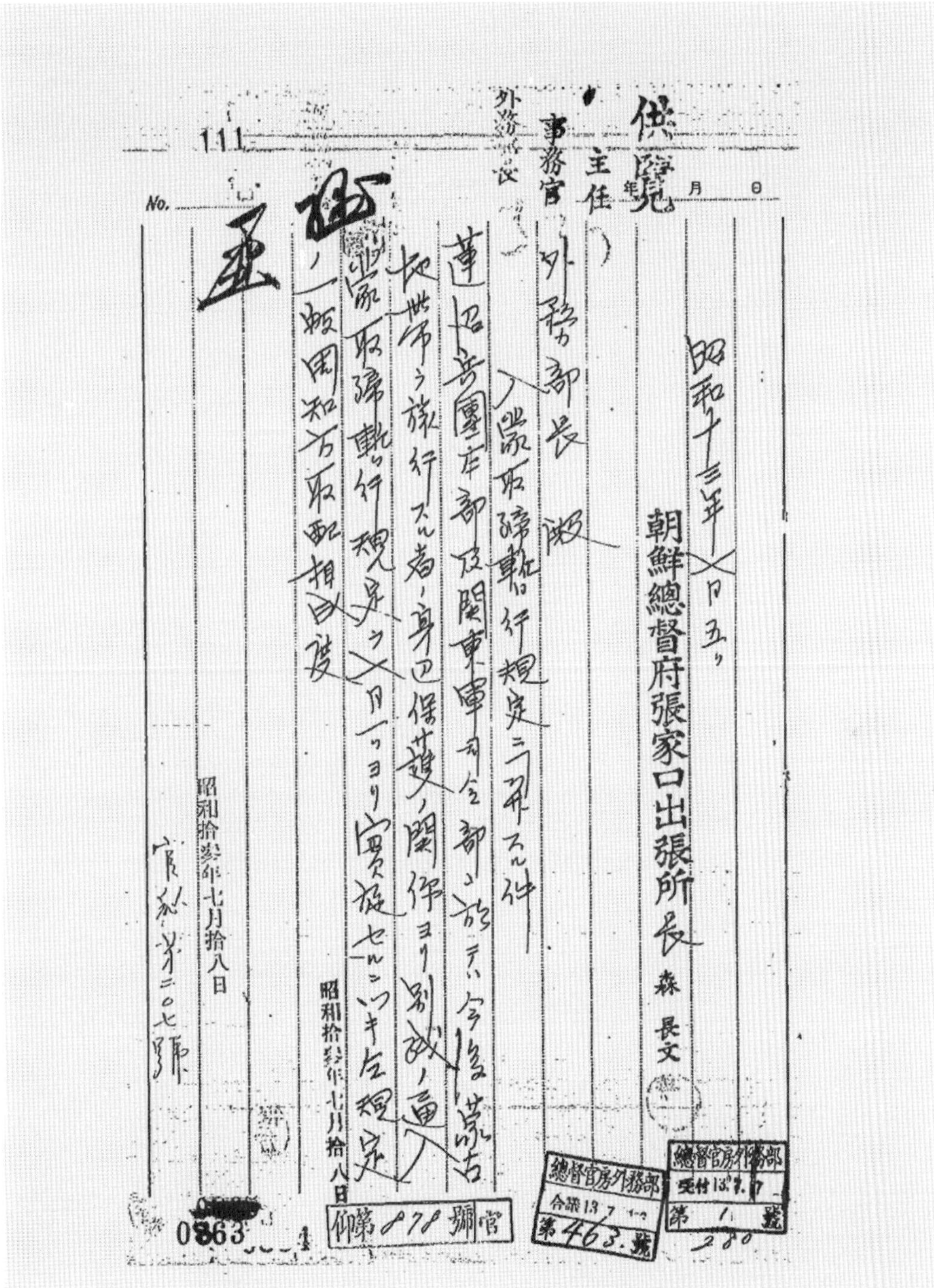
昭和十三年　月五日

朝鮮總督府張家口出張所長 森 長文

外務部長 殿

入蒙取締暫行規定ニ關スル件

蓮招兵團本部及關東軍司令部ニ於テハ今後蒙古地帯ニ旅行スル者ノ身辺保護ノ關係ヨリ別紙ノ通入蒙取締暫行規定ヲ七月一日ヨリ實施セルニツキ右規定ノ一般周知方取計相成度

昭和拾參年七月拾八日

官秘第二〇七號

總督官房外務部 受付13.7. 第1號

總督官房外務部 第463號

112

入蒙取締暫行規定

昭和十三年六月二十八日

遼沼兵團本部

關東軍司令部

0864

113

入蒙取締暫行規定

一、本規定ニ於テ入蒙ト稱スルハ「滿洲蒙古竝京綏沿線包」以外ノ蒙古ニ旅行スル者ヲ言フ

二、日本陸軍以外ノ要務ヲ以テ察南、晉北其他京綏沿線地區或ハ滿洲國ヨリ入蒙セントスル者ハ蒙古人保護竝防諜ノ必要上當分務メテ之ヲ制限スルヲ方針トシ之ニ關スル取締ハ左記各項ニ據リ實施スルモノトス

三、入蒙ヲ希望スル者ハ豫メ遼沼兵團本部若クハ關東軍司令部ノ許可ヲ得ルヲ要ス

但シ已ムヲ得サル事情アル者ニ對シテハ左記諸官ニ於テ、身元、入蒙ノ目的（一切營利ヲ目的トセサル公用若クハ學術上ノ研究調査等ニ限ルモノトス）其ノ他所要事項ヲ調査シ差支ナシト認メ且本人ニ於

0865

テ入蒙後ノ心得ノ實行ヲ承諾セシ場合ニ於テハ之ヲ許可スルコトヲ
得

左記

(1) 蒙疆地區
張家口特務機關長
大同特務機關長
厚和特務機關長
包頭特務機關長

(2) 滿洲國側ニ於テハ入蒙ヲ希望スル日滿兩國官公吏、協和會職員並
滿鐵鐵道總局、滿洲電信電話株式會社、滿洲電業株式會社、滿洲
航空株式會社、大東公司、興中公司等ノ從業員ニ對シテハ當分ノ
中其所屬長（長官、社長（及之ニ準スル者））ニ於テ身分、氏名
旅行ノ目的、期限等ヲ記載シタル身分證明書ヲ發給シ入蒙ヲ許可

ス

四 入蒙許可證様式ハ別紙附錄ノ如シ

五 入蒙希望者ハ左記諸件ノ實行ヲ承諾スルヲ要ス

(1) 入蒙者ハ直ニ現地政府特務機關若クハ警務機關ニ届出テ其ノ指示ニ從フヲ要ス

(2) 入蒙者ハ蒙古人ニ損害ヲ與ヘ又其誤解、惡感ヲ招クカ如キ一切ノ行動ヲ愼シムヲ要ス

(3) 入蒙者ハ當分蒙古内ニ於テ營利ヲ目的トスル事業ノ經營ヲ爲スヲ得ス

(4) 入蒙者ハ其ノ用務ヲ了リタル後ハ速ニ蒙古ヨリ立退キ許可ヲ受ケタル機關ニ對シ所要ノ報告ヲ爲スモノトス

六 入蒙ヲ許可シタル機關ハ直ニ所要ノ事項ヲ蒙疆兵團本部若クハ關東

0866

軍司令部ニ報告シ且關係方面特ニ在蒙特務機關ニ電報スルモノトス

七 在蒙特務機關長ハ入蒙者ニシテ軍ノ對蒙方針ニ反シ不良ノ行動アリト認ムルトキハ直ニ入蒙許可ヲ取消シ蒙古ヨリ立退キヲ命スルモノトス此ノ場合ニ於テハ速ニ之ヲ關係方面ニ通報スルモノトス

蒙疆方面及滿洲國以外ノ方面ヨリ入蒙セシ者ニ對シテモ右ニ準シ取扱フモノトス

附 則

本規定ハ特務機關位置秘匿其他ノ必要上全文ヲ公表スルコトナク所要事項ノミヲ告知セシムルニ止ムルモノトス

115

別紙附錄

蒙前乙發第　號

發行責任者印

入蒙許可證

職務身分	氏名	年齢
合計		名

一、目的

二、經路

三、豫定所要日數　自昭和　年　月　日　至昭和　年　月　日

四、其他

右許可ス

昭和　年　月　日

蓮沼兵團本部

備考

一、本例ハ蓮沼兵團本部發行ノモノヲ示ス

二、發給符號及番號ハ發行機關毎ニ適宜附スルモノトス

0367

關副乙發第　　號

發行責任者印

入蒙許可證

職務・身分	氏名	年齢
合計	名	

一、目的

二、經路

三、豫定所要日數　自昭和　年　月　日　至昭和　年　月　日

四、其他

右許可ス

昭和　年　月　日

關東軍司令部

備考

一、本例ハ關東軍司令部發行ノモノヲ示ス

二、發輸符號及番號ハ發行機關毎ニ適宜附スルモノトス

（入國許可證ノ裏面記載事項）

注　意

一、入國者ハ直チニ現地最寄ノ特務機關若クハ警務機關ニ屆出テ其ノ指示ニ從フヲ要ス

二、特ニ、蒙古人ニ損害ヲ與ヘ又ハ其ノ誤解、悪感ヲ招クカ如キ一切ノ行動ヲ嚴禁ス

三、當分蒙古内ニ於テ營利ヲ目的トスル事業ノ經營ヲ許サス

四、用務終了セハ速カニ蒙古ヨリ立退キ、許可證ヲ受ケタル機關ニ對シ所要ノ報告ヲ爲スモノトス

五、事故發生ノ場合ハ速カニ最寄機關ニ連絡スルモノトス

六、本許可證ハ用濟後速カニ返納スヘシ

若シ紛失セル際ハ其ノ旨ヲ最寄機關ニ通報スルト共ニ發行セル機關ニ報告スルモノトス

0368

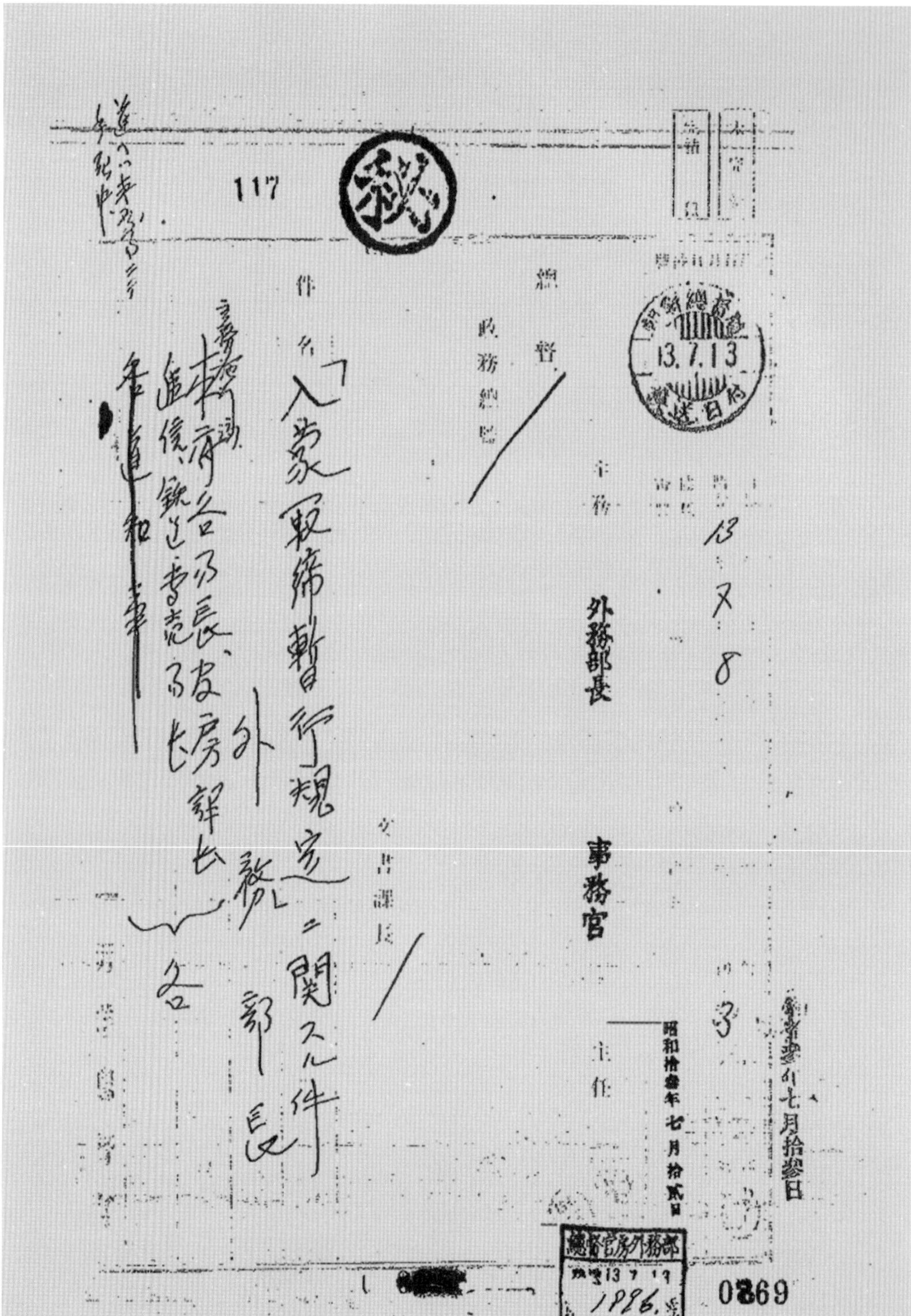
117

昭和拾參年七月拾參日

13.7.13

總督

政務總監

外務部長

事務官

昭和拾參年七月拾貳日

文書課長

件名「入蒙取締暫行規定ニ關スル件」

總督官房外務部

13 7 19

1996

0869

蒙古方面旅行者ニ対シ現地軍当局ニ於テ今般別紙ノ通取締規定ヲ制定シ七月一日ヨリ実施シ居ル旨張家口出張所長ヨリ報告アリ候ニ付右御了知相成度

朝鮮總督府

(国定規格B5)

0870

118

新聞発表ノ件

伺

別紙発表案ノ通新聞ニ発表方取計ヲ然可哉

0871

119

蒙古旅行に就て（新京[illegible]警務長[illegible]）

「滿洲蒙古竝京包沿線」以外の蒙古へ旅行する者は豫め軍の許可を要することとなれるが公用又は學術上の研究調査以外の目的で旅行することは事實上許可困難の模様である。而して右許可を受くるに際しては左記諸件の実行を承諾せねばならぬ。

一、蒙古旅行者は直に現地最寄特務機關若くは警務

朝鮮總督府

0372

機関に届出て其の指示に従はねばならぬ
二、蒙古人に損害を與へ又其の誤解悪感を招くが如き
一切の行動を慎まねばならぬ
三、當分蒙古内に於て営利を目的とする事業を経営
を為すことは出来ぬ
四、旅行の用務終了りたる後は速に蒙古より立退を許

朝鮮總督府

0873

120

方を受けたる機關に對し所要の報告をせねばならぬ。

蒙古旅行に對する許可は滿洲に於ては關東軍司令部に於て受くることが出來る。

蒙疆兵團及特務機關ニテ許可ヲ受ケ得ル

八 省略セリ

朝鮮總督府

0874

3) 북지 및 몽강 지방의 시찰, 견학, 위문단 등 파견에 관한 건

北支及蒙疆地方視察, 見學, 慰問團等派遣ニ關スル件(1939. 8. 21.)

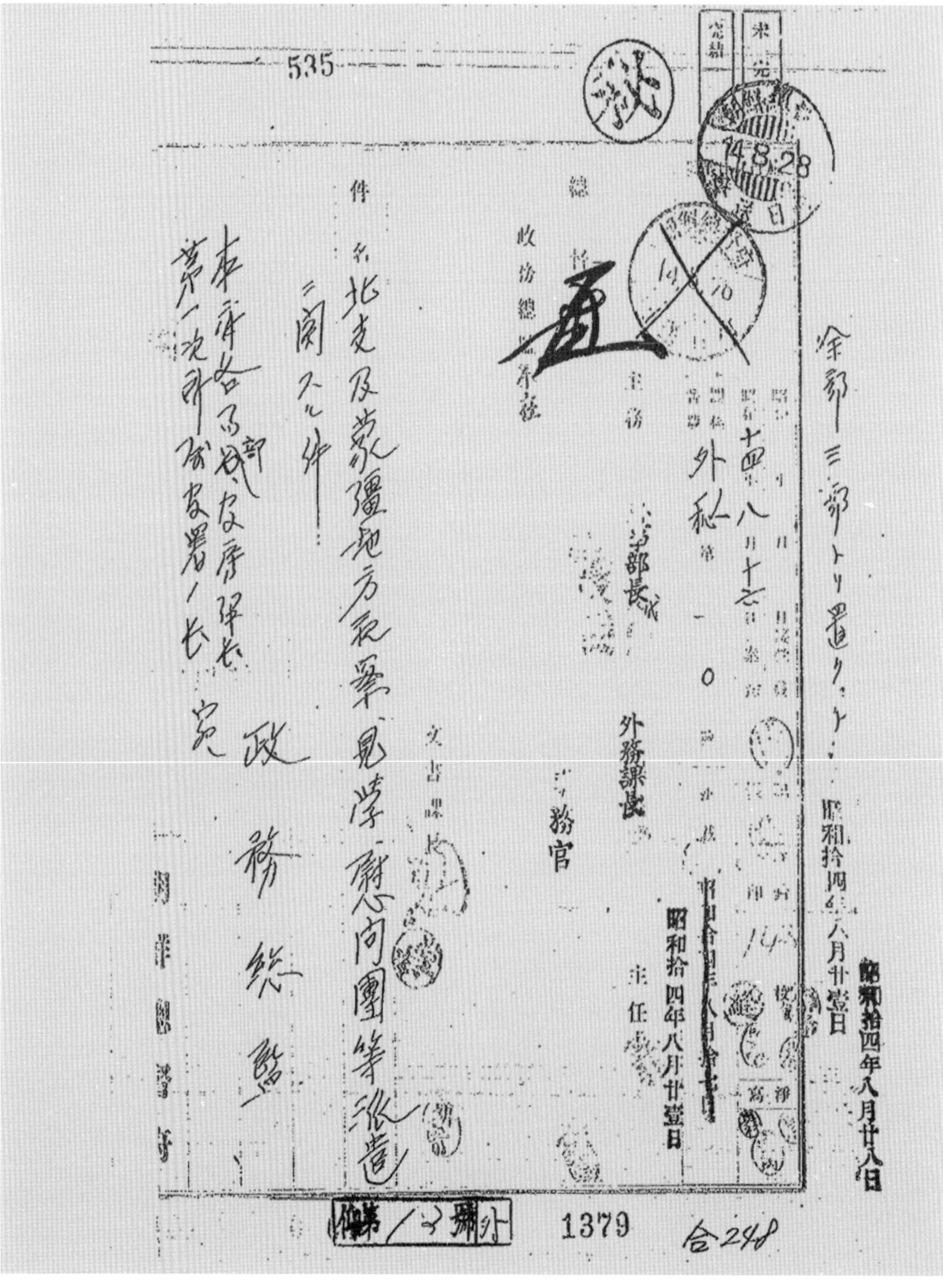
535

件名 北支及蒙疆地方視察、見學、慰問團等派遣ニ関スル件

政務總監

昭和拾四年八月廿壹日

昭和拾四年八月廿八日

外務課長

1379

合248

本件ニ関シ朝鮮軍参謀長ヨリ別
紙ノ通申越タルニ付一応御取計相成度

別紙写添付

1380

0536

秘

朝副第七八八號

北支及蒙疆地方視察、見學、慰問團等派遣ニ關スル件

昭和十四年八月十日　朝鮮軍參謀長　北野憲造

朝鮮總督府政務總監大野緑一郎殿

首題ノ件ニ關シ別紙寫ノ通杉山部隊參謀長ヨリ通牒アリシニ付可然取計ハレ度

通牒先

留二〇師　一九師　朝憲司　各部長

政務總監　御用掛

受 14.8.12 付

總督官房外務部 14.8.1[illegible] 第二356號

0.1381

537

電報寫

昭和十四年八月九日　杉山部隊參謀長

朝鮮軍參謀長殿

北支及蒙疆地方ニ對スル内地ヨリノ視察、見學、慰問等ノ爲ノ旅行ニ關シテハ中央ニ於テ嚴密ニ統制ヲ實施シアリ當方ニ於テモ作戰行動並ニ思想善導等ノ關係上單ナル視察、見學或ハ賣名營利ヲ伴フ慰問等ハ一切差控ヘシムル方針ナルニ付貴方ニ於テモ可然取計ハレ度

C 1382

4) 조선교육회 주최 황군 위문단에 관한 건

朝鮮教育會主催皇軍慰問團ニ關スル件(1939. 9. 9.)

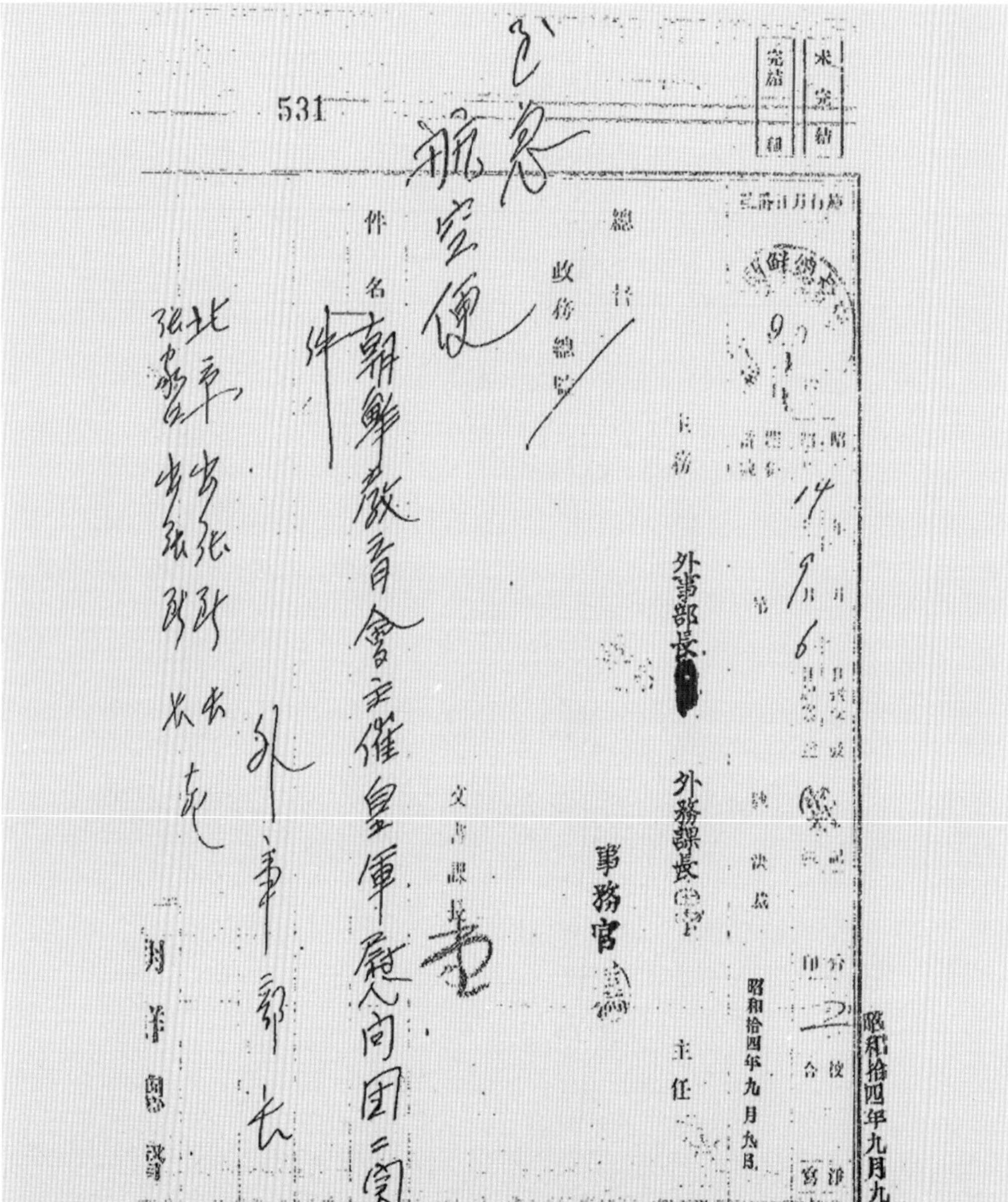
531

總督

政務總監

外事部長

外務課長

事務官

主任

文書課長

件名 朝鮮教育會主催皇軍慰問団ニ関スル件

外事部長

昭和拾四年九月九日

1373

外第101號

朝鮮教育会主催ノ皇軍慰問団ニ於テハ別（朝鮮児童作品及絵葉書等携帯）班編組ニ依リ北支皇軍慰問並教育状況視察ニ赴キタキ旨申出アリ当部ニ協議アリタル処最近杉山部隊ヨリ（別紙寫ノ通リ）北支方面皇軍慰問団派遣ニ対シテハ厳重統制セラレタキ旨申越タル次第モアリ本件慰問団

1374

532

派遣並ニ其軍ノ意嚮ヲ確メノ上何分

ノ儀大至急回示アレ　右申進ス

右諸ノ事ナルハ右電ノ趣意ハ事前ニ軍ノ

追テ貴電[illegible]ハ全然現地[illegible]

許可ヲ要スル意義ナリヤ明瞭ナラス[illegible]

本国[illegible]等[illegible]

拓、成、

申添フ

1375

別紙

朝鮮教育会主催

皇軍慰問並ニ満支教育視察団要領

一、趣旨

教育者ノ皇軍ニ対スル感謝ト東亜新建設ニ対スル理解ヲ深メ（以テ）並ニ新事態ノ精神ヲ振作シ銃後国民教育上資スル所アラシメントス

二、団体組織

二十名乃至二十五名（各道代表）

三、所要経費

一名当二百円（内二百円教育会補助）

四、視察地

京城（経由）図們、牡丹江、ハルピン、新京
奉天、撫順、山海関、北京、張家口、
天津、大連、旅順、鞍山、蘇家屯、
安東、京城、

五、期間

十月中旬頃約二十日間

1377

5) 조선교육회 주최 황군위문단에 관한 건

朝鮮教育會主催皇軍慰問團ニ關スル件(1939. 9. 13.)

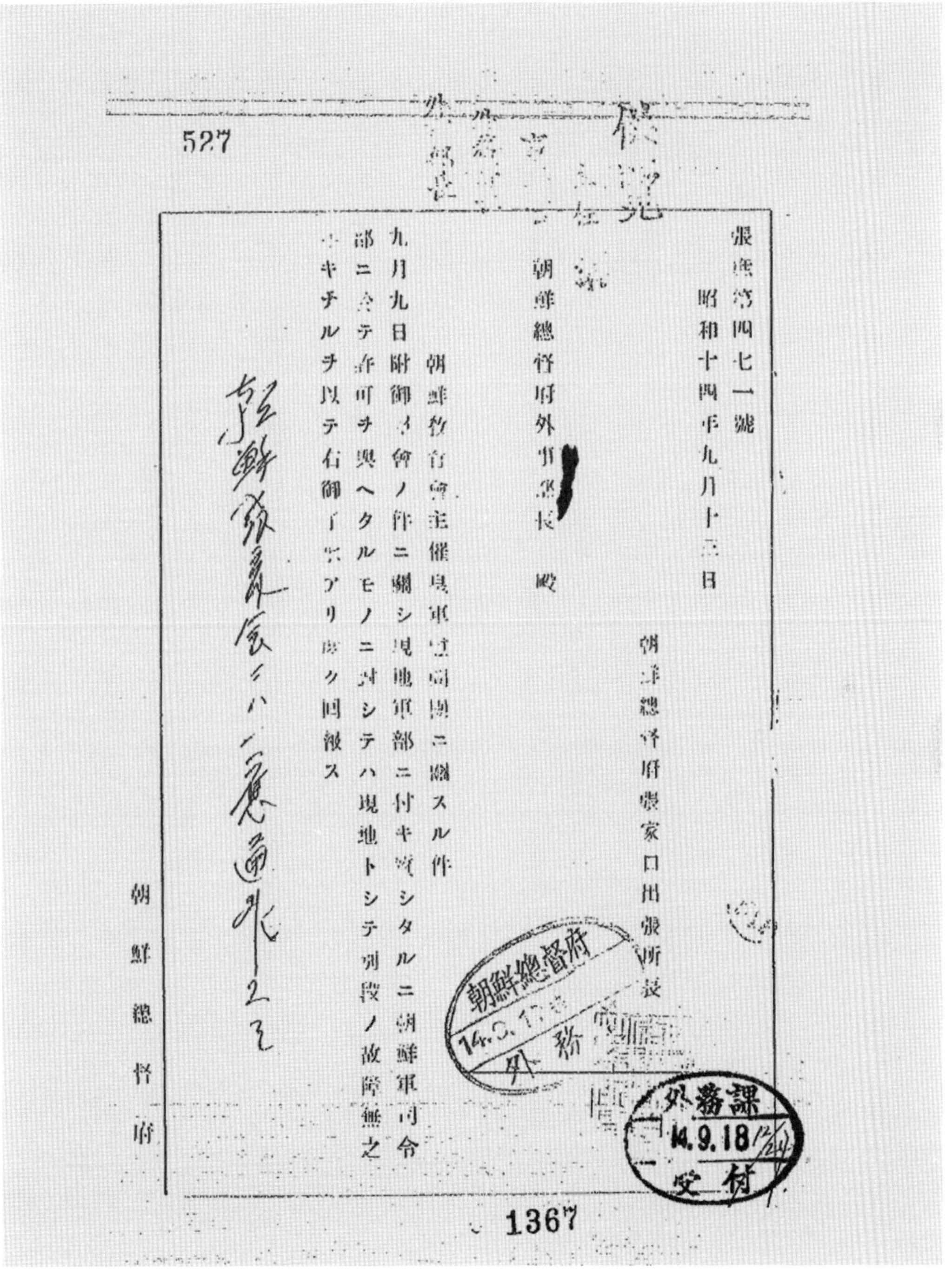

527

張憲第四七一號

昭和十四年九月十三日

朝鮮總督府張家口出張所長

朝鮮總督府外事部長 殿

朝鮮教育會主催皇軍慰問團ニ關スル件

九月九日附御照會ノ件ニ關シ現地軍部ニ付キ照會シタルニ朝鮮軍司令部ニ於テ許可ヲ與ヘタルモノニ對シテハ現地トシテ別段ノ故障無之[illegible]キヲルヲ以テ右御了承アリ度ク回報ス

朝鮮總督府

1367

6) 각종 단체의 북지 및 몽강 지방 여행에 관한 건

各種團体ノ北支並蒙彊地方ヘノ旅行ニ關スル件(1939. 9. 19.)

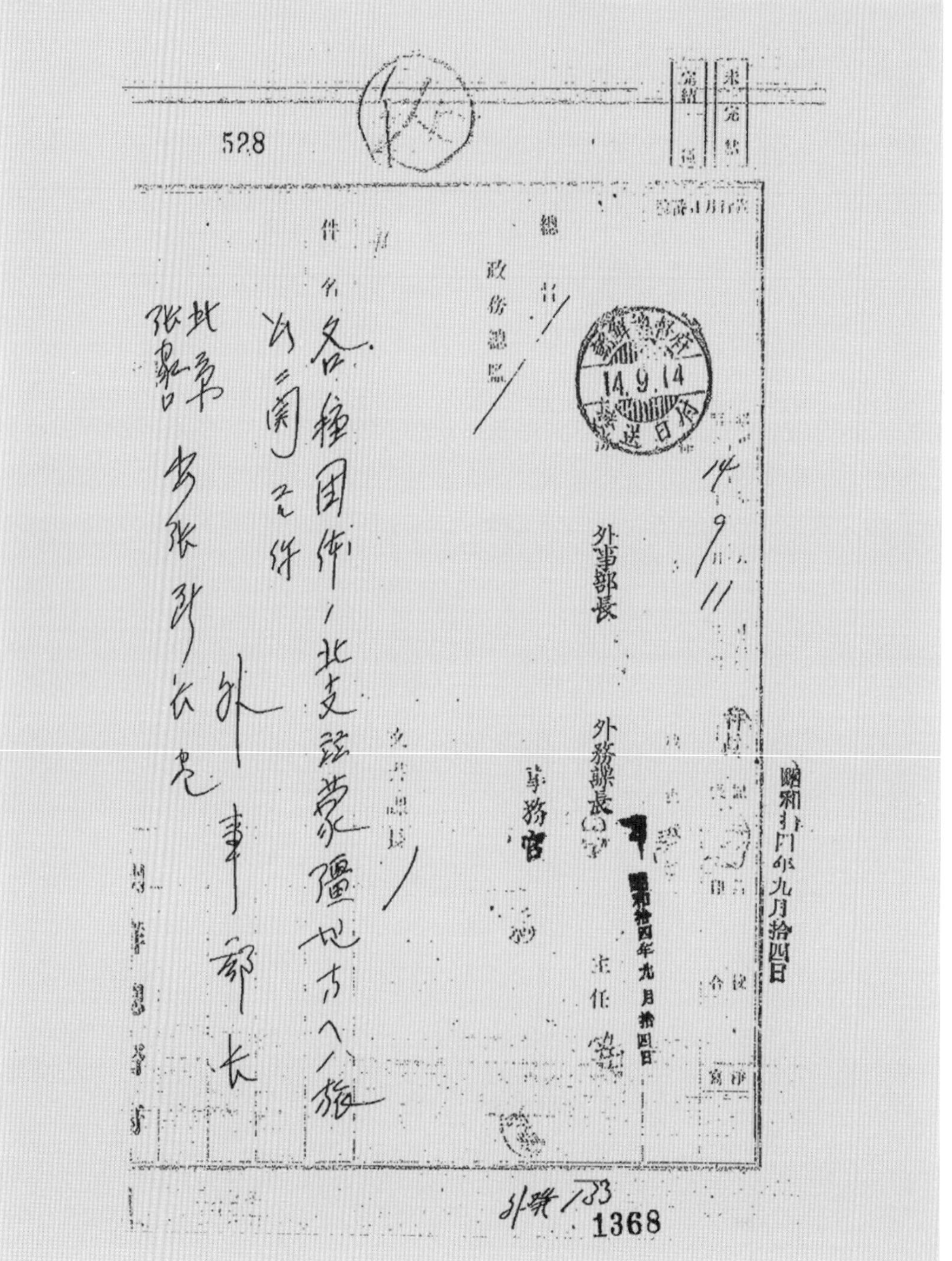
528

總督

政務總監

外事部長

外務課長

事務官

主任

件名 各種団体ノ北支並蒙彊地方ヘノ旅行ニ関スル件

昭和拾四年九月拾四日

1368

九月九日附拙信[illegible]「朝鮮教育会
主催皇軍慰問団ニ関スル件」ヲ以テ
照会セル通北支蒙疆地方ニ対スル視察
団、見学団、慰問団等ノ旅行ハ中央
ニ於テ統制ヲ実施シツツアルコトナル
カ中央軍当局ノ諒解又ハ承認ナキ

谷岡治

1369

529

各種団体ニ対シテハ北支又ハ蒙疆ヘノ入域
ヲ絶対ニ阻止スルノ意ナリヤ（即チ山海関
又ハ北京等ニ於テ列車ヨリ下車セシメ又ハ夫
レヨリ先ヘノ乗車ヲ阻止シ北支等ノ強制的ノ（旅行継続ヲ不能ナラシムル）
措置ヲ採ル等）又ハ単ニ現地軍当局
ヨリ便宜供与其ノ他好意的処遇ヲ受

1370

朝鮮総督府

ヲ得サルニ至ラサルモノナリヤ（即チ軍側ノ面会拒絶

慰問品受領拒否、又ハ特殊施設物或ハ特殊

地域等ノ視察旅行不許可等）事情詳

細内査ノ上至急御回示ノ希望ス

0 1371

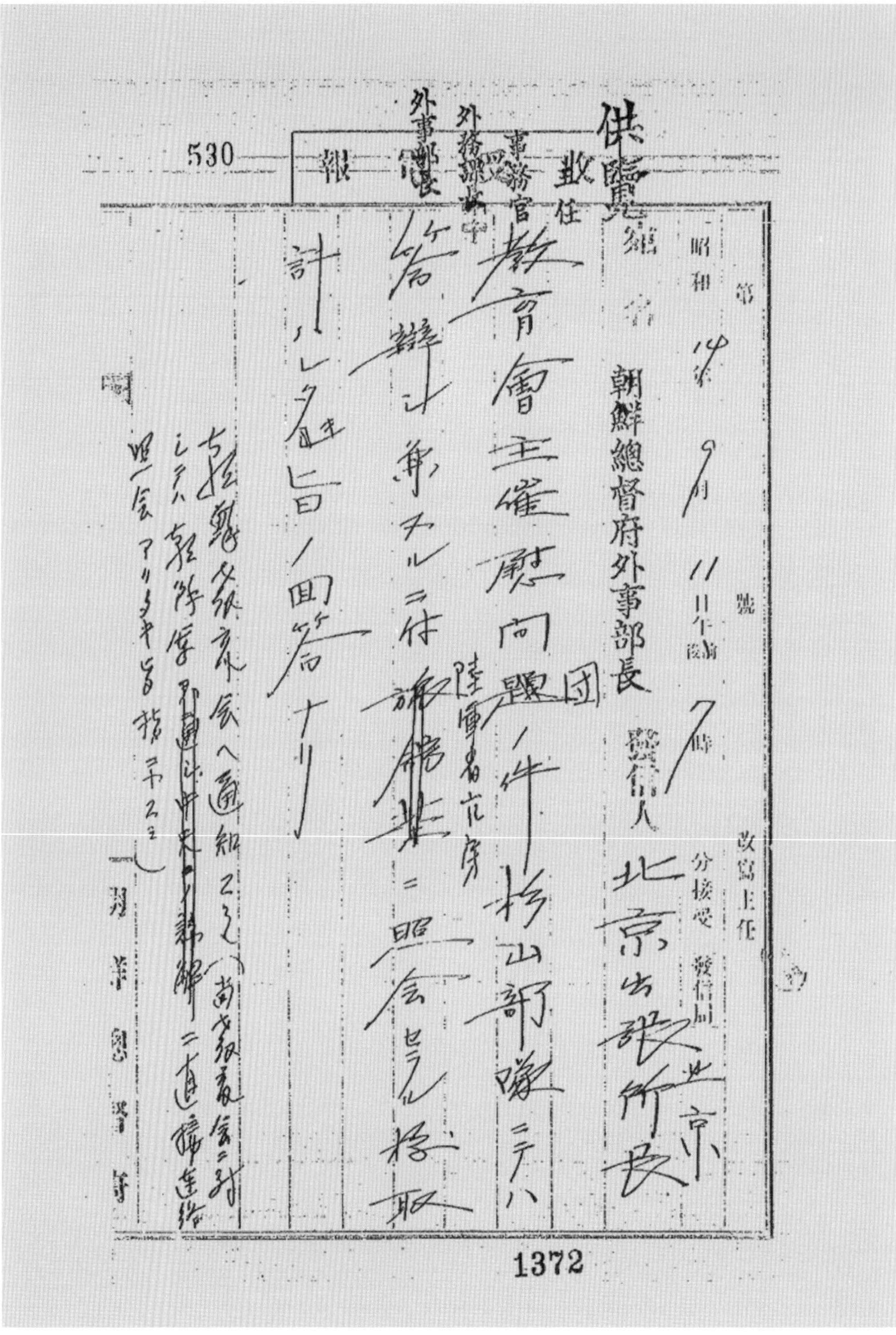

530

供覽

外事部長 外務課長 事務官

報

第　號　改寫上任

昭和14年9月11日午後7時 發信人 北京出張所長 分接受 發信局

朝鮮總督府外事部長

教育會主催慰問團ノ件 杉山部隊ニテハ答辯ニ兼ヌルニ付 陸軍省宛 照会セラレ度キ旨ノ回答ナリ

1372

7) 북지 및 몽강 지방 시찰, 견학, 위문단 등 파견에 관한 건

北支並蒙疆地方視察, 見學, 慰問團等派遣ニ關スル件(1939. 9. 27.)

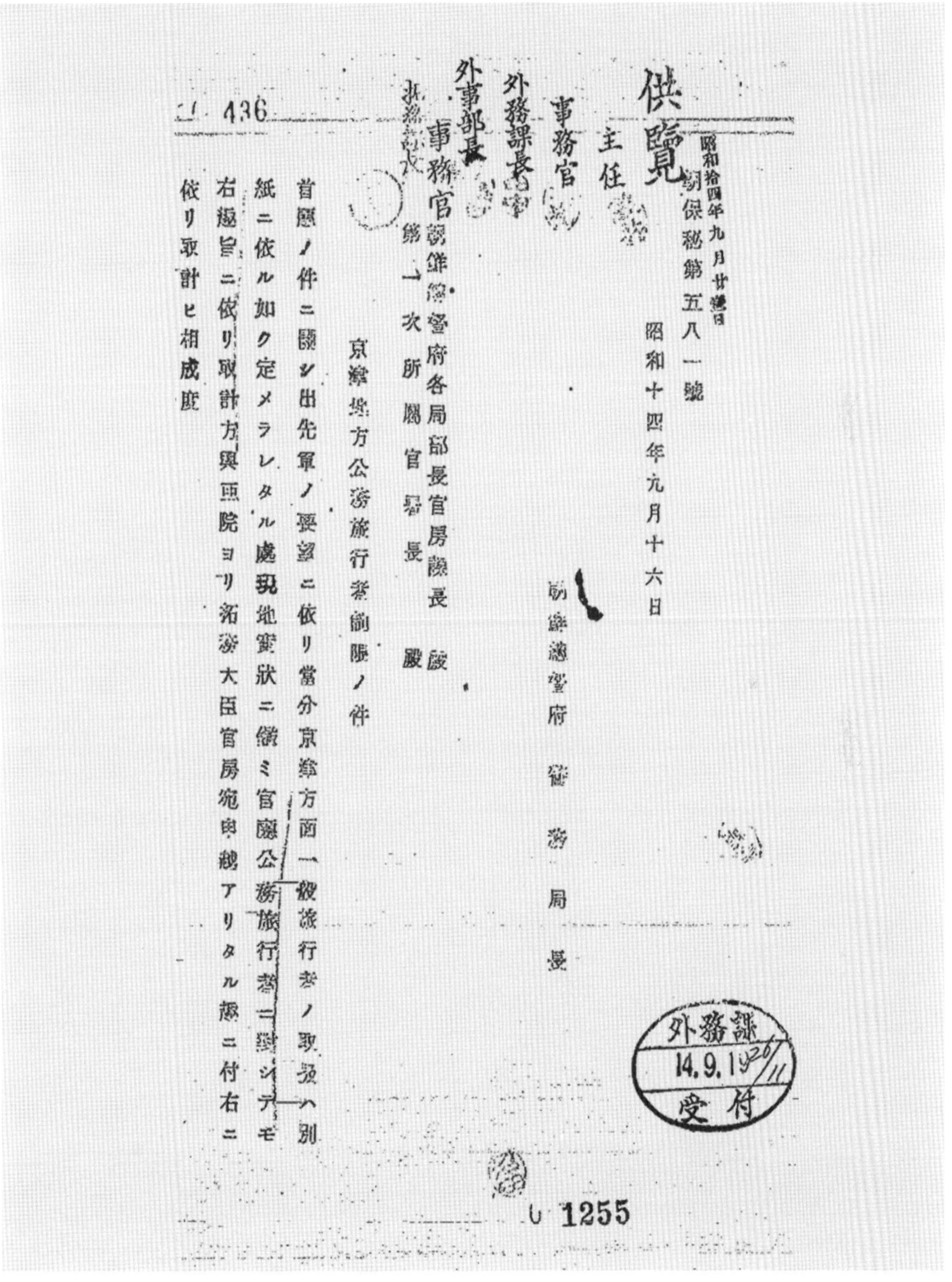

436

供覽

主任

事務官

外務課長

外事部長

事務官

昭和拾四年九月廿[illegible]日

朝保秘第五八一號

昭和十四年九月十六日

朝鮮總督府警務局長

朝鮮總督府各局部長官房課長 殿

第一次所屬官署長 殿

京津地方公務旅行者制限ノ件

首題ノ件ニ關シ出先軍ノ要望ニ依リ當分京津方面一般旅行者ノ取扱ハ別紙ニ依ル如ク定メラレタル處現地實狀ニ鑑ミ官廳公務旅行者ニ對シテモ右趣旨ニ依リ取計方興亜院ヨリ拓務大臣官房宛申越アリタル趣ニ付右ニ依リ取計ヒ相成度

外務課 14.9.19 受付

1255

437

京津地方渡航者制限ノ件

天津地方ノ水害ノ爲メ塘沽以西ノ渡航者ハ當分ノ間特別ノ用務ヲ有スルモノノ外渡航ヲ[illegible]ス尚特別ノ用務ヲ有スルモノト雖モ京山線楊村塘沽間ノ下車ハ現地軍ノ證明ヲ必要トスベシ

塘沽又ハ北京憲兵隊ニ於テ證明スヘシ

謄写ス

い 1256

431

完結　未完結

昭和14年9月11日

總督

政務總監

局長

外事部長

外務課長

事務官

保安課長

主任

文書課長

件名　京津地方公務旅行者制限ノ件

外事部長

本府各局長、官房課長
第一次所属長　宛

14.9.13

外第 [illegible] 號

0.1248

本件ニ関シ出先軍ノ要望ニ依リ当分
ノ間京津方面ノ渡航者ノ取扱ハ別
紙ニ依ル如ク定メラレタル処現地ノ実状ニ鑑
ミ官庁公務旅行者ニ対シテモ右趣旨ニ
依リ取計ハレタキ旨興亜院ヨリ拓務省ヲ
通シ申越タルニ付御了知相成度依命

別紙 華北地方渡航者制限ノ件

1249

8) 각종 단체의 북지 및 몽강 지방 여행에 관한 건

各種團体ノ北支並蒙疆地方ヘノ旅行ニ關スル件(1939. 9. 19.)

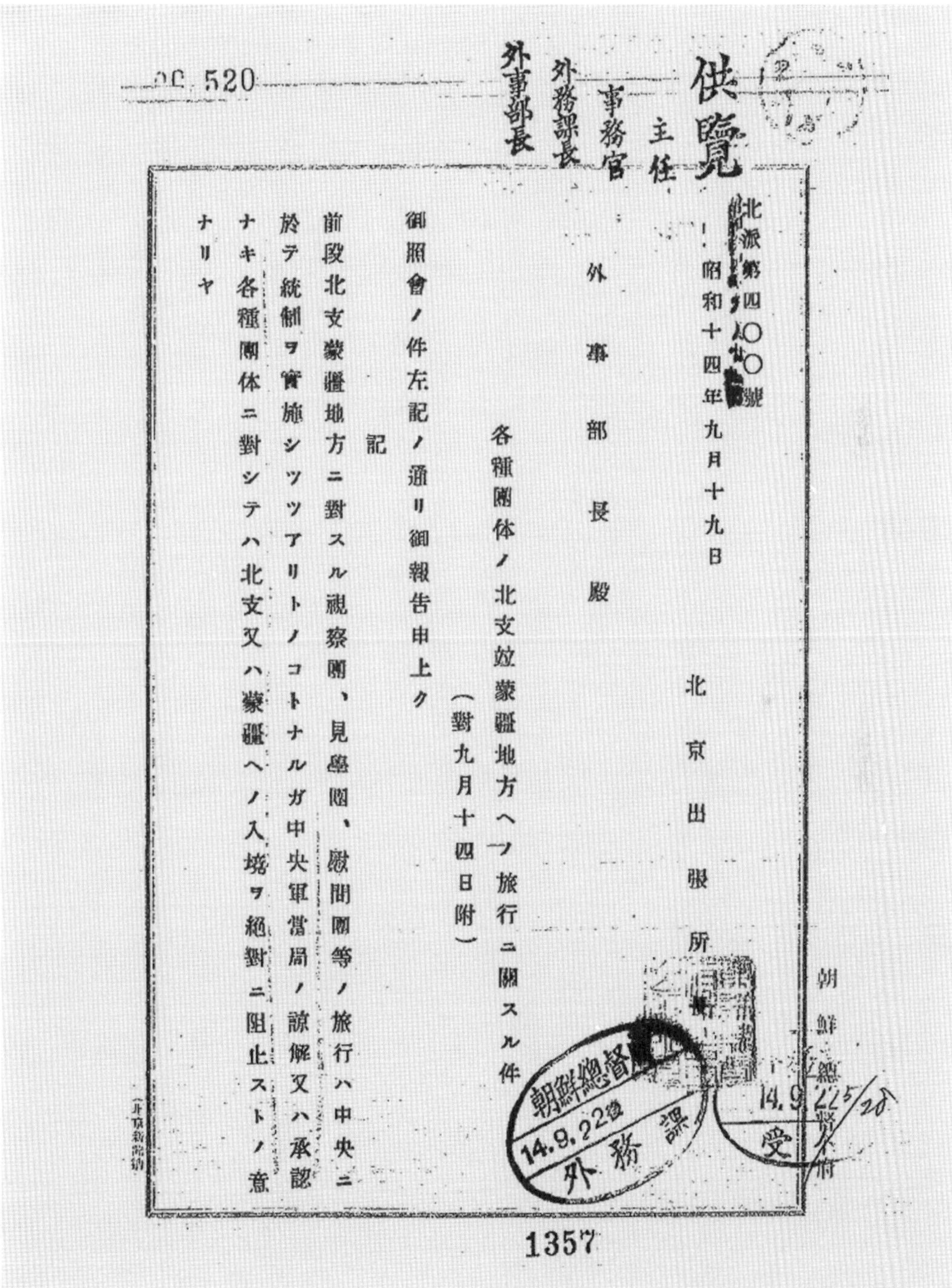

OC 520

供覽

主任

事務官

外務課長

外事部長

北派第四〇〇號

昭和十四年九月十九日

北京出張所

外事部長殿

各種團体ノ北支並蒙疆地方ヘノ旅行ニ關スル件

（對九月十四日附）

御照會ノ件左記ノ通リ御報告申上ク

記

前段北支蒙疆地方ニ對スル視察團、見學團、慰問團等ノ旅行ハ中央ニ於テ統制ヲ實施シツツアリトノコトナルガ中央軍當局ノ諒解又ハ承認ナキ各種團体ニ對シテハ北支又ハ蒙疆ヘノ入境ヲ絶對ニ阻止ストノ意ナリヤ

朝鮮總督府 外務課 14.9.22 受

1357

521

答　然ラズ（卽チ山海關又ハ北京等ニ於テ列車ヨリ下車セシメ又ハ夫レヨリ先ヘノ乘車ヲ阻止シ旅行繼續ヲ不能ナラシムル等ノ强制的ノ措置ヲトラザル等）

後段又ハ單ニ現地當局ヨリ便宜供與其ノ他好意的處遇ヲ受ケ得ザルニ過ギザルモノナリヤ

答　大体然ルモノノ如シ（但シ軍側ノ面會拒絶慰問品受領拒否又ハ特殊施設物或ハ特殊地域等ノ視察不許可等ハ時宜ニ應シテ適宜取捨スル場合モアルヘシ）

以下軍ニ就キテ承合シタル點ヲ報告スレハ

一、部隊作戰上ノ行動如何ニ仍リテハ折角ノ慰問團ノ使命モ之ヲ果サシムルコト不可能ノ場合往々有之ル趣又

二、思想善導上ニ於テハ單ナル見學視察等ハ前線ニ於テ生死ヲ賭シテ奮鬪シツツアル皇軍將士ニ對シテ決シテ良キ影響ヲ與フルモノニ非ス殊ニ慰問ニ藉口シテ賣名、營利ヲ目論見ルモノヽ如キハ斷

朝鮮總督府

1358

522

朝鮮總督府

乎排斥スヘキモノナルニ從來斯種徒輩相當多數見受ケラレタリ甚
人ニ就テモ能フ限リ嚴選ヲ遂ゲ以テ不良思想ノ潜入ヲ防ギツツア
リトイフ更ニ又

三、從前軍ノ諒解アル向ニ對シテハ鐵道貸(山海關以北)兵站宿舍
等官給ナリシトコロ現在ハ陸軍省ノ承認アル場合スラモ豫算經理
上官給ヲ許サズ自辨トス。コノ點陸軍省ノ諒解ナキ向ト全様ナル
モ前者ハ前線ニ於テ軍經營ノ鐵道、トラック等ハ無料ニテ利用シ
得ラルル等ソノ間格段ノ相違アリ

以上各項ヲ勘案シテ今般陸軍省ニ於テ統制ヲ實施シタルモノニ有
之事前ニ於テ中央部ノ諒解ヲ受ケ置クコトハ使命達成上極メテ緊
切ノコトト思料セラルル以上詮議ノ結果ヨリ見テ九日附御照會ノ敎
育會主催ノ慰問團ノ如キハ汽車賃宿泊料ノ如キハ自辨ノ如ク格別
軍ノ厄介ニ預ラザルヲ以テ改メテ陸軍省當局ノ承認ヲ求メサルモ
不可ナキ様認メラルルモ先般副官部ト打合タル結果ノ次第モアリ

1359

523

今回ニ限リ中央當局ノ御諒解ヲ取付ケラルル樣御取計ヲ御度ク

右報告ス

朝鮮總督府

（北京館用箋）

1360

9) 북지 및 몽강 지방 시찰, 견학, 위문단 등 파견에 관한 건

北支並蒙疆地方視察, 見學, 慰問團等派遣ニ關スル件(1939. 9. 27.)

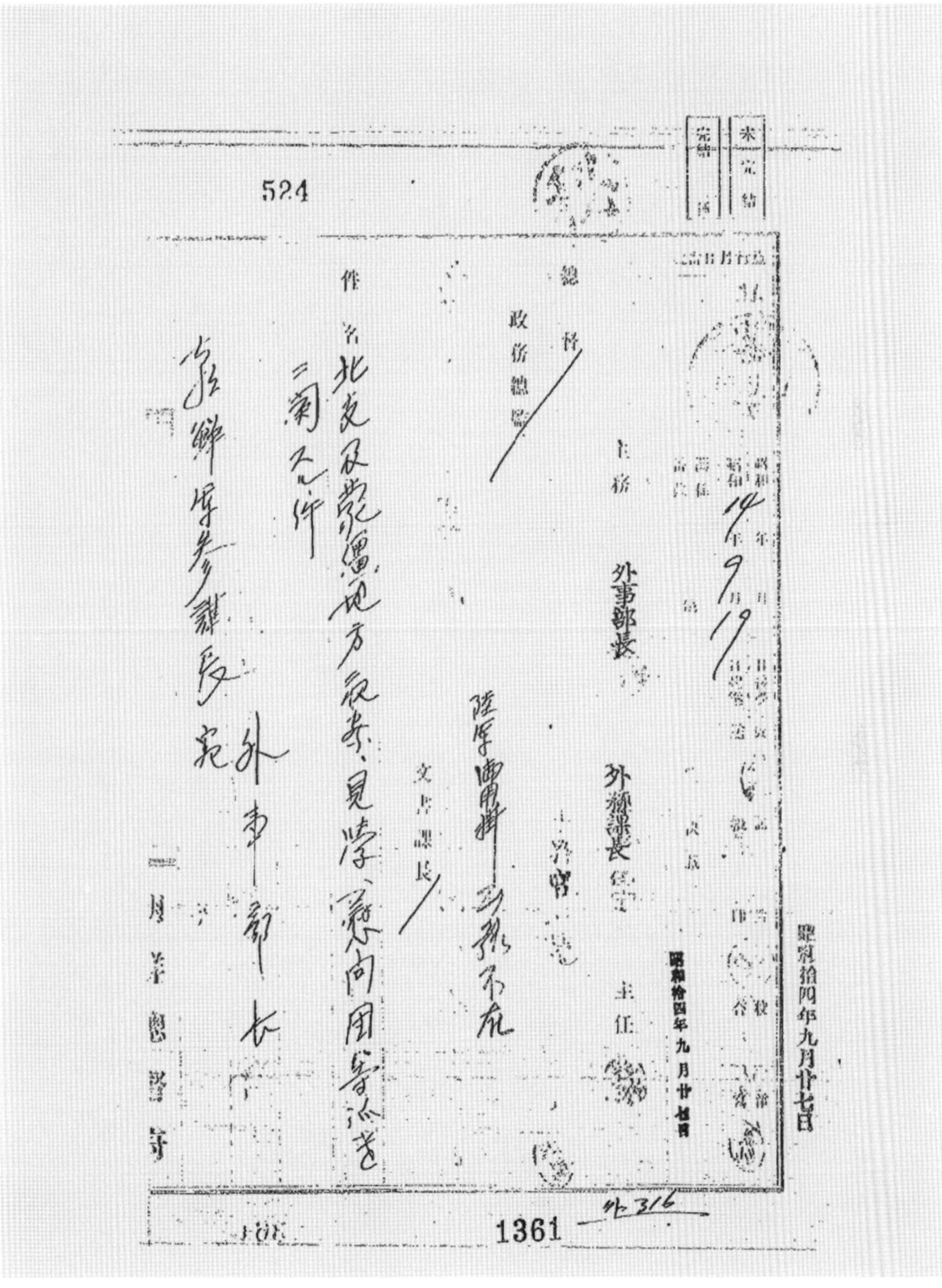
524

總督

政務總監

主務 外事部長

外務課長

文書課長

件名 北支及蒙疆地方視察、見學、慰問団等派遣ニ関スル件

在鮮軍參謀長宛 外事部長

昭和拾四年九月廿七日

1361 外316

本件ニ関シ八月十日附朝副第七八八號来

信ヲ以テ御申越ノ趣承リタル処過日来鮮

教青年会主催銃後皇軍慰問団派遣ノ企

テアリ本件在北京及張家口出張所ヲ通シ現

地軍当局ノ意嚮照会セル処北支部隊ヨリハ

「北支部隊ニテハ答弁シ兼ヌルニ付陸軍

1362

省公署ニ照会セラレタシ」トノ旨回答アリ殊蒙疆部隊ヨリハ「駐蒙軍司令部ニ於テ許可ヲ与ヘタルモノニ対シテハ現地部隊トシテハ何等支障ナシ」トノ旨回答アリ現地部隊間ニ於テモ其ノ取扱必スシモ一致セサルカ如ク見受ケラルル処本件ハ単ニ蒙育会主催慰問

朝鮮總督府

ノミノ問題ナラス他ノ各種團体ノ渡支ニ際
シテモ之カ取扱ヲ一定シ置クノ要アリト認メ
ラルルニ付テハ朝鮮ヨリ北支及蒙疆地方ヘノ
記者團、見学團、慰問團等派遣ニ際シテハ
之ヲ一々陸軍省宛提出スルコトハ相当不便
ニ付主催者ヨリ計畫ノ要綱ヲ具シ支軍

1364

526

司令部ヘ照会差出シタメ其ノ差支ナキモ
ノニ對シテハ英國ニ於テ適宜許可又ハ諒解
ヲ与ヘラルル等便宜的措置ヲ採リ居ルヤウ諸ノ
犯罪者、浪人等何分ノ英國措置方御煩ハシ照会
又
追テ本件決定ノ上ハ税関等当局ニ對シテハ

朝鮮總督府

1365

英警ヨリ連絡方御取計方煩度

1366

10) 북지에서 '콜레라' 예방 접종 증명서 휴대 해제에 관한 건

北支ニ於ケル「コレラ」預防接種證明書携行解除ニ關スル件(1939. 11. 13.)

供覽
主任
事務官
外務課長
外事部長

541

衛第一三六八號

昭和十四年十一月十三日

警務局長

各道知事殿

北支ニ於ケル「コレラ」豫防接種證明書携行解除ニ關スル件

本件ニ關シ別紙寫ノ通朝鮮軍參謀長ヨリ通報アリタルニ付前例ニ依リ可然御措置相成リタシ

寫送付先

遞信局長、鐵道局長、專賣局長、本府各局長、官房各課長、御用掛、本府細菌檢査所、警察案内所

外務課
14.11.13
受付

1387

542

北支ニ於ケル「コレラ」ハ概ネ終熄セルヲ以テ十月三十日朝副第九八二號ニ依リ通牒セシ「コレラ」豫防接種証明書携行ニ関スル件ハ解除セラレタル旨多田部隊参謀長ヨリ通牒アリシニ付承知相成度

1388

外務部長 写 送付済

第 號

昭和14年9月9日午後3時1分發 改寫主任

朝鮮總督府外事部長

發信人 分接受 發信局 張家口

張家口出張所長

昭和拾四年拾壹月拾日

電報

收任 [illegible]

事務官 [illegible]

外務課長 田中

外事部長

コレラ防疫ニ関スル諸般ノ制限ハ八日附ヲ以テ全面的ニ撤廢セラレタリ

538

1383

朝鮮總督府 用紙

11) 몽강 지방 방면 도항 제한에 관한 건

蒙疆地方向渡航制限ニ關スル件(1939. 12. 7.)

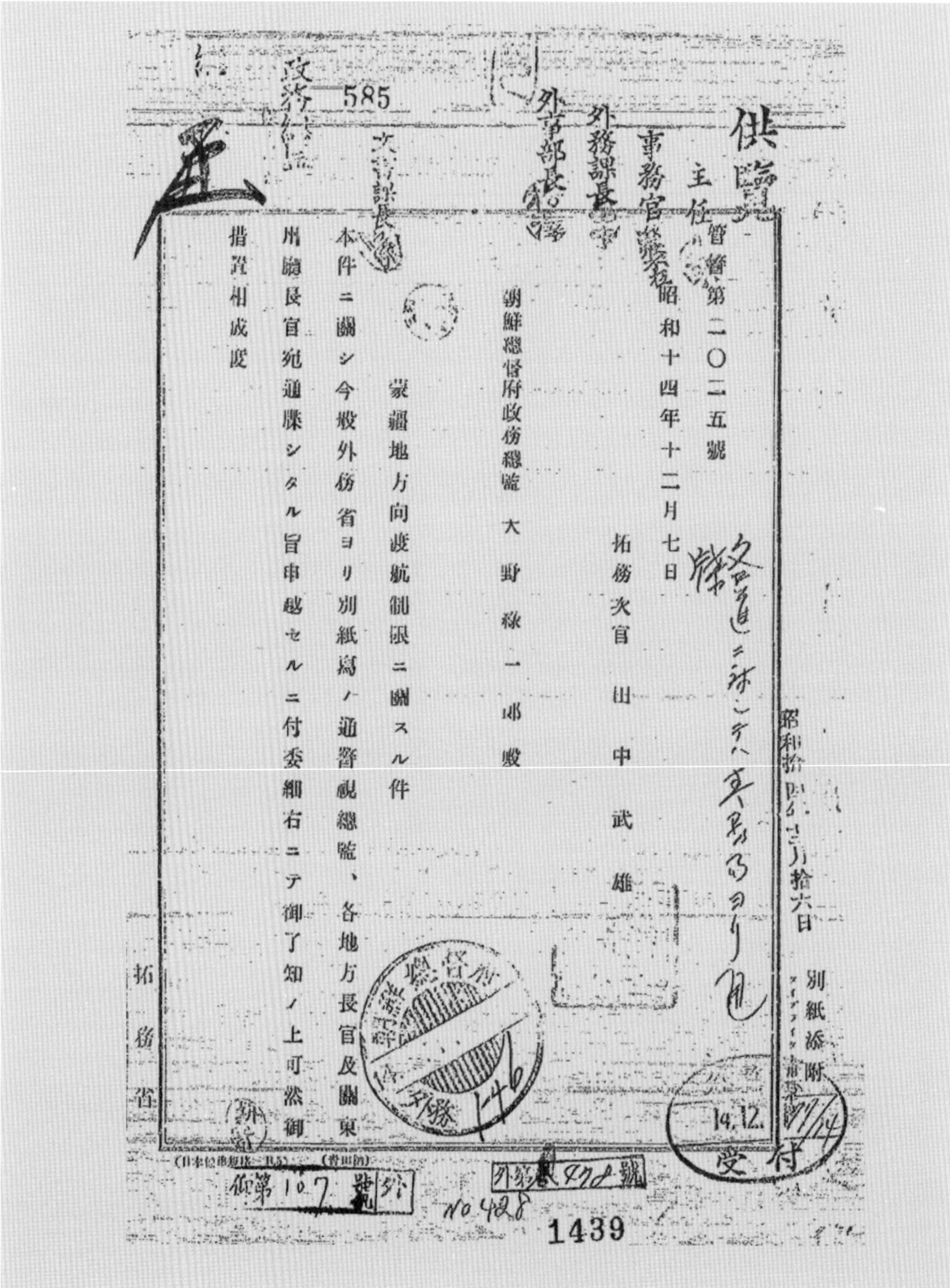

管督第二〇二五號

昭和十四年十二月七日

拓務次官 田中武雄

朝鮮總督府政務總監 大野緑一郎殿

蒙疆地方向渡航制限ニ關スル件

本件ニ關シ今般外務省ヨリ別紙寫ノ通警視總監、各地方長官及關東州廳長官宛通牒シタル旨申越セルニ付委細右ニテ御了知ノ上可然御措置相成度

昭和拾四年拾二月拾六日

別紙添附

拓務省

586

米二普通合第五九七〇號

昭和十四年十二月二十七日

外務省亜米利加局長 吉澤清次郎

蒙疆地方向渡航制限ニ關スル件

今般在張家口帝國總領事ヨリ蒙疆地區ニ於テハ目下食米ノ缺乏甚シク在留民ハ一同混米食及代用食ヲ取ルヲ餘儀ナクセラレ居リ食糧難ニ直面セル現狀ナルニモ拘ラス視察又ハ訪問等ノ名目ノ下ニ渡蒙スル邦人引キモ切ラサル有樣ニテ之カ爲メ邦人ニ對スル食糧配給ニモ支障ヲ來スノミナラス不好マシカラサル影響ヲ與ヘ居ル事實ニモ鑑ミ當分ノ間本邦及支那各地ヨリノ同地方向邦人ノ旅行ハ特別ノ用務ヲ帶フル者ノ外一樣ニ之ヲ阻止スル樣取計ハレ度旨申越アリタリ

拓務省

1440

587

就テハ假令渡支身分證明書ヲ發給セラルルニ際シテハ追テ何分ノ儀申進スル迄渡支者ニ對シ右ノ趣旨ヲ充分御示達相成ト共ニ蒙疆地方向ノ旅行ハ特ニ已ムヲ得サル用務ヲ帶フル者ノ外ハ之ヲ取止メシムル樣可然御取計相成度此段申進ス

拓務省

(日本標準規格 B5)

1441

588

完結 未完結

施行月日番號 昭和拾四年十二月拾四日

昭和14年12月12日接受
昭和 年 月 日起案

關係番號 第 號

發送 記號 決裁 釣印 校合 淨寫

主務 外事部長

外務課長 主任

總督

政務總監

文書課長

事務官

件名 蒙疆地方向旅券制限ニ関スル件

外事部長

警務局長宛

1442

本件ニ関シ招募者ヨリ別紙案ノ通
申越タルニ付可然御措置相成度
別紙案添付

同件 外事部長

殖産
農林 局長 宛

蒙疆地方食米欠乏ノ状況ニ鑑ミ

1443

本件證明書發給官署ハ（鮮内警察署）トシテハ取扱上従来ト異ルトコロナキ
モ發給ヲ受クル者トシテハ従来ナカリ
シ手数料ヲ納付セザルベカラザルコトト
ナリ新規渡支者ニ對シテハ已ムヲ得ザル
トコロナルモ既在住者ニトリテハ全ク余分ノ
負担トナルベシ而シテ本證明書發給ヲ
受クルモ格別便利トスルトコロナキモノ
ノ如ク結局本件ハ[illegible]現地ニ於テ
取締ノ便宜ノミ考慮セラレタルモノ
ト認メラル。

1444

方存究知既ノ

條五ノ移報アリ

通牒（用）人

知既宇保行

1445

3. 칭다오(靑島), 지난(齊南) 지역

1) 칭다오 방면 도항자의 통제 방법에 관한 건

靑島方面渡航者ノ統制方ニ關スル件(1938. 1. 28.)

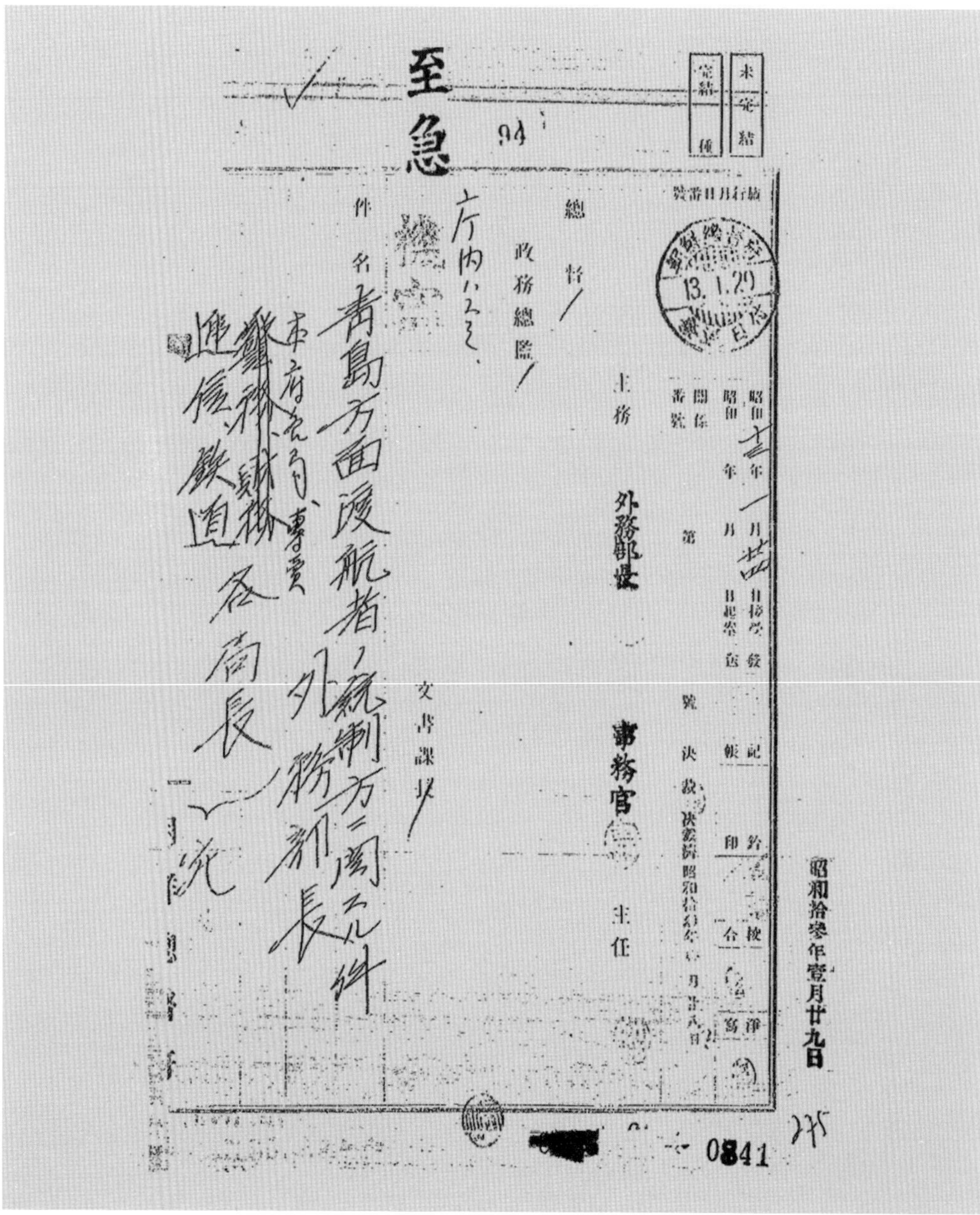
至急

件名 靑島方面渡航者ノ統制方ニ關スル件

總督

政務總監

主務 外務部長

事務官

主任

文書課長

昭和拾參年壹月廿九日

0841

各道知事 殿

標記ノ件ニ関シ拓務省朝鮮部長ヨリ別紙写ノ通移牒アリタルニ付御諒承ノ上可然御取計相成リタシ

0 0842

95

管管第三九號

昭和十三年一月二十一日

拓務省朝鮮部長 荻原彦三

朝鮮總督官房外務部長 松澤龍雄殿

青島方面渡航者ノ統制方ニ關スル件

本件ニ關シ今般外務省ヨリ別紙ノ通各地方廳宛通牒セル趣通知越シタルニ付貴府ニ於テモ右ニ準シ御取扱相成様致度

拓務省

（日本標準規格 B5）

タイプライター用紙小型（司外省語）

0843

51 96

機密

米三機密合第二三八號

昭和十三年一月十八日

外務省亜米利加局長　吉澤清次郎

青島方面渡航者ノ統制方ニ關スル件

青島ノ現狀ニ鑑ミ同地復興ノ安定狀態ニ至ル迄ニハ尚相當ノ時日ヲ要スルニ付此際青島渡航者ノ統制ニ關シテハ軍側トモ打合ノ結果當分ノ間同地居留復歸者（約一萬七千人）ノ外ハ陸海軍竝ニ外務省側ノ了解アル者ニ限リ上陸ヲ許可スルコトニ決定シタル旨尚膠濟鐵道沿線方面ノ居留民復歸ニ付テハ當分渡青ヲ見合ハサシムル樣致度旨今般在青島大鷹總領事ヨリ來電アリタルニ付右樣御含ノ上可然御取計相成度此段申進ス

外務省

戌

0844

97

2

本信送付先　警視總監、各地方長官、關東州廳長官

本信寫送付先　拓務次官、內務省警保局長

外務省

0845

2) 지난 기타 자오지 철도 연선 복귀자의 취급 완화 방안의 건

濟南其他膠濟鐵道沿線復歸者ノ取扱緩和方ノ件(1938. 2. 18.)

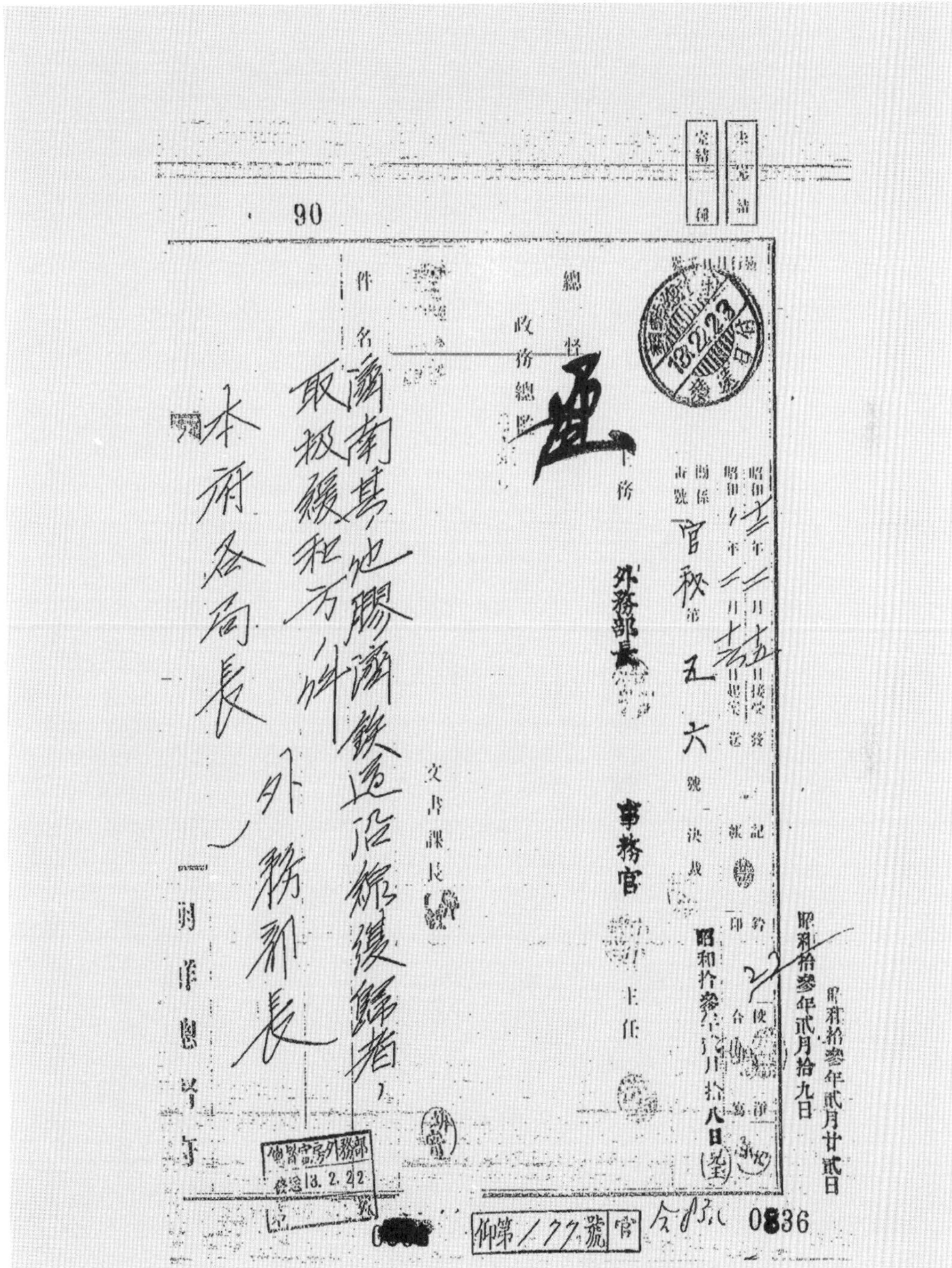

90

總督

政務總監

件名 濟南其他膠濟鐵道沿線復歸者ノ取扱緩和方ノ件

本府各局長

外務部長

外務部長

事務官

文書課長

主任

昭和拾參年貳月拾八日

昭和拾參年貳月拾九日

昭和拾參年貳月廿貳日

官秘第五六號

外第177號

0836

朝鮮總督府

各遞信、鐵道、專賣局長
道知事　宛

本件ニ關シ拓務省朝鮮部長ヨリ別紙寫ノ
通移牒アリタルニ付御諒承ノ上可然御取
計相成リタシ

0837

91

官管第三九號

昭和十三年二月十二日

拓務省朝鮮部長　萩原彥

朝鮮總督官房外務部長　松澤龍雄殿

濟南其ノ他膠濟鐵道沿線復歸者ノ
取扱緩和方ニ關スル件

本件ニ關シテハ嚢ニ一月二十一日附官管第三九號ヲ以テ申進致置キタル處今般更ニ外務省ヨリ別紙寫ノ通各地方廳宛通牒セル趣通知越シタルニ付貴府ニ於テモ右ニ準シ御取扱相成樣致度

拓務省

(日本標準規格 B.5)

0838

機密

92

米三機密合第五八〇號

昭和十三年二月八日

外務省亜米利加局長　吉澤清次郎

済南其ノ他膠済鐵道沿線復歸者ノ取扱緩和方ニ關スル件

青島方面渡航者ノ統制方ニ關スル客月十八日附米三機密合第二三八號拙信末段ニ於テ膠済鐵道沿線方面ノ居留民復歸ニ付テハ當分渡青ヲ見合ハサシムル様致度旨申進置タル處其ノ後在済南有野總領事ヨリノ來電ニ依レハ膠済鐵道モ二月中旬ニハ開通ノ見込ニテ右開通ノ上ハ直ニ居留民及物資ノ輸送ニ開放スル趣ナルニ付テハ右時期以後ハ済南、張店、博山等膠済鐵道沿線ヘノ渡航者ニ付テ

外務省

戊

0839

93

2

モ前居留者ニシテ今回復歸セントスル者ニ限リ青島ニ向ケ渡航セシメ差支無之當省ニ於テモ其ノ洵適當ニ取扱フヘキニ付右樣御含ノ上可然御取計相成度此段申進ス

本信送付先　警視總監、各地方長官、關東州廳長官

本信寫送付先　拓務次官、內務省警保局長

外務省

0340

3) 지난행 여객의 제한 철폐에 관한 건

濟南行旅客ノ制限撤廢ニ關スル件(1938. 3. 1.)

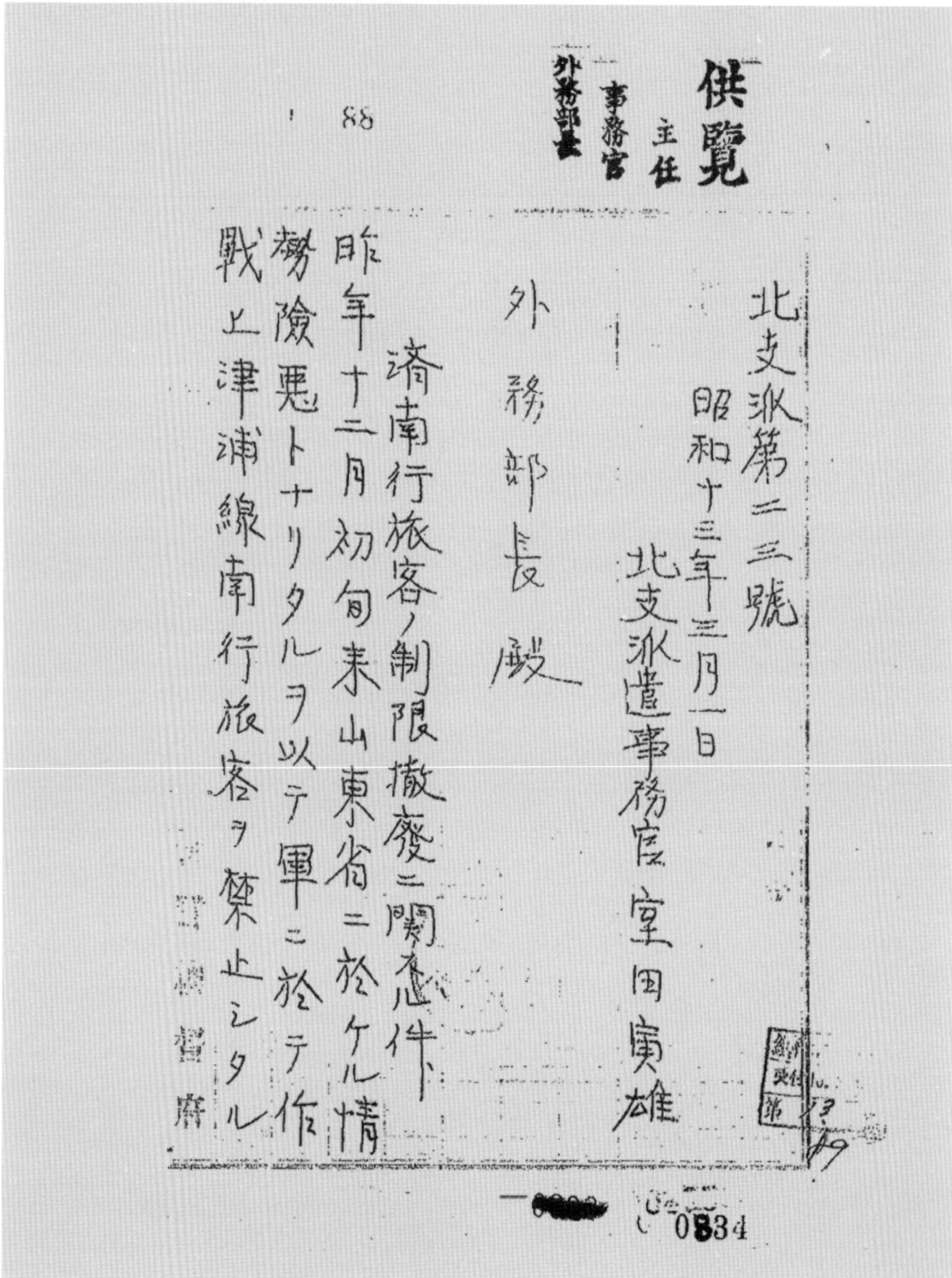

供覽 主任 事務官 外務部長

北支派第二三號

昭和十三年三月一日

北支派遣事務官 室田寅雄

外務部長殿

濟南行旅客ノ制限撤廢ニ關スル件

昨年十二月初旬来山東省ニ於ケル情勢險悪トナリタルヲ以テ軍ニ於テ作戦上津浦線南行旅客ヲ禁止シタル

朝鮮總督府

ガ済南陥落後本年一月十四日ヨリ一般旅客ノ済南旅行ヲ許可スルコトヽナシタリ而シテ之ニハ特ニ身元ヲ厳選シテ特務機関名ノ許可証ヲ発給スルコトヽナシ右事務処理ノ為ニ天津総領事館内ニ済南総領事館派遣員事務所ヲ設置シ同所ニ於テ入済許可証ヲ発給シタリ。其後同地ノ治安漸ク回復シタルヲ以テ三月一日ヨリ右制限ヲ撤廃シ何人ト雖モ自由ニ済

南ニ旅行シ得ルガ如クナリタルガ右期
間内ニ天津出張所ニ於テ旅行許可証
ヲ發給シタル人員ハ
内地人　七百三十一名（中女百七十三名）
朝鮮人　百七十六名（中女百十五名）
計九百七名（此ノ外軍憲兵隊ニ於テ發給
シタル者モアリ）ニシテ内地人女百七十三
名中藝妓女給七十六名、朝鮮人女百
十五名中酌婦女給（九割ハ酌婦）百
一名ニシテ職業別ニ見ルトキハ特殊

朝鮮總督府

婦人断然多数ヲ占メ居レリ
尚済南青島間ハ未タ一般交通機関
復旧セス現在軍用列車ノミ通シ旅客
ノ入青許可ハ三月十日前後トナル
趣キナリ
在留参考迄ニ報告ス

発送先
警務局長
外務部長

4) 칭다오 방면 도항자의 취급 완화 방법의 건

青島方面渡航者ノ取扱緩和方ノ件(1938. 6. 18.)

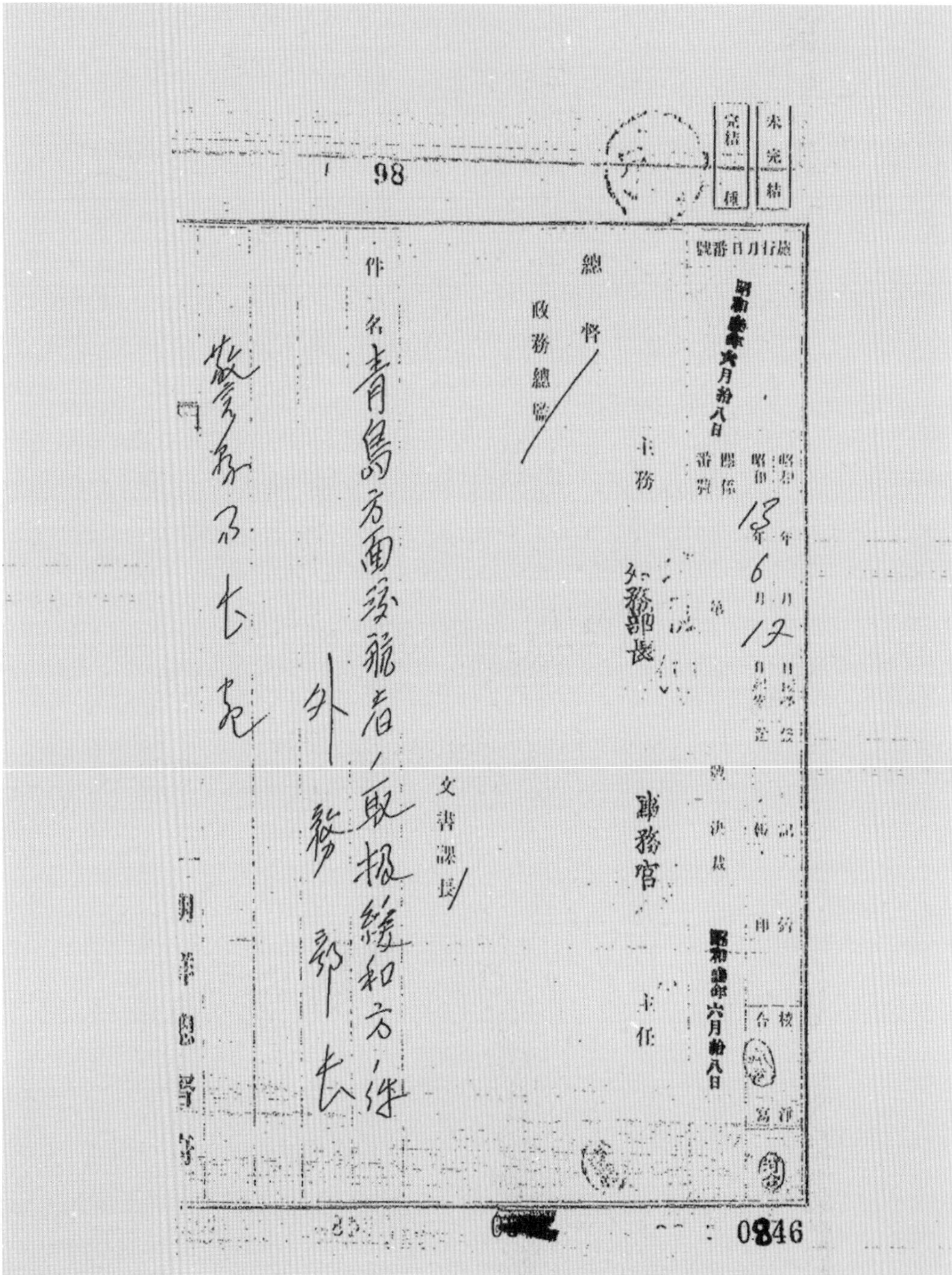

完結 種
未完結
98
起案年月日 番號
昭和拾參年六月拾八日
總督
政務總監
主務 外務部長
關係
昭和13年6月12日
件名 青島方面渡航者ノ取扱緩和方ノ件
外務部長
警務局長
文書課長
事務官
主任
決裁 昭和拾參年六月拾八日
0846

本件ニ関シ今般拓務省ヨリ別紙寫

ノ通申越候ニ付右御取計相

度候

別紙寫添付

(國定規格 B5)

0847

供覽 主任 事務官 外務部長

管警秘第七四一號

昭和十三年六月十三日

内務省朝鮮部長 萩原彦三

朝鮮総督官房外務部長 松澤龍雄殿

青島方面渡航者ノ取扱緩和方ノ件

本件ニ關シテハ二月十二日附管警第三九號ヲ以テ申進致置キタル處今般更ニ外務省ヨリ別紙寫ノ通各地方長官宛通牒アリタルニ付貴府ニ於テモ可然御配慮相成度

昭和拾參年六月廿壹日

追而客年八月三十一日附米三機密合第三十七六號ニ關シテハ同

昭和拾參年六月廿壹日

官秘第一六六號 拓務省

昭和拾參年六月廿壹日

0.0830

85

年八月三十日附管警秘第一、一一〇號ヲ以テ貴府總務長官宛申進
置キタルニ付爲念申添フ

拓務省

タイプライター用紙半截（用非各紙）

(日本標準規格 B5)

0831

機密

86

米三機密合第二七三一號

昭和十三年六月八日

外務省亜米利加局長 吉澤清次郎

宛先ハ末尾記載ノ通リ

青島方面渡航者ノ取扱緩和方ノ件

本年一月十八日附米三機密合第二三八號及二月八日附米三機密合第五八〇號拙信ヲ以テ青島、濟南竝ニ張店、博山等膠濟鐵道沿線渡航者ニ付テハ當分ノ間前居留民ニシテ復歸セントスル者ノ外ハ青島ニ向ケ渡航セシメサル様致度旨申進置タル處今般在青島大鷹總領事ヨリ其後膠濟沿線ノ治安モ漸次回復シ且青島方面居留民ノ復歸モ一段落着キタルヲ以テ七月一日以後ハ初渡航者ト雖モ青島ニ向ケ渡航ヲ許シ差支ナシ尤モ青島ヨリ奥地ニ入込ムコトハ幽軍

外務省

0832

2

87

側ニ於テ尙相當制限スル意嚮ノ趣來電アリタルニ付來ル七月一日ヲ期シ青島ヲ目的地トシテ渡航スル初渡航者ニ對シテモ天津又ハ上海方面渡航者ト同樣客年八月三十一日附米三機密合第三七七六號當省次官ノ依命通牒ニ依リ渡支後不正行爲ヲ爲ス惧ナキ者ニ限リ身分證明書ヲ發給シタル上渡航セシメラレ差支無之又青島ヨリ奥地ニ入込ム目的ヲ以テ青島ニ向ケ渡航セントスル初渡航者ニ對シテモ陸軍側ヨリ制限セラルル場合アルコトヲ豫メ篤ト御説明ノ上其ノ危險ヲ本人ニ於テ負擔スルコトヲ承諾スル者ニ限リ超又前記依命通牒ノ趣旨ニ依リ身分證明書ヲ發給シ渡航セシメラレ差支無之右樣可然御取計相成度此段申進ス

本信送付先　警視總監、各地方長官、關東州廳長官

本信寫送付先　拓務次官、内務省警保局長

外務省

戊

0833

5) 칭다오 방면 도항자의 취급 완화 방법의 건

青島方面渡航者ノ取扱緩和方ノ件(1939. 4. 21.)

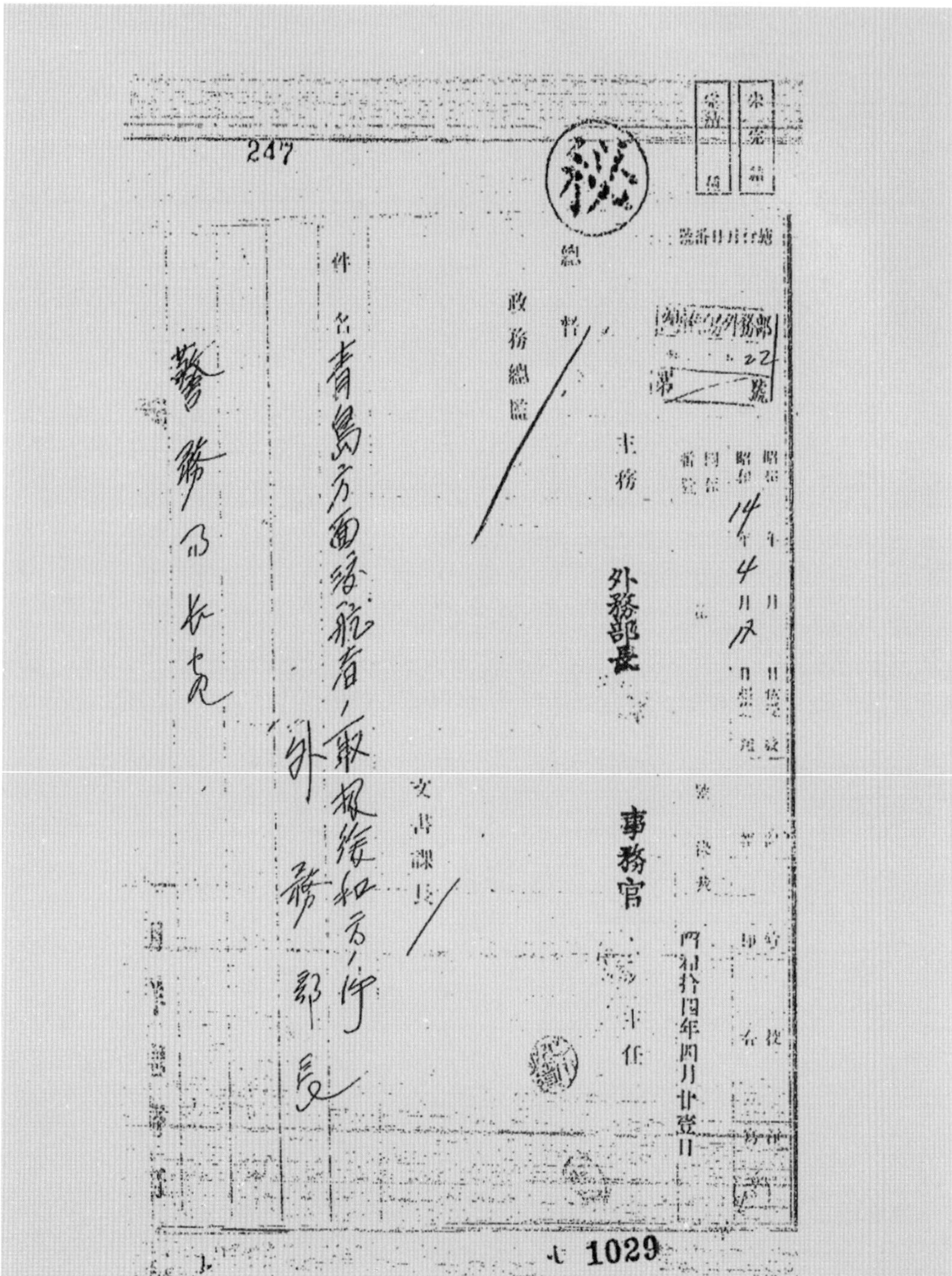

247

秘

總督

政務總監

主務 外務部長

事務官 主任

文書課長

昭和14年4月17日

昭和拾四年四月廿壹日

外務部 第 號

件名 青島方面渡航者ノ取扱緩和方ノ件

外務部長

警務局長

1029

本件ニ関シ拓務省ヨリ別紙写ノ通申
越候ニ付可然御措置方煩度

1030

248

供覧 主任 事務官 外務部長

閲 決裁済 昭和拾四年四月廿六日

青警第一〇九號

昭和十四年四月二十二日

在青島 派遣員

松澤外務部長殿

青島渡航者ニ對スル制限緩和ニ關スル件

青島總領事館ニ於テハ客年一月復歸以來在留者保護ノ爲事變前ヨリ在留セル者ノ復歸ヲ優先的ニ許容シ新規渡青者ニ對シテハ或程度ノ制限ヲ加ヘ來リシ處治安モ全ク恢復シ經濟建設モ漸ク緒ニ就キ人的資源ヲ要望スル聲高ク且ツ他都市ハ叙上ノ如キ制限ヲ

總督官房外務部 受付14.4.26

1031

朝鮮總督府

設ケサリシ為メソノ復興發展急速ナルニ比シ當青島ガ
今ニ猶復興ノ實績擧ラサルハ徒ラニ現住者保護等ノ
姑息ナル方針ニヨレル結果ナリトシ過般漫然渡航ニ非
サル限リ新規渡航ヲモ許容スヘキ旨内地各方面ニ通知シ
タルモ猶直接渡青スルトキハ取締アルコトヲ惧レ大連、天
津等ヲ経テ陸路來青スルモノサヘ尠カラサル現狀ニ鑑ミ
外務省ヲ通シ各府縣ニ對シ青島渡航出願者ニ對シテハ
嚴格ナル取締ヲナサザル樣取扱方通牒シタル趣ナリ

右報告ス

本信寫送付先

三橋警務局長、大野北京出張所長

6) 칭다오 방면 도항자의 취급 완화 방법의 건

靑島方面渡航者ノ取扱緩和方ノ件(1939. 4. 27.)

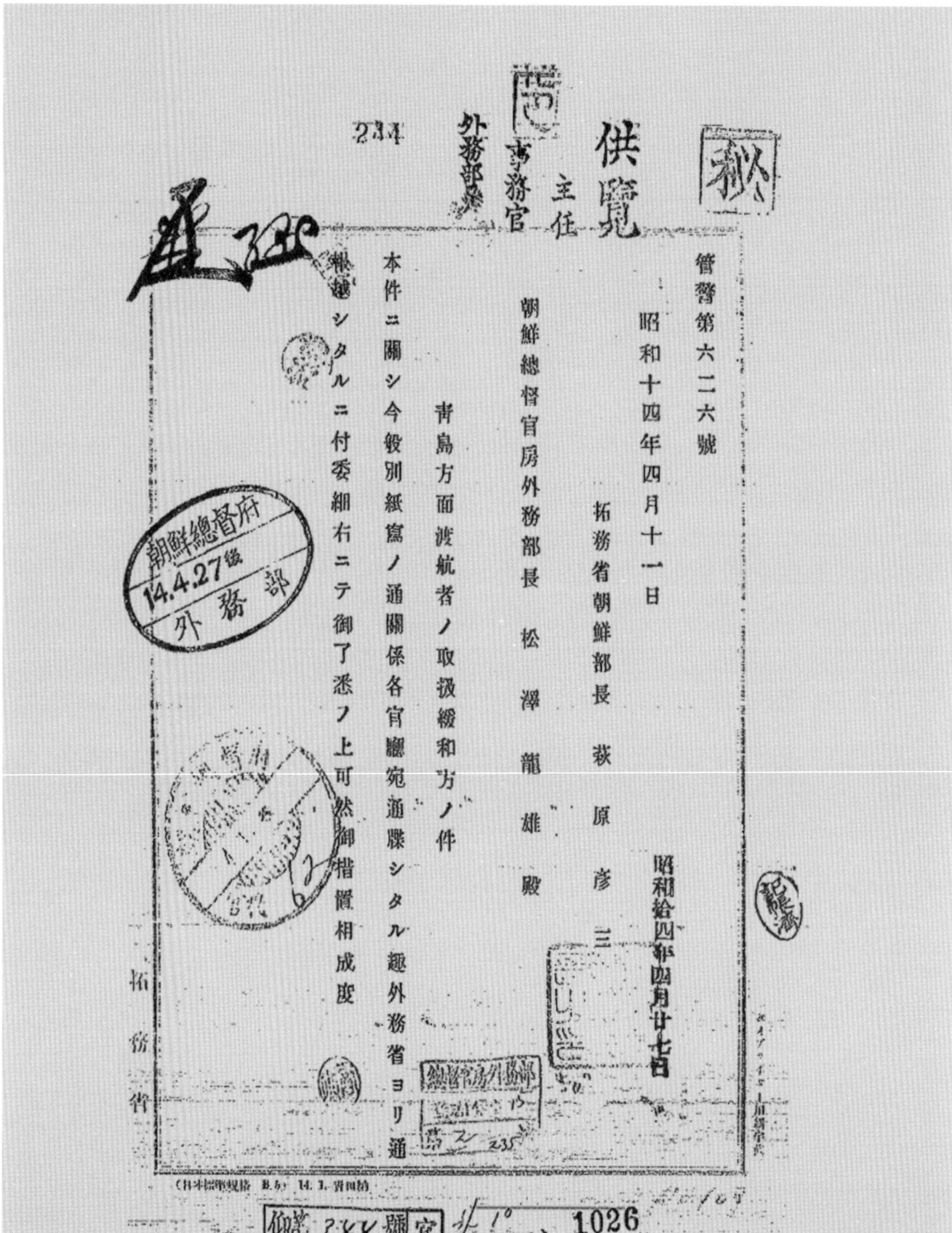

秘

供覽

主任

事務官

外務部長

234

管警第六二六號

昭和十四年四月十一日

拓務省朝鮮部長 荻原彦三

朝鮮總督官房外務部長 松澤龍雄 殿

靑島方面渡航者ノ取扱緩和方ノ件

本件ニ關シ今般別紙寫ノ通關係各官廳宛通牒シタル趣外務省ヨリ通報越シタルニ付委細右ニテ御了悉ノ上可然御措置相成度

拓務省

朝鮮總督府 14.4.27 接 外務部

昭和拾四年四月廿七日

1026

245

機密

米三機密合第一六二〇號

昭和十四年四月五日

外務省亞米利加局長　吉澤清次郎

宛先ハ末尾記載ノ通リ

青島方面渡航者ノ取扱緩和方ノ件

客年六月八日附米三機密合第二七三一號ヲ以テ青島地方ヘノ渡航者ニ對シテハ渡支後不正行爲ヲ爲ス惧ナキ者ニ限リ天津又ハ上海方面ヘノ渡航者ト同様ノ振合ヲ以テ身分證明書ヲ發給セラレ度旨申進置タル處今般在青島加藤總領事ノ稟申ニ依レハ其ノ後ノ状況ニ徵スルニ青島地方ヘノ渡航手續ハ天津、上海方面ヘノ手續ニ比シ幾分面倒ナルモノノ如ク今尚特ニ制限ヲ加ヘ居ルヤノ感觸ヲ加

二 外務省

1027

246

2

へ各方面ヨリノ苦情尠カラス在留民ハ勿論軍側ニ於テモ右取扱振ノ改善方ヲ要望シ居ル處最近青島地方ノ治安ハ著シク改善セラレタルノミナラス客年一月居留民ノ復歸以來不良分子ノ渡航者比較的尠ク在留禁止又ハ退去處分ニ處セラルル者モ極メテ少數ニシテ居留民ハ復興ノ爲手不足ヲ感シ善良ナル者ノ渡航ヲ要望シ居ル實狀ノ趣ナルニ付今後青島方面ヘノ身許確實ナル渡航者ニ對シテハ可成簡便ニ身分證明書ヲ發給スル樣御取扱相成度此段申進ス

本信送付先　警視總監、各地方長官、關東州廳長官

本信寫送付先　拓務次官、內務省警保局長　在支各公館長

外務省

戊

1028

7) 칭다오 도항자의 '콜레라' 예방주사 증명서 휴대 방안에 관한 건

青島渡航者「コレラ」豫防注射證明書携帶方ニ關スル件(1939. 7. 7.)

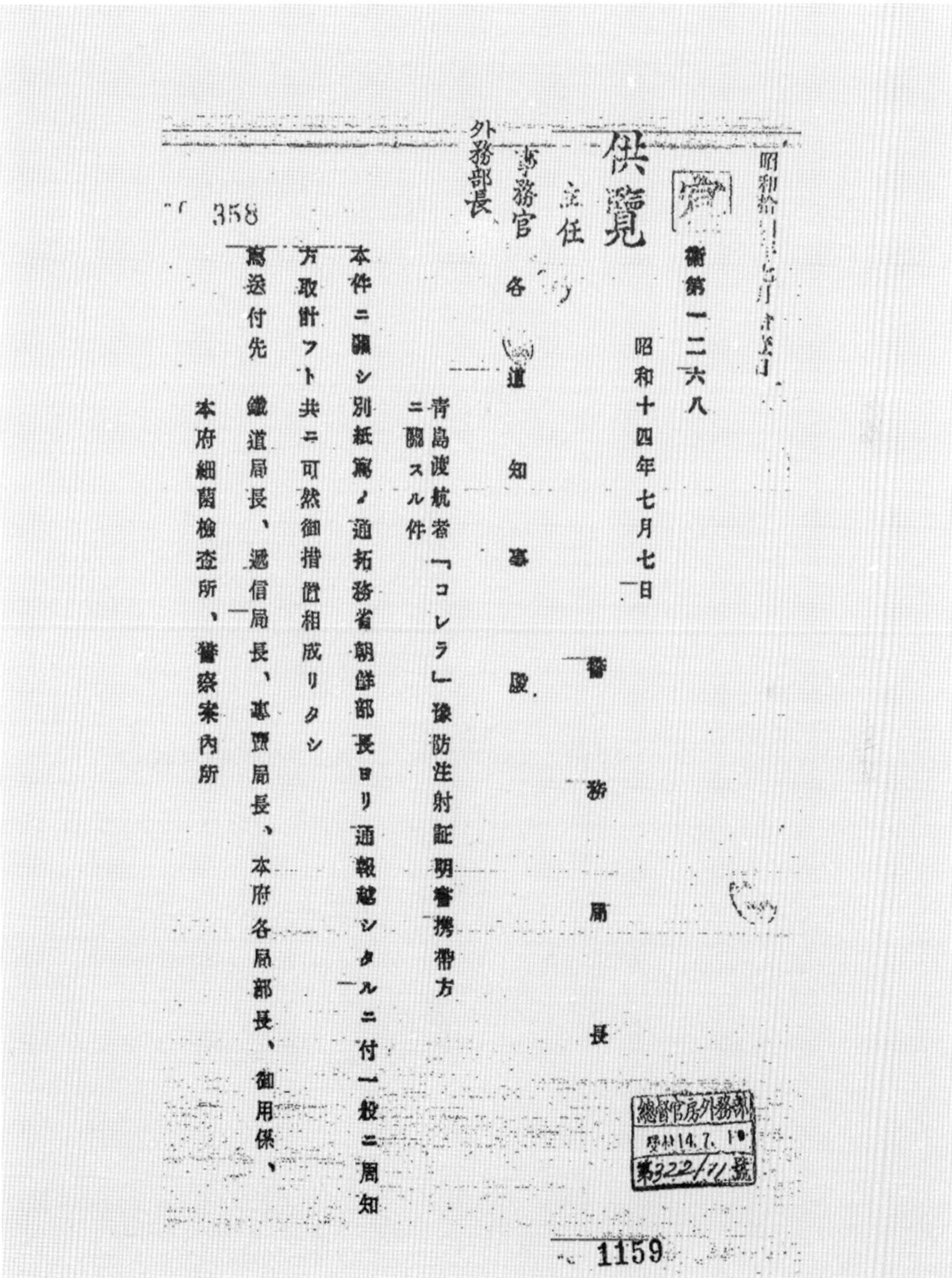

衛第一二六八

昭和十四年七月七日

警務局長

各道知事殿

青島渡航者「コレラ」豫防注射証明書携帶方ニ關スル件

本件ニ關シ別紙寫ノ通拓務省朝鮮部長ヨリ通報越シタルニ付一般ニ周知方取計フト共ニ可然御措置相成リタシ

寫送付先　鐵道局長、遞信局長、專賣局長、本府各局部長、御用係、本府細菌検査所、警察案内所

供覧　主任　事務官　外務部長

總督官房外務部　受付14.7.10　第322/11號

359

管警第一一三八號

昭和十四年六月二十九日

拓務省朝鮮部長　田中武雄

朝鮮總督官房外務部長　松澤龍雄殿

上海經由青島渡航者ノ「コレラ」豫防注射證明書携帶方ニ關スル件

本件ニ關シ今般別紙寫ノ通各地方長官及關東州廳長官宛通牒セル趣外務省ヨリ通報越シタルニ付委細右ニテ御了悉ノ上可然御措置相成度

1160

360

米三普通合第三一四八號

昭和十四年六月二十一日

外務省亜米利加局長　吉澤清次郎

上海經由青島渡航者ノ「コレラ」豫防注射證明書携帯方ニ關スル件

青島防疫委員會ニ於テハ防疫ノ必要上六月二十日以降上海經由青島渡航者ニシテ「コレラ」豫防注射ヲ實施シ其證明書ヲ携帯セサル者ハ同地上陸ヲ禁止スルコトニ決定シタル旨今般在青島帝國總領事ヨリ電報越セルニ付テハ上海經由同地渡航者ニ對シ右注意方可然御取計相成度

此段申進ス

1161

8) 톈진 복귀자에 관한 건 天津復歸者ニ關スル件(1939. 9. 12.)

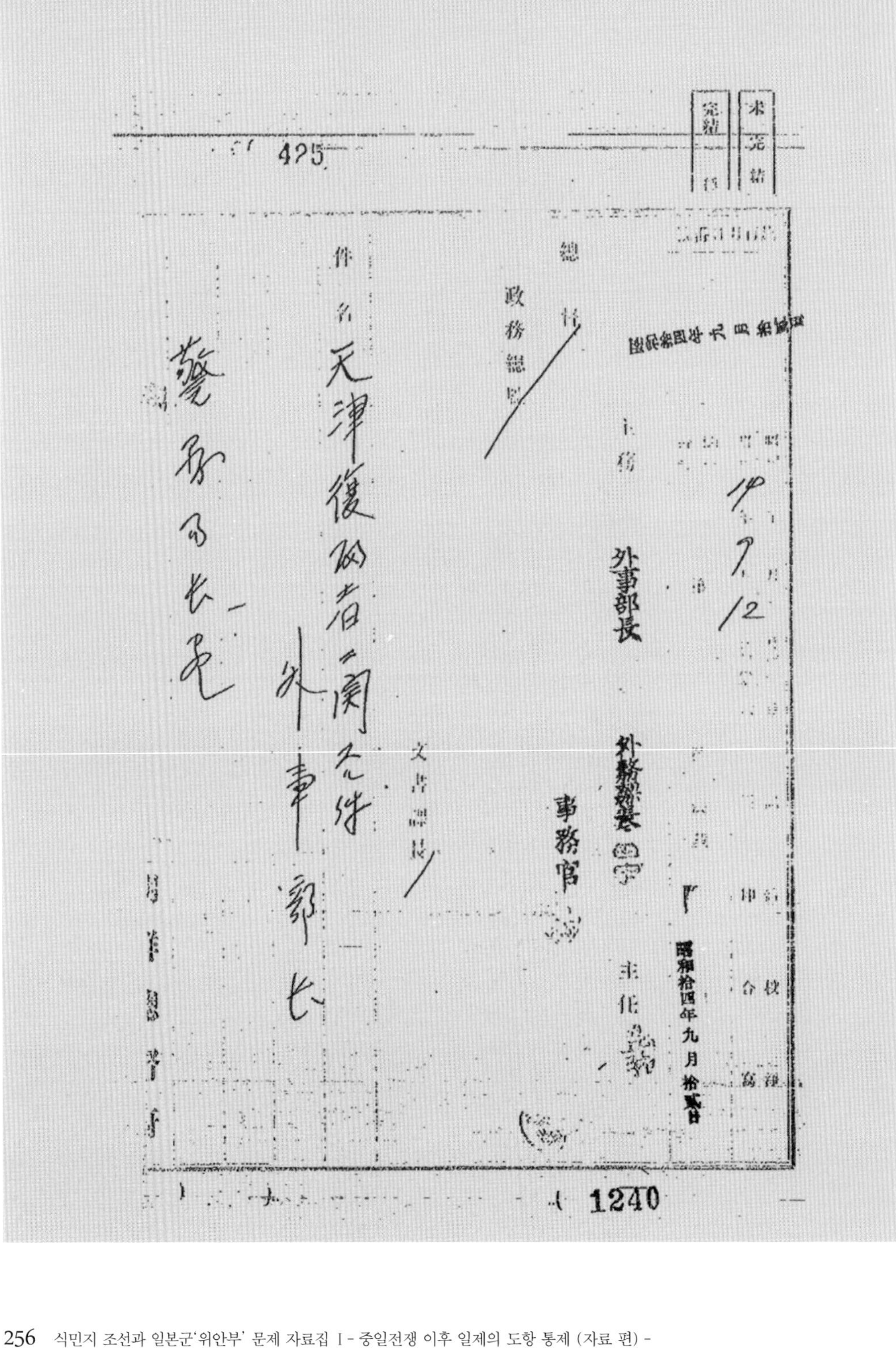

425

未完結

完結

總督

政務總監

主務 外事部長

外務部長

事務官

主任

14/9/12

昭和拾四年九月拾貳日

文書課長

件名 天津復帰者ニ関スル件 外事部長

警務局長宛

1240

本件ニ関シ天津総領事ヨリ別紙ノ
通照会アリタルニ付可然御取計相成度

追而

別紙写添付

朝鮮總督府

0 1241

（前水、[illegible]）

收受電報

昭和十四年九月十日発

天津

田代総領事発

外事部長宛

[illegible]

426

合第四四四號

本官発外務大臣宛電報第六五二號

貴電第三四三號ニ關シ

國防衛司令部付確メタル処軍当局トハ、師

司令部

憲兵隊本部

憲兵隊区司令部

憲

1242

兵隊總テノ軍機昇ヲ指スモノニシテ北支方面軍ヲ通シ内地中央軍当局ニ於テ既ニ連絡済ノ趣キナルクル憲兵隊問題ニ付テハ總テノ機昇シテ復級許可書ノ発給ノ準備ヲ整ヘシムルハ困難ナリト認メラルヽニ付復級希望者ハ左記方法ニヨラシムル事ニ当地軍側ト打合ヘルニ付右周知方御取計アリタシ

(イ) 師団司令部若クハ憲兵隊ヨリ許可證ヲ受クルコト（軍側ヨリモ重ネテ連絡ノ筈）

(ロ) 右機昇ヨリ許可証ヲ有スルコト困難ナル向ハ当地最寄ノ部隊（憲兵隊ヲ含ム）ノ駐在地

（ハ）

例ヘハ北京、山海関、塘沽ニ来リ同地ニ於テ許可證ヲ受クルコト
此ノ場合当館発給ノ天津再渡航ヲ目的トセル身分証明書等ニ該地迄ノ旅航ヲ可能ナラシムル様各地警察ニ御手配アリタク
尚同地迄来リ天津行許可トナル場合ヲ要スル向キアルベキモ此ノ点ニ付テハ当館発給ノ証明書ヲ所持スル者ニハ特別ノ場合ヲ除キ許可ヲ与フルコトニ軍当局ト打合ズミナリ
右ノ方法ニ依ルコト困難ナル向ハ在天津家族又ハ知人ヲ通シ天津軍当局ヨリ許可ヲ取付グルコト

1243

轉電先、
濟南、青島、關東州長官
朝鮮總督府外事部長、

472

事務官　外務課長　外事部長

本案ノ通発表方取計可然哉

新聞（ラヂオ）発表案

今回ノ天津水災前ニ在天津日本総領事館ヨリ身分証明書、旅行証明書、在留証明書等ノ発給ヲ受ケテ目下内外地満洲又ハ支那各地ヘ旅行シテ居ル天津在留邦人ニシテ水害善後措置ノ為

一月 半紙 罫紙

1244

天津水災害復旧処置完了前ニ同地

ニ帰還セントスルモノハ前記證明書ヲ最

寄ノ軍ノ当局ニ持参シ右ニ裏書ヲ

受クルカ又ハ許可證ノ発給ヲ受クルニ於

テハ帰還差支ナイコトトナッタ。而シテ右

許可ヲ受ケナイ者ハ陸路ニ依ルモノハ山海

0 1245

429

関、塘沽、北京等ニハ、陸路ニ依ルモノハ塘沽ニ来リ、右各地ニ於テ軍ヨリ許可證ノ発給ヲ受ケ天津ニ移動セシメタイトノ旨同地天津総領事ヨリ本省ヘ電報カアツタ。

1246

9) 칭다오 방면 도항자의 검변 증명서에 관한 건

靑島方面渡航者ノ検便證明書ニ關スル件(1939. 11. 11.)

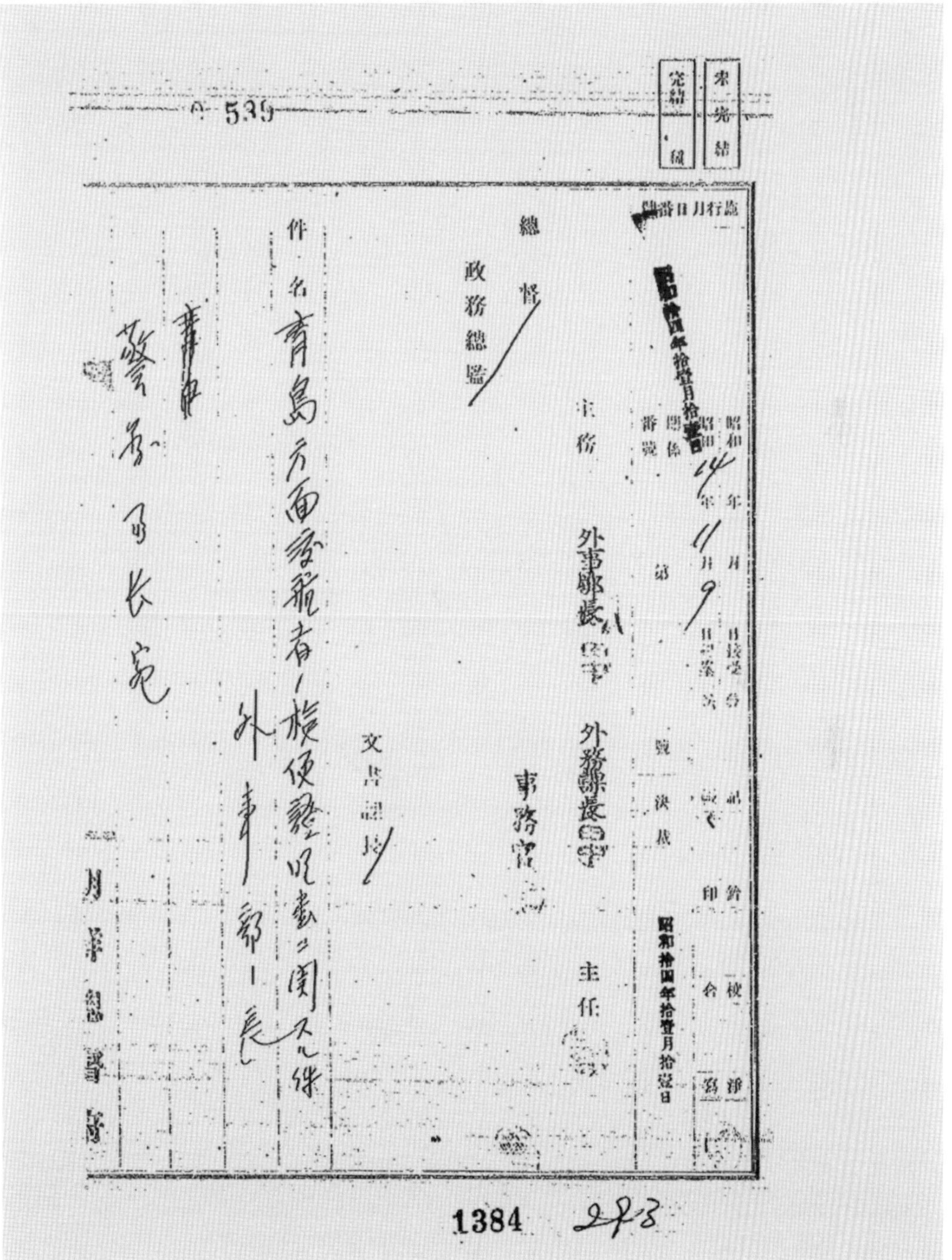
1384

件名 靑島方面渡航者ノ検便證明書ニ関スル件

外事部長

警務局長宛

總督

政務總監

主務 外事部長

外務課長

事務官

文書課長

主任

昭和拾四年拾壹月拾壹日

本件ニ関シ青島総領事ヨリ別紙写ノ通電報アリ候ニ付可然御措置

相成度

0.1385

電報

昭和十四年十一月八日後受

青島 加藤總領事發

松澤外事部長宛

合第三五號

本府大臣宛電報第六二〇號

往電第五八七號ニ關シ

本邦ヘノ飛行機旅客ヲ除キ當地方ヘノ

旅行者ハ七日以降コレラ檢便證明書ソ

朝鮮總督府

1386

携帯ノ要セザルコトトナレリ

移牒先

北京大使　済南　上海　芝罘　威海衛

總督府外事部長　関東局總長

朝鮮

10) 칭다오에서 '콜레라' 검변 폐지에 관한 건

青島ニ於ケル「コレラ」検便廢止ニ關スル件(1939. 12. 11.)

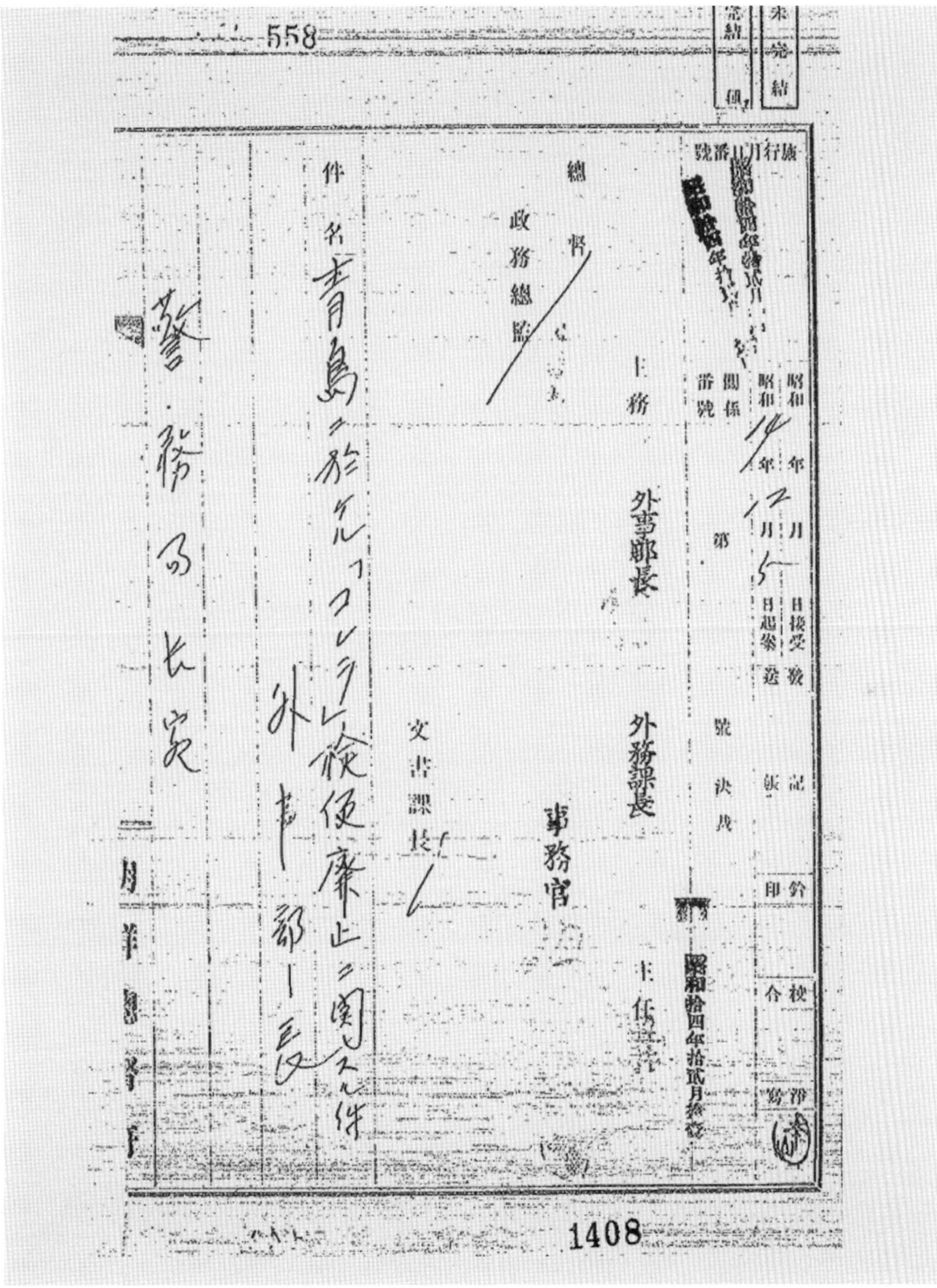
558

未完結 完結

施行月日番號 昭和拾四年拾貳月拾壹日

總督

政務總監

主務 外事部長

昭和14年12月5日起案

昭和 年 月 日接受

關係番號 第 號

外事部長 外務課長 事務官 主任

文書課長

件名 青島ニ於ケル「コレラ」検便廢止ニ関スル件

外事部長

警務局長宛

印鈐 合校 淨寫

1408

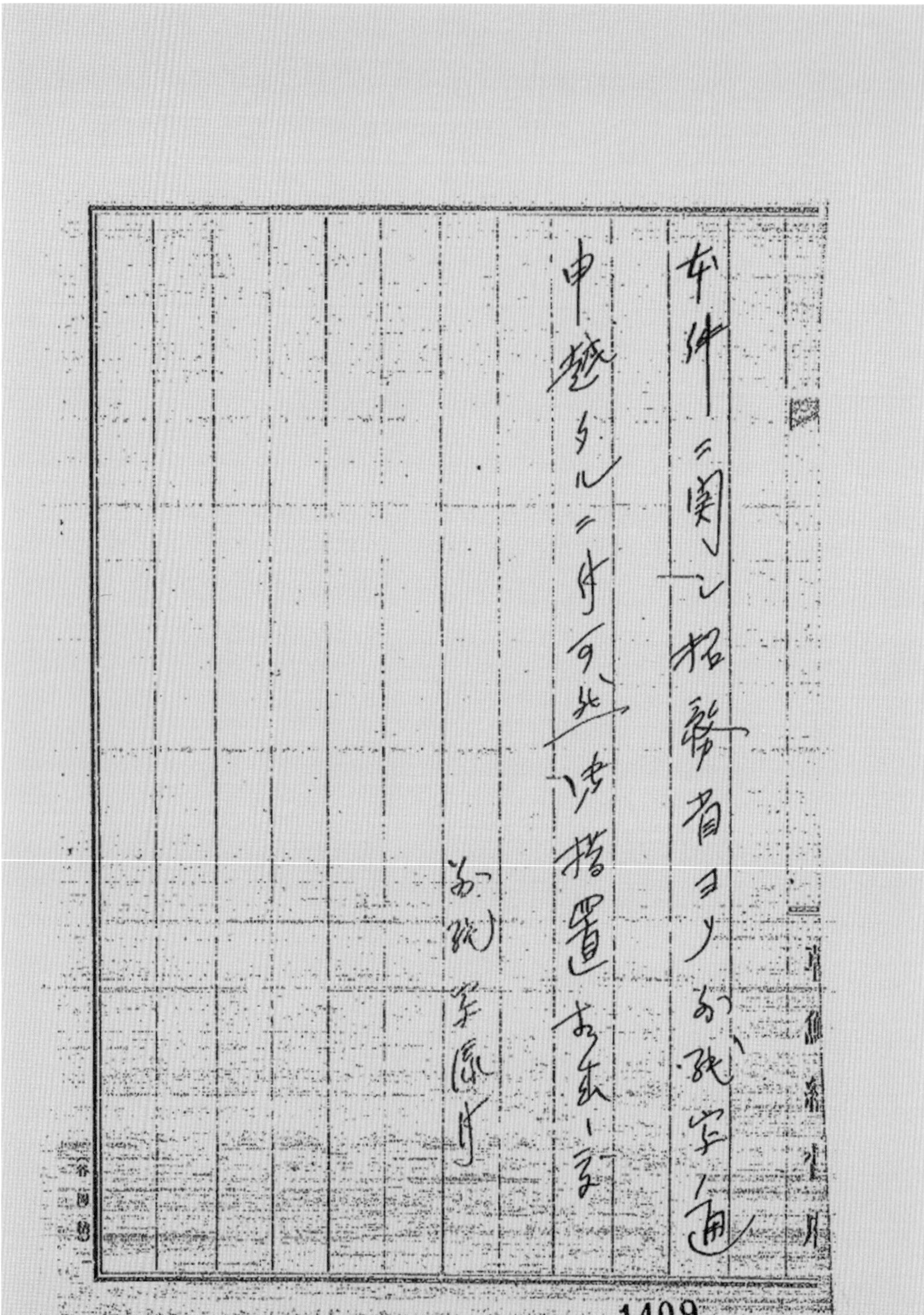

本件ニ関シ招募者ヨリ別紙写ノ通

申越タルニ付可然御措置方取計ノ事

別紙写添付

1409

559

管警第二〇〇三號

昭和十四年十一月三十日

拓務次官 田中武雄

朝鮮總督府政務總監 大野緣一郎殿

青島ニ於ケル「コレラ」檢便廢止ニ關スル件

本件ニ關シ今般外務省ヨリ別紙寫ノ通警視總監、各地方長官及關東州廳長官宛通牒シタル旨申越セルニ付委細右ニテ御了知ノ上可然御措置相成度

拓務省

別紙添附

外務課 14.12.5 受付 174

朝鮮總督府 外務課

No.27 1410

560

米三普通合第五八六〇號

昭和十四年十一月十八日

外務省亜米利加局長 吉澤清次郎

青島ニ於ケル「コレラ」檢便廢止ニ關スル件

青島渡航者ノ「コレラ」檢便實施方ニ關シ六月三十日附米三普通合第三二二八號ヲ以テ申進置タル處今般在青島帝國總領事ヨリ「十一月十四日以降青島ニ入港スル總ヘテノ内外船舶ノ船員竝ニ一般乘客ニ對シ「コレラ」檢便ヲ實施スルコトヲ廢止セリ」トノ趣電報越タルニ付右ニテ御了知相成度此段申進ス

拓務省

外務省 14.12.5 受付

1411

4. 룽커우(龍口), 하이저우(海州) 지역

1) 룽커우 재류민의 복귀에 관한 건 龍口在留民ノ復歸ニ關スル件(1939. 4. 1.)

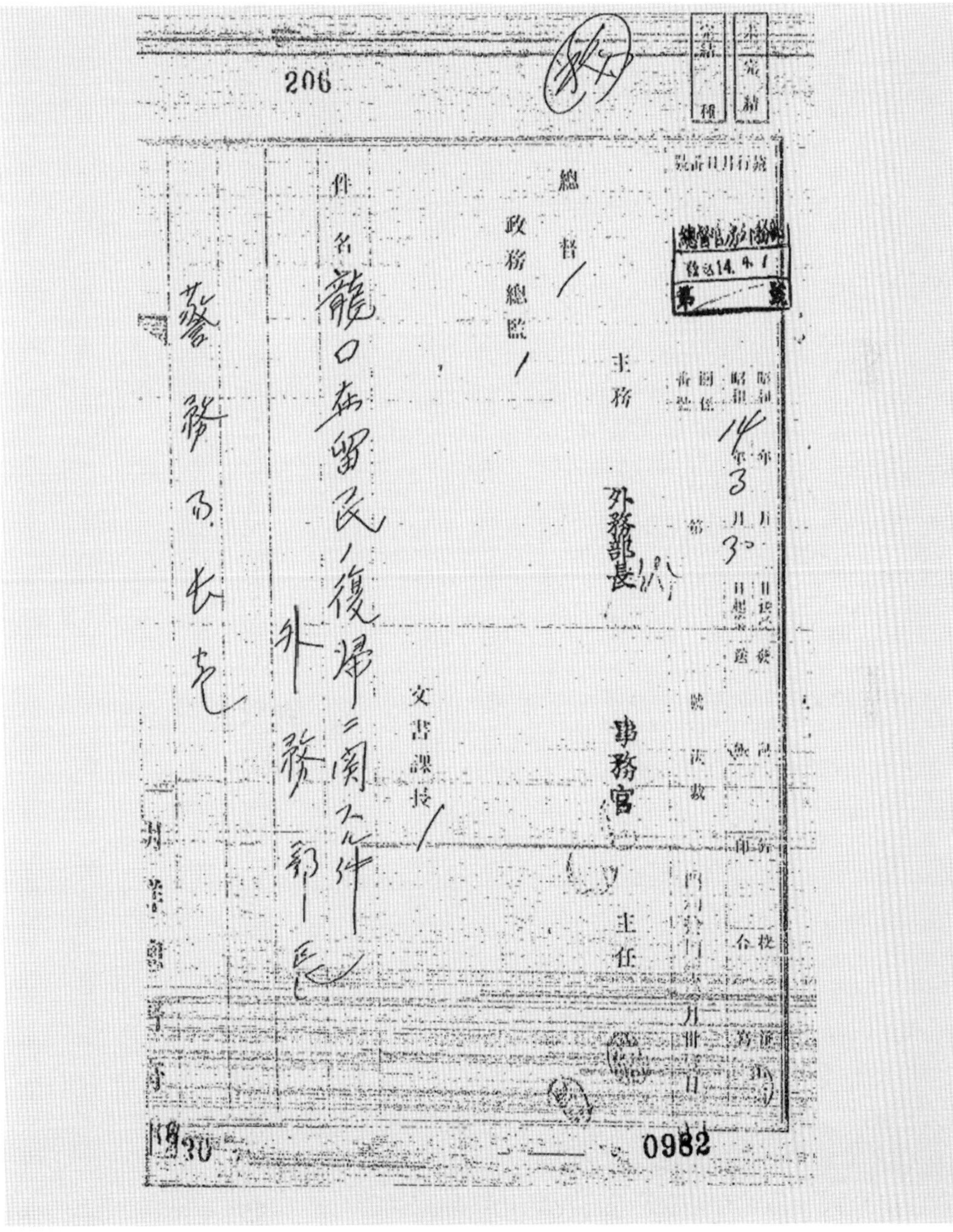
206

總督

政務總監

文書課長

外務部長

事務官

主任

件名 龍口在留民ノ復歸ニ關スル件

警務局長

外務部長

0982

本件ニ関シ拓務省ヨリ別紙写ノ

通申越候ニ付可然御取計相成度

別紙写添付

0983

207

竜口略図

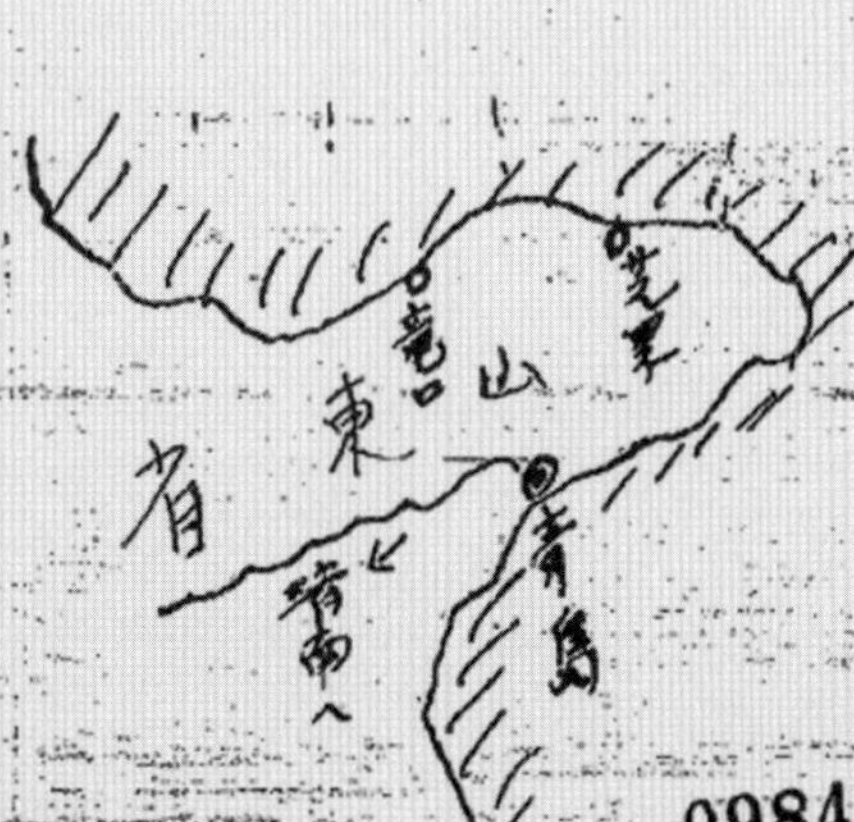

0984

208

管警第五三一號

昭和十四年三月二十七日

拓務省朝鮮部長 萩原彦三

朝鮮總督官房外務部長 松澤龍雄殿

龍口在留民ノ復歸ニ關スル件

本件ニ關シ別紙寫ノ通外務省ヨリ申越シタルニ付可然御取計相成度

朝鮮總督官房外務部 受付14. 3. 30 第2220號

拓務省

No77

0985

209

米三機密合第一三二五號
昭和十四年三月二十日
外務省亞米利加局長　吉澤清次郎

龍口在留民ノ復歸ニ關スル件

龍口ニ於テハ在留民復歸ニ關スル現地ノ準備成リ先ツ男子及特殊營業者ノ復歸ヲ許スコトトナリ大連ヨリノ直航航路モ復舊セル趣在芝罘長崎領事ヨリ電報アリタルニ付此旨渡支希望者ニ周知方可然御取計相成度此段申進ス

本信送付先　警視總監、各地方長官、關東州廳長官

本信寫送付先　拓務次官、内務省警保局長

拓務省

0986

2) 하이저우 방면 도항자의 단속에 관한 건

海州方面渡航者ノ取締ニ關スル件(1939. 4. 12.)

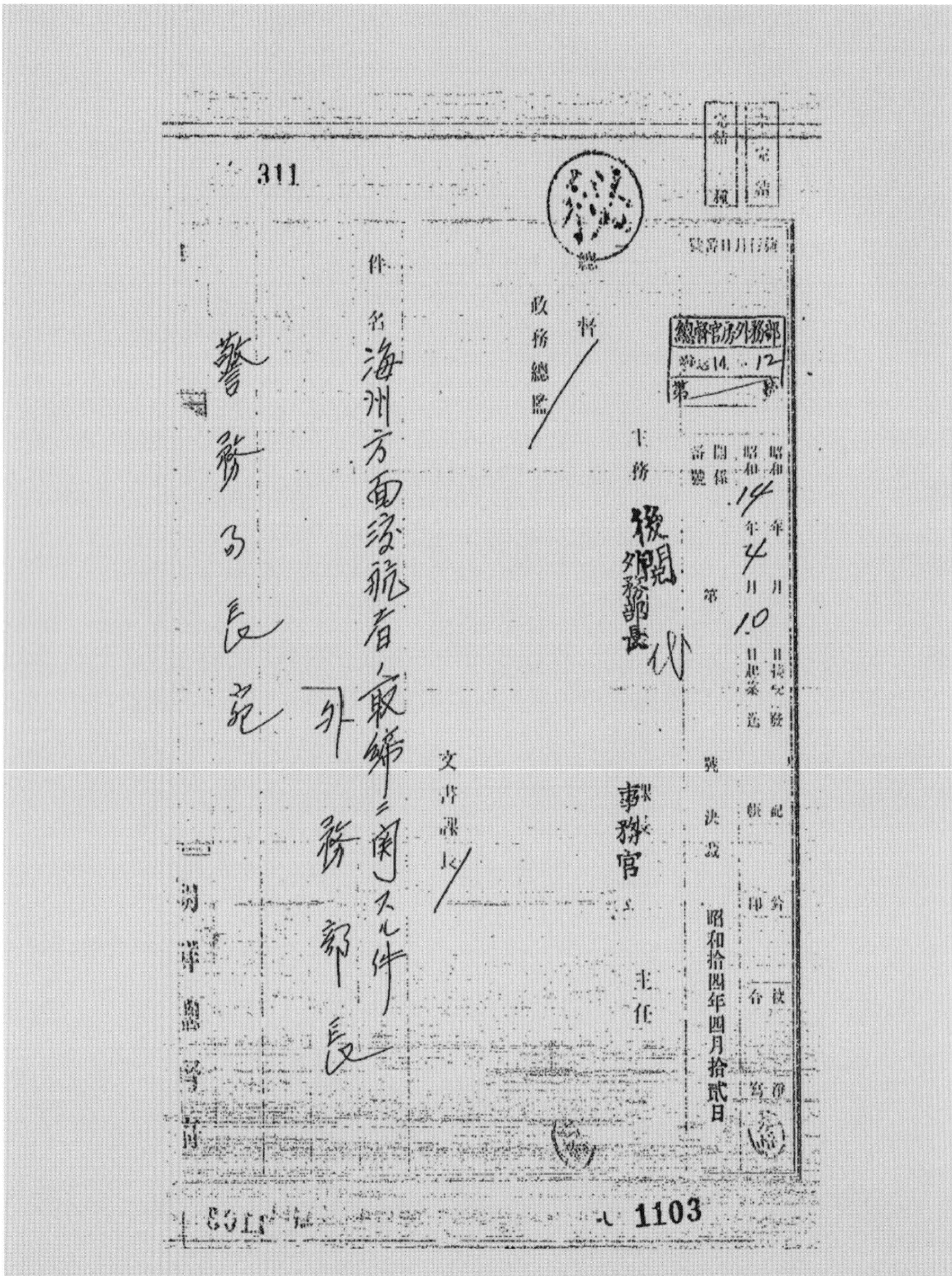

311

總督官房外務部

昭和14.4.12

昭和14年4月10日起案

主務 外務部長 代

事務官

主任

總督

政務總監

件名 海州方面渡航者ノ取締ニ關スル件

文書課長

警務局長殿

外務部長

昭和拾四年四月拾貳日

1103

本件ニ関シ今般拓務省ヨリ別紙写ノ通
申越アルニ付可然御措置相成度

別紙写添付

0 1101

313

管警第五六六號

昭和十四年四月五日

拓務省朝鮮部長 萩原彦三

朝鮮總督官房外務部長 松澤龍雄殿

海州方面渡航者ノ取締ニ關スル件

本件ニ關シ別紙寫ノ通内地關係官廳宛通牒シタル趣外務省ヨリ通報越シタルニ付可然御措置相成度

總督官房外務部 受付14.4.10 第9[illegible]號

拓務省

(日本標準規格 B5) 14. 1. [illegible]

~~1105~~ 1106

313

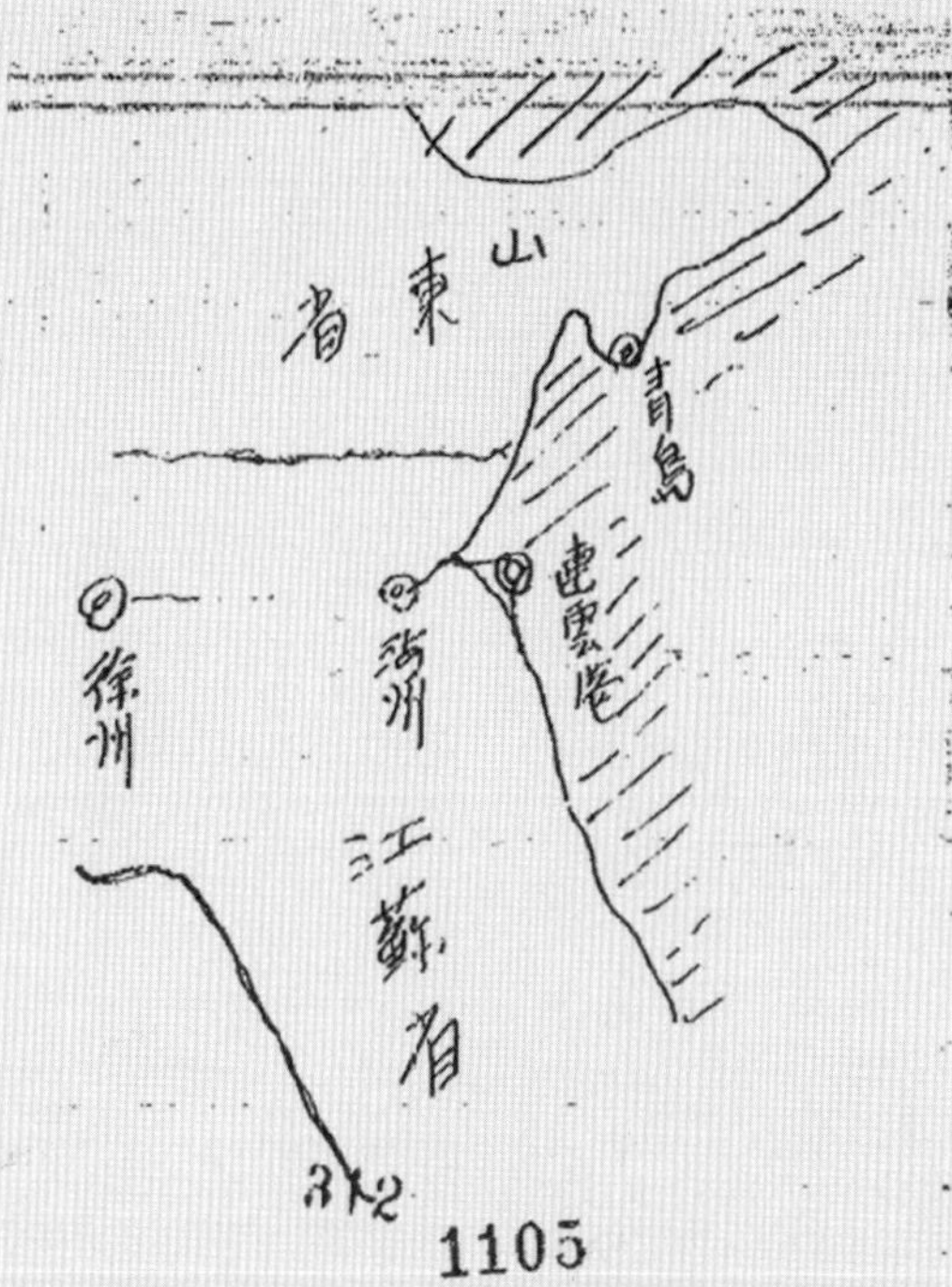

1105

管警第五六六號

昭和十四年四月五日

拓務省朝鮮部長　荻原彦三

龍雄殿

一關スル件

宛通牒シタル趣外務省ヨリ通報

總督府外務部
受付14.4.10
第9/227號

拓務省

1106

314

米三機密合第一四三四號

昭和十四年三月二十五日

外務省亜米利加局長　吉澤清次郎

各地方長官　宛

關東州廳長官　宛

海州方面渡航者ノ取締ニ關スル件

今般在海州陸軍特務機關ヨリ青島憲兵隊宛通報越タル趣ヲ以テ海州連雲港新浦一帯ハ未タ治安確立セサルタメ營業ヲ目的トスル者ノ同方面ヘノ渡航ハ當分ノ間之ヲ禁止スヘキ旨在青島加藤總領事ヨリ申越ノ次第有之タルニ付此旨渡支希望者ニ周知方可然御取計相成度此段申進ス

拓務省

1107

3) 하이저우 신푸 방면 도항자에 관한 건

海州新浦方面ヘノ渡航者ニ關スル件(1939. 4. 26.)

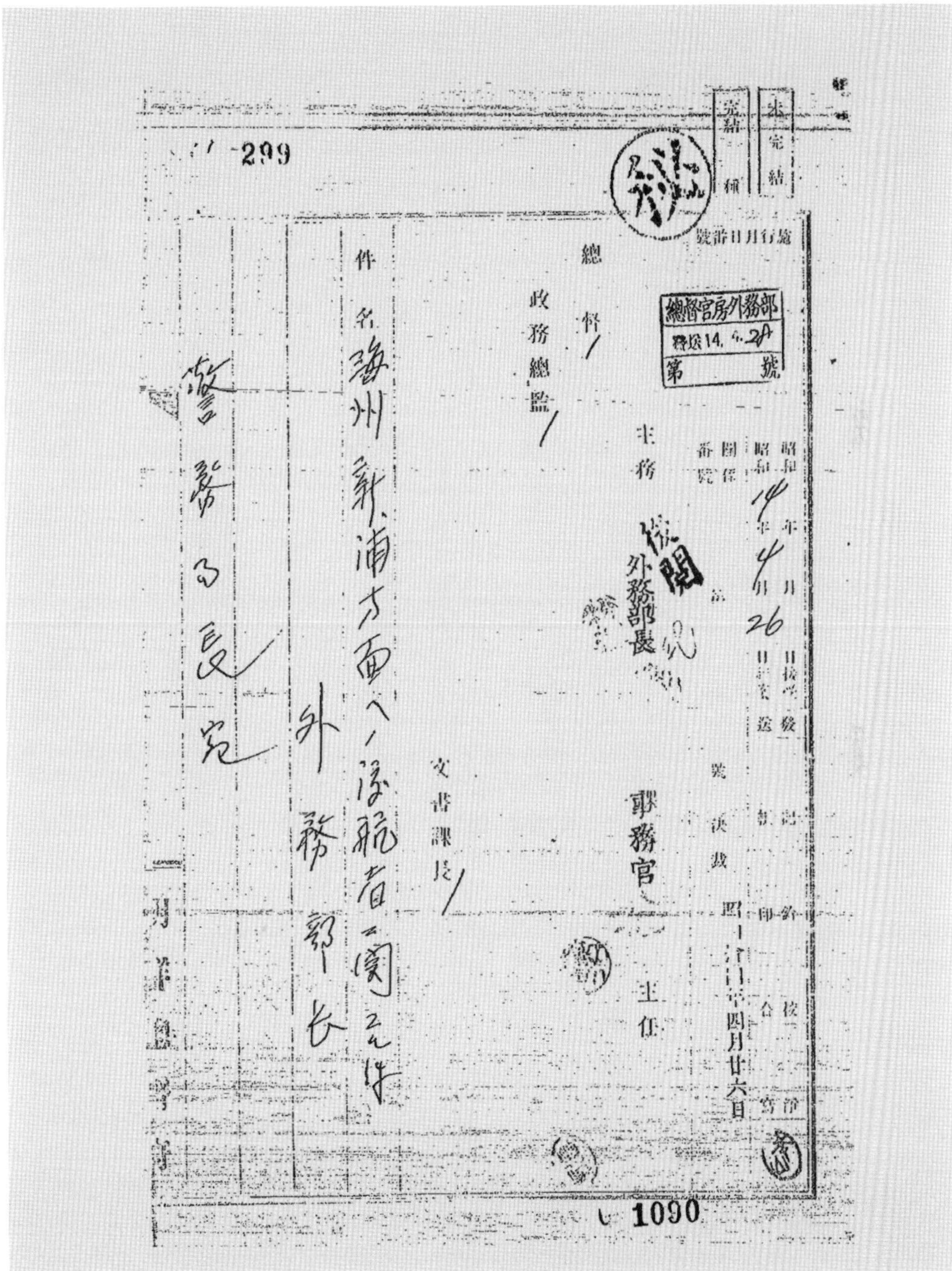
-299

總督府官房外務部 受 14. 4. 26 第 號

昭和14年4月26日

總督
政務總監
主務 外務部長
事務官
主任
文書課長

件名 海州新浦方面ヘノ渡航者ニ關スル件

外務部長

警務局長宛

1090

本件ニ関シ一般招募者ヨリ不利ニ

ノ通申越了ニ付可然御措置方承知

0-1091

300

管警第六六五號

昭和十四年四月十七日

拓務省朝鮮部長 田[illegible]雄

朝鮮總督官房外務部長 松澤龍雄殿

海州新浦方面ヘノ渡航者ニ關スル件

本件ニ關シ今般別紙寫ノ通各地方長官及關東州廳長官宛通牒セル趣外務省ヨリ通報越シタルニ付委細右ニテ御了知ノ上可然御措置相成度

拓務省

朝鮮總督府 14.4.20 外務

1092

No 873

301

米三機密合第一七四五號

昭和十四年四月十日

外務省亞米利加局長　吉澤淸次郎

海州新浦方面ヘノ渡航者ニ關スル件

四月七日ヨリ海州新浦方面ヘノ一般邦人渡航者ニ對シ陸軍側ニ於テハ左記條件ノ下ニ渡航ヲ許可スルコトトナレル旨今般在青島加藤總領事ヨリ電報越セルニ付右通牒ス

記

(イ)海州新浦方面ヘノ渡航者ハ徐州又ハ青島ノ特務機關ヨリ入城許可證ノ下付ヲ受クルコト

(ロ)通貨ハ一切軍票ヲ使用スルコトトシ徐州及青島ノ陸軍部隊ニ於テ豫メ所持金ヲ交換スルコト

拓務省

（日本標準規格 B.5）14. 1. 青柳

1093

302

(ハ)土地家屋ノ借入ニ際シテハ憲兵隊ノ承認ヲ要ス

(ニ)種痘證明書ヲ携帯スルコト

尚中村組ノ海州航路ハ目下ノ處青島大浦間ヲ往復シ居リ連雲港向ケ直航船ナキ爲同地ニ渡航困難ノ由

拓務省

1094

秘

供覽

主任

事務官

外務部長

管警第六六五號

昭和十四年四月十九日

拓務省朝鮮部長　田中武雄

朝鮮總督官房外務部長　松澤龍雄殿

海州新浦方面ヘノ渡航者ニ關スル件

本件ニ關シ今般別紙寫ノ通各地方長官及關東州長官宛通牒シタル趣外務省ヨリ通報越シタルニ付委細右ニテ御了知ノ上可然御措置相成度

304

米三機密合第一七九九號

昭和十四年四月十二日

外務省亞米利加局長　吉澤清次郎

海州新浦方面ヘノ渡航者ニ關スル件

本件ニ關シ四月十日附米三機密合第一七四五號ヲ以テ通牒致置キタル處其後在青島加藤總領事ニ於テ特務機關ト協議ノ結果青島ヨリ海州方面行邦人旅行者ニ對シテハ先ツ經歴書ヲ在青島帝國總領事館ニ提出セシメ身許確實ナル者ニ身分證明書ヲ發給スルコトトシ右證明書ニ依リ特務機關ヨリ入城許可證ヲ發給スルコトトナレル旨今般同總領事ヨリ電報越セルニ付右ニ御了知相成度此段通牒ス

拓務省

c 1096

305

供覧
主任
事務官
外務部長

青派發第八七號
昭和十四年四月八日
在青島

松澤外務部長殿

海州地方邦人入域許可ニ関スル件

對四月五日附第八號海州地方ニ領事館警察開設ニ関スル件

海州地方ニ邦人ノ入域ヲ許可セラルヘキコトニ関シテハ對號ヲ以テ一應報告置キタル處昨四月七日ヨリ許可セラルヽコトヽナリ當地陸軍側ニ於テハ別紙ノ如キ海州行日本人心得ヲ各方面ニ配付シ同方面進出ノ取締ヲナス趣ニテ之カ

總督府外務部
受付14.4.12
第13 232號

1097

入域許可取扱ニ関シ本日當地陸軍特務機関ニ於テ
関係各機関當事者會合打合ノ上決定ノ筈ナルガ朝
鮮方面ヨリ同方面入域希望者ハ一應當地ニ上陸ノ上
入域許可ヲ取得スルヲ要スルモノニ付一般ニ周知方御
取計相成度

右報告ス

本信寫送附先

警務局長、北京出張所長、天津派遣員

306

別紙(一)

海州行日本人入域心得

一、今次聖戰ノ目的ヲ確認シ私ヲ滅シ積極的ニ皇軍ニ協力スルハ勿論官憲ノ命令ニ對シテハ絶對ニ服從スルコト

二、日本人トシテノ體面ヲ堅持シ支那人ニ對シテハ善意ヲ以テ之ヲ誘導シ東亜和平ノ理想郷建設ノ一分子トシテ勉勵スルコト

三、土地家屋ソノ他支那人トノ間ニ各種契約ヲ行ハサルコト

四、通貨ハ一切軍票ヲ使用スルモノトス依ッテ所持金ハ豫メ青島及徐州ノ陸軍部隊本部ニ於テ交換スルコト

五、入域許可願及經歷書ハ各三通ヲ準備シ一通ハ

1098

青島若クハ徐州ノ陸軍特務機関ニ提出シ一通
ハ本人カ所持シ残リノ一通ハ到着後海州憲兵分
隊ニ差出スモノトス

307

別紙(四)

入域許可願

原籍
現住所
氏名

昭　年　月　日　　年　月　日生
（當　歳）

陸軍特務機関長殿

今般　　へ居住　　業致シ度ニ付海州特務機関
管内ニ入域方許可相成度経歴書相添ヘ及御
願候也

追而許可相成候上ハ入域心得ノ條々堅ク相守リ
誓ツテ違背仕間敷候事

朝鮮總督府

1099

經歷書

世帶主ノ氏名

家族ノ氏名年齡

同居人使用人ノ性別、姓名

自 年 月 至 年 月	場所	職業	職業内容

一、入域ノ目的

一、希望營業

一、所持金

一、資産ノ有無

朝鮮總督府

309

供覧

主任

事務官

外務部長

青派發第 八七 號

昭和十四年四月十二日

在青島 岸川派遣員

松澤外務部長殿

海州地方邦人入域許可ニ関スル件

（對四月八日附本號）

首標ノ件ニ関シテハ對號ヲ以テ既報置タル處當地関係各機関協議ノ結果

海州地方渡航希望者ハ先ツ當地總領事館警察署ニ渡航證明書下附願（願書用紙ハ同署ニ準備セル

受付 14.4.17

1101

モノヲ用ヒ既報様式ニヨル經歴書一通ヲ添付スルコト）
ヲ提出シ身分證明書ノ發給ヲ受ケ之ヲ添付シテ當地
陸軍特務機關ニ既報様式ニヨリ入域許可願出テ許
可證ヲ受クルコト、同伴家族、使用人ハ經歴書ヲ要セス
家族ハ世帶主ノ願書ニソノ氏名年齢ヲ記載セバ可ナ
リ）
ト決定シタルガ原則トシテ特務機關ニ於テハ當地總領
事館警察署發給ノ身分證明書ヲ有スルモノニ限リ入
域ヲ許可セラルヽ方針ニシテ從ッテ內地朝鮮等ヨリ同
地方ニ赴クントスル者モ凡テ此手續ヲ經ルヲ要スル次第
ニシテ當地總領事館警察署ニ於テハ是等新規渡
來者ハ前住所地所轄警察署ノ發給セル身分證明書

310

ヲ所持シ且ツ入域後従事セントスル業種ニ相應シキ人物ニシテ相當ノ經歷並所要程度ノ資本金ヲ有スルモノニ對シテハ證明ヲ與フルモ漫然渡航セントスル者ノ如キハ視察ニ藉口シテ漫然渡航セントスルモノ(亦同シ)ハ阻止スヘキ方針ナル趣ニ付同地方渡航希望者ニ此旨周知セシムルト共ニ漫然同地方ニ渡航セントスル者ハ阻止方御取計相成度

右報告ス

本信寫送附先

警務局長、北京出張所長、天津派遣員

朝鮮總督府

1102

4) 하이저우 방면 도항에 관한 건 海州方面ヘノ渡航ニ關スル件(1939. 7. 1.)

369

機密

寫

米三機密合第三三四五號

昭和十四年七月一日

外務省亜米利加局長　吉澤清次郎

海州方面ヘノ渡航ニ關スル件

海州新浦方面ヘノ渡航者ニ關シ四月十二日米三機密合第一七九九號往信ヲ以テ申進置タル處今般在青島加藤總領事ヨリ最近海州方面ノ狀態改善セラレ從來青島ヨリ海州方面行邦人旅行者ハ同總領事館ノ身分證明書ニ依リ特務機關ニ於テ入場許可證ヲ發給シ居リタルモ六月二十三日以後ハ右入場許可證ヲ要セス在青島總領事館ノ發給ニ係ル身分證明書ニ依リ旅行シ得ルコトトナリタル趣申越

外務省

1171

370

アリタルニ付同方面ヘノ邦人旅行者ニ此旨周知方御取計相成度此段申進ス

本信送付先　警視総監、各地方長官、關東州廳長官

本信寫送付先　拓務次官、內務省警保局長

外務省

1172

371

昭和拾四年七月五日
供覧
主任
事務官
外務部長

青庶第二六九號
昭和十四年六月二十八日
在青島 [illegible]川派遣員
松澤外務部長殿

海州地區入域者心得ニ關スル件

海州地區入域ニ關シテハ既報ノ如ク當地總領事館發給旅行證明書（又ハ身分證明書）ノ外青島陸軍特務機關ノ入域許可證ヲ要シタルガ同方面ノ治安恢復ト進展スル情勢ニ即應シテ本月二十三日以降前記特務機關ノ入域許可證ヲ要セサルコトニ改メラレタルガ之ニ關シ

總督官房外務部
受付14.7.1
第1315號

1173

同特務機関ニ於テハ海州渡航心得並同方面ノ實情
ヲ左ノ如ク發表セリ
右報告ス

記

一、海州地區（連雲港ヲ含ム）入域ニ就テノ心得
海州地区入域ハ今マデ青島特務機関ニ於テ許可證ヲ發給シテ居タノヲ取止メ六月廿三日以降自由渡航ヲ許可スルコトニナツタ　惟フニ本年三月六日皇軍ガ海州城ヘ入城以来東亜新秩序建設ノ第一歩トシテ官民一致明朗海州ノ建設ニ邁進シ荒ンデ井タ各部落モ今ヤ全ク面目ヲ一新シ将来發展ノ確乎タル基礎ヲ築キツヽアリ　年産百萬噸ノ海州塩、金屏山ノ燐礦石、

372

無盡藏ノ中興炭ソレニ隴海千三百粁ノ背後地ヲ有スル海州ハ鐵道ノ復旧モ着々進捗シ一ヶ月餘ノ後ニハ徐州マデ約六時間デ通ヘル様ニナリ夫ト共ニ連雲港ノ築港モ近ク着手セラレ三四ヶ月ノ後ニハ内地直航ノ船モ通フ様ニナルダラウ　海州在住者ハ一同和親協力眞ニ支那大陸中原ノ要門タルニ恥ヂサル建設ヲナスヘク懸命ノ努力ヲ續ケテヰル　今後モ益々優良日本人ノ渡來進出ニ依リ堅實且ツ長足ノ進歩ヲ期待スルタメ今回一般旅行許可及身分證明ヲ有スル者ニ對シテハ別ニ從來ノ如キ入域許可ノ手續ヲ要セズシテ渡航出來ル様ニ改メラレタ譯デアル　但シ現地官憲トシテ必要ナル取締ハ十分嚴重ニ行ヒ不良有害ノ分子ニ對シテ

ハ断乎退去ヲ命センル、コトアルベキハ勿論デアル

二、海州方面ノ現況

1、軍ノ駐屯スル處ハ治安上ノ危険ハ絶對ニナシ

2、気候ハ今迄ノ気象統計ナキタメ数字的ノ説明ヲナシ得ザルモ連雲港ハ青島ト同程度ナルモ新浦、海州ノ他奥地ハ青島ヨリ少シ許リ暑シ

3、水ハ一般ニ塩分ヲ含ミ良水ヲ得ルニ不便デアル新浦ニ於テハ軍隊ノ好意ニヨリ良水ノ配給ヲ受ケテ居ル今年ハ旱魃デ殊更良水ガ不足デアル

4、新浦鎮ニハ電燈（二二〇ボルト）ガアリ電燈モ點シテ居ル

5、家屋ハ已ニ不足ヲ告ゲテ居リ大々的修理セズシテ使

用シ得ル様ナモノハナイ 連雲港ハ特ニ家屋勘シ

6、土地ノ賣買ハ嚴ニ禁止セラレテ居ル

7、渡來者ハ皆日本人會、在郷軍人會、國防婦人會、

ニ入會スルコトニナッテ居ル

8、商工業者ハ海州商工協會及海州經濟振興會ニ加

入スルヲ便トスル

9、日用品ハ先ツ新浦鎮ニ於テ需メルコトヲ得ル

10、通貨ハ勿論聯銀紙幣ナリ

11、新浦鎮ニ於テハ九月ヨリ日本人小學校ガ開校スル予

定デアル

12、現在傳染病ハ流行シテ居ナイ

（了）

本信写送附先
三橋警務局長、大野北京出張所長

5) 하이저우 지구 도항 단속 완화에 관한 건

海州地區渡航取締緩和ニ關スル件(1939. 7. 6.)

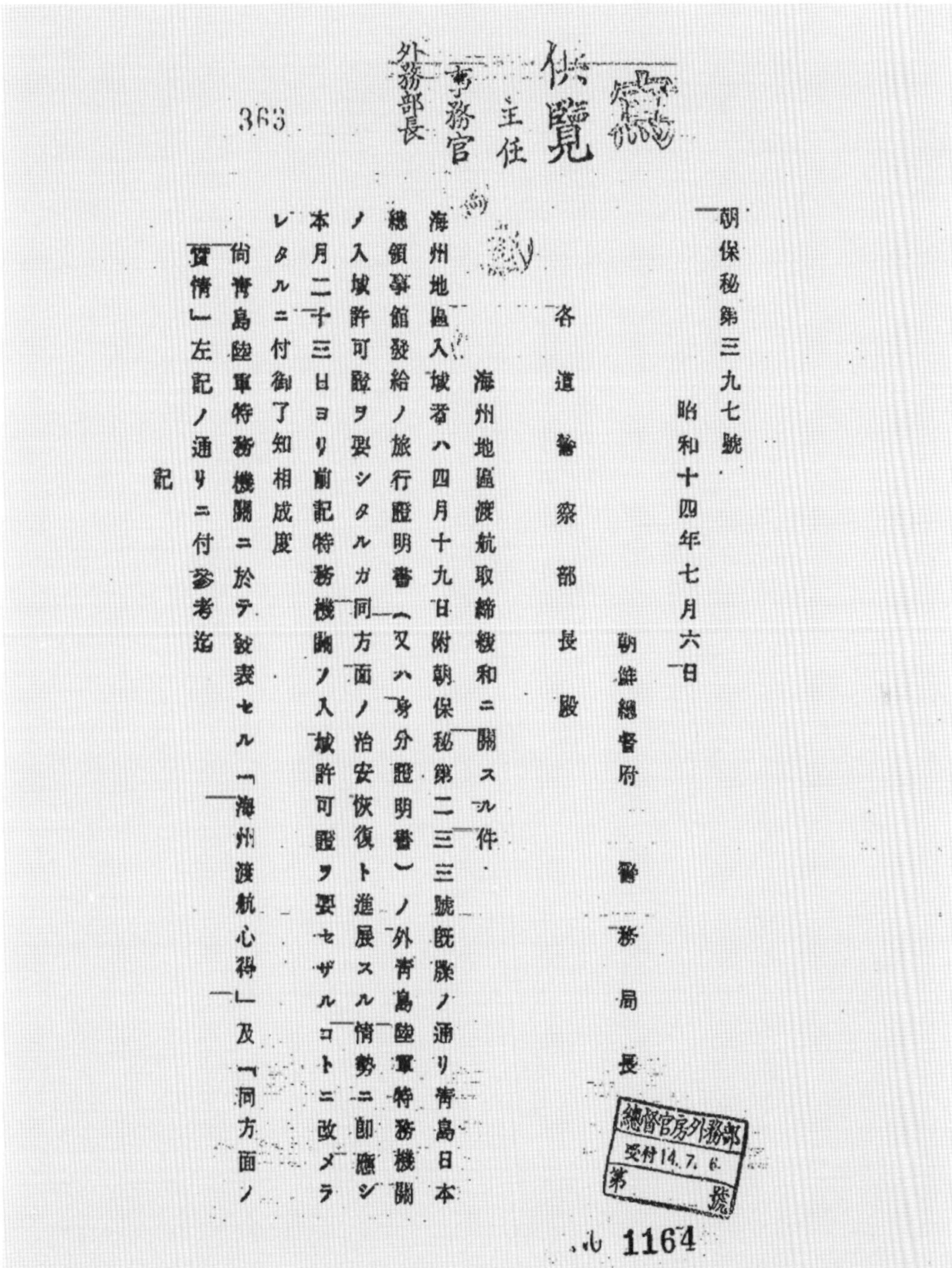

供覽

主任

事務官

外務部長

363

朝保秘第三九七號

昭和十四年七月六日

朝鮮總督府警務局長

各道警察部長殿

海州地區渡航取締緩和ニ關スル件

海州地區入域者ハ四月十九日附朝保秘第二三三號既報ノ通リ青島日本總領事館發給ノ旅行證明書（又ハ身分證明書）ノ外青島陸軍特務機關ノ入域許可證ヲ要シタルガ同方面ノ治安恢復ト進展スル情勢ニ即應シ本月二十三日ヨリ前記特務機關ノ入域許可證ヲ要セザルコトニ改メラレタルニ付御了知相成度

尚青島陸軍特務機關ニ於テ發表セル「海州渡航心得」及「同方面ノ實情」左記ノ通リニ付參考迄

記

總督官房外務部 受付14. 7. 6. 第 號

No 1164

一、海州地區（運甕港ヲ含ム）入城ニ就テノ心得

海州地區入城ハ今マデ青島特務機關ニ於テ許可證ヲ發給シテ居タノヲ取止メ六月廿三日以降自由渡航ヲ許可スルコトニナツタ惟フニ本年三月六日皇軍ガ海州城ヘ入城以來東亞新秩序建設ノ第一歩トシテ官民一致明朗海州ノ建設ニ邁進シ荒ンデヰタ各部落モ今ヤ全ク面目ヲ一新シ將來發展ノ確乎タル基礎ヲ築キツヽアリ 年產百萬噸ノ海州鹽、金屛山ノ燐礦石、無盡藏ノ中興炭、ソレニ臨海千三百粁ノ背後地ヲ有スル海州ハ鐵道ノ復舊モ着々進捗シ一ケ月餘ノ後ニハ徐州マデ約六時間デ通ヘル様ニナリ夫ト共ニ運甕港ノ築港モ近ク着手セラレ三四ケ月ノ後ニハ内地直航ノ船モ通フ樣ニナルダラウ 海州在住者ハ一同和親協力眞ニ支那大陸中原ノ要門タルニ恥ヂザル建設ヲナスベク懸命ノ努力ヲ續ケテヰル 今後モ益々優良日本人ノ渡來進出ニ依リ堅實且ツ長足ノ進歩ヲ期待スルタメ今回一般旅行許可及身分證明ヲ有スル者ニ對シテハ別ニ從來ノ如キ入城許可ノ手續ヲ要

364

セズシテ渡航出來ル樣ニ改メラレタ譯デアル　但シ現地官憲トシテ必要ナル取締ハ十分嚴重ニ行ヒ不良有害ノ分子ニ對シテハ斷乎退去ヲ命ゼラルルコトアルベキハ勿論デアル

二、海州方面ノ現況

1. 軍ノ駐屯スル處ハ治安上ノ危險ハ絶對ニナシ

2. 氣候ハ今迄ノ氣象統計ナキタメ數字的ノ説明ヲナシ得ザルモ連雲港ハ青島ト同程度ナルモ新浦、海州ノ他奥地ハ青島ヨリ少シ許リ暑シ

3. 水ハ一般ニ鹽分ヲ含ミ良水ヲ得ルニ不便デアル　新浦ニ於テハ軍隊ノ好意ニヨリ良水ノ配給ヲ受ケテ居ル　今年ハ旱魃デ殊更良水ガ不足デアル、

4. 新浦鎭ニハ電燈（二二〇ボルト）ガアリ電燈モ點シテ居ル

5. 家屋ハ已ニ不足ヲ告ゲテ居リ大々的修理セズシテ使用シ得ル樣ナモノハナイ　連雲港ハ特ニ家屋尠シ

6. 土地ノ賣買ハ嚴ニ禁止セラレテ居ル

7. 渡來者ハ皆日本人會、在鄉軍人會、國防婦人會、ニ入會スルコト
ニナツテキル

8. 商工業者ハ海州商工協會及海州經濟振興會ニ加入スルヲ便トスル

9. 日用品ハ先ヅ新浦鎭ニ於テ需メルコトヲ得ル

10. 通貨ハ勿論聯銀紙幣ナリ

11. 新浦鎭ニ於テハ九月ヨリ日本人小學校ガ開校スル豫定デアル

12. 現在傳染病ハ流行シテ居ナイ

（了）

5. 상하이(上海) 지역

1) 상하이 도항자의 '콜레라' 예방주사 증명서 휴대에 관한 건

上海渡航者ノ「コレラ」豫防注射證明書携帯ニ關スル件(1938. 6. 7.)

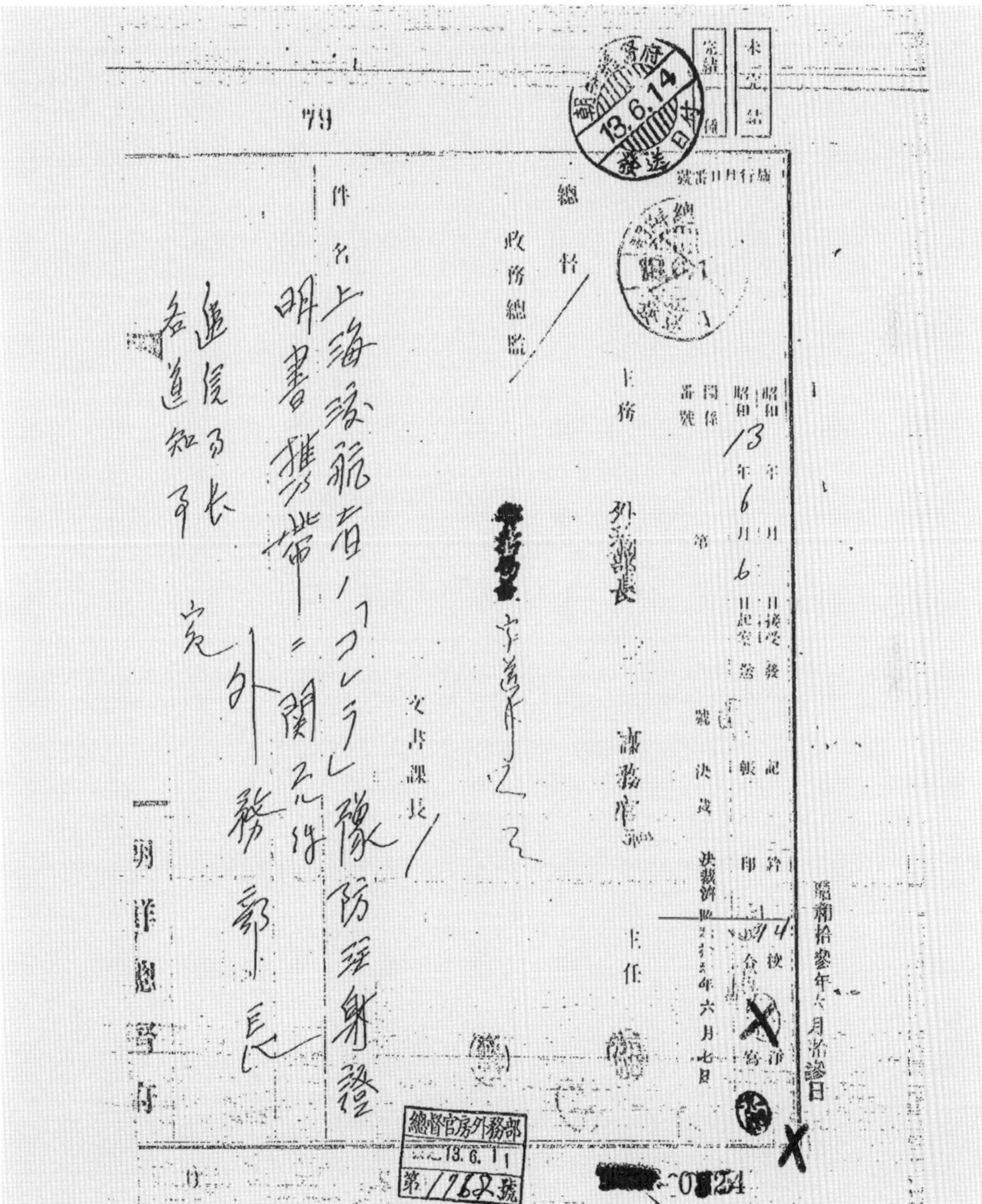
件名 上海渡航者ノ「コレラ」豫防注射證明書携帯ニ關スル件
各道知事
外務部長
總督官房外務部 13. 6. 1 第1262號

朝鮮總督府

標記ノ件ニ関シ今般外務省ヨリ各
地方庁宛別紙写ノ通通牒シタル
旨拓務省ヨリ移報アリタルニ付
道保安課長宛関係船会社ニ対シ指示方
各道知事宛渡航者ニ注意方
左案

可然御取計

0325

80

管警第三九〇號

昭和十三年六月三日

拓務省朝鮮部長 萩原彦三

朝鮮總督官房外務部長 松澤龍雄殿

上海渡航者ノ「コレラ」豫防注射證明書携帶ニ關スル件

本件ニ關シ今般外務省ヨリ別紙寫ノ通内地各地方長官宛通牒セル趣通知アリタルニ付貴府ニ於テモ可然御配慮相成度

拓務省

(日本標準規格 B5)

81

米三普通合第二五六〇號

昭和十三年五月三十日

外務省亞米利加局長　吉澤清次郎

上海渡航者ノ「コレラ」豫防注射證明書携帶ニ關スル件

上海ニ於ケル「コレラ」病檢疫ニ關シ今般在上海日高總領事ヨリ今夏ハ戰後ノ狀況ニ鑑ミ各方面當事者協力シテ防疫施設實施方ニ努力中ナル處之カ徹底ヲ期スル爲該地ヘノ渡航者ニハ「コレラ」豫防注射ヲ施行セシメラレ度而シテ渡航者ハ右注射濟ノ證明書ヲ提示スルヲ要スルコトト相成タル趣ヲ以テ別紙寫ノ通リ來電アリタルニ付委細右ニテ御了知ノ上渡航者ニ對シテ注意方可然御取計相成度此段申進ス

82

本信送付先　警視總監、各地方長官、關東州廳長官

タイプライター用紙

拓務省

0328

83

宇垣外務大臣　　在上海　日高總領事來電

先般陸海軍、工部局、醫師、民團等ト共ニ臨時上海防疫委員會ヲ組織シテ今夏當方面ニ於ケル疫病ノ防止ニ關シ戰後ノ狀態ニ鑑ミ萬全ノ措置ヲ講スルタメ種々研究ヲ進メタル結果積極的ニ防止ヲ企ツルコトトナリ目下我警備區域地區ニ於テハ居住者全部ニ對シ強制的ニ「コレラ」豫防注射ヲ施行シ居ル實狀ナルニ付之カ徹底ヲ期スル爲當方面ヘノ渡航者ニ對シテハ一率豫防注射ノ施行ヲ要スルコトトナリタルニ付渡航前「コレラ」豫防注射ヲナシ右證明書ヲ有スル者ニ限リ乘船切符ヲ發賣セシムルコトニ至急御手配相成度シ

0 0829

2) 상하이 도항자의 '콜레라' 예방주사 증명서 휴대에 관한 건

上海渡航者ノ「コレラ」豫防注射證明書携帯ニ關スル件(1938. 12. 20.)

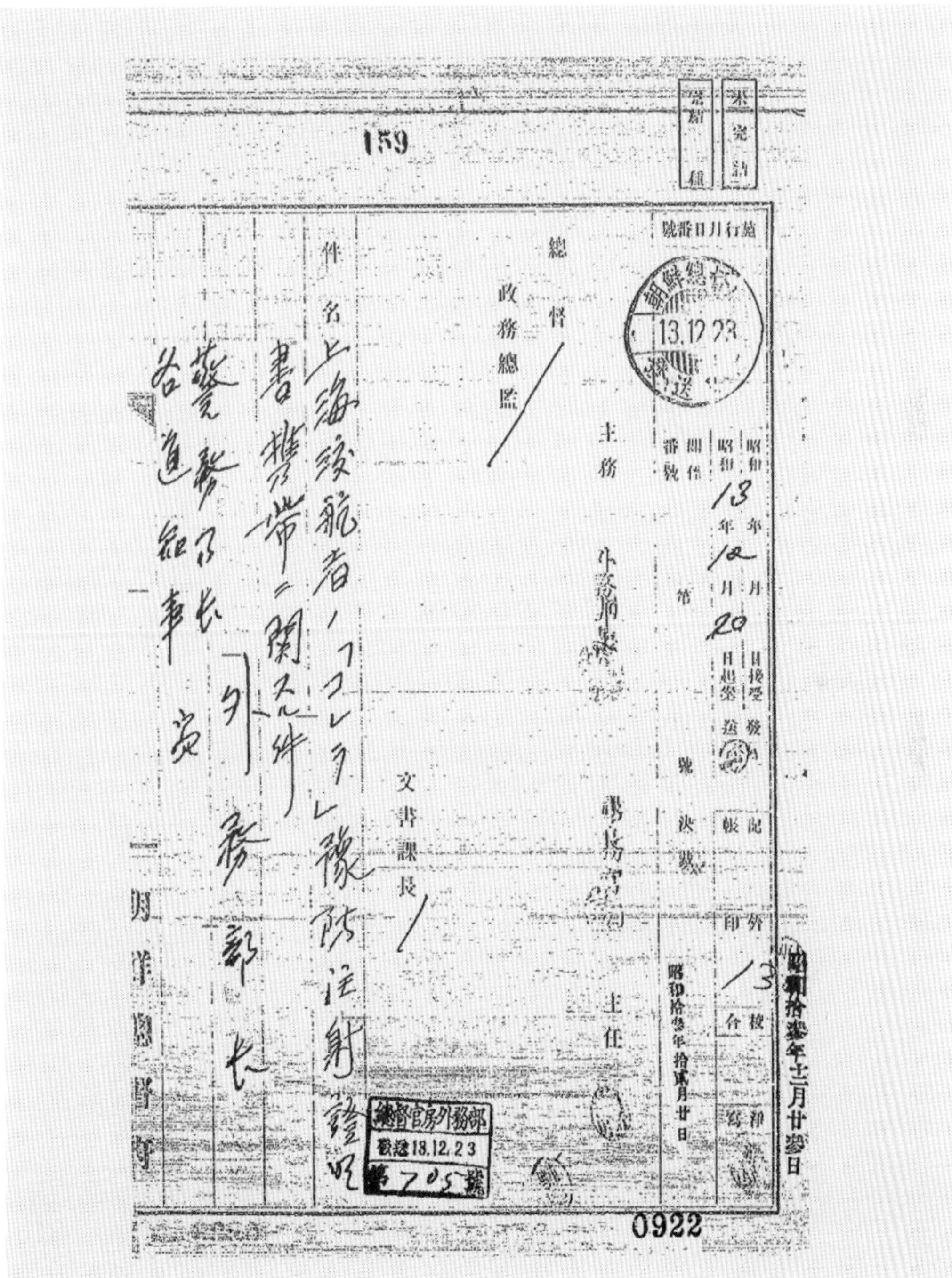
159

朝鮮總督府 13.12.23 發送

總督

政務總監

主務 外務部長

昭和13年12月20日

件名 上海渡航者ノ「コレラ」豫防注射證明書携帯ニ關スル件

外務部長

各道警察部長

各道知事 宛

文書課長

總督官房外務部 受附 13.12.23 第705號

昭和拾參年拾貳月廿日

昭和拾參年十二月廿參日

0922

本件ニ関シ今般外務省ヨリ右

地方庁宛可然御通牒ノ旨

拓務省ヨリ移報アリタルニ付御了知

相成度

外務省公信写添付

0923

160

管警第三九〇號

昭和十三年十二月十六日

拓務省朝鮮部長 萩原彦三

朝鮮總督府外務部長 松澤龍雄殿

上海渡航者ノ「コレラ」豫防注射證明書
携帶ニ關スル件

本件ニ關シ六月三日附本號ヲ以テ申進置キタル處今般右ニ關シ外務省ヨリ地方長官宛別紙寫ノ通豫防注射證明書携帶ノ要ナキ旨通牒シタル趣同省ヨリ申越シタルニ付可然御取計相成度

拓務省

0924 No.647

161

米三普通合第五七〇〇號

昭和十三年十二月十日

外務省亞米利加局長　吉澤清次郎

上海渡航者ノ「コレラ」豫防注射證明書携帶方廢止ノ件

本件ニ關シ五月三十日附米三普通合第二五六〇號ヲ以テ該地ヘノ渡航者ニ對シ一率「コレラ」豫防注射ヲ施行ノ上右證明書ノ携帶方實施中ノ處今般在上海總領事ヨリ爾後右豫防注射證明書携帶ノ要ナキ旨來電アリタルニ付右樣御了知ノ上此ノ旨渡航者ニ對シ周知方可然御取計相成度此段申進ス

本信送付先　警視總監、關東州廳長官、各地方長官

外務省

戊

0925

3) 상하이 도항 수차 왕복자의 종두증명서에 관한 건

上海渡航數次往復者ニ對スル種痘證明書ニ關スル件(1939. 1. 11.)

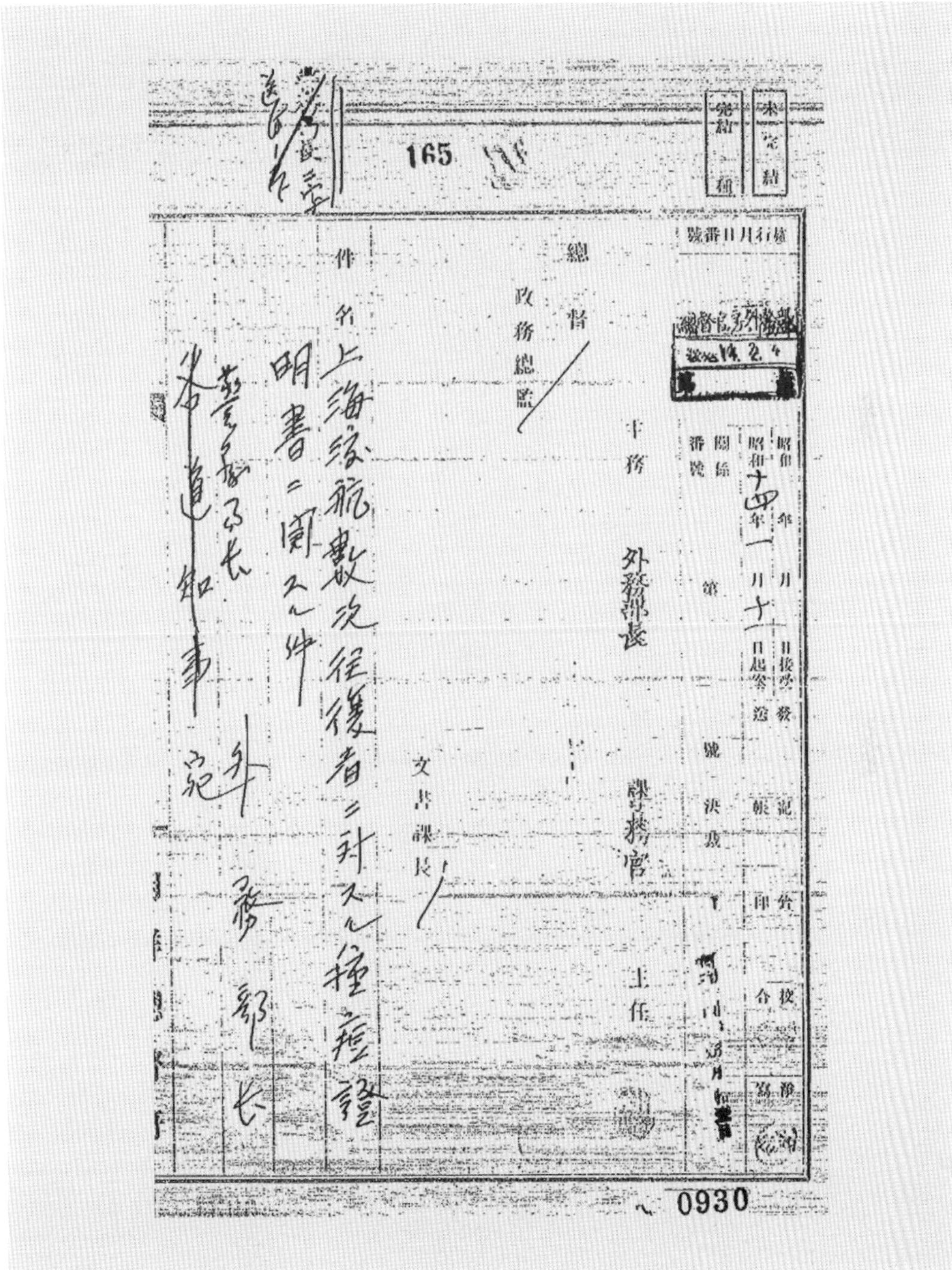

165

總督

政務總監

外務部長

事務官

主任

文書課長

昭和十四年一月十一日起案

件名 上海渡航數次往復者ニ對スル種痘證明書ニ關スル件

警務局長

各道知事 宛

外務部長

0930

首題ノ件ニ関シ今般外務省ヨリ
各地方庁宛別紙写ノ通通牒セ
ル旨拓務省ヨリ移牒アリタルニ付通[illegible]
（通達）
就者御承知方御取計相成度
[illegible]

166

管警第七八五號

昭和十四年一月六日

拓務省朝鮮部長　萩原彦三

朝鮮總督官房外務部長　松澤龍雄殿

上海渡航數次往復者ニ對スル種痘證明書ニ關スル件

十二月五日附管警七八五號ヲ以テ申進置キタル首題ノ件ニ關シ今般別紙寫ノ通各地方長官及關東州廳長官宛通牒致置キタル趣外務省ヨリ申越シタルニ付委細御了知ノ上可然御取計相成度

拓務省

朝鮮總督府 14.1.9 外務部

總督官房外務部 受付14.1.10 第12/122號

0932

167

寫

米三普通合第五九一九號

昭和十三年十二月二十四日

外務省亜米利加局長　吉澤清次郎

上海渡航數次往復者ニ對スル種痘證明書ニ關スル件

本件ニ關シ十一月二十九日附米三普通合第五五一六號ヲ以テ申進置タル處今般在上海總領事代理ヨリ本邦上海間數次往復者ニ對シ一箇年以内ニ種痘ヲ施シタル旨ノ種痘證明書ヲ携帯セシムルコトハ上海現下ノ痘瘡流行狀況ニ鑑ミ不適當ナルニ付一般的ニ一箇年以内ニ交付セラレタル善感證明書ヲ有スル者ノ外ハ一率三箇月以内ノ種痘證明書ヲ提示スルヲ要スル旨電報越タルニ付委細右ニテ御了悉ノ上渡航者ニ對シ周知方可然御取計相成度此段申進ス

外務省

戊

0933

168

2

本信送付先

警視總監
關東州廳長官
各地方長官

外務省

0934

4) 상하이 도항자에 대한 '콜레라' 예방주사증 휴대 방안의 건

上海渡航者ニ「コレラ」豫防注射證携行方ノ件(1939. 3. 27.)

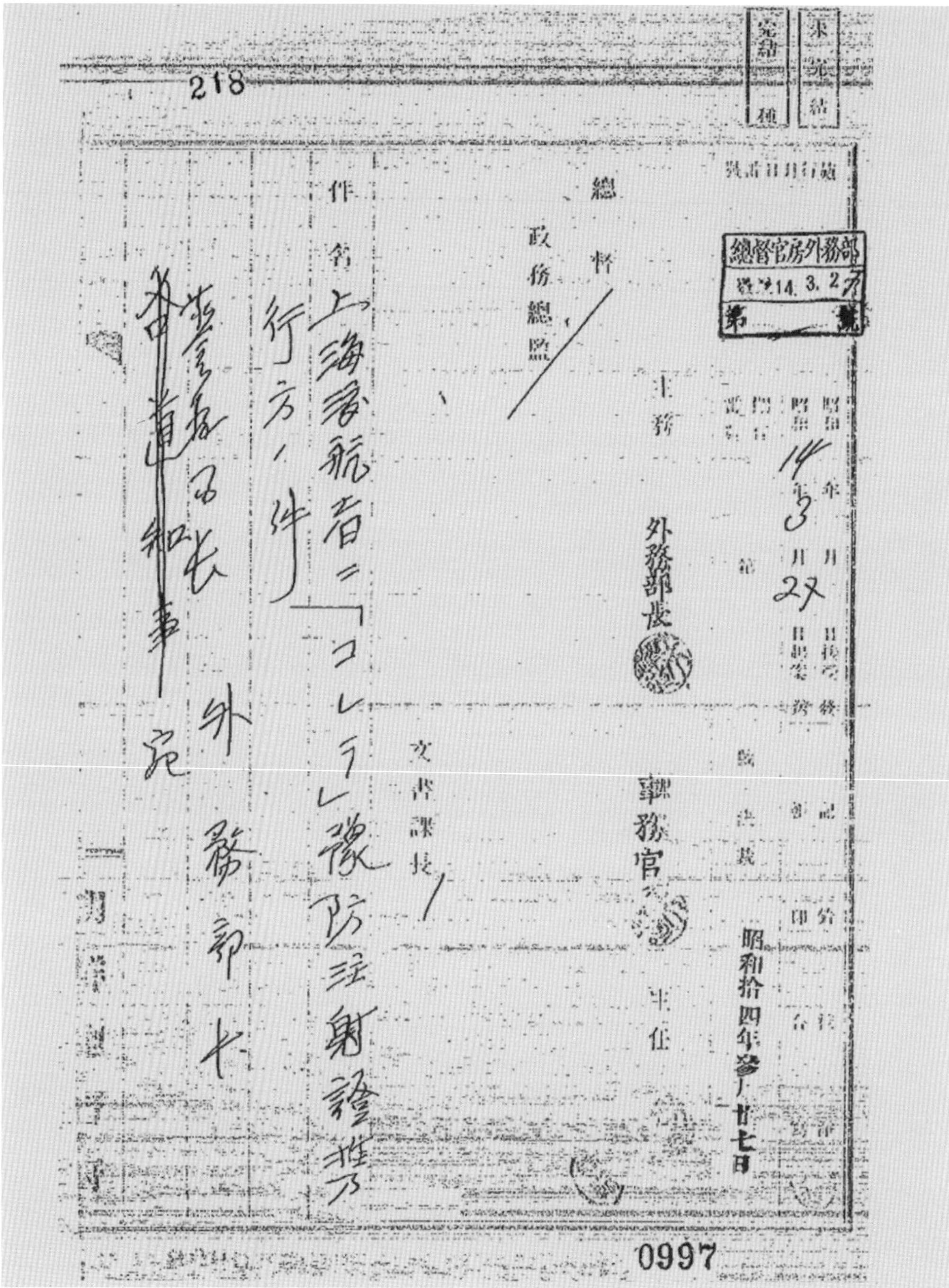

本件ニ関シ今般上海總領事ヨリ別紙
寫ノ通電報アリ候ニ付了承

[illegible]

朝鮮總督府

0998

219

電報

昭和十四年三月二十六日後受

上海 三浦総領事発

朝鮮総督宛

合第四四二號

本官発大臣宛電報第七九三號

上海ニ於ケル防疫ニ関シ日本側関係機関協議ノ結果陸海軍占領警備地域居住者ニ対シテハ四月十七日ヨリ二十八日迄一斉ニ「コレラ」豫防注射ヲ施行シ右期間後ハ豫防注射ヲ受ケサルモノニ対シテハ事実上入域通行ヲ阻止スル方針ナルニ付四月十五日以後上

9 0999

朝鮮總督府

海ニ渡航スルモノニ対シテハ昨年同様必ズ
注射ヲ受ケシメ且證明書ヲ携帯セ
シムヤウ御手配乞フ
轉電先
台湾外務部長、朝鮮外務部長、関東局
総長、天津、青島、厦門、広東、香
港、芝罘、南京、済南、

5) 상하이 도항자의 '콜레라' 예방주사 증명서 휴대 방안에 관한 건

上海渡航者ノ「コレラ」豫防注射證明書携帯方ニ關スル件(1939. 4. 8.)

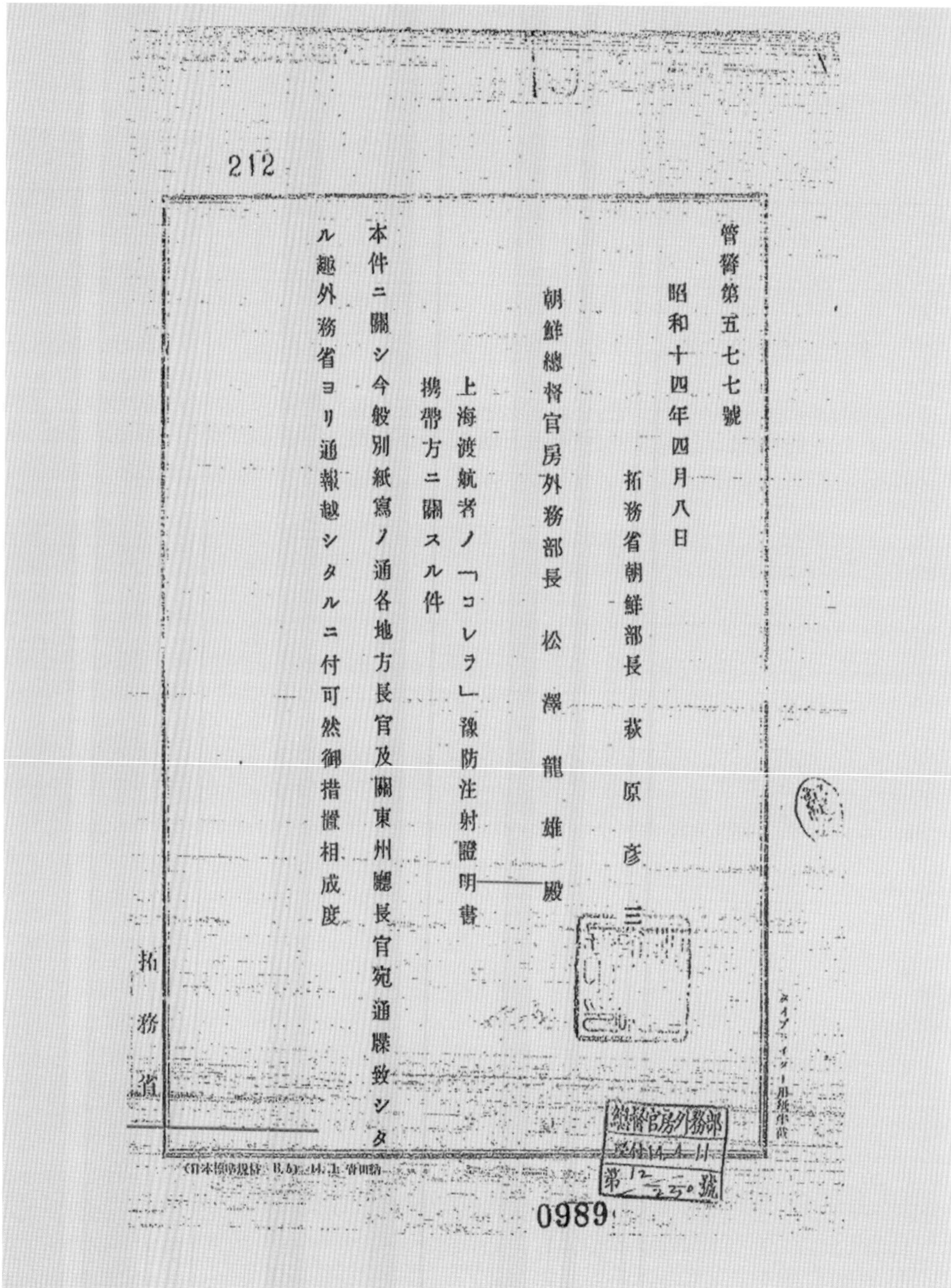

212

管警第五七七號

昭和十四年四月八日

拓務省朝鮮部長 萩原彦三

朝鮮總督官房外務部長 松澤龍雄殿

上海渡航者ノ「コレラ」豫防注射證明書携帶方ニ關スル件

本件ニ關シ今般別紙寫ノ通各地方長官及關東州廳長官宛通牒致シタル趣外務省ヨリ通報越シタルニ付可然御措置相成度

拓務省

總督官房外務部 受付14.4.11 第12號

0989

213

米三普通合第一四八六號

昭和十四年三月二十九日

外務省亞米利加局長　吉澤清次郎

上海渡航者ノ「コレラ」豫防注射證明書携帶方ニ關スル件

上海ニ於ケル防疫ニ關シ本邦側關係各機關ニ於テ協議ノ結果陸海軍ノ占領警備地域內居住者ニ對シテハ本年四月十七日ヨリ同月二十八日ニ至ル期間ニ於テ一齊ニ「コレラ」豫防注射ヲ施行シ右期間後ハ豫防注射ヲ受ケサル者ハ事實上入域通行ヲ阻止スル方針ナル趣ヲ以テ今般在上海三浦總領事ヨリ「來ル四月十五日以後上海ニ渡航スル者ニ對シテハ昨年同樣必ス注射ヲ受ケシメ且證明書ヲ携帶セシムル樣手配方」電報越セルニ付テハ同地渡航者ニ對シ右

拓務省

0990

214

注意方可然御取計相成度此段申進ス

本信送付先　警視總監、各地方長官、關東州廳長官

拓務省

0991

6) 중지 방면 도항자에 대한 '콜레라' 예방주사 증명서 휴대 방안의 건

中支方面渡航者ニ「コレラ」豫防注射證明書携帶方ノ件(1939. 8. 18.)

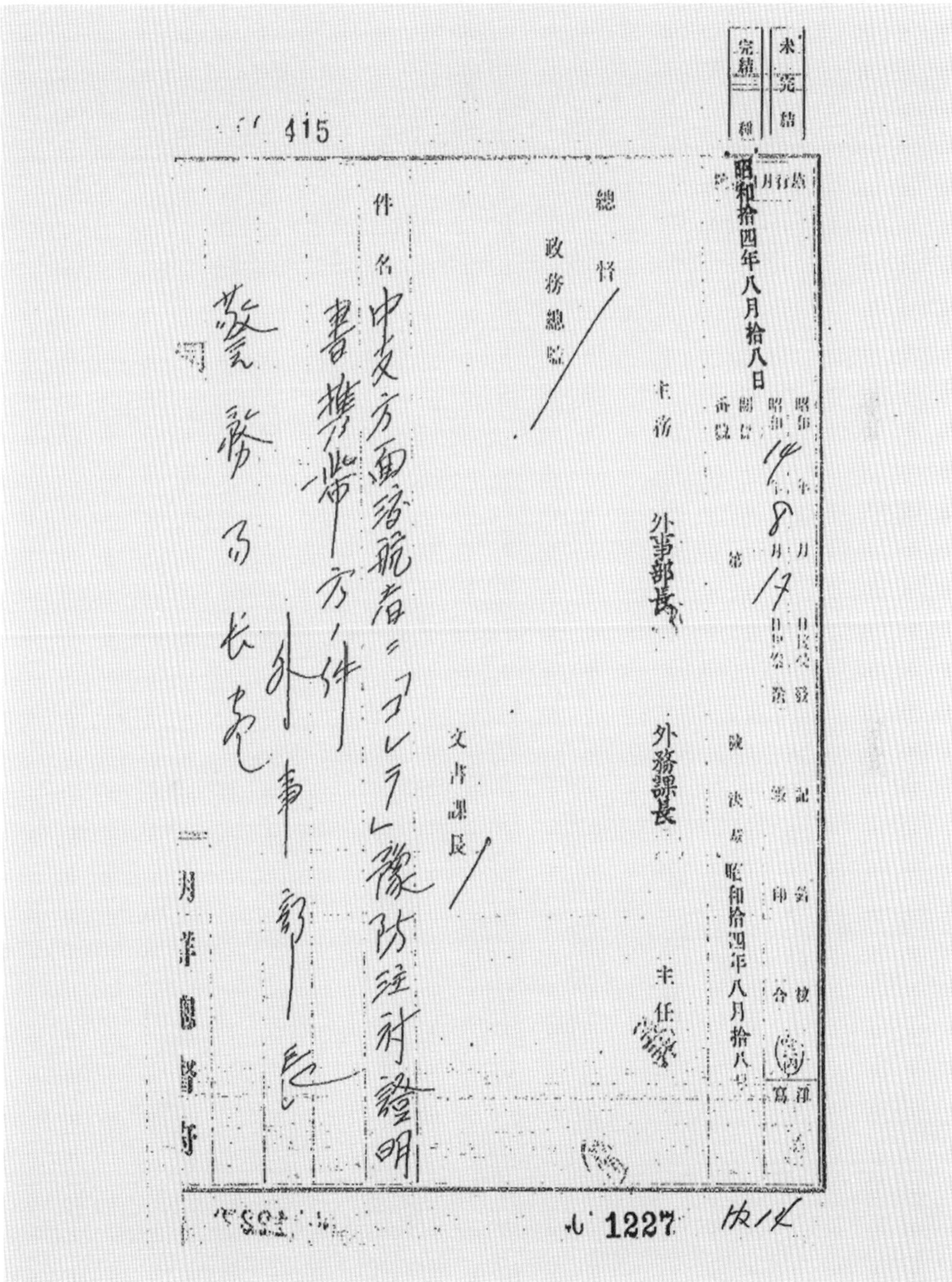

未完結 完結

415

昭和拾四年八月拾八日

起案 昭和14年8月17日

決裁 昭和拾四年八月拾八日

總督

政務總監

主務 外事部長

外務課長

主任

文書課長

件名 中支方面渡航者ニ「コレラ」豫防注射證明書携帶方ノ件

外事部長

警務局長

朝鮮總督府

1227

本件ニ関シ拓務省ヨリ別紙ノ通申
越タルニ付可然御措置相成度

別紙写添附

臺灣總督府

0.1228

416

管警第一四一七號

昭和十四年八月九日

拓務次官 田中武雄

朝鮮總督府政務總監 大野緣一郎殿

中支方面渡航者ニ「コレラ」豫防注射證明書携帶方ノ件

本件ニ關シ今般別紙寫ノ通內地各地方長官宛通牒セル趣外務省ヨリ通報越シタルニ付委細右ニテ御了知ノ上可然御措置相成度

別紙添附

拓務省

朝鮮總督府 14.8.12 前

總督官房外務部 受付 14.8.12 第14/255號

1229

417

寫

米三普通合第三八六四號

昭和十四年八月一日

外務省亞米利加局長　吉澤清次郎

中支方面渡航者ニ「コレラ」豫防注射證明書携帶方ノ件

上海及漢口ヘノ渡航者ニ對シテハ「コレラ」ノ豫防注射ヲ施行シ右豫防注射ノ證明書ヲ携帶セシムル樣手配方本年三月二十九日附米三普通合第一四八六號及同日附米三普通合第一四九八號往信ヲ以テ申進置タル處今般在北京堀内參事官ヨリ中支方面ニ於テ「コレラ」流行ノ兆アルニ鑑ミ北支方面ヨリ中支方面ニ旅行スル者ニ對シテハ「コレラ」豫防注射ノ實施方ヲ手配濟ノ趣來電アリタル

外務省

0 1230

418

2

ニ付テハ爾今本邦ヨリ直接中支方面ニ渡航スル者ハ勿論北支方面ヲ經テ中支方面ニ旅行スル者ニ對シテモ本邦人タルト外國人タルトヲ問ハス「コレラ」ノ豫防注射ヲ實施シ右豫防注射證明書ヲ携帶セシムル樣可然御取計相成度此段申進ス

本信送付先　朝鮮總監、各地方長官、關東州廳長官

本信寫送付先　拓務、厚生、遞信各次官

内務省警保局長

各船會社長

外務省

1231

6. 한커우(漢口) 지역

1) 방인의 한커우 도항에 관한 건 邦人ノ漢口渡航ニ關スル件(1938. 11. 24.)

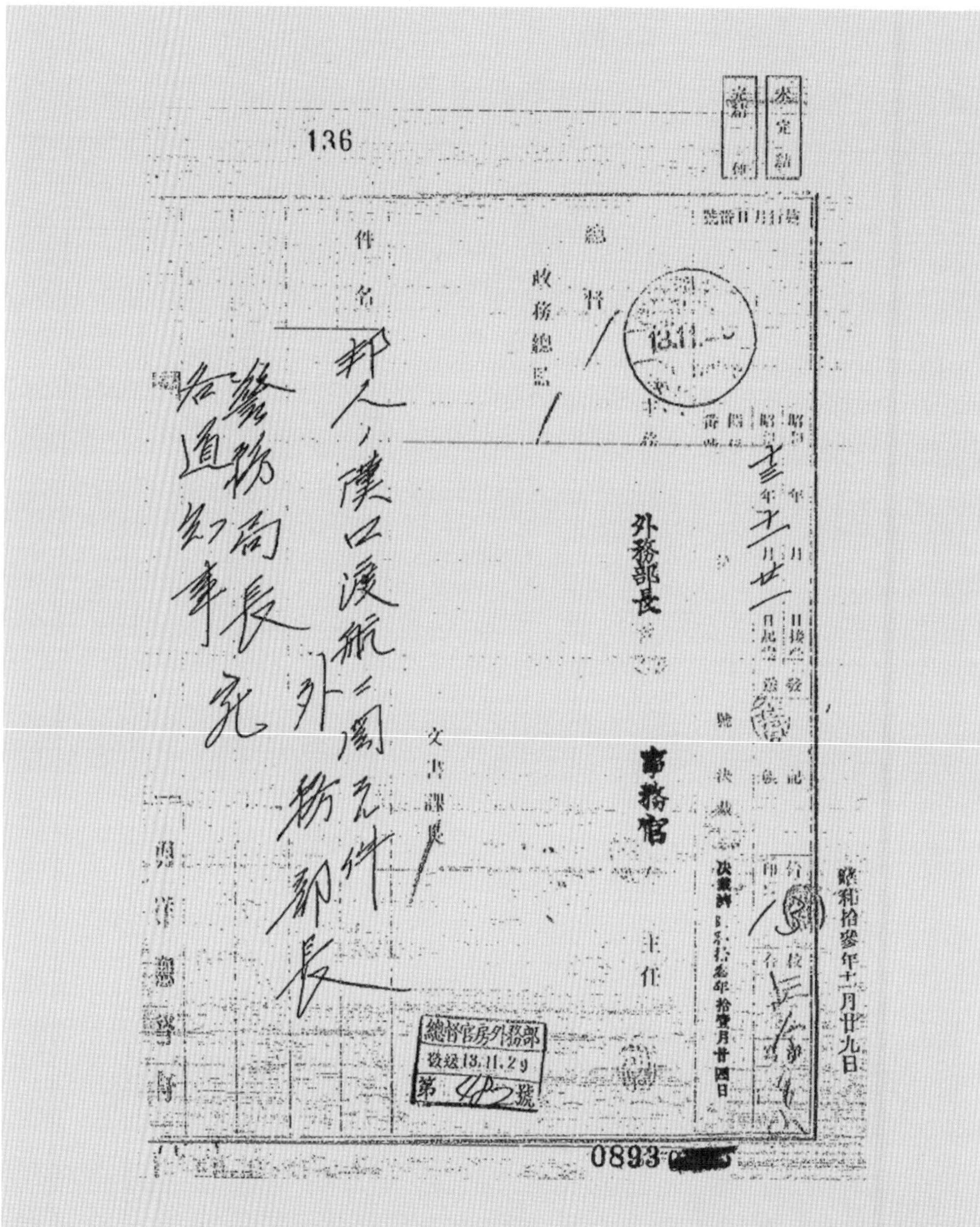
136

總督

政務總監

外務部長

事務官

文書課長

主任

件名 邦人ノ漢口渡航ニ關スル件

外務部長

警務局長

各道知事 宛

昭和拾參年十一月廿四日

昭和拾參年十一月廿九日

總督官房外務部
發送 13.11.29
第 號

0893

朝鮮総督府

首標ノ件ニ関シ外務省ヨリ別紙写ノ通申越

アリタルニ付御了知ノ上可然御取計相成度

京城（谷岡納）

（標準規格B5）

0894

137

管警秘第一二九一號

昭和十三年十一月十一日

拓務省朝鮮部長 荻原彦三

朝鮮總督府外務部長 松澤龍雄殿

邦人ノ漢口渡航ニ關スル件

本件ニ關シ別紙寫ノ通内地各地方廳及關東州廳ニ通牒シタル趣外務省ヨリ申越シタルニ付可然御措置相成度

拓務省

0895

138

米三機密合第五一六六號

昭和十三年十一月七日

外務省亜米利加局長 吉澤清次郎

宛先ハ末尾記載ノ通リ

邦人ノ漢口渡航ニ關スル件

漢口ニ於テハ日本租界ノ被害狀態及食料品補給難等ノ事情ニ鑑ミ本邦人ノ同地渡航者ハ差當リ同地ノ「特別區（支那ノ回收シタル舊外國租界）及支那街ニ事務所ヲ有スル商社關係者」ニ限定シ其他ノ者ハ追テ根本方針確定スル迄渡航ヲ差控ヘシムルコトニ陸海軍側トモ協議ノ上決定シタルニ付前記該當者以外ノ渡航希望者ニ對シテハ當方ヨリ何分ノ儀申進スル迄渡航セシメサル樣制限方可然御取計相成度尚前記該當者ニ對シテモ所轄警察署長ヨリ渡支ニ

拓務省

0896

139

必要ナル身分證明書ヲ發給スルニ際シテハ先ツ在上海帝國總領事館ニ出頭シ同館ノ指示ヲ受ケタル上ニテ漢口ニ赴ク樣本人ニ示達方御取計相煩度此段申進ス

本信送付先　警視總監、各地方長官、關東州廳長官

本信寫送付先　拓務次官、内務省警保局長

拓務省

（日本標準規格 B5）

0897

2) 방인의 한커우 도항에 관한 건 邦人ノ漢口渡航ニ關スル件(1938. 11. 29.)

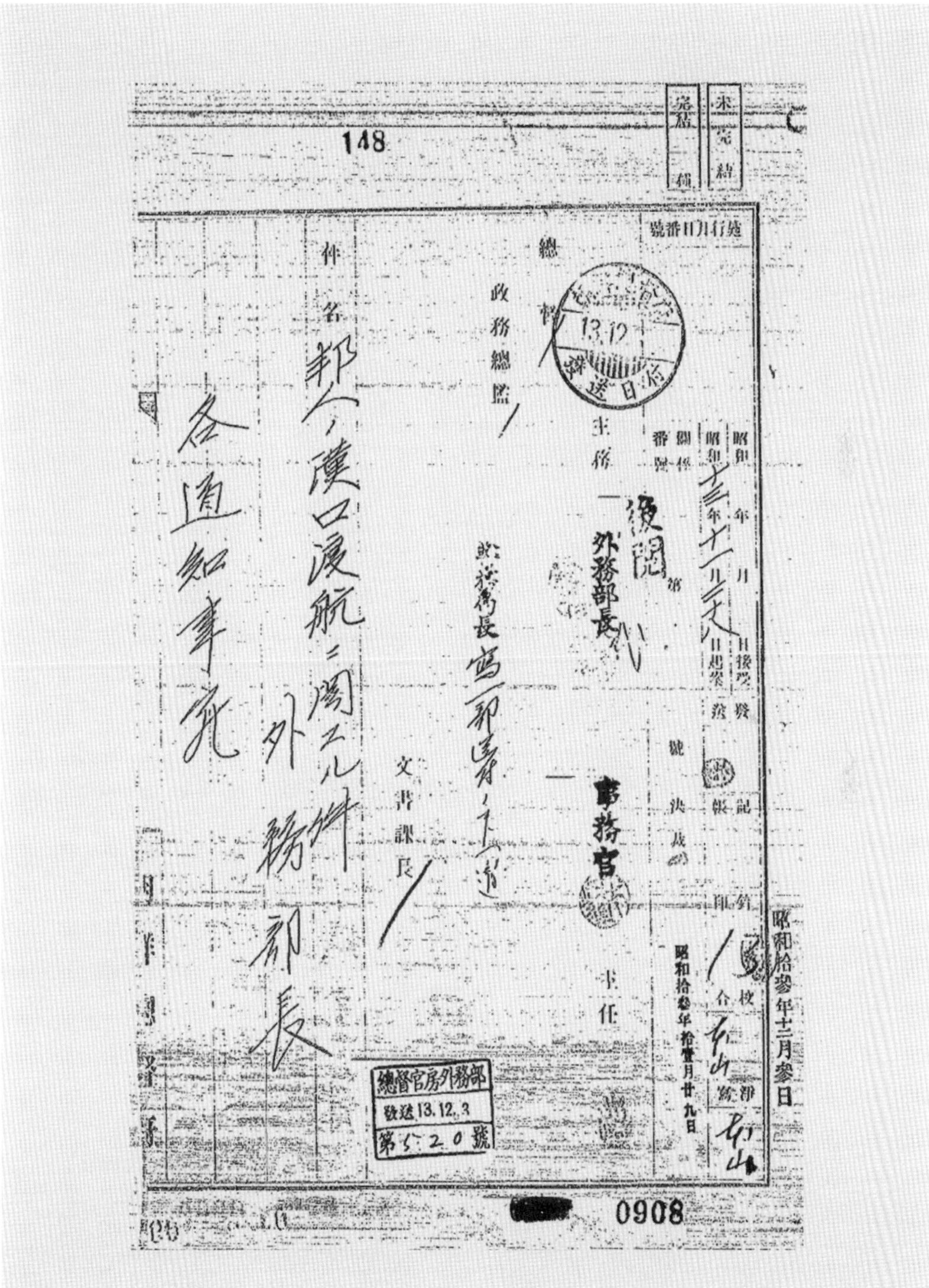

148

總督

政務總監

主務 外務部長

文書課長

事務官

起案 昭和拾參年拾壹月廿九日

施行 昭和拾參年十二月參日

件名 邦人ノ漢口渡航ニ關スル件

外務部長

各道知事宛

總督官房外務部 發送13.12.3 第520號

0908

本件ニ関シ外務省ヨリ関係官庁宛別紙寫
ノ通通牒セル趣拓務省ヨリ申越有之ニ付
御了知ノ上可然御取計相煩度此段申進ス

0909

149

管警秘第一二九一號

昭和十三年十一月二十二日

拓務省朝鮮部長　萩原彦三

朝鮮總督官房外務部長　松澤龍雄殿

邦人ノ漢口渡航ニ關スル件

本件ニ關シ外務省ヨリ内地各地方廳及關東州廳宛別紙寫ノ通通牒シタル趣同省ヨリ申越シタルニ付委細右ニテ御了知ノ上右趣旨ニ依リ御措置相成度此段申進ス

拓務省

0910

150

米三機密合第五三〇八號

昭和十三年十一月十五日

外務省亜米利加局長　吉澤清次郎

宛先ハ末尾記載ノ通リ

邦人ノ漢口渡航ニ關スル件

本件ニ關シテハ取敢ヘス本月七日附米三機密合第五一六六號往信ヲ以テ申進置タル處其後現地外務及陸海軍聯絡會議ニ於テ漢口居留民ノ復興策ヲ決定セルカ其内本邦ヨリ同地ヘノ渡航ニ關係アル事項大体左記ノ通ナルニ付前記通牒ヲ取消シ以後本趣旨ニ依リ同地渡航者ニ對シ身分證明書發給方可然御取計相成度此段申進ス

記

一、特別區（支那ノ回收シタル舊外國租界）及支那街ニ事務所又ハ店舗ヲ有スル商社竝ニ個人營業關係者ハ渡航差支ナキコト

拓務省

タイプライター用紙半截（移川屋製）

（日本標準規格 B5）

0911

二、日本租界ノ被害程度ハ家屋軒數ニ於テ約四割見當ニシテ之カ復興ハ資金其他ノ關係上相當時日ヲ要スルモ差當リ現存セル住宅及店舖ノ前居住者ヲシテ優先的ニ復歸セシムルコト

三、個人商業者ニ付テハ其營業ニ相當スル資金又ハ技術ヲ有スル者ハ渡航差支ナシ但シ債權ノ關係モアリ當分ノ間前居住者ヲ優先的ニ復歸セシムルコト

四、料理店ハ適當ノ區域及家屋ニ成ルヘク速ニ復興セシムルコト

五、原則トシテ個人店舖ハ一人一業主義ニ依ルコトトス

六、渡航者ハ總テ在上海帝國總領事館又ハ在南京帝國總領事館ニ出頭シ指示ヲ受クヘキコト

以上

本信送付先　朝鮮總督、各地方長官、關東州廳長官

本信寫送付先　拓務次官、內務省警保局長

拓務省

(日本標準規格 B4)

0912

3) 방인의 한커우 도항에 관한 건 邦人ノ漢口渡航ニ關スル件(1939. 1. 6.)

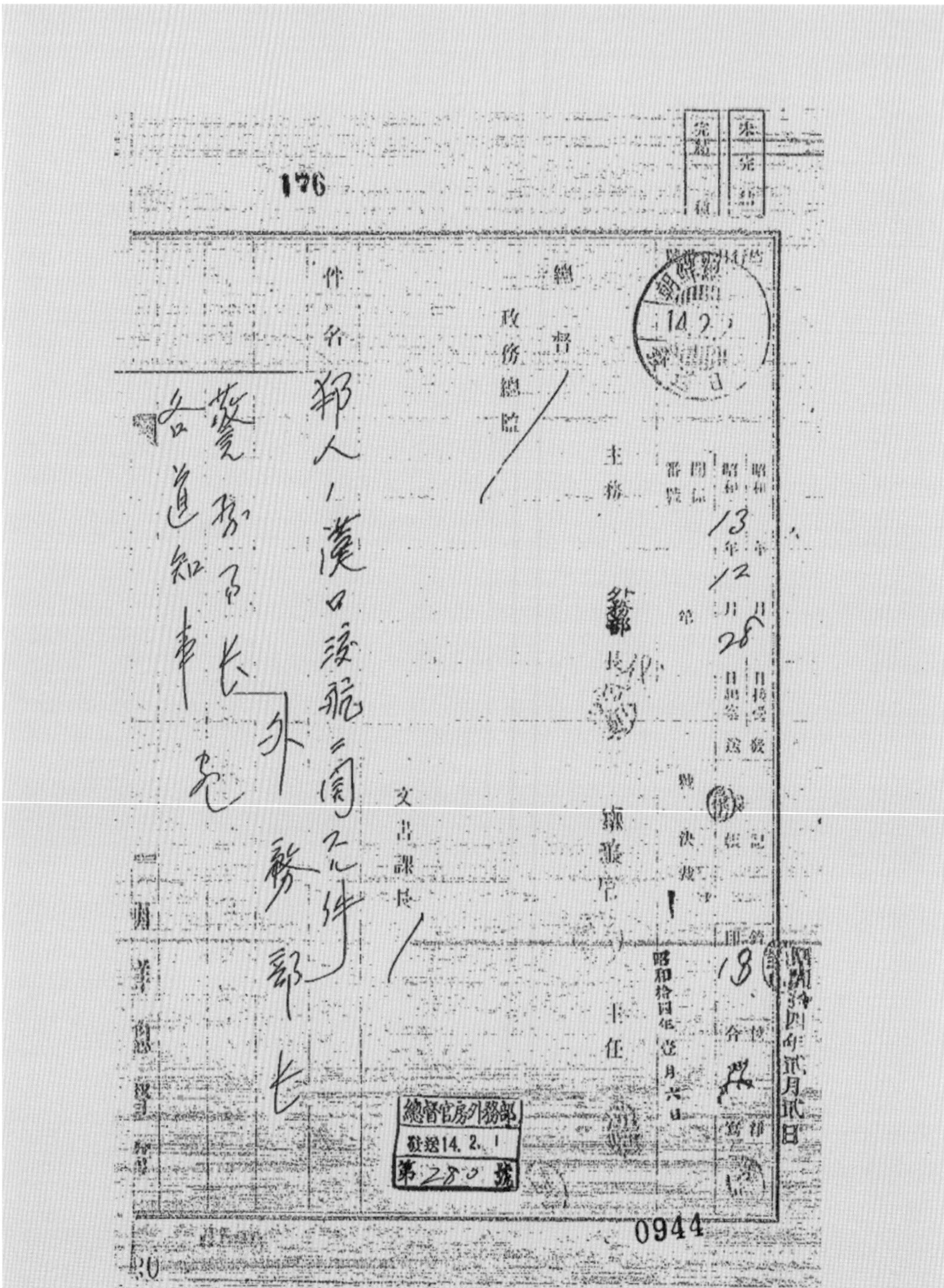

176

總督 政務總監 主務 局長 文書課長 主任

昭和13年12月28日

件名 邦人ノ漢口渡航ニ関スル件

警務局長 外務部長

各道知事 宛

昭和拾四年壹月六日

總督官房外務部 發送14. 2. 1 第280號

0944

本件ニ関シ今般外務省ヨリ各地方庁宛別紙写ノ通通牒セル旨拓務省ヨリ移牒アリタルニ付為御了知相成度。

外務省公信写添付

0945

177

管警第一二九一號

昭和十三年十二月二十三日

拓務省朝鮮部長　萩原彦

朝鮮總督官房外務部長　松澤龍雄殿

邦人ノ漢口渡航ニ關スル件

本件ニ關シ曩ニ十一月二十二日附本號ヲ以テ申進置キタル處今般更ニ外務省ヨリ内地各地方長官宛別紙寫ノ通通牒シタル趣同省ヨリ申越シタルニ付右御了知ノ上可然御取計相成度

拓務省

朝鮮總督府外務部
受付13.12.2
第1409號

0946

機密

178

米三機密合第五八〇二號

昭和十三年十二月十六日

外務省亜米利加局長　吉澤清次郎

邦人ノ漢口渡航ニ關スル件

本件ニ關シ客月十五日附米三機密合第五三〇八號往信ヲ以テ申進置タル處右漢口ヘノ邦人渡航者ニ付テハ元居住者ニハ優先的ニ復歸セシムル方針ニテ一般渡航者ノ渡航ヲ制限シ來リタルモ最近現地ノ狀況ハ漸次緩和シ物資輸入ノ方法モ見込立チタル趣ナルニ付テハ爾今資力又ハ技能ヲ有スル者及商店員ノ呼寄等ニ對シテハ渡航ヲ許可スルコトト致シ度キニ付右ノ者等ヨリ同地渡航方願出アリタルトキハ身分證明書發給方可然御取計相成度此段申進ス

外務省

戊

0947

179

2

本信送付先　警視總監、各地方長官、關東州廳長官

本信寫送付先　拓務次官、內務省警保局長

外務省

0948

4) 한커우 도항자의 '콜레라' 예방주사 증명서 휴대 방안에 관한 건

漢口渡航者ノ「コレラ」豫防注射證明書携行方ニ關スル件(1939. 4. 8.)

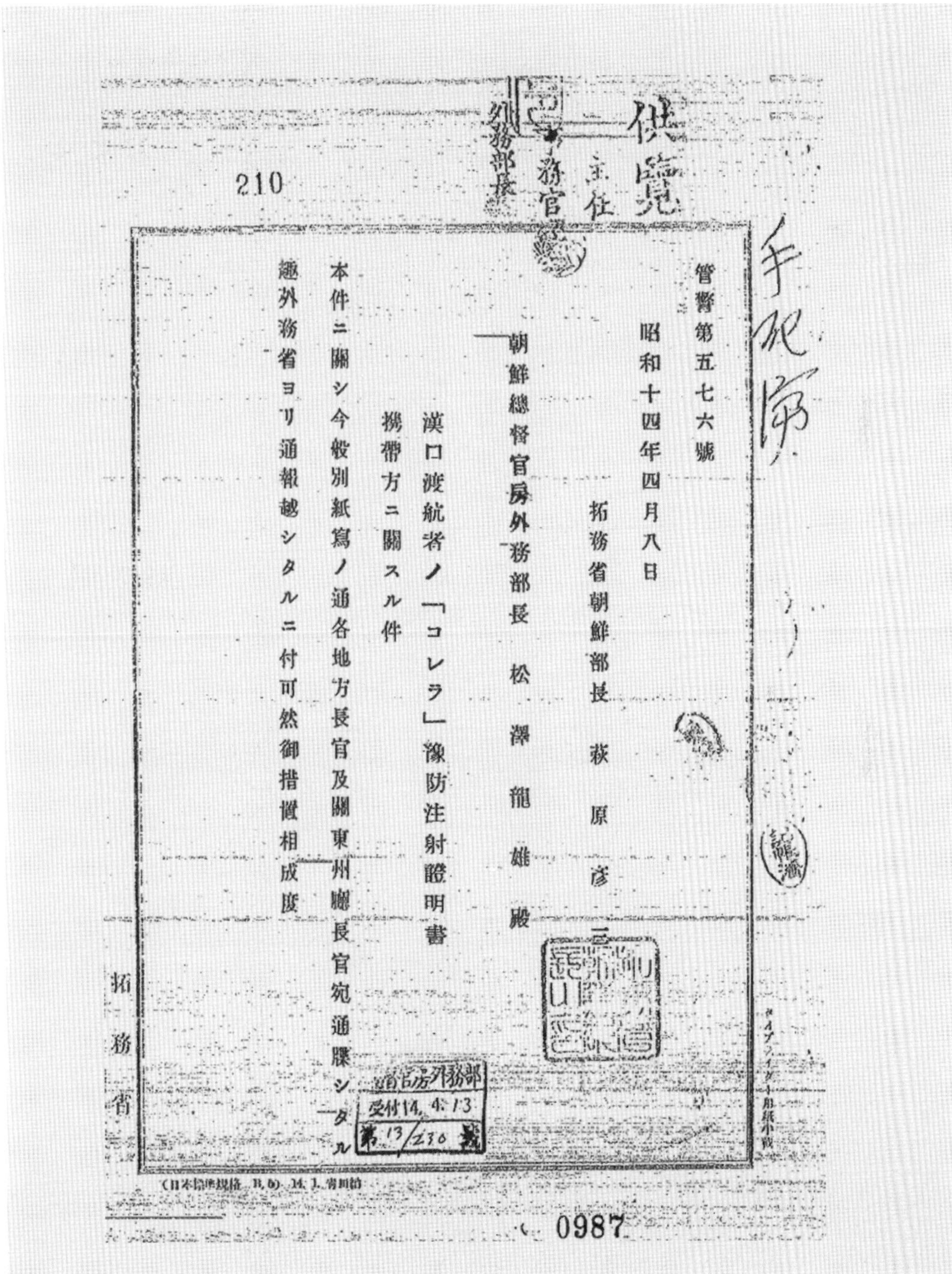
210

供覽　主任　事務官　外務部長

管警第五七六號

昭和十四年四月八日

拓務省朝鮮部長　荻原彥三

朝鮮總督官房外務部長　松澤龍雄殿

漢口渡航者ノ「コレラ」豫防注射證明書携帶方ニ關スル件

本件ニ關シ今般別紙寫ノ通各地方長官及關東州廳長官宛通牒シタル趣外務省ヨリ通報越シタルニ付可然御措置相成度

官房外務部 受付14. 4. 13 第13/230號

拓務省

0987

211

米三普通合第一四九八號

昭和十四年三月二十九日

外務省亞米利加局長　吉澤清次郎

漢口渡航者ノ「コレラ」豫防注射證明書携帶方ニ關スル件

防疫ノ必要上漢口地方ニ於テモ上海同樣（三月二十九日附米三普通合第一四八六號御參照）取扱フ豫定ナル趣ヲ以テ「船員其他直航船乘船者並上海ヲ經由セス四月十五日以後本邦其他ヨリ直接漢口ヘ渡航スル者ハ「コレラ」豫防注射ヲ受ケ其證明書ヲ携帶スル樣手配方」今般在漢口花輪總領事ヨリ電報越セルニ付テハ同地渡航者ニ對シ右注意方可然御取計相成度此段申進ス

本信送付先　警視總監、各地方長官、關東州廳長官

拓務省

0988

5) 한커우 도항자에게 '콜레라' 예방주사 증명서를 휴대하게 하는 건

漢口渡航者ニ「コレラ」豫防注射證明書携行方ノ件(1939. 4. 11.)

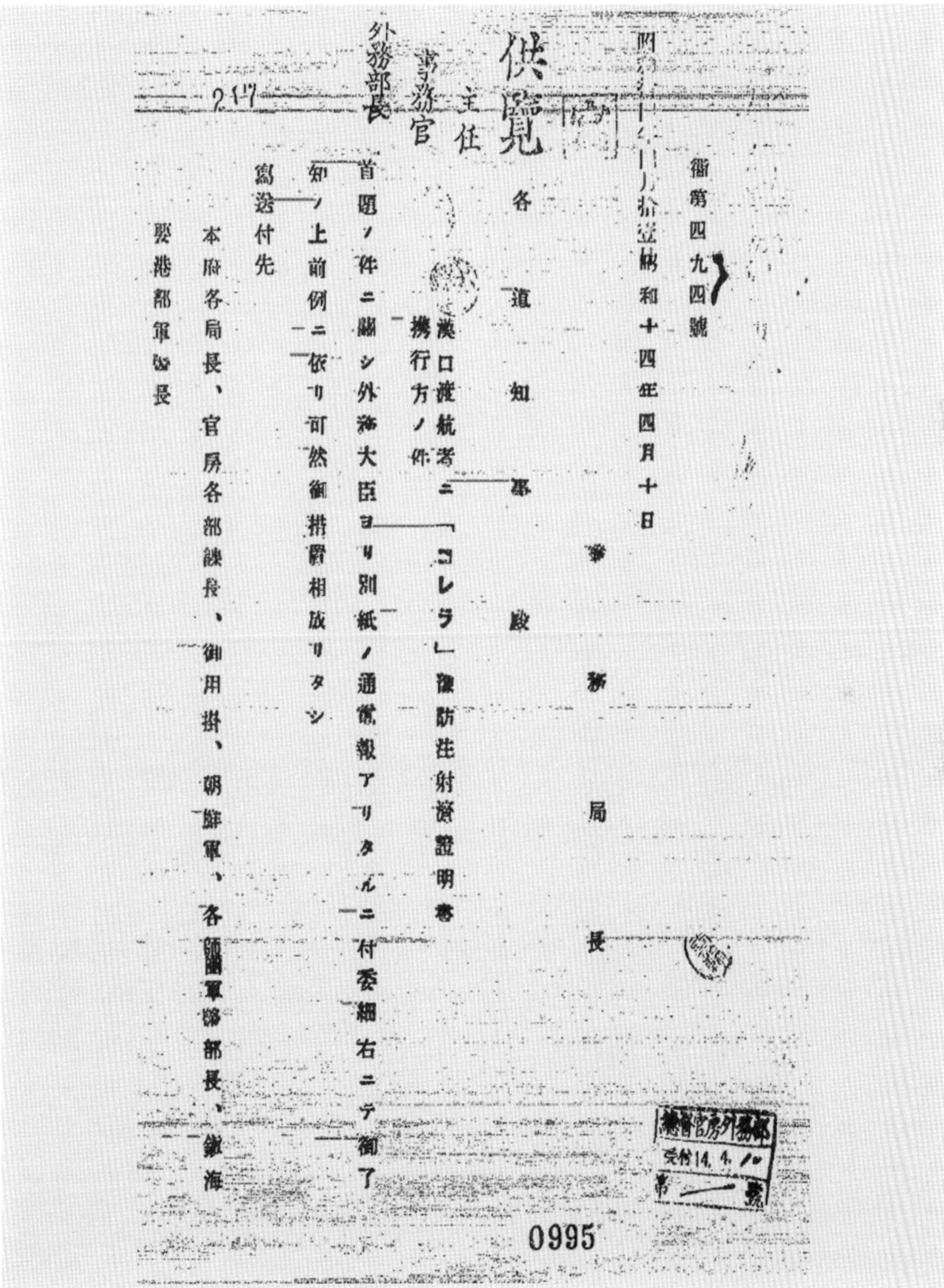

衛第四九四號

昭和十四年四月十日

警務局長

各道知事殿

漢口渡航者ニ「コレラ」豫防注射證明書携行方ノ件

首題ノ件ニ關シ外務大臣ヨリ別紙ノ通電報アリタルニ付委細右ニテ御了知ノ上前例ニ依リ可然御措置相成リタシ

寫送付先

本府各局長、官房各部課長、御用掛、朝鮮軍、各師團軍醫部長、鎮海要港部軍醫長

215

完結　未完結

總督官房外務部
受付14. 4. 8
第　號

昭和十四年四月　日起案
昭和　年　月　日決裁
昭和　年　月　日施行

主務　外務部長
事務官
主任

昭和十四年四月八日

總督
政務總監

文書課長

件名
漢口渡航者ニ對シ「コレラ」豫防注射證明書携行方ノ件

警務局長宛

朝鮮總督官房外務部長

0992

本件ニ關シテハ今般外務大臣ヨリ別紙寫ノ通電報アリタルニ付可然御取計相成度

0993

電報　昭和十四年四月七日前受

有田外務大臣 発

外務部長 殿

合第六五三號

漢口發大臣宛電報第一九二號

上海發閣下宛電報七九三號ニ關シ當地方ニ於テ防疫ノ必要上、上海同樣取扱フ様決定ナルニ付テハ船員其ノ他直行船車其ノ他上海ヲ經由セズ四月十五日以後本邦其ノ他ヨリ直接當地ヘ渡航スル者ハ「コレラ」豫防注射ヲ受ケ其ノ證明書ヲ携行スル様可然御手配乞フ

上海、天津、青島、濟南、廣東、厦門、南京、九江ヘ轉電セリ

香港、臺灣外務部長、關東局總長、朝鮮外務部長ヘ轉電アリタシ

0996

7. 광둥(廣東) 지역

1) 광둥 도항자의 통제 방법에 관한 건

廣東渡航者通制方ニ關スル件(1938. 11. 29.)

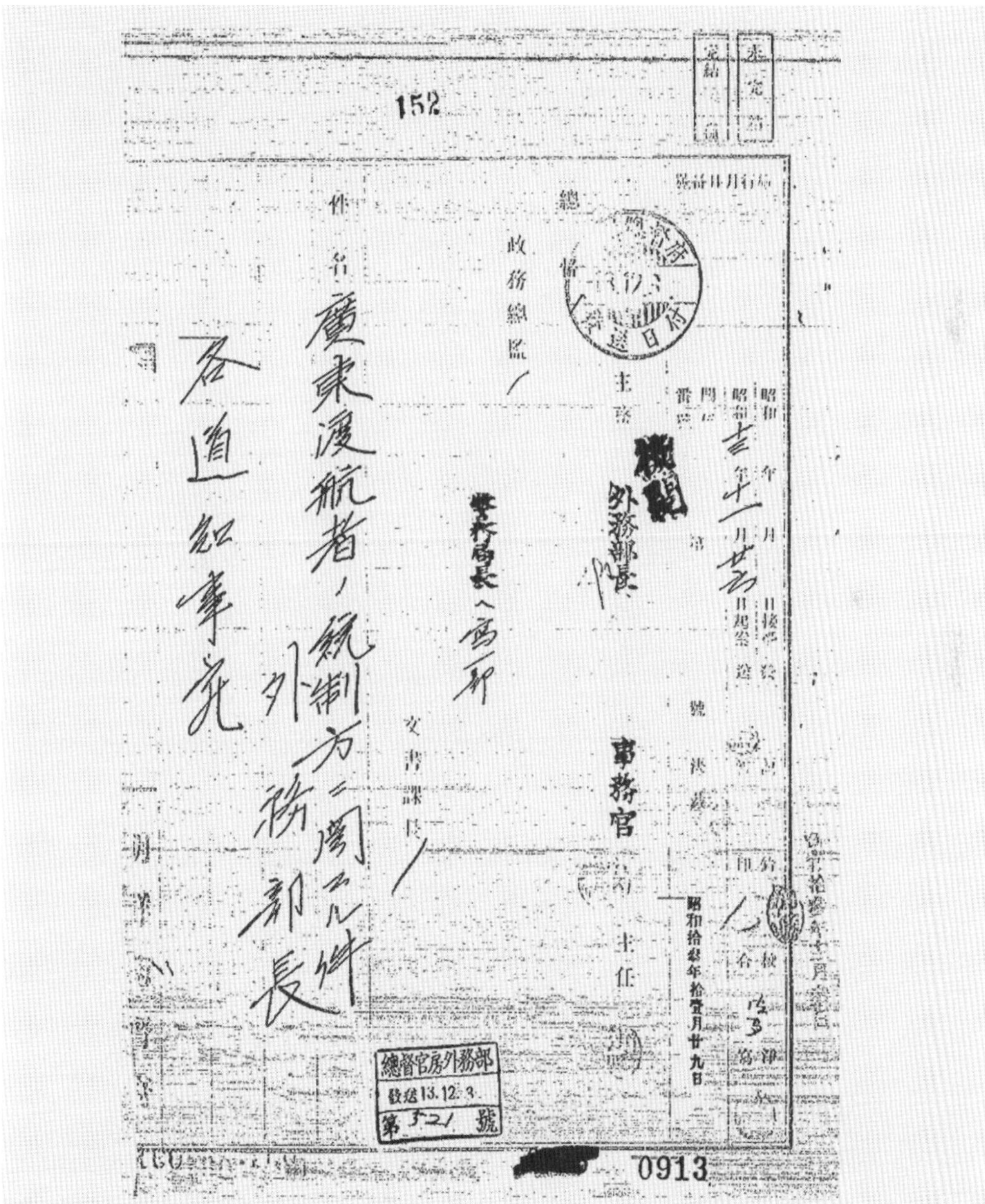

152

完結

未完結

昭和　年　月　日接受

昭和拾參年拾壹月廿九日

總督

政務總監

主務 外務部長

事務官

主任

文書課長

件名 廣東渡航者ノ統制方ニ關スル件

警務局長ヘ照会

各道知事宛 外務部長

總督官房外務部 發送13.12.3. 第521號

0913

朝鮮總督府

本件ニ關シ外務省ヨリ關係官廳宛別紙寫ノ
通リ照會アリタル趣拓務省ヨリ申越タルニ付
御了知ノ上可然御取計相成度

京城（谷岡商店）

0914

153

管警秘第一、三〇九號

昭和十三年十一月十八日

拓務省朝鮮部長　萩原彦三

朝鮮總督官房外務部長　松澤龍雄殿

廣東渡航者ノ統制方ニ關スル件

本件ニ關シ關係官廳宛別紙寫ノ通通牒シタル趣外務省ヨリ申越シタルニ付委細右ニテ御了知ノ上可然御取計相成度

拓務省

(日本標準規格 B5)

0915

154

米三機密合第五二四〇號

昭和十三年十一月十一日

外務省亜米利加局長　吉澤清次郎

廣東渡航者ノ統制方ニ關スル件

廣東渡航者ニ就テハ現地ノ實情ニ鑑ミ漸増主義ヲ採ルノ必要ヲ認ムルニ付追テ何分ノ儀申進スル迄當分同地ヘノ渡航者ハ(一)商居留民ニシテ今回復歸スル者(二)軍部關係ノ商人及其ノ用務者(三)業務上家庭上其他用務ノ爲特ニ至急渡航ヲ必要トスル事項アル者ニ對シテノミ所轄警察署長ヨリ渡支ニ必要ナル身分證明書ヲ發給スルコトトシ其他ノ者ハ此際廣東渡航ヲ差控ヘシムルコトト致度ニ付右樣可然御取計相成度此段申進ス

本信送付先　警視總監、各地方長官、關東州廳長官

本信寫送付先　拓務次官、内務省警保局長

拓務省

0916

2) 광둥 도항자의 종두증명서 휴대 방안에 관한 건

廣東渡航者ニ對スル種痘證明書携帯方ニ關スル件(1939. 1. 23.)

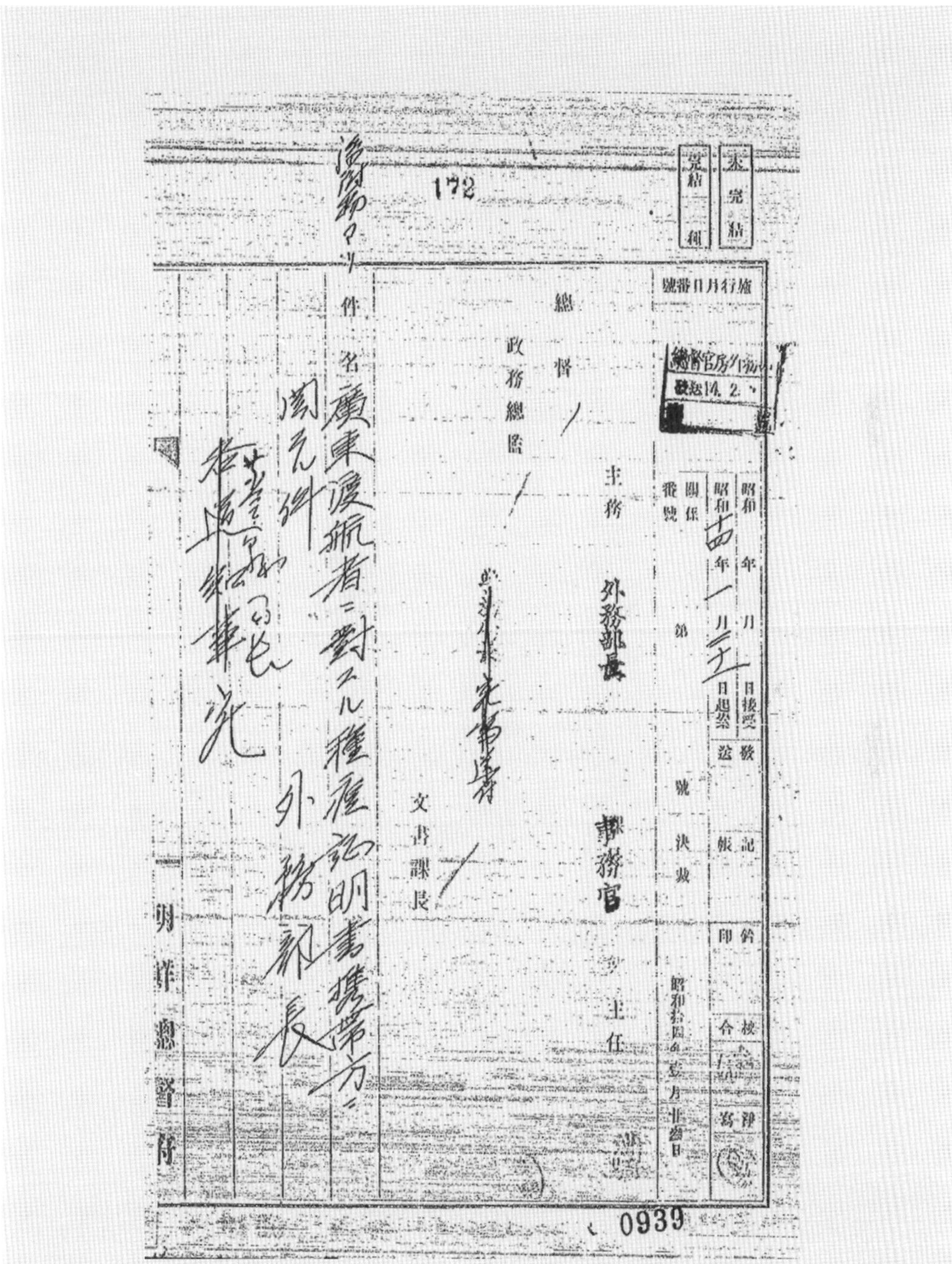
172

完結

未完結

總督

政務總監

文書課長

主務 外務部長

事務官

主任

昭和十四年一月二十日起案

件名 廣東渡航者ニ對スル種痘證明書携帯方ニ關スル件

外務課長

朝鮮總督府

0939

朝鮮総督府

本件ニ関シ外務省ヨリ（各地方長官ヨリ）別紙写ノ通（通牒アリタル旨）外務省ヨリ通牒

（移牒アリ）申越アリタルニ付可然御措置相成度

0940

173

管警第九〇號

昭和十四年一月十七日

拓務省朝鮮部長　萩原彦

朝鮮總督官房外務部長　松澤龍雄殿

廣東渡航者ニ對スル種痘證明書携帶方ニ關スル件

本件ニ關シ別紙寫ノ通各地方長官宛通牒シタル趣外務省ヨリ通報越シタルニ付可然御措置相成度

拓務省

0941

174

米三普通合第八八號

昭和十四年一月十一日

外務省亜米利加局長　吉澤清次郎

廣東渡航者ニ對シ種痘證明書携帯方ニ關スル件

今般在廣東總領事ヨリ別紙寫ノ通リ電報越ノ次第アリタルニ付委細右ニテ御了知ノ上廣東ヘノ渡航者ニ對シ種痘證明書ヲ携帯スル様周知方可然御取計相成度此段申進ス

本信送付先

警視總監、北海道廳長官、關東廳長官

各府縣知事

拓務省

0942

175

在廣東總領事來電

廣東ヘノ渡航者ハ種痘證明書ノ携帯ヲ要スルコトトシ其ノ他ノ防疫制限ヲ附セサルコトニ決定セリ

右渡航者ニ示達相成度シ

拓務省

0943

3) 광둥으로 가는 도항 방법에 관한 건 廣東ヘノ渡航方法ニ關スル件(1939. 3. 25.)

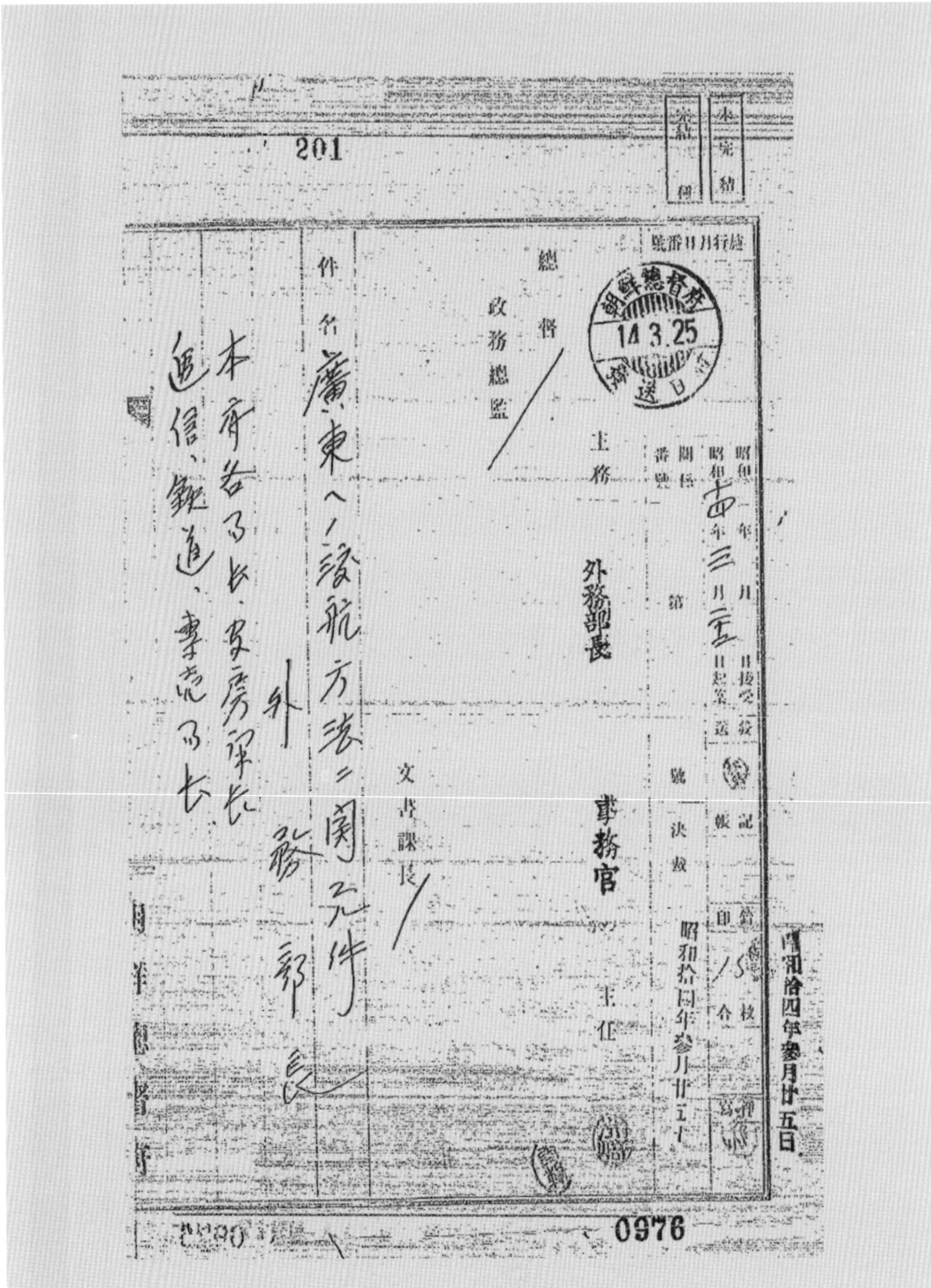

201

本宛 完結

施行月日番號

朝鮮總督府 14.3.25 發送

昭和　年　月　日接受
昭和十四年三月二十五日起案 發送

總督

政務總監

主務 外務部長 事務官 主任

文書課長

件名 廣東ヘノ渡航方法ニ関スル件

外務部長

本府各局長、官房各課長、遞信、鐵道、專賣局長

昭和拾四年參月廿五日

朝鮮總督府

0976

各道知事

朝鮮郵船会社々長

ジャパン、ツーリスト、ビューロー平壌出張所

各通

廣東ヘノ渡航方法ニ関シ現在船便及航空便ノ詳細ノ状況左記ノ通同地総領事ヨリ通報アリ候ニ付為参考迄

通報ス

記 以下別紙同文内容略記

0977

202

管警第四四六號

昭和十四年三月十六日

拓務省朝鮮部長　萩原彦三

朝鮮總督官房外務部長　松澤龍雄殿

廣東ヘノ渡航方法ニ關スル件

本件ニ關シ今般在廣東總領事ヨリ別紙寫ノ通申越シタル趣外務省ヨリ通報越シタルニ付委細右ニテ御了悉ノ上可然御措置相成度

拓務省

總督官房外務部
受付14. 3. 20
第6[illegible]號

0978

203

普通第七八號

昭和十四年二月十七日

在廣東
總領事 岡崎勝男

外務大臣 有田八郎殿

廣東ヘノ渡航方法ニ關スル件

當地ニ來航ヲ希望スル者多キモ一般ニ未タ船便及飛行便等ノ詳細知レ居ラス稍々不便ヲ感シ居ル様ナルニ付現在ノ交通狀況左記ノ通リ通報ス各方面ニ周知方御取計相成度シ

記

甲、船便

一、内地廣東間

大阪商船會社ノすらばや丸、甲子丸、杭州丸及藤影丸四隻カ

拓務省

0979

204

御用船トシテ芝浦、大阪、神戸、門司、基隆當地間ヲ不定期
ニ就航餘裕アラハ一般乘客ノ便乘ヲ取計フ（有料）

二、臺灣廣東間

大阪商船會社ノ日豐丸、めきしこ丸、盛京丸及金嶺丸四隻カ
御用船トシテ基隆高雄當地間ヲ不定期ニ就航
日豐丸、めきしこ丸ハ適宜便乘許可（有料）
盛京丸、金嶺丸ハ一般乘客ヲ取扱フ（有料）

三、大連、青島、上海、厦門及當地間

日清汽船會社華山丸、廬山丸、嵩山丸ノ三隻カ御用船トシテ
不定期ニ就航一般乘客ヲ取扱フ（有料）

四、廣東澳門間

御用船日海丸カ三日毎ニ定期就航（無料）
香港方面ヨリノ便乘希望者ハ在香港日本總領事館發給ノ身分
證明書ヲ所持スヘク又廣東ヨリノ便乘者ハ當館ニ於テ身分證

拓務省

(日本標準規格 B5) 14. 1. 青山納

0980

205

明書ノ發給ヲ受ケタル後陸軍特務機關若クハ海軍特務部ニ至リ便乘許可券ヲ受領シ乘船スル

乙、航空便

一、日本航空會社ノダグラス旅客機毎日一回臺北當地間ヲ就航（臺北發午前八時－廣東着同十一時廣東發午後一時－臺北着午后四時）一般旅客ヲ取扱フ但シ搭乘希望者多キ爲坐席ノ豫約多少困難ナリ

拓務省

（日本標準規格 B,5） 14. 1. 寺岡納

0981

4) 광둥 도항자에 대한 증명서 발급 제한 방침에 관한 건

廣東渡航者ニ對スル證明書發給制限方針ニ關スル件(1939. 4. 27.)

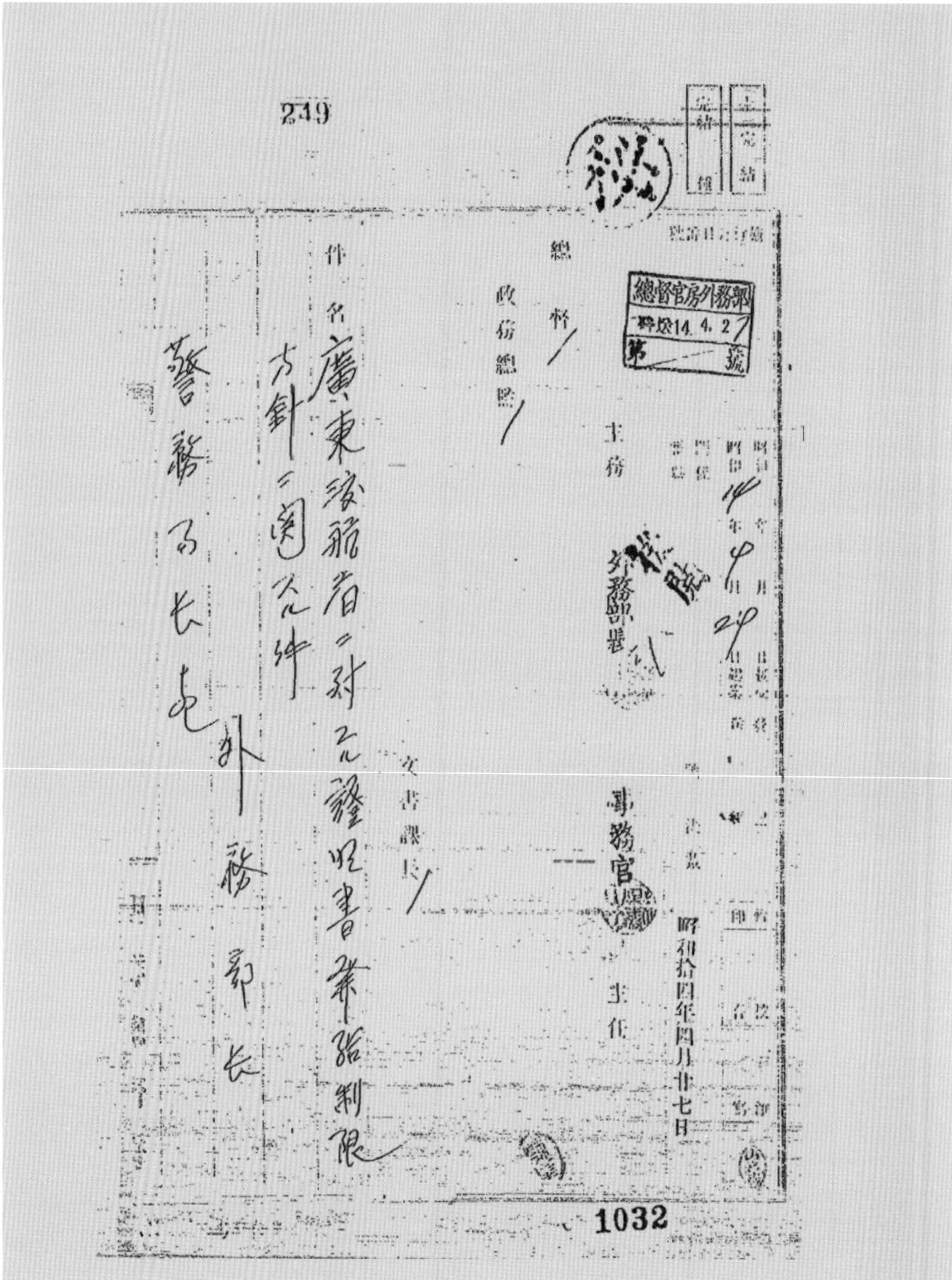
239

總督官房外務部
昭和14. 4. 27
第 號

總幹

政務總監

主務

外務部長

文書課長

事務官

主任

件名 廣東渡航者ニ対スル證明書発給制限方針ニ関スル件

警務局長

外務部長

昭和拾四年四月廿七日

1032

朝鮮総督府

本件ニ関シ拓務省ヨリ別紙写ノ通

申越アリタルニ付右記措置相成度

別紙写添

1033

250

管衛第六六七號

昭和十四年四月十七日

拓務省朝鮮部長 田中武雄

朝鮮總督官房外務部長 松澤龍雄殿

廣東渡航者ニ對スル證明書發給制限方針ニ關スル件

本件ニ關シ今般別紙寫ノ通各地方長官及關東州廳長官宛通牒セル趣外務省ヨリ通報越シタルニ付委細右ニテ御了知ノ上可然御措置相成度

朝鮮總督府 14.4.20 外務部

記帳濟

拓務省

No 873

1034

C1-251

米三機密合第一七六二號

昭和十四年四月十一日

外務省亞米利加局長　吉澤清次郎

廣東渡航者ニ對スル證明書發給制限方針ニ關スル件

廣東向渡航邦人數ハ本年初頭以降漸次增加ノ傾向ニシテ軍關係者ヲ除キ目下在住者四千人以上ニ達シ邦人ノ各種營業ハ軍相手ノ現在ニ於テハ一應飽和狀態ニ達シ來レル一方軍側ニ於テハ現地除隊ヲ許可スル方針ナルヲ以テ現地ニ落着ク者モアルヘク地方新規渡來者中ニハ何等ノ目當モナキ無資力者乃至空家借入等ヲ目當トスル不健全分子モ混入シ居ル爲之レカ整理ノ必要ニ迫ラレ居ル實情ナル趣ヲ以テ今般在廣東岡崎總領事ヨリ同地方面ヘノ新規渡航者就中臺灣人ニ對シテハ今後證明書ノ發給ヲ嚴ニシ制限方針ヲ執ラレ

拓務省

1035

252

タキ旨電請越セルニ付テハ爾今右方針ニ依リ可然御措置相成度此

段申進ス

拓務省

1036

5) 광둥 도항자의 '콜레라' 및 '티푸스' 예방주사 증명서 휴대 방안에 관한 건

廣東渡航者ノ「コレラ」及「チフス」豫防注射證明書携帶方ニ關スル件(1939. 6. 13.)

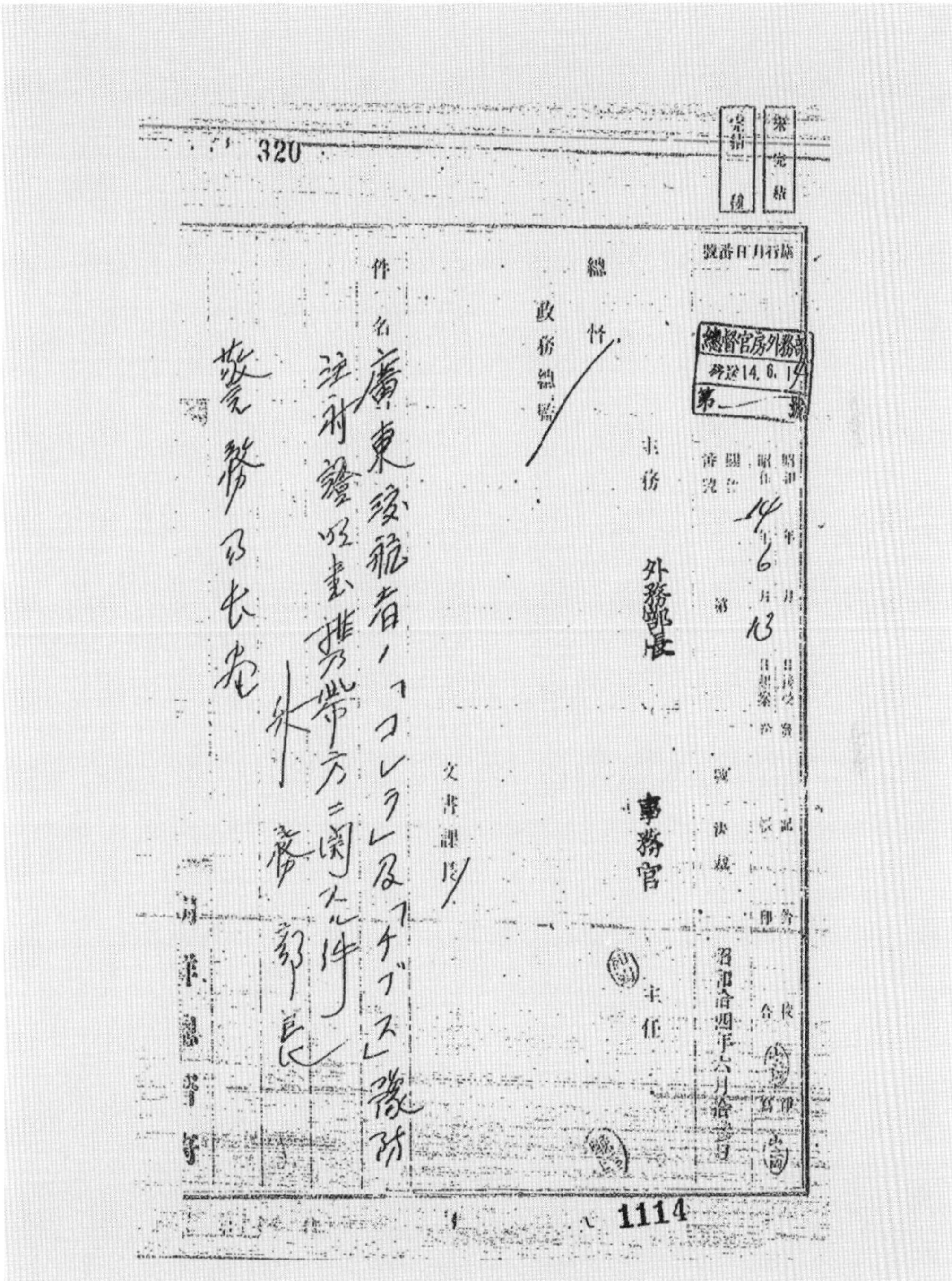
320

總督官房外務部 受14. 6. 14

昭和14年6月13日

總 件 政務總監

主務 外務部長 事務官 主任

件名 廣東渡航者ノ「コレラ」及「チフス」豫防注射證明書携帶方ニ關スル件

警務局長宛 外務部長

文書課長

昭和拾四年六月拾三日

1114

朝鮮總督府

本件ニ関シ招募者ヲ外務省ノ通達中ニアリ急ニ取可然措置相成度

外務省係

0 1115

管警第一〇一八號

昭和十四年六月八日

拓務省朝鮮部長　田中武雄

朝鮮總督官房外務部長　松澤龍雄殿

廣東渡航者ノ「コレラ」及「チブス」豫防注射證明書携帶方ニ關スル件

本件ニ關シ今般別紙寫ノ通内地各地方長官及關東州廳長官宛通牒セル趣外務省ヨリ通報越シタルニ付委細右ニテ御了知ノ上可然御措置相成度

拓務省

總督官房外務部　受付14.6.13　第2296號

1116

322

米三普通合第二七七四號

昭和十四年五月二十九日

外務省亞米利加局長　吉澤清次郎

廣東渡航者ノ「コレラ」及「チブス」豫防注射證明書携帶方ニ關スル件

今般在廣東總領事ヨリ別紙寫ノ通電報越ノ次第アリタルニ付委細右ニテ御了知ノ上廣東ヘノ渡航者ニ對シ二ケ月以内ニ實施セル「チブス」及「コレラ」豫防注射證明書ヲ携帶スル樣周知方可然御取計相成度此段申進ス

拓務省

1117

—323—

五月二十三日

有田外務大臣　　在廣東　岡崎總領事

廣東渡航者ノ「チブス」及「コレラ」豫防注射證明書携帶方ニ關シ關係方面ト打合ノ結果本邦滿洲國及支那等ノ各方面ヨリノ當地渡航者及船員ハ「チブス」及「コレラ」ノ豫防注射ヲ實施シ該證明書ノ携帶ヲ必要トスルコトニ決定セリ（種痘證明書ノ携帶ハ從前通リ必要トス）而シテ右證明書ハ二ケ月以内ニ實施セルモノナルコトヲ要ス

拓務省

1118

6) 광둥 도항자의 단속 방법에 관한 건 廣東渡航者ノ取締方ニ關スル件(1939. 12. 13.)

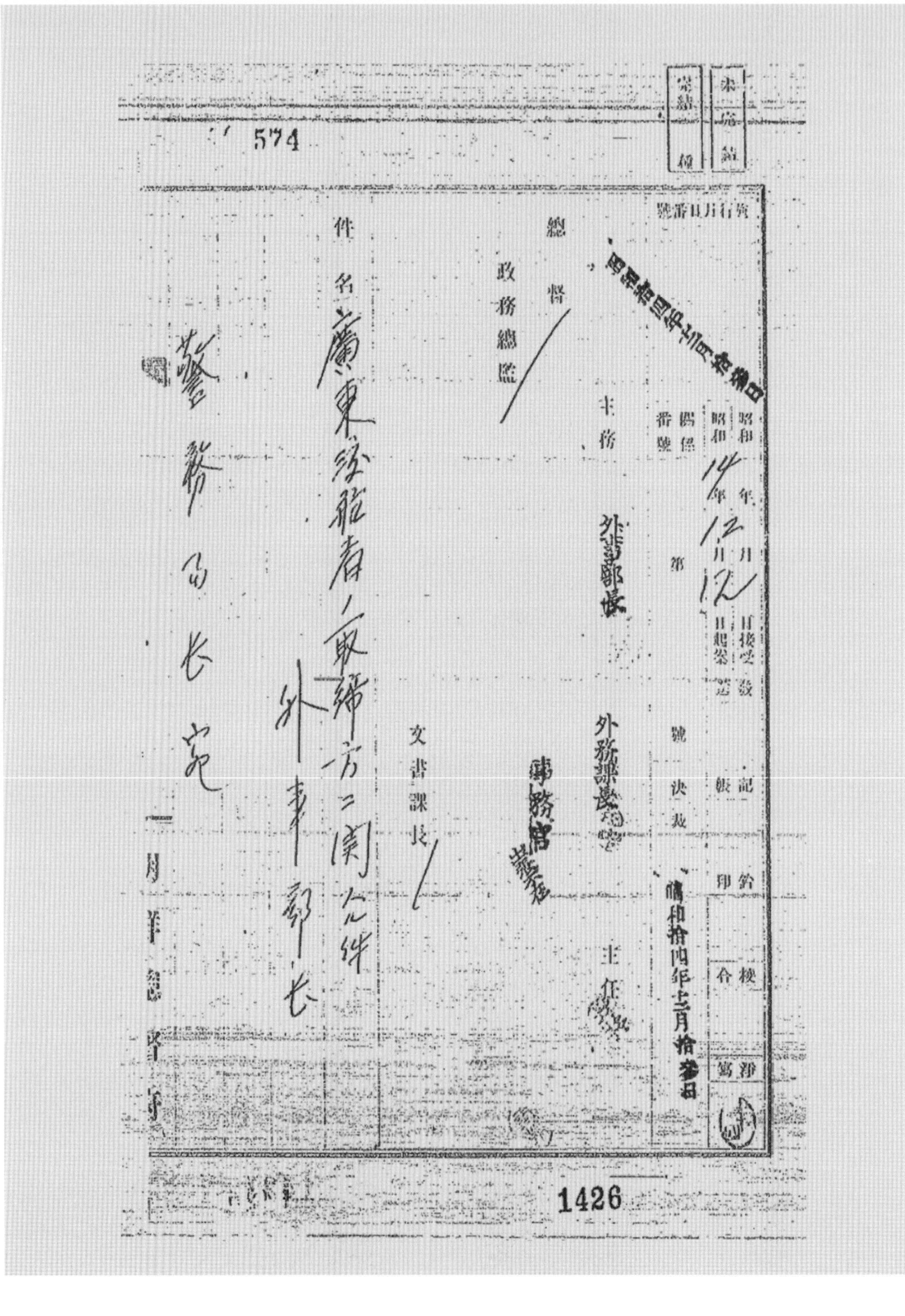
574

昭和十四年十二月十三日

昭和 14 年 12 月 13 日

總督

政務總監

主務 外事部長

外務課長

事務官

文書課長

件名 廣東渡航者ノ取締方ニ関スル件

外事部長

警務局長宛

昭和拾四年十二月拾参日

1426

本件ニ関シ拓務省ヨリ外務省宛

照会アリタルニ付別紙ノ通リ措置方致ス

外務省案ノ件

1427

575

管警第一四三九號

昭和十四年十二月七日

拓務次官 田中武雄

朝鮮總督府政務總監 大野綠一郎殿

廣東渡航者ノ取締方ニ關スル件

本件ニ關シテハ八月十六日附本號ヲ以テ及移牒置キタル處今般外務省ヨリ別紙寫ノ通警視總監、各地方長官及關東州廳長官宛通牒シタル旨申越セルニ付委細右ニテ御了知ノ上可然御措置相成度

拓務省

別紙添附

朝鮮總督府 14.12.11 外

受付

(日本標準規格 B.5) (青山紙)

No 428

1428

576

米三機密合第五五五五號

昭和十四年十一月二十五日

外務省亜米利加局長　吉澤清次郎

廣東渡航者ノ取締方ニ關スル件

本件ニ關シテハ八月三日附米三機密合第二九一六號往信ヲ以テ申進置ノ次第有之タル處今般在廣東喜多總領事ヨリノ來電ニ依レハ同地在留邦人中ノ不良分子ニ對シ本年十月末現在過去一ケ年間ニ同館ニテ處分シタル者在留禁止二人、諭示退去五人、保護送還五人、別ニ判決確定三人、即決處分一十九人、取調中四十人計八十四人又憲兵隊ニ於テ取扱ノ者諭示退去十人、取調中七人計十七人合計百一人ニ達シ居留民ノ統制上ハ勿論宣撫工作上面白カラサルノミナラス他面同

拓務省

(日本標準規格 B5)　(拓務省)

1429

577

御在留民ハ十一月一日現在ニ於テ内鮮人合計八千二百人ヲ超過スルニ至リ（當埔ヘ佛山等ヲ含マス）事業家屋等ノ關係ヨリ見ルモ大体飽和状態ニ達セリト認メラルル點アリ以テ此上ノ新規渡航者ニ對シテハ左記趣旨ニ依リ取扱フ様致度旨軍側ト協議済ノ上當總領事ヨリ申越アリタルニ付右御了知ノ上今後ハ本趣旨ニ依リ可然御取計相成度此段申進ス

記

一、新規渡航者ハ諸會社工場等ノ職員ニシテ赴任スル者又ハ新ニ[illegible]許確ニシテ相當ノ資産ヲ有スル者ニ限リ所轄警察署長ノ裁量ニ依リ身分證明書ヲ發給シ可然モ其他ノ者ハ原則トシテ渡航ヲ許可セサルコト

二、在留邦人ノ使用人又ハ家族ノ呼寄ニ付テハ在廣東帝國總領事館ニ於テ地域ノ治安及呼寄人ノ状態等ニ鑑ミ差支ナシト認ムル者ニ對シテハ呼寄證明書ヲ發給スヘキニ付右證明書ヲ有スル者ニ限リ所

拓務省

（日本標準規格 B5）

1430

578

館警察署長ニ於テ身分證明書ヲ發給スルコト

二、視察旅行者ニ對スル取扱振ハ從前通タルコト

以上

拓務省

(日本標準規格 B5) (吉田紙)

1431

8. 홍콩(香港), 샤먼(廈門), 산터우(汕頭), 베이하이(北海) 지역

1) 부녀자에 대한 홍콩행 여권 발급 방안의 건

婦女子ニ對シ香港行旅券發給方ノ件(1938. 4. 20.)

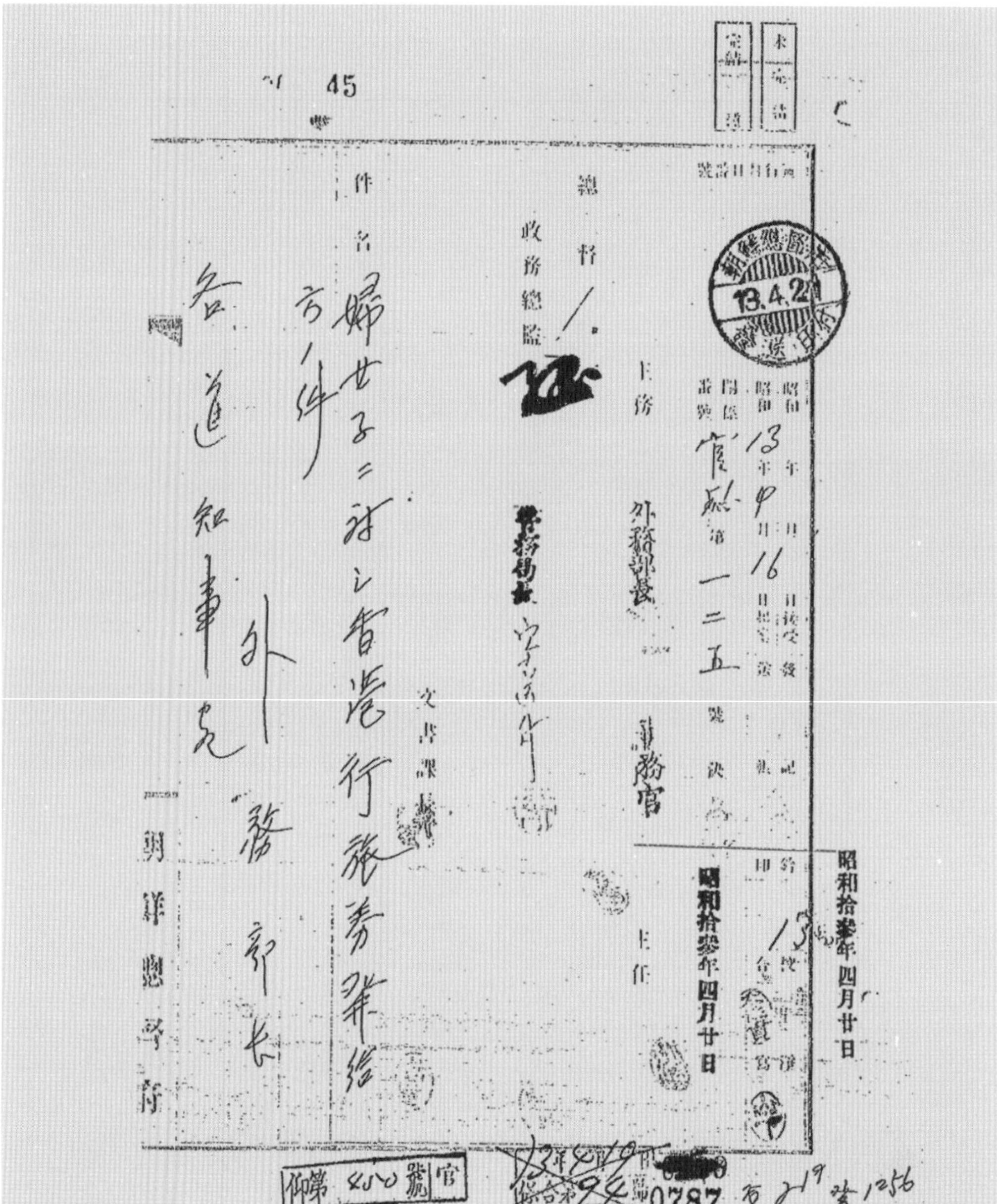
45

昭和拾參年四月廿日

13.4.21

昭和13年4月16日

官秘第一二五號

總督

政務總監

外務部長

事務官

主任

文書課長

昭和拾參年四月廿日

件名 婦女子ニ對シ香港行旅券發給方ノ件

各道知事宛

外務部長

朝鮮總督府

0787

首題ノ件ニ關シ今般外務省ヨリ
各地方庁宛別紙写ノ通通牒
ニ及ヒ候旨拓務省ヨリ移牒アリ候ニ
付委細右ニテ御了知ノ上旅券
事務御取扱相成度

朝鮮總督府

0、0788

nr 46

管管第一六五號

昭和十三年四月十三日

拓務省朝鮮部長 萩原彦三

朝鮮總督官房外務部長 松澤龍雄殿

婦女子ニ對シ香港行旅券發給方ノ件

本件ニ關シ今般外務省ヨリ別紙ノ通各地方長官宛通牒セル趣通知アリタルニ付移報ス

拓務省

0789

47

米三機密合第一六〇四號

昭和十三年四月九日

外務省亜米利加局長　吉澤清次郎

婦女子ニ對シ香港行旅券發給方ノ件

香港居留民ハ事變發生以來長期ニ亘リ避難集結シ居リタル處營業及生活上多大ノ不便アルニ鑑ミ去ル三月十七日以來一時集結ヲ解除スルコトトセリ而シテ右ハ直接邦人ノ生命ヲ脅カス危險ナキモ支那人ノ排日感情ハ緩和セル次第ニアラス萬一ノ場合ハ何時ニテモ直チニ再ヒ集結シ得ル樣避難所ハ其ノ儘存置シ居レリ從テ引揚家族ノ香港復歸ハ前述ノ不安狀態ニ加フルニ同地ニ於ケル物價高及家屋拂底等ノ實狀ニ鑑ミ時期尚早ト認メラルルニ就テハ追テ何分ノ儀申進スル迄ノ間婦人、子供ノ香港行旅券下付出願ニ對シ

0790

外務省

テハ本年三月以後在香港帝國總領事館ノ發給セル呼寄又ハ再渡航證明書ヲ有セサル限リ旅券發給ヲ見合ハス様御取計相成度此段申進ス

本信送付先　警視總監、北海道廳長官、各府縣知事
關東州廳長官

(日本標準規格B4)

2) 홍콩 도항자에 대한 여권 발급 제한의 건

香港渡航者ニ對スル旅劵發給制限ノ件(1938. 6. 11.)

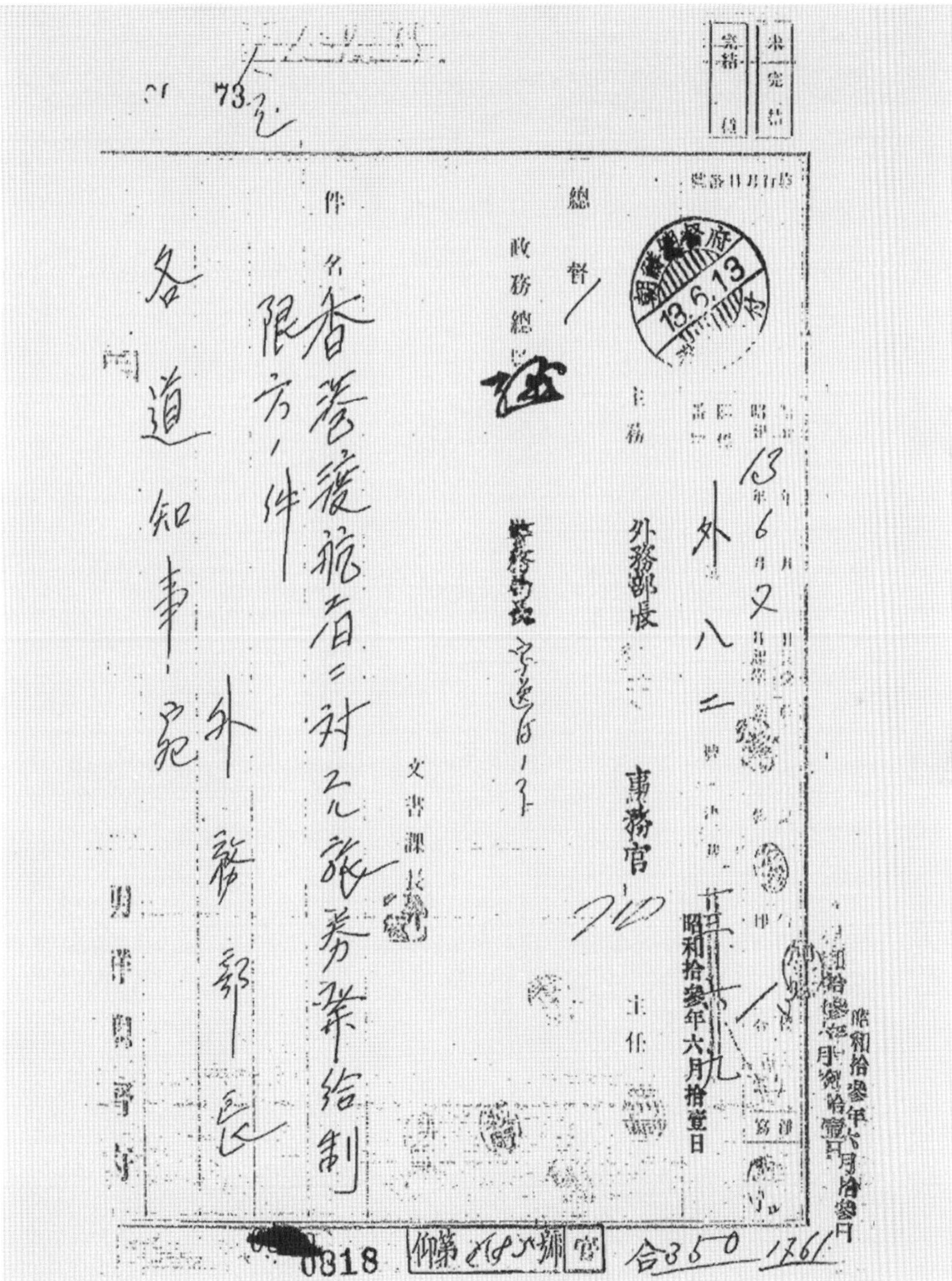

總督

政務總監

件名 香港渡航者ニ対スル旅券発給制限ノ件

各道知事宛 外務部長

外務部長

事務官

外八二

昭和拾參年六月拾壹日

0818

合350 1761

首題ノ件ニ関シ今般外務省ヨリ
各地方庁ニ宛別紙写ノ通通牒セ
ル旨拓務省ヨリ移報アリタルニ付委
細右ニテ御了知ノ上旅券事務御取
扱相成度

別紙亜米利加局長公信及
香港総領事公信写添付

0819

75

官管秘第六八三號

昭和十三年六月三日

拓務省朝鮮部長 萩原彦三

朝鮮総督府外務部長 [illegible]太郎 殿

香港渡航者ニ對スル旅券發給制限方ノ件

本件ニ關シテハ四月十三日附貴官第一六五號ヲ以テ申進置キタル處今般更ニ外務省ヨリ満洲國ノ地内各地方長官宛通牒セル趣通知シ來タルニ付貴府ニ於テモ可然御取計相成度

拓務省

（日本標準規格 B5）

要旨

一、香港行婦女子ハ領事館ノ呼寄證明書ナキモノニハ旅券ヲ下付セサルヤウセラルヘシ

一、男子ハ落付先明確ナル者及確実ナル就職先ヲ有スルカ又ハ相当ノ資金ヲ有スルカ確実ナル者ノ外旅券下付セラルヘシ

74

朝鮮總督府 13.6.6 外務

受付 13.6.6 第 號

0820

76

米三機密合第二四九二號

昭和十三年五月二十六日

外務省亜米利加局長　吉澤清次郎

香港渡航者ニ對スル旅券發給制限方ノ件

本件ニ關シ四月九日附米三機密合第一六〇四號ヲ以テ申進置タル處今般在香港中村總領事ヨリ別紙寫ノ通リ申越ノ次第有之タルニ付委細右ニテ御了知ノ上可然御取計相成樣致度此段申進ス

本信送付先　警視總監、北海道廳長官、各府縣知事
關東州廳長官

0821

昭和十三年五月四日

在香港總領事 中村豐一

外務大臣 廣田弘毅殿

香港渡航者ニ對スル旅券發給制限方ノ件

既電ノ通リ當地在留邦人ハ三月末ヲ以テ一時集結ヲ解キタルカ其ノ結果再渡航希望者續出セルヲ以テ不取敢婦女子ニ對シテハ當館發給ノ呼寄證明書無キモノニハ旅券ノ發給見合方御取計相願居ル處當地ハ未タ常態ニ復セル次第ニアラス寧ロ支那人內部ノ反日感情ハ慢性的乍ラ強化シ居ル有樣ニテ將來再ヒ集結ヲ要スル事情發生スルヤモ計リ難ク避難場所ノ收容力ハ現住邦人ヲ以テ手一杯ナル上救護費ノ支出モ三月末ニテ打切リ此ノ上ノ支出ハ困難ナル事情アリ然ルニ最近就職ノ目當モ無ク無資力ノ儘漫然復歸又ハ渡來セル邦人男子四五名アリタル處此ノ種邦人ノ増加ハ事態惡化ノ場合日本人會ノ負擔ヲ

0.0822

下 78

加重スル虞レアルニ付今後ハ男子ニテモ落付先明確ナルコト及確實ナル就職先ヲ有スルカ又ハ相當資金アルコトヲ御確メノ上旅券御發給相成樣致度此段申進ス

拓務省

0823

3) 샤먼 방면 도항자 통제 방안에 관한 건

廈門方面渡航者ノ統制方ニ關スル件(1938. 6. 7.)

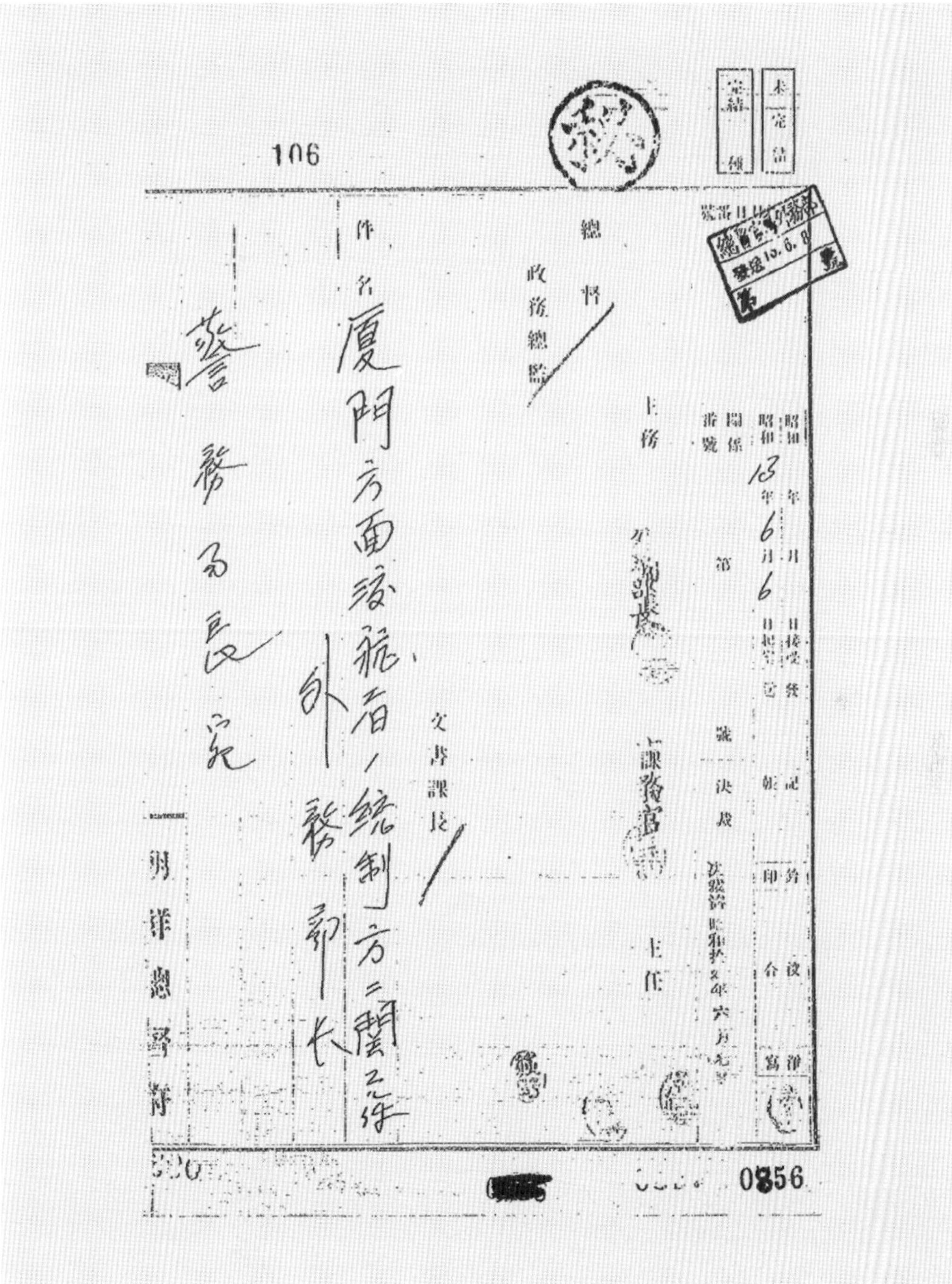

106

總督

政務總監

件名 廈門方面渡航者ノ統制方ニ關スル件

警務局長宛

外務部長

文書課長

主務 外務部長

課長

事務官

主任

昭和13年6月6日

決裁

朝鮮總督府

0856

朝鮮總督府

首題ノ件ニ関シ拓務省朝鮮部長ヨリ別紙写ノ通申越ニ付何分御手配相煩度

別紙写添付

0857

供覧 主任 事務官 外務部長

管警秘第七〇七號

昭和十三年六月三日

拓務省朝鮮部長 萩原彦三

朝鮮總督官房外務部長 松澤龍雄殿

廈門方面渡航者ノ統制方ニ關スル件

本件ニ關シ今般外務省ヨリ別紙寫ノ通内地各地方長官宛通牒アリタルニ付貴府ニ於テモ可然御配慮相成度

拓務省

昭和拾參年六月拾參日

昭和拾參年六月拾四日 官秘第一六二號

總督官房外務部 受付13.6.14 第 號

仰第668號 官

外 339 0853

米三機密合第二六〇八號

昭和十三年六月一日

外務省亜米利加局長　吉澤清次郎

廈門方面渡航者ノ統制方ニ關スル件

廈門ハ旣ニ海軍ニ於テ完全ニ占據シ次テ帝國總領事館再開セラレタルカ未タ引揚民ノ復歸ヲ無條件ニテ許スニ到ラサル實情ニアル處今般在廈門內田總領事ヨリ別紙寫ノ通リ申越ノ次第アリタルニ付委細右ニテ御了知ノ上追テ何分ノ儀申進スル迄當分ノ間同總領事又ハ海軍側ノ了解アル者ノ外ハ廈門ニ渡航セシメサル樣可然御取計相成度此段申進ス

本信送付先　警視總監、各地方長官、關東州廳長官

本信寫送付先　拓務次官、內務省警保局長

拓務省

105

五月三十一日

宇垣外務大臣　在厦門内田總領事

當方面ノ治安維持ニ關シテハ厦門島側ハ海軍ニ於テ不良分子ノ掃蕩ニ努メ當館ハ工部局ト聯絡鼓浪嶼側ノ治安肅正方手配中ナル處内台人ハ陸戰隊又ハ當館ニ收容共同生活ノ狀態ニシテ未タ分散宿泊ノ時期ニ達セサルニ付當分ノ間ハ當館又ハ海軍ノ任務遂行上必要ナル者以外ハ當地渡來ヲ許ササル方針ナリ就テハ追テ何分ノ儀申出ツル迄當館又ハ海軍側ノ了解アル者以外ノ當地渡航ハ差止メタルル樣御手配アリ度シ

拓務省

(日本標準規格 B5)

0855

4) 샤먼 방면 도항자 통제 방안에 관한 건

廈門方面渡航者ノ統制方ニ關スル件(1938. 6. 18.)

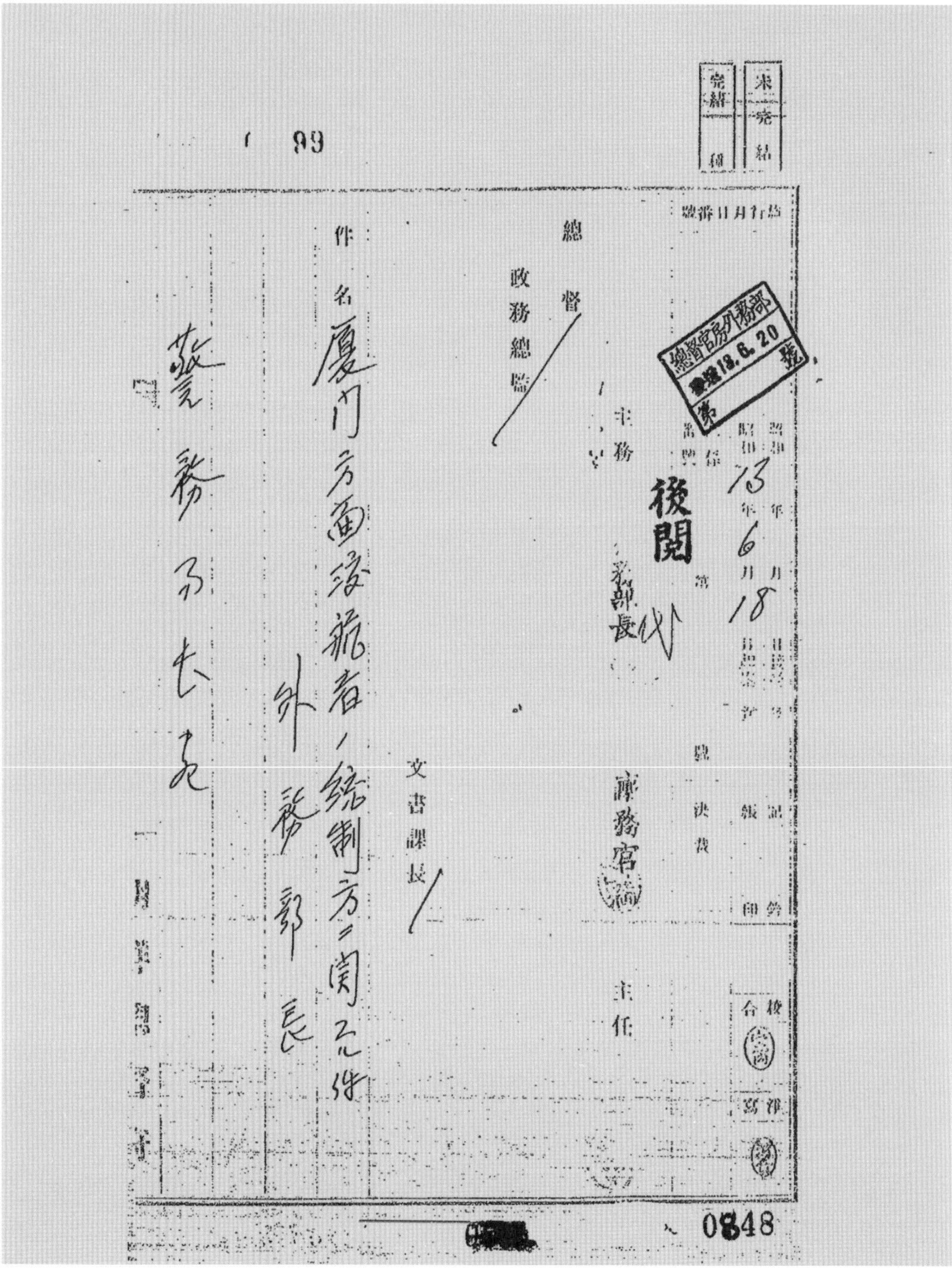

89

總督

政務總監

作名 廈門方面渡航者ノ統制方ニ関スル件

外務部長

警務局長宛

文書課長

主務 後閲 外務部長代

事務官

主任

昭和13年6月18日

0848

首題ノ件ニ関シ拓務省ヨリ移牒
写ノ通通報アリ候ニ付右承知取

許可案

訓示写添付

朝鮮總督府

(固定規格 B 5)

0849

100

秘

管警秘第七〇七號

昭和十三年六月十四日

拓務省朝鮮部長 森原彦三

朝鮮總督府外務部長 松澤龍雄殿

厦門方面渡航者ノ統制方ニ關スル件

本件ニ關シテハ六月三日附管警秘第七〇七號ヲ以テ申進置キタル處今般更ニ外務省ヨリ別紙寫ノ通內地各地方廳宛通牒アリタルニ付可然御配慮相成度

拓務省

(日本標準規格 B5)

0850

101

機密

寫

米三機密合第二七六〇號

昭和十三年六月九日

外務省亞米利加局長　吉澤清次郎

宛先ハ末尾記載ノ通リ

廈門方面渡航者ノ統制方ニ關スル件

本件ニ關シ本月一日附米三機密合第二六〇八號ヲ以テ申進置タル處其後廈門ノ整理モ進行シタルヲ以テ本月十日以降一定ノ順序ヲ以テ全居留民ノ復歸及新渡來ヲ許スコトトナリタルカ同島ハ目下大陸トノ交通ハ斷絶シ上海、香港方面ノ交通ハ不充分ニシテ獨リ臺灣トノ間ニ交通アルニ過キサル狀態ナルヲ以テ渡來者ニ取リ到底大ナル經濟的發展ノ見込無之趣在廈門內田總領事ヨリ來電アリタルニ付右樣御了知相成度此段申進ス

戌

外務省

0851

108

2

本信送付先　警視總監、各地方長官、關東州廳長官

本信寫送付先　拓務次官、內務省警保局長

外務省

0352

5) 조선인 특수 부녀의 샤먼 도항 단속의 건

朝鮮人特殊婦女ノ廈門渡航取締ノ件(1938. 7. 26.)

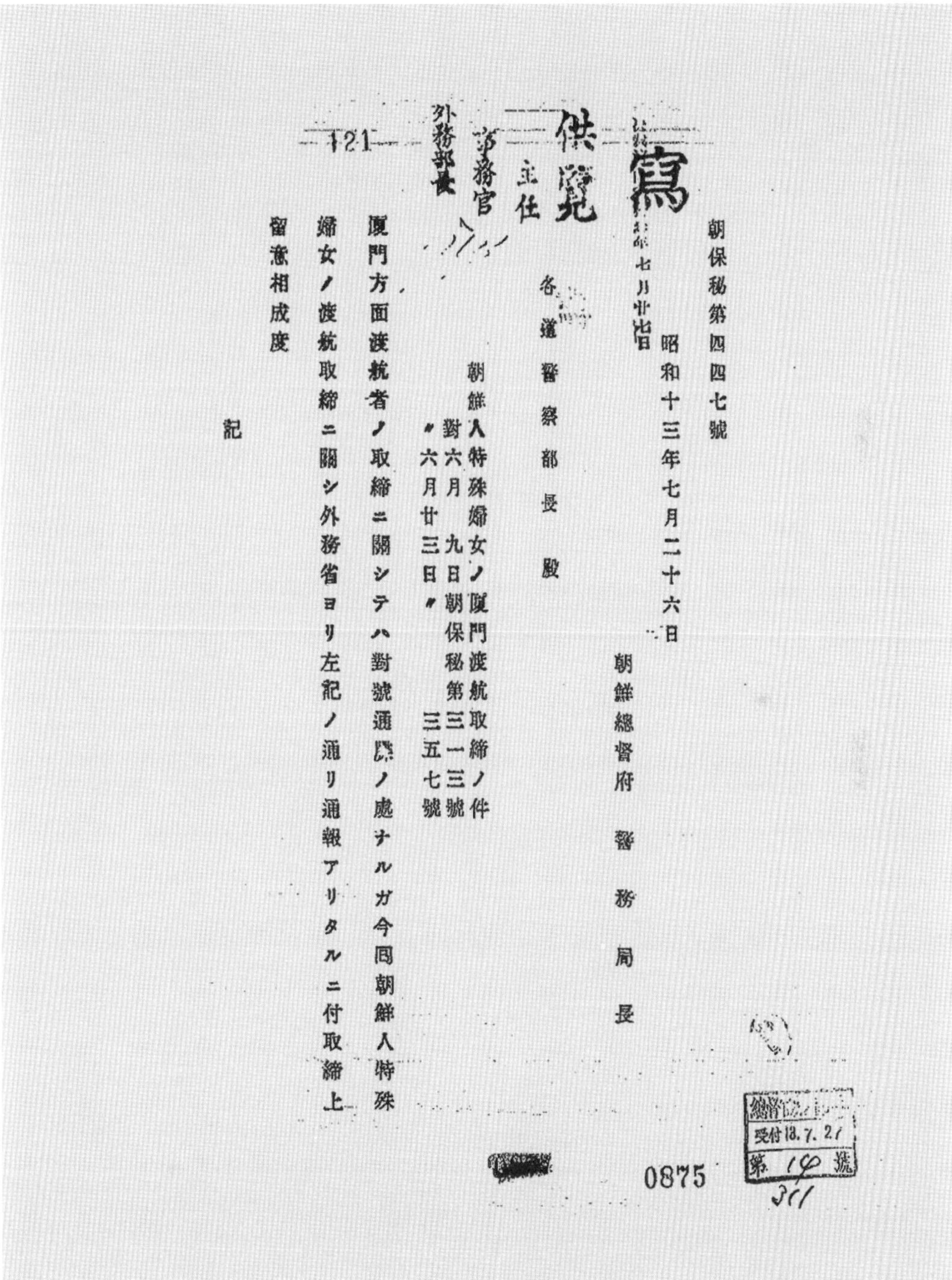

寫

供覽　主任　事務官　外務部長

朝保秘第四四七號

昭和十三年七月二十六日

朝鮮總督府警務局長

各道警察部長殿

朝鮮人特殊婦女ノ廈門渡航取締ノ件

對六月九日朝保秘第三一三號

〃六月廿三日〃三五七號

廈門方面渡航者ノ取締ニ關シテハ對號通牒ノ處ナルガ今回朝鮮人特殊婦女ノ渡航取締ニ關シ外務省ヨリ左記ノ通リ通報アリタルニ付取締上留意相成度

記

受付13. 7. 27　第14號

0875

最近朝鮮人特殊婦女ノ厦門ニ渡航スル者尠カラザル趣ノ處同地ノ現情ハ當分朝鮮人ニ對シ此ノ種營業ヲ許可スル餘地ナク且又朝鮮人中ニハ幾多ノ不逞分子アルコトハ昭和七年ノ上海ニ於ケル白川大將、重光公使ノ遭難實例ニ徴スルモ否定シ難キ事實ニシテ相當警戒ヲ要スルノミナラズ特殊婦女ノ渡來ハ男性ガ之ニ後續シテ來集スル因ヲ爲ス惧モアルニ付同地ニ於テハ朝鮮人ノ入厦ニ對シテハ此際嚴重取締ノ方針ナル趣今般在厦門內田總領事ヨリ來電ノ次第アリタルニ付右樣御了知相成度御參考迄此段申進ス

6) 산터우 도항에 관한 건 汕頭渡航ニ關スル件(1939. 7. 20.)

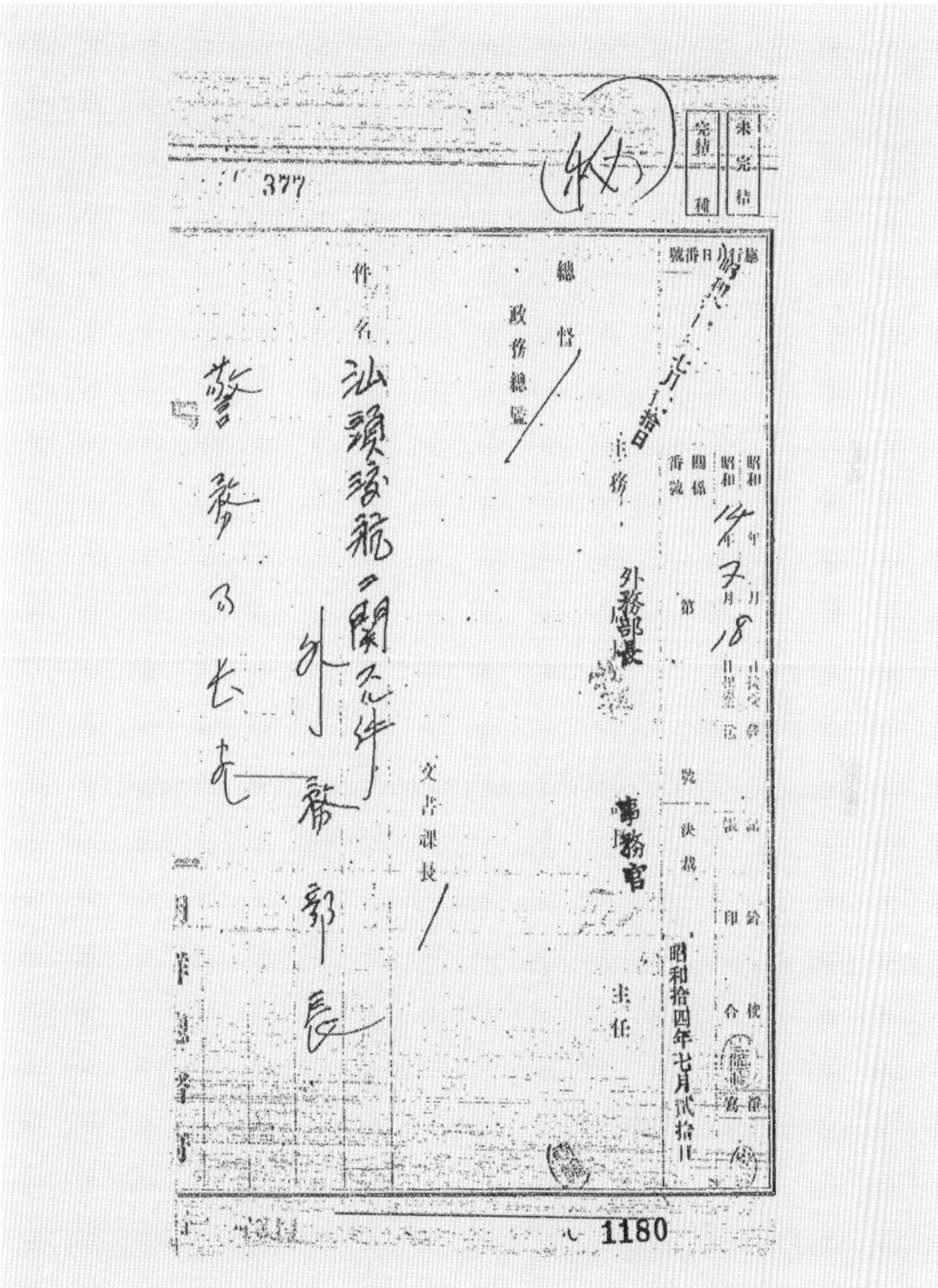
377

未完結 完結 種

總督

政務總監

件名 汕頭渡航ニ關スル件

主務 外務部長 事務官 主任

文書課長

警務局長 外務部長

昭和14年7月18日

昭和拾四年七月貳拾日

1180

本件ニ関シ拓務省ヨリ別紙写ノ通
申越アルニ付可然御措置方煩度

別紙写添付

1181

378

秘

供覧

外務部長

事務官

主任

管警第一二四二號

昭和十四年七月十三日

拓務次官 田中武雄

朝鮮總督府政務總監 大野綠一郎殿

汕頭渡航ニ關スル件

本件ニ關シ今般別紙寫ノ通内地各地方廳及關東州廳宛通牒セル趣外務省ヨリ通報越シタルニ付委細右ニテ御了知ノ上可然御措置相成度

拓務省

別紙添附

總督官房外務部
受付14.7.18
第 /531號

1182

379

米三機密合第三四〇七號

昭和十四年七月五日

外務省亞米利加局長　吉澤清次郎

汕頭渡航ニ關スル件

汕頭ニ於テハ現地機關ノ方針トシテ目下ノ處特ニ現地ヨリ呼寄セル場合ヲ除クノ外未タ一般ニハ同地上陸ヲ許可セサル趣ナルニ付右樣御了知相成度此段申進ス

拓務省

1183

7) 산터우 도항에 관한 건 汕頭渡航ニ關スル件(1939. 8. 14.)

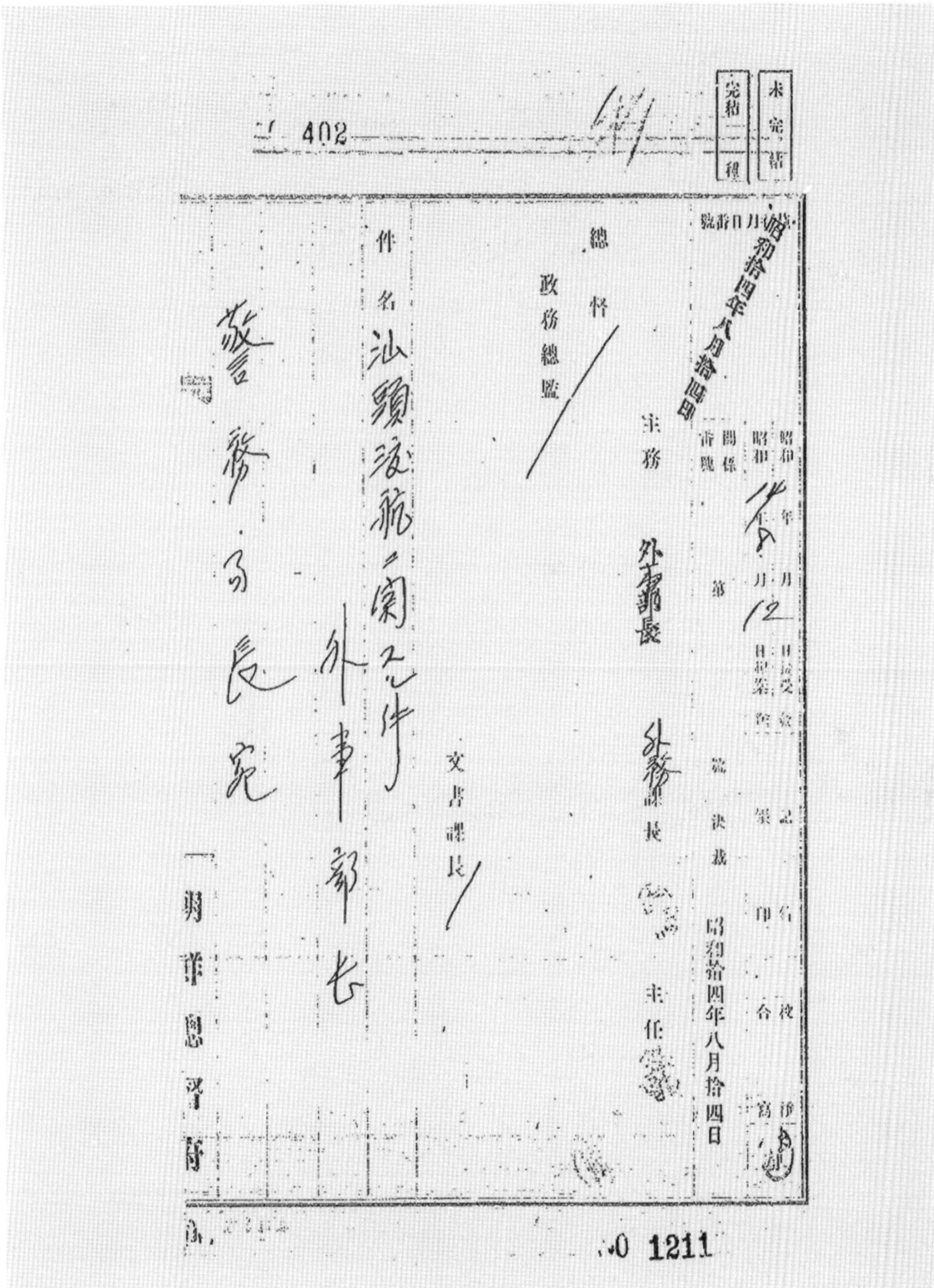
未完結
完結 二種
402
昭和拾四年八月拾四日
昭和14年8月12日
主務 外事部長 外務課長 主任
決裁 昭和拾四年八月拾四日
總督
政務總監
文書課長
件名 汕頭渡航ニ関スル件
外事部長
警務局長宛
朝鮮總督府
1211

本件ニ関シ拓務省ヨリ別紙ノ通
通牒アリタルニ付可然御措置相成度

1212

403

極秘

管警第一二四二號

昭和十四年八月八日

拓務次官　田中武雄

朝鮮總督府政務總監　大野緑一郎殿

油頭渡航ニ關スル件

本件ニ關シテハ七月十三日附本號ヲ以テ申進置キタル處今般別紙寫ノ通內地各地方長官及關東州廳長官宛通牒セル趣外務省ヨリ通報越シタルニ付委細右ニテ御了知ノ上可然御措置相成度

別紙添附

總督官房外務部　受付14. 8. 11　第3 35 號

拓務省

1213

4015

機密

官

米三機密合第三七八三號

昭和十四年七月二十七日

外務省亜米利加局長　吉澤清次郎

宛先ハ末尾記載ノ通

汕頭渡航ニ關スル件

本件ニ關シテハ本月五日附米三機密合第三四〇七號往信ヲ以テ申進置タル處今般汕頭出張中ノ松平領事ヨリノ來電ニ依レハ同地舊在留民ハ七月末ヨリ之ヲ復歸セシムルコトトシ復歸有資格者ノ住所、氏名ハ夫々同領事ヨリ關係各官廳ニ通知濟ノ趣ニ有之尚新規渡航者ニ對シテハ未タ上陸ヲ許可セサル由ナルニ付右ニ御了知相成度此段申進ス

（特ニ現地ヨリノ呼寄以外上陸ヲ許可セス）

外務省

戊

1214

2 —405

本信送付先　警視総監、各地方長官、關東州廳長官

本信寫送付先　拓務次官、興亞院總務長官、內務省警保局長

外務省

戊

0 1215

8) 베이하이 도항 제한의 건 北海渡航制限ノ件(1939. 12. 11.)

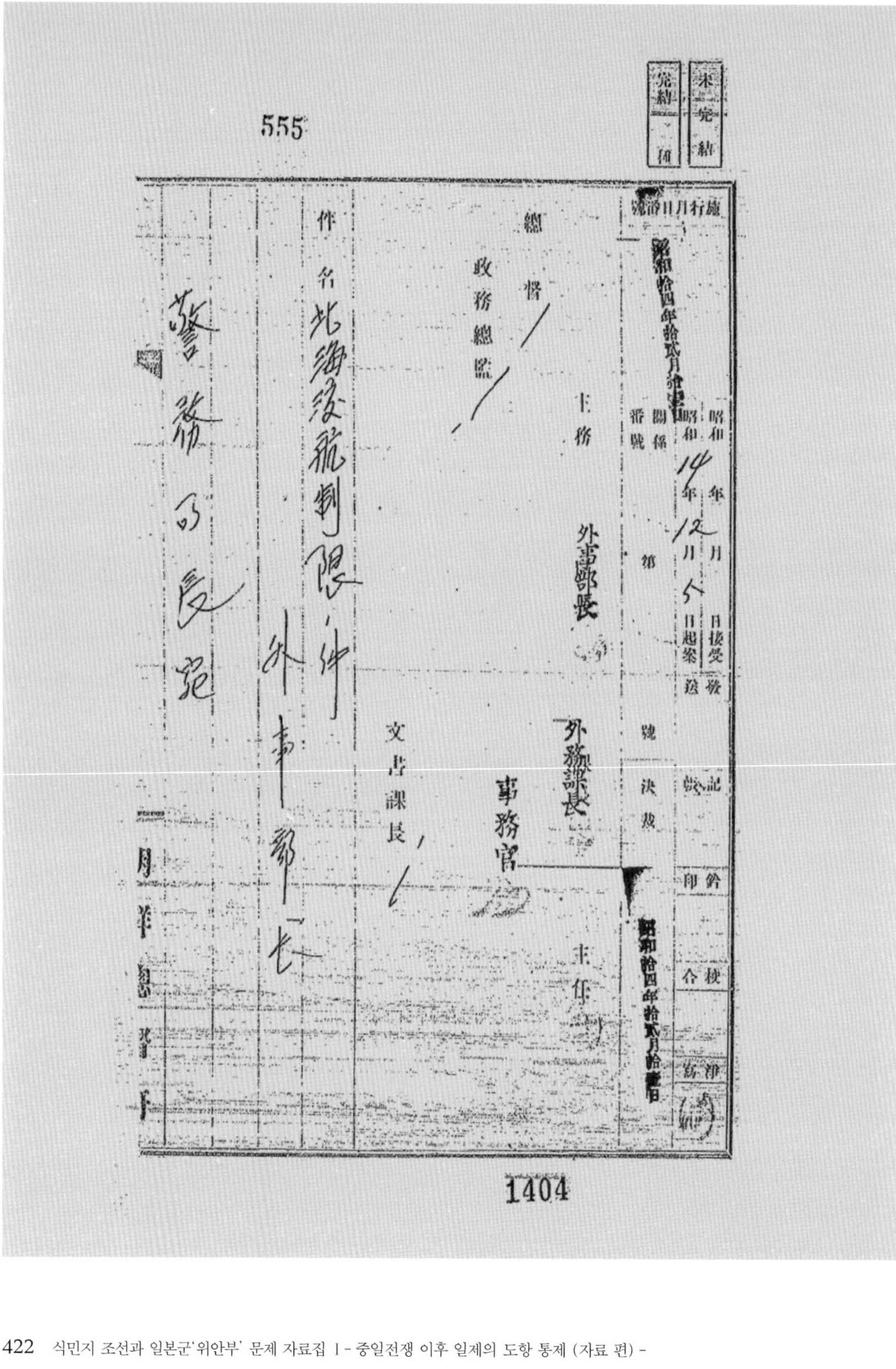

555

完結

未完結

施行月日

昭和拾四年拾貳月

昭和14年12月8日起案

總督

政務總監

主務 外事部長

外務課長

事務官

文書課長

件名 北海渡航制限ノ件

外事部長

警務局長宛

1404

本件ニ関シ拓務省ヨリ別紙写ノ通申

越シタルニ付可然御措置相成度

別紙写添付

1405

556

管警第二〇一二號

昭和十四年十二月一日

拓務次官　田中武雄

朝鮮總督府政務總監　大野緑一郎殿

北海渡航制限ノ件

本件ニ關シ今般外務省ヨリ別紙寫ノ通警視總監、各地方長官及關東州廳長官宛通牒シタル旨申越セルニ付委細右ニテ御了知ノ上可然御措置相成度

別紙添附

拓務省

外務課 14.12.5 受

朝鮮總督府 14.12.4

(日本標準規格 B5)

No 229 1406

米三機密合第万八八九號

昭和十四年十一月二十一日

外務省亜米利加局長 吉澤清次郎

北海渡航制限ノ件

皇軍ハ十一月十五日北海ニ上陸セル處軍側ニ於テハ同地方ノ開發等ハ之ヲ行ハサル方針ノ趣ヲ以テ本邦人ノ同地渡航ハ原則トシテ禁止シタキ旨軍側ヨリ申越アリタル趣在廣東喜多總領事ヨリ來電アリタルニ付右御了知ノ上可然御取計相成度此段申進ス

拓務省

1407

9. 하이난섬(海南島)

1) 하이난섬 도항에 관한 건 海南島渡航ノ關スル件(1939. 4. 18.)

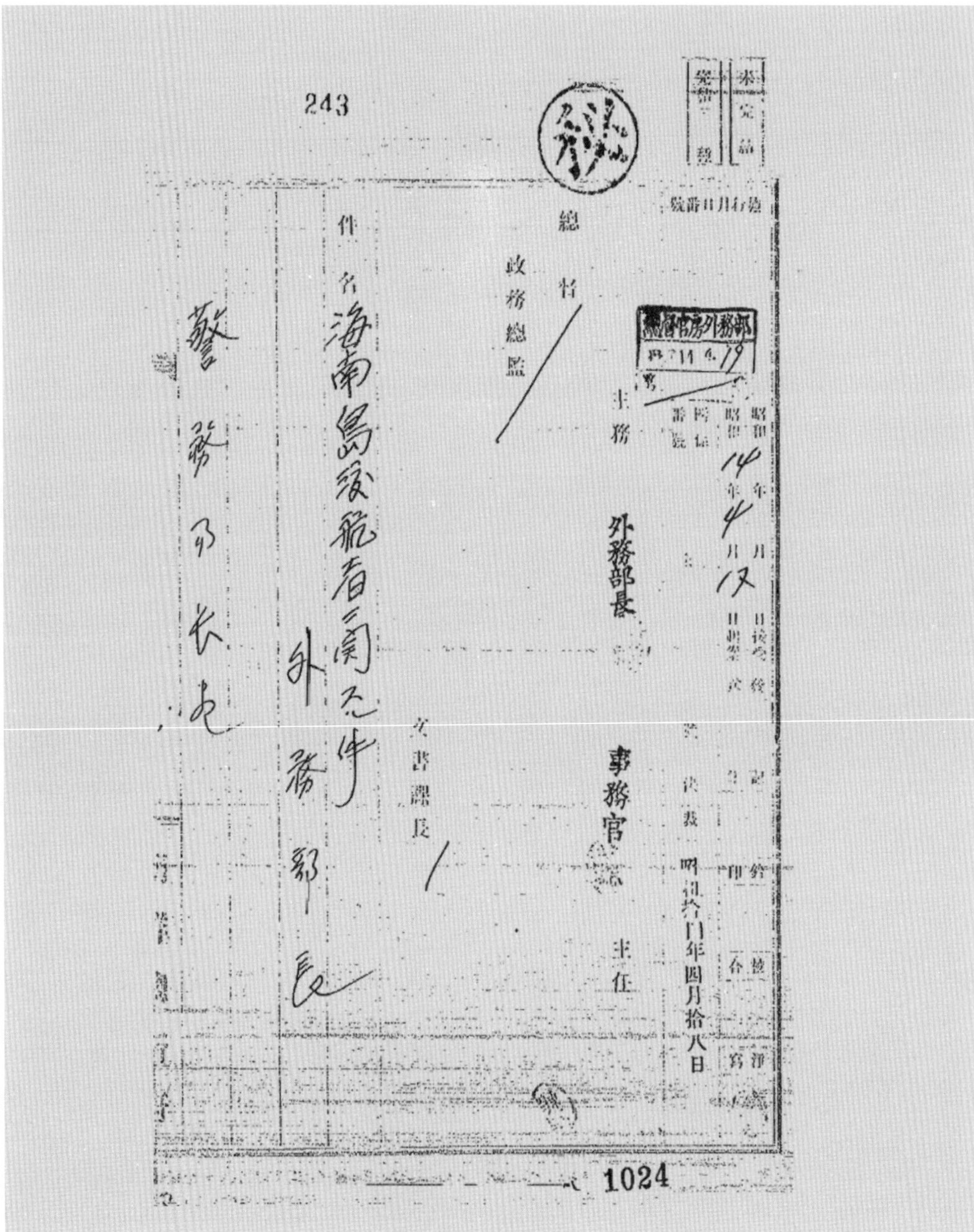
243

總督

政務總監

主務 外務部長

事務官

主任

昭和十四年四月拾八日

件名 海南島渡航者ニ關スル件

外務部長

文書課長

警務局長宛

1024

本件ニ関シ今般拓務省ヨリ別紙ノ通

申越ノ趣ニ付可然御措置相成度

別紙写添付

1025

秘

供覧

主任

事務官

外務部長

239

管督第六一九號

昭和十四年四月十二日

拓務省朝鮮部長 萩原彦三

朝鮮総督官房外務部長 松澤龍雄殿

海南島渡航ニ關スル件

本件ニ關シ今般別紙寫ノ通各地方長官及關東州廳長官宛通牒シタル

外務省ヨリ申越シタルニ付可然御措置相成度

要旨 海南島ヘ渡航者ハ広東総領事ノ證明書ヲ要ス

昭和拾四年四月廿四日

拓務省

1020

240

米三機密合第一六二一號

昭和十四年四月五日

外務省亜米利加局長　吉澤清次郎

宛先ハ末尾記載ノ通リ

海南島渡航ニ關スル件

本件ニ關シ今般在廣東岡崎總領事ヨリ別紙寫ノ通申越シタルニ付委細右ニテ御了知相成度此段申進ス

本信送付先　警視總監、各地方長官、關東州廳長官

本信寫送付先　興亜院總務長官、陸海軍兩次官

拓務省

1021

241

昭和十四年三月十四日

在廣東
總領事 岡崎勝男

外務大臣 有田八郎殿

海南島渡航ニ關スル件

海南島ノ占領ハ咄嗟ニ行ハレタルニ付支那住民ハ殆ント逃避セス海口市ノ如キハ目下依然トシテ居住營業シアリテ空屋皆無ノ状態ナリ勞々邦人カ無制限ニ同地方ニ進出セントスレハ直ニ家屋ノ問題ニ困難ヲ生スルノミナラス元來人口及經濟力共ニ僅少ナル該地方ニテ支那人トノ間ニ競爭モ生シ宣撫工作上種々面白カラサル問題ヲ惹起スヘキハ頗ル明瞭ナリ

是ニ於テ海口三省連絡會議ニ於テハ目下邦人ノ進出ハ廣東ト同島トノ間ヲ往復スル軍用船ニ依ルノミニテ一般交通運輸機關整備セサル

拓務省

1022

242

際ニモアリ差當リ之カ進出ヲ必要ノ限度ニ止ムルコト特ニ利權漁リ等ヲ目的トシ海南島ニ於ケル邦人ノ堅實ナル發展ヲ阻害スルカ如キ惧アル邦人ノ渡來ハ嚴ニ之ヲ禁止スルコトトシ之カ爲海南島渡航希望者（軍人又ハ軍關係ノ者ヲ除ク）ニシテ當館ノ證明ヲ携帶セサルモノハ軍用船ニ便乘セシメサル樣希望アリタリ

依テ當地三省連絡會議ニテ協議ノ結果右要望ニ副ヒ當館ヨリ證明書ヲ發給スルコト並將來臺灣等ヨリ海南島宛直航船運行セラルル際ハ改メテ對策ヲ考究スルコトトナレリ

就テハ本邦臺灣方面ニ於テハ渡航希望者相當アルヤノ趣ニ付右趣旨周知方可然御取計相成度此段報告旁申進ス

拓務省

1023

2) 하이난섬 도항자의 '페스트' 및 '콜레라' 예방주사 증명서 휴대에 관한 건

海南島渡航者ノ「ペスト」及「コレラ」豫防注射證明書携帯ニ關スル件(1939. 5. 2.)

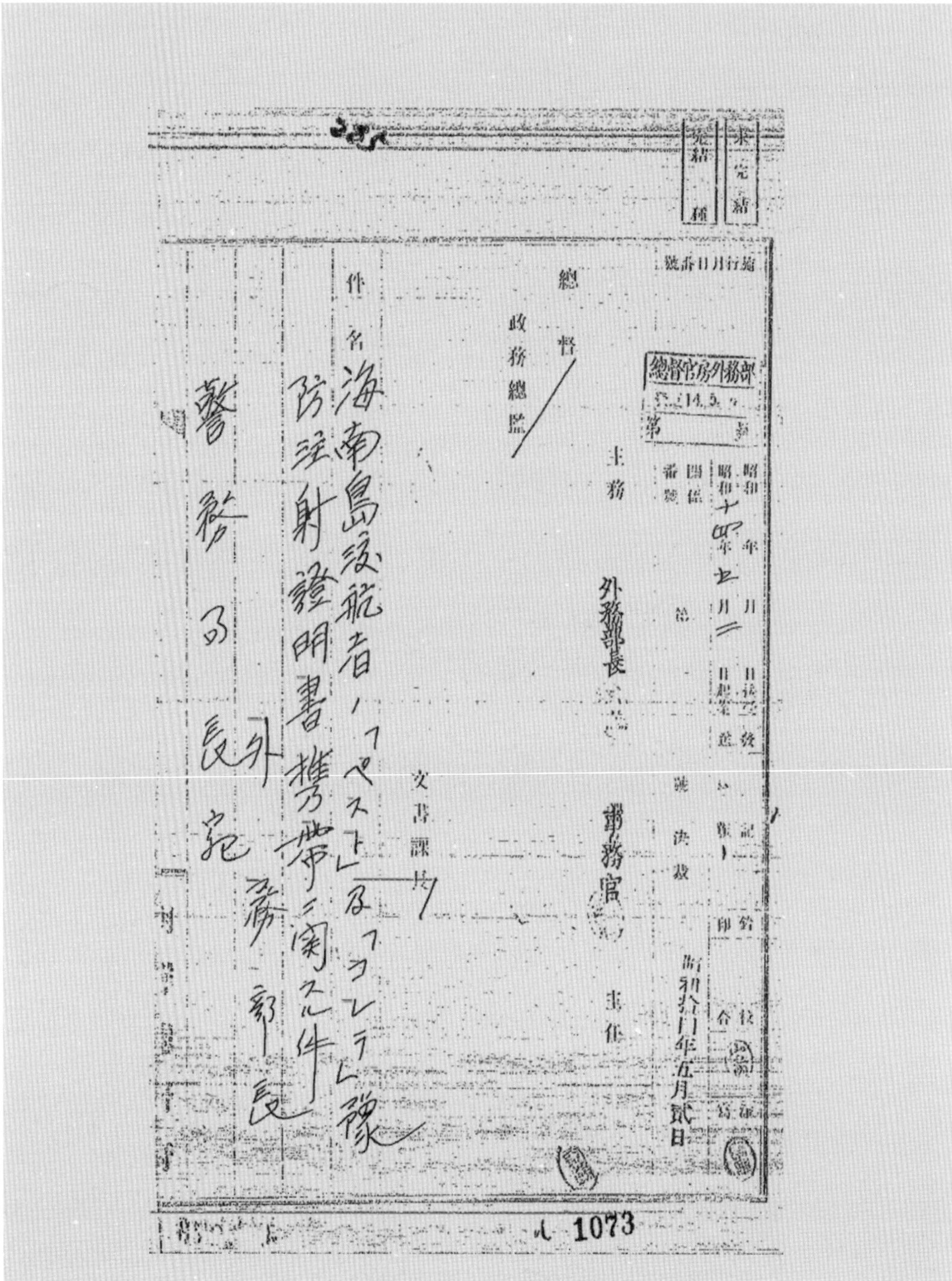

未完結
完結

施行月日番號

總督

政務總監

總督官房外務部 第 號

主務 外務部長

事務官

主任

昭和十四年五月二日

昭和拾四年五月貳日

文書課長

件名 海南島渡航者ノ「ペスト」及「コレラ」豫防注射證明書携帯ニ関スル件

警務局長 宛

外務部長

1073

本件ニ関シ今般招聘者ヨリ別紙
写ノ通申越候ニ付可然御措置相
成度

別紙写添付

1074

286

管警第七六一號

昭和十四年四月二十八日

拓務省朝鮮部長 田中武雄

朝鮮總督官房外務部長 松澤龍雄殿

海南島渡航者ノ「ペスト」及「コレラ」豫防注射證明書携帶ニ關スル件

本件ニ關シ今般別紙寫ノ通內地各地方長官及關東州廳長官宛通牒シタル趣外務省ヨリ通報越シタルニ付委細右ニテ御了悉ノ上可然御措置相成度

總督官房外務部 受付14.5.1 第1125號

朝鮮總督府 外務部

拓務省

1075

287

米三普通合第二〇〇一號

昭和十四年四月二十一日

外務省亞米利加局長　吉澤清次郎

海南島渡航者ノ「ペスト」及「コレラ」豫防注射證明書携帶ニ關スル件

今般在海口昌谷書記官ヨリ「海南島渡航者及船員ハ豫メ「コレラ」及「ペスト」豫防注射ヲ實施シ右證明書ヲ携帶セシムル樣手配方」電報越セルニ付テハ同島渡航者及船員ニ對シ右注射方可然御取計相成度此段申進ス

外務省

1076

3) 하이난섬 도항자 및 선원의 종두증명서 휴대 방안에 관한 건

海南島渡航者及船員ノ種痘證明書携帯方ニ關スル件(1939. 5. 8.)

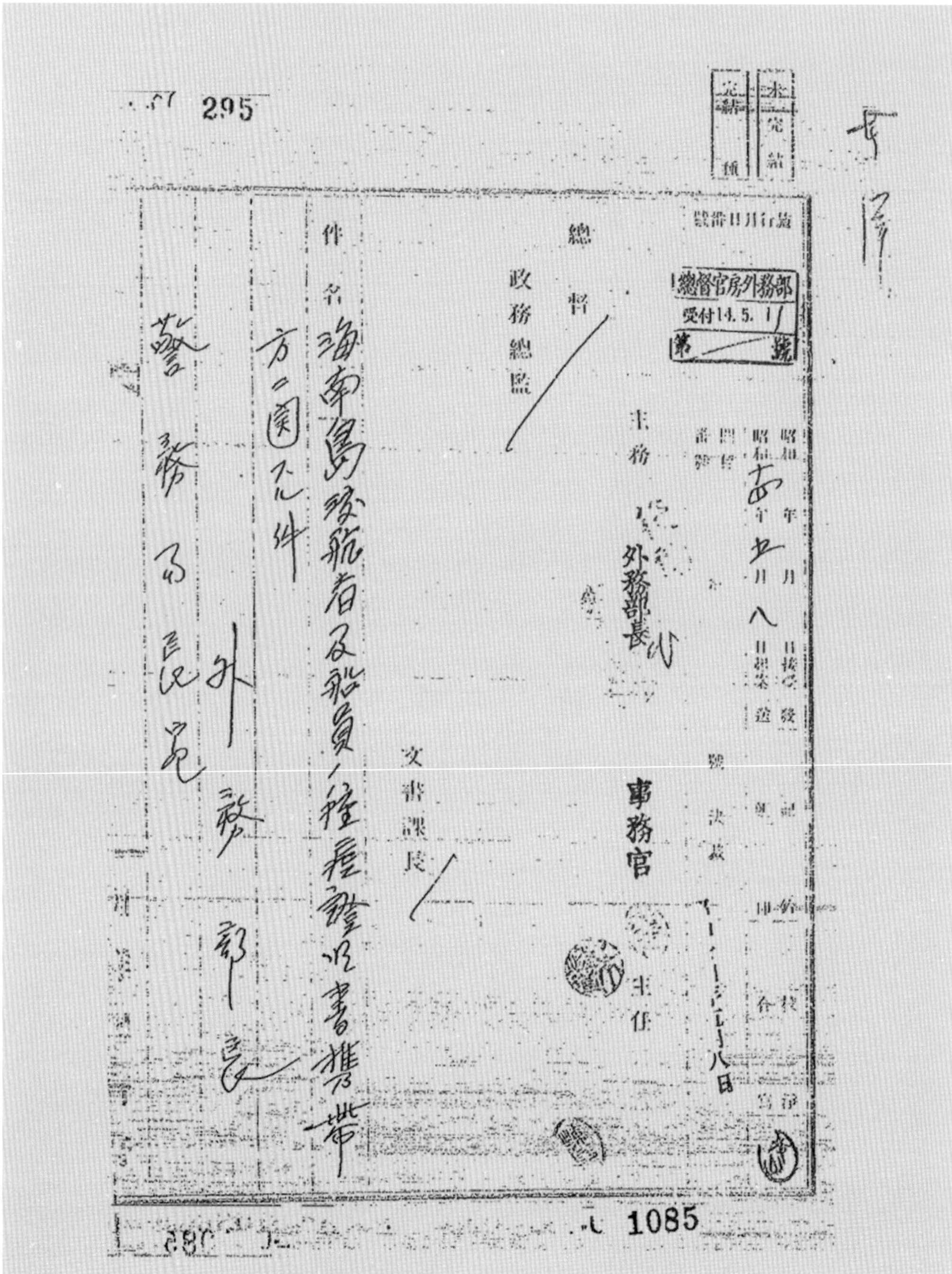

295

未完結 完結

昭和 年 月 日接受
昭和十四年五月八日起案
昭和 年 月 日決裁

總督官房外務部
受付14. 5. 11
第 號

總督

政務總監

主務 外務部長代

事務官

主任

文書課長

件名 海南島渡航者及船員ノ種痘證明書携帯方ニ関スル件

警務局長

外務部長

1085

本件ニ関シ招募者ヨリ別紙写ノ通申
越見ニ付然ルヘク御措置相成度
別紙写添付

朝鮮總督府

1086

288

外務局

衞第七一九號

昭和十四年五月十三日

供覧 五月拾六日

衞生局長

主任

事務官

外務部長

各道知事殿

海南島渡航者及船員ノ種痘證明書携帯方ニ關スル件

本件ニ關シ拓務省朝鮮部長ヨリ別紙寫ノ通申越タルニ付テハ例ニ依リ可然御取扱相成リタシ

寫送付先

本府各局長、官房各部室課長、御用掛

總督官房外務部
受付14.5.19
第　號

1077

289

管警第七七〇號

昭和十四年五月三日

拓務省朝鮮部長　田中武雄

朝鮮總督官房外務部長　松澤龍雄殿

海南島渡航者及船員ノ種痘證明書携帶方ニ關スル件

本件ニ關シ今般別紙寫ノ通各地方長官及關東州廳長官宛通牒セル趣外務省ヨリ通報越シタルニ付可然御措置相成度

1078

290

米三普通合第二〇三三號

昭和十四年四月二十四日

外務省亞米利加局長　吉澤清次郎

宛先ハ末尾記載ノ通リ

海南島渡航者及船員ノ種痘證明書携帶方ニ關スル件

海南島渡航ニ關シテハ本月五日附米三機密合第一六二一號往信ヲ以テ申進置ノ通之ヲ一般的ニ許可セス目下同島ニ渡航シ得ル者ハ特殊ノ者ニ制限セラレ居ル處右渡航者及船員ノ「ペスト」及「コレラ」豫防注射證明書必携方ニ關シテハ本月二十一日附米三普通合第二〇〇一號ヲ以テ申進置タルカ今般更ニ「種痘證明書」ヲモ要スル旨在海口昌谷書記官ヨリ追電越セルニ付テハ此ノ旨右同島渡航者及船員ニ對シ注意方可然御取計相成度此段申進ス

本信送付先　警視總監、各地方長官、關東州廳長官

1079

4) 하이난섬 도항에 관한 건 海南島渡航ニ關スル件(1939. 6. 3.)

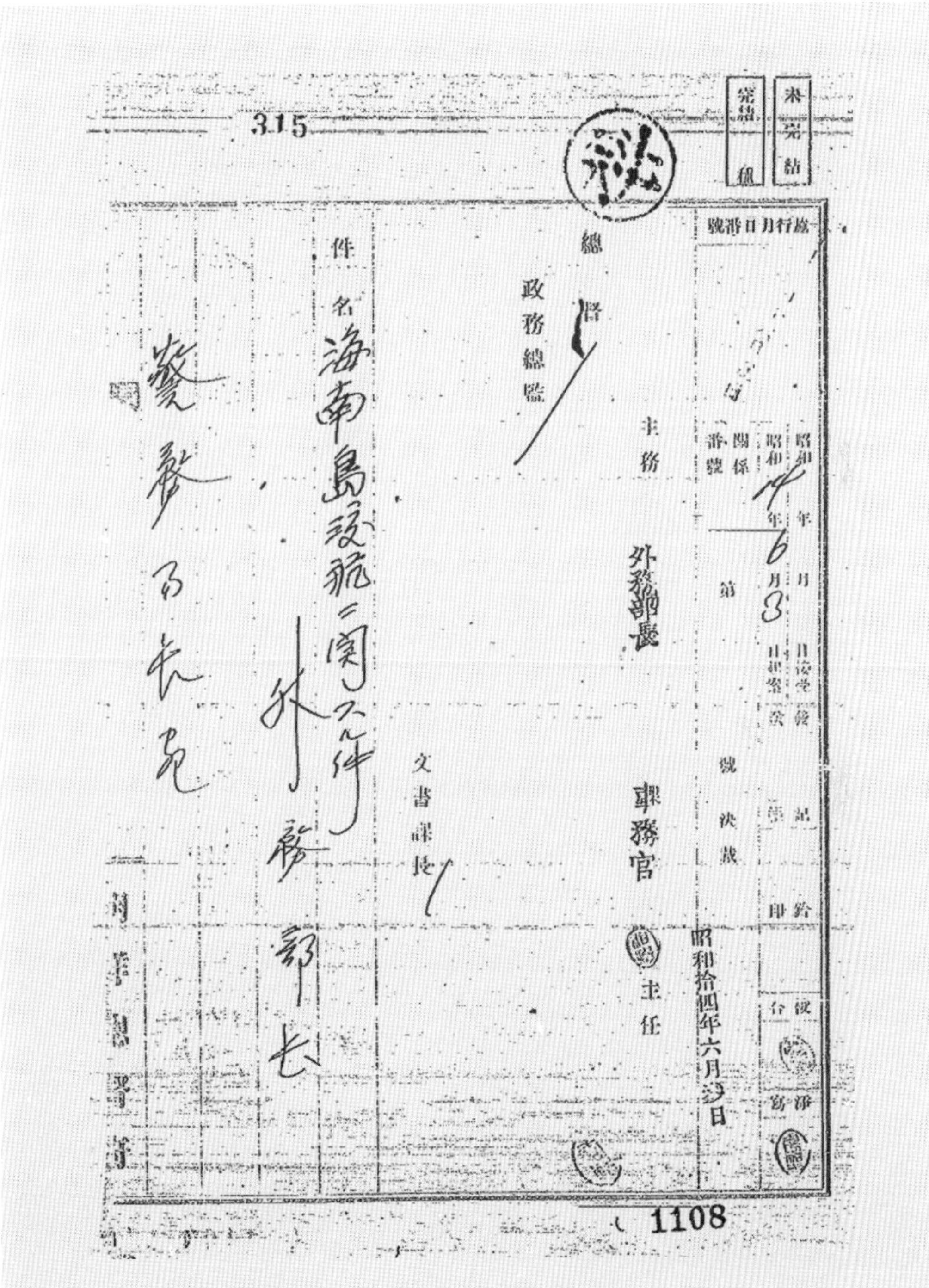

315

秘

完結 未完結

總督

政務總監

主務 外務部長

事務官

主任

文書課長

件名 海南島渡航ニ関スル件

外務部長

警務局長

昭和14年6月3日

昭和拾四年六月三日

1108

本件ニ関シ招募者身分確実ナル
通申越ニ付可然[illegible]

-0 1109

316

管警第七六一號

昭和十四年五月二十九日

拓務省朝鮮部長 田中武雄

朝鮮總督官房外務部長 松澤龍雄殿

海南島渡航ニ關スル件

本件ニ關シ今般別紙寫ノ通內地各地方長官及關東州廳長官宛通牒シタル趣外務省ヨリ申越シタルニ付可然御措置相成度

拓務省

1110

317

機密

米三機密合第二六六四號

昭和十四年五月二十四日

外務省亜米利加局長　吉澤清次郎

宛先ハ末尾記載ノ通リ

海南島渡航ニ關スル件

本件ニ關シテハ四月五日附米三機密合第一六二一號公信ヲ以テ申進置タル處今般在海口昌谷總領事ヨリ右ニ關シ現地陸海外三省聯絡會議ニ於テ左記要領ノ通決定シタル趣申越アリタルニ付委曲右ニテ御了知ノ上可然御取扱相成度尚同島ヘノ航路ハ目下高雄海口間月約二回、廣東海口間月約三回ノ軍用船出發スルニ付軍ノ許可ヲ得テ餘裕アル場合之ニ便乘スルコトヲ得ヘク此ノ外大阪商船盤

外務省

1111

318

谷丸及西貫丸交互ニ月一回神戸ヨリ基隆經由發航スルニ付右様御
了知相成度此段申進ス

記

一、海南島ハ人口及經濟力共ニ僅少ニシテ目下空家ナク宿泊ニモ困
リ居ル狀態ナルニ付確實ナル目的ナク漫然ト渡航セントスル者
ノ如キハ其ノ渡航ヲ差止ムヘク左ノ者ニ限リ渡航セシメ差支ナ
シ
(イ)在海口陸海外三省聯絡會議ニ於テ調査若ハ產業開發ヲ認許セ
ラレタル關係者
(ロ)官廳關係ノ視察旅行者
(ハ)永住希望者ニシテ確實ナル具体的ノ目的ヲ有シ身体健康ニシ
テ所要ノ資金ヲ用意セル者
(ニ)單純ナル視察ヲ目的トスル短期滯在者
二、渡航者ハ本邦ヨリ渡航セントスル者ハ所轄警察署長ノ身分證明

外務省

1112

319

書又海外ヨリ直接渡航セントスル者ハ所轄帝國領事官ノ身許證明書ヲ必要トスルノ外尚「ペスト」「コレラ」ノ豫防注射證明書及種痘證明書ヲ必要トス

三、第三國人ハ從來海南島ニ關係アリ且右ニ就キ帝國官憲ノ證明書ヲ有スル者ノ外當分ノ間一般渡航ヲ禁止ス

四、本件ハ當分關係方面ノ內規ニ止メ之ヲ公表セサルコト

以上

本信送付先　警視總監、各地方長官、關東州廳長官

本信寫送付先　興亞院總務長官、陸海軍兩次官、拓務次官

外務省

1113

Ⅲ. 부록

1. 외무성 아메리카국 제3과 사무보고

1. 외무성 아메리카국 제3과 사무보고

1) 아메리카국 기록반, 1938년 사무보고(제3과 관계)

亞米利加局 記錄班,「昭和13年度 執務報告(第三課關係)」, 1938. 12.

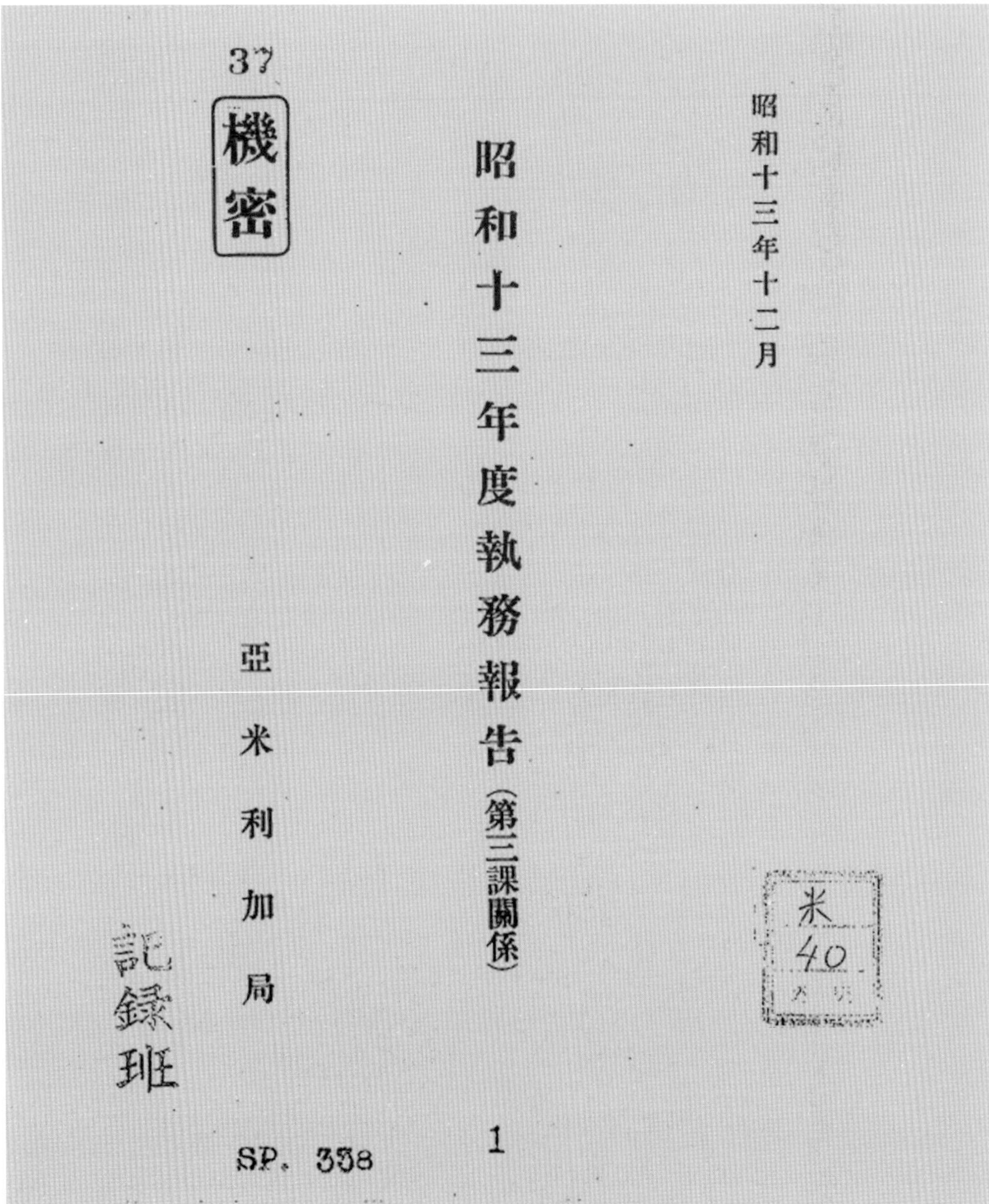

昭和十三年十二月

昭和十三年度執務報告（第三課關係）

1

米
40

37

機密

亞米利加局

記錄班

SP. 338

目次

 2

4

第一章　亞米利加局第三課ノ事務方針

第一節　地方長官會議ニ於ケル外務大臣ノ訓示

昭和十三年五月七日地方長官會議ニ於ケル廣田外務大臣ノ訓示中外國渡航及外事警察ニ關スル事項左ノ如シ

邦人ノ海外渡航ニ關シ二三各位ニ對スル希望ヲ述ヘ御協力ヲ煩ハシ度イト存シマス。政府ハ我國力發展助長ノ見地ニ基キ、國民ノ海外渡航ヲ極力奬勵スルモノテアリマスカ、只我國ノ政治外交産業又ハ思想方面ニ惡影響ヲ及ホスノ虞ノアル者、又ハ我カ現下ノ國情ニ照シ外國渡航ヲ好マシカラスト認メラルル者ニ對シテハ之カ渡航ヲ嚴重取締ツテ居ルノテアリマス。

今次事變ノ發生ニ伴ヒ、在支邦人ハ一時引揚ノ巳ムナキニ立至リマシタコト前述ノ通リテアリマスカ、此等引揚者ノ復歸ニハ新規渡航者ヨリモ優先的便宜ヲ與ヘ且皇軍占據地域ノ治安保持上ノ必要ヨリ不良分子ノ渡支ヲ抑止スル爲、邦人ノ渡支ニ一定ノ取締方法ヲ設ケ目下之ヲ實施シツツアリマスコトハ各位ノ夙ニ御承知ノ通テアリマス。此等ノ事項ニ付テハ能ク現下ノ實情ニ適合スルノ取扱ニ出テラレンコトヲ切望スルモノテアリマス。又最近ノ國際情勢ニ鑑ミ、防諜防共ノ見地ヨリ、本邦渡來竝ニ滯在ノ外國人ニ對スル査察取締ニ一段ノ注意ヲ要シマスルコトハ勿論テアリマスカ、他方之カ取扱ヲ嚴重ニスルノ餘リ、一般善良ナル外國人ニ對シ迷惑ヲ及ホシ、若ハ國際間ノ友誼的精神ヲ害フカ如キ弊ニ陷ルコトノナイ樣、特ニ各位ノ充分ナル御留意ヲ希望スルモノテアリマス。又現在ニ於ケル日支間ノ關係及支那新政權樹立ニ伴フ政策等ノ關係ヨリ見マシテ、支那人ノ本邦入國取締ニ關スル現行方針ヲ修正スルノ必要ヲ認メ、今回外務、內務及陸海軍各省協議ノ上、當分ノ間暫定的措置トシテ、新ニ一定ノ支那人入國取締方針ヲ設定シテ之ヲ施行スルコトトナリマシタカ、各位ニ於テモ敍上ノ趣旨ニ鑑ミ、之カ實施上萬遺漏ナキヲ期セラレンコトヲ望ム次第テアリマス。

第二節　外事警察事務協議會ニ於ケル亞米利加局第三課長ノ挨拶

昭和十三年六月四日內務省ニ於テ外務、內務兩省聯合外事警察事務協議會ヲ開催シ當省側隈部亞米利加局第三課長、鈴木儀典課長、松平事務官、大隈事務官、中根副領事（以上東亞局）、古內事務官、柿坪事務官、東光事務官（以上歐亞局）、稻垣事務官、高木事務官、田畑副領事、土居囑託（以上亞米利加局）、宮崎事務官、森穣譯官（以上情報部）、高和副領事、小林囑託（以上文化事業部）、內務省側豐島警保局外事課長、赤羽事務官、山路事務官、毛理理事官、杭迫事務官（哈爾賓）、秋葉事務官（上海）、鈴木事務官（北京）、小川警視廳外事課長、中野北海道外事課長、倉科京都府特高課長、松尾大阪府外事

課長、渡邊神奈川縣外事課長、大貫兵庫縣外事課長、戸澤長崎縣外事課長、松下千葉縣特高課長、齋藤愛知縣特高課長、吉武靜岡縣特高課長、山崎山梨縣特高課長、荒井長野縣特高課長、田代宮城縣特高課長、石井福井縣特高課長、山本山口縣特高課長、汐谷福岡縣外事課長等出席外事警察事務ニ就キ種々協議スル所アリタルカ其ノ際隈部亞米利加局第三課長ヨリ同課主管事務ニ關シ左ノ通挨拶セリ

外務省側ノ主管課長トシテ御挨拶ヲ申上ケマス、外事警察事務ニ就テハ外務內務兩省間ノ協力ノ結果今日ニ於テハ在外公館ノ取扱ヒト內地地方廳ニ於ケル取扱ヒト大體一致スルニ至リマシタコトハ洵ニ慶賀ニ堪ヘサル所テアリマス、特ニ支那事變勃發後ニ於キマシテハ事變ノ變遷ニ應シ必要ナル事柄ハ時々訓令通牒等ノ形式ニ依リ夫々措置セラレ居リ今玆ニ別段事新ラシク御協議ヲ要スル緊急事項カアルト云フ次第テハアリマセンカ刻下ノ重大時局ニ際シ防共防諜等ノ見地ヨリ公文ノ上ニ於テハ意ヲ盡シ難キ點モ種々アランカト思料セラレマスノテ兩省ノ係官カ相會シ相互ニ隔意ナキ懇談ヲ爲スコトハ決シテ無意義ノコトニアラスト存シ幸ニ今回ノ御會合ヲ機トシ玆ニ一同相會スルコトトナリマシタ、何卒右趣旨ノ下ニ心付キノ點或ハ參考トモナルヘキ事項ハ腹藏ナク持出シ充分有意義ニ事務打合セノ目的ヲ達スルコトカ出來マス樣希望致シマス。

次ニ旅券事務ニ就テ此ノ機會ニ一言申上ケマス、我國民ノ海外渡航ヲ大ニ奬勵スヘキモノナルコトハ勿論テアリマスカ、併シ渡航ノ結果我國ノ政治、經濟、産業方面ニ惡影響アリト認メラルル者或ハ

在外邦人ノ平和ヲ紊ル虞レアル者又ハ此ノ非常時局ニ際シ單ニ物見遊山的ナ遊覽ヲ目的トスルカ如キ者等ニ對シテハ嚴ニ其ノ渡航ヲ取締ル必要カアルト思料シマス、又對外的ニハ外國ノ移民法乃至入國關係法令トカ或ハ又我國トノ取極ニ依リ濫リニ渡航ヲ許シ難キ場合モ多々アリマスノテ旅券下付又ハ渡航許可ニ當リマシテハ細心ノ注意ヲ以テ常ニ内外ノ狀勢ヲ愼重考慮シ時宜ニ適應シタル妥當適正ナル取扱ヲ爲スコトカ最モ肝要テアルト考ヘマス。又現下ノ重大時局ニ際シ特ニ御注意ヲ御願ヒシタイコトハ兵役關係及思想關係テアリマス、兵役關係者（豫備役、後備役及第一補充兵役ニ在ルモノ）中或ハ觀光又ハ商用其ノ他ノ名目ヲ構ヘテ殊更ニ海外ニ渡航シテ此際兵役義務ノ回避ヲ企圖スルカ如キ者アラハ右ハ國民精神上見ノカス事ノ出來サル事柄テアリマスカラ此點事前ニ充分御注意ヲ願ヒ度イト思ヒマス、又思想容疑者ノ海外渡航ニ就キマシテハ防共防諜ノ見地ヨリ此種渡航者ニ對シテハ嚴重ナル取締アランコトヲ切望致シマス。今回旅券冊子ヲ改版致シマシテ近ク御手許ニ送ル手筈ニナツテ居リマスカ改正版ノ旅券ハ各廳共略々同一ノ時期ニ其ノ使用ヲ開始致シ度イト思ヒマス其ノ時期ハ本年七月末若ハ八月ノ初旬ニナル豫定テアリマス。

終ニ外事警察事務ニ就テ併セテ一言申上ケマス、今次事變勃發ノ當時我國ニ避難セル支那在留外國人ノ本邦入國、上陸其他ニ關スル便宜供與方ニ付テハ地方當局ノ御配慮ヲ得咄嗟ノ間克ク敏活妥當ナル取扱ニ出テラレ彼等ニ對シ何レモ滿足ト好感トヲ與ヘ非常時外交上甚タ有效ナリシコトヲ玆ニ

SP. 338 17

厚ク御禮申上ケマス。現下ノ時局ニ際シ一般外國人ノ取締ニ注意ヲ要スルコトハ勿論ナルカ殊ニ在留外國人ノ動靜ニ就テハ愼重且穩密ニ然カモ效果的ニ御內査アランコトヲ希望シマス。又支那ニ渡航スル本邦人ノ取締ニ關シテハ身分證明書ノ發給、渡支者ノ乘船等多大ノ御手數ヲ煩ハシマシテ現地ノ治安保持上洵ニ好都合ナル狀態ニ在リマス、尙今後トモ一層ノ御協力ヲ希望シテ止マナイ次第テアリマス。支那人ノ本邦入國取締ニ關シテハ時局ノ進展ト支那新政權樹立等ノ新事態ニ基キ最近關係各省協議ノ上從來ノ取扱方針ヲ變更シ新取締方針ヲ設定セラレタルコトハ御承知ノ通テアリマス。右ニ關シテハ今後トモ兩省官憲互ニ相提携協調シテ其ノ取締上萬遺憾ナキヲ期スル樣希望致シマス。

第三節　亞米利加局第三課ノ要求豫算ト其ノ經過

(一)　昭和十三年度豫算

昭和十三年度豫算編成ニ際シ亞米利加局第三課ニ於テハ逐年增加スル旅券事務ノ處理竝ニ昭和十二年一月以來主管スルコトトナリタル外國人ノ出入滯在ニ關スル取締事務遂行上遺漏ナキヲ期スル爲理事官一名、屬三名、囑託三名ノ增員ト之レニ要スル經費一萬五千六百六十六圓ヲ昭和十三年度ノ豫算ニ計上要求シタルカ大藏省ニ於テ査定ノ結果理事官ノ增員ハ削除トナリ結局屬二名、囑託三名ノ増員ト之レカ所要經費五千二百九十六圓ハ大藏省ニ於テ之レヲ承認シ其後第七十三帝國議會ノ協賛ヲ經テ前記査定通リ豫算成立セリ

(二) 昭和十四年度豫算

然ルニ我國ヨリ諸外國ヘノ移民數ハ昭和十二年度ニ於テ三萬二千百二十七名又非移民數ハ内地及外地ヲ通シ一萬四千八十二名ノ多キニ達シ而シテ是等ニ對スル旅券事務ハ現在事務官一名、屬四名ノ定員ヲ以テ漸ク手一杯ニ處理シ居ル實情ニシテ而モ今次事變ニ際シ内外ノ情勢ニ鑑ミ我國防、政治、外交、産業、經濟、思想方面ニ惡影響ヲ及ホス邦人ノ海外渡航ハ一層嚴重ニ之ヲ取締ル必要アリ又從來本邦人ノ支那渡航ハ自由ナリシモ事變後ハ皇軍占據地ニ於ケル治安保持ノ必要上渡支者ニ對シ一定ノ身分證明書ヲ發給シテ不良分子ノ渡支ヲ取締ルコトトナリ殊ニ現下ノ準戰時體制下ニ於テハ防共防諜ノ見地ヨリ外國人ニ對スル取締ヲ一層周密ニシ以テ國内秩序ヲ紊亂スル虞アル好マシカラサル人物ノ出入ヲ監視スルノ必要アルノミナラス現下ニ於ケル日支間ノ關係及支那新政權ノ樹立ニ伴フ政策等ノ關係ヨリ支那人ノ本邦入國取締ニ關スル現行方針ヲ修正強化シ新ニ一定ノ取締方針ヲ制定シテ之レヲ施行スルコトトナリ是等重要ナル新事務ヲ處理スル爲茲ニ恒久的性質ヲ有スル理事官一名及屬一名ヲ増員シテ從來ノ定員タル事務官ニ附屬セシメ以テ新事態ニ即應シ遺憾ナカラシムル必要ヲ認メ之レニ要スル經費七千四百五十五圓ヲ昭和十四年度ノ豫算ニ計上要求シタル處幸

ニシテ十一月二十五日大藏省ノ最終査定ニ於テ承認セラレ愈來ル第七十四帝國議會ニ提出シテ其協贊ヲ求ムル運ビトナレリ

第四節　新ニ外事警察事務ノ爲外務屬二名增員ニ關スル官制改正ノ理由

新ニ外事警察事務ヲ亞米利加局第三課ニ於テ主管スルコトトナリシ爲昭和十三年七月一日勅令第四百六十四號ヲ以テ外務省官制ヲ改正シテ外務屬ノ定員專任二名增員セラレタルトコロ右ニ關シ同年六月十五日限部亞米利加局第三課長、松本人事課長ト共ニ法制局ニ出頭シ右官制改正ニ關シ大要左ノ通說明セリ

一、問

外事警察事務ハ外務省官制ノ何條ニ基礎ヲ有スルモノナリヤ

答

外務省官制第六條ノ二ニ基クモノナリ同條ニ依レハ亞米利加局ニ於テハ「移民及旅券ニ關スル事務」ヲ掌ルコトトナリ居ルトコロ右旅券ニ關スル事務トハ單ニ本邦人ニ對シ旅券ヲ發給スル事務ノミニ非ス一面本邦渡來ノ外國人ニ對シテハ旅券査證ノ手續ニ依リ好マシカラサル外國人ノ入國ヲ取

八

締リ尚右査證ノ延長トシテ入國後ニ於ケル外國人ノ在留出國ニ關シテモ對外關係上內務省又ハ殖民地官憲ト協同之カ取締ヲ爲スノ要アルモノナリ

二、問

從來外事警察事務ハ省內各關係課ニ於テ取扱ヒ居リシカ昭和十二年一月以來之ヲ亞米利加局第三課ニ於テ統一主管スルコトトセシ理由如何

答

前述ノ如ク外務省ニ於ケル外事警察事務ハ官制上「旅券ニ關スル事務」ノ範圍ニ屬スルモノナルヲ以テ旅券事務ノ主管課タル亞米利加局第三課ニ於テ之ヲ管掌スルコト當然ナリ

三、問

亞米加局第三課ニ於テ外事警察事務ヲ統一主管スルコトトナルモ從來省內各課ニ於テ外警事務ニ從事セシ屬官ヲ亞米利加局第三課ニ移屬セシメナハ新ニ增員ノ必要ナシト思考ス如何

答

從來省內各課ニ於テハ他ノ事務ト共ニ外事警察事務ヲ掌リ居リシモノニシテ專ラ外警事務ノミニ從事セシ屬官ナシ故ニ之ヲ亞米利加局第三課ニ裂キ取ルコト不可能ナリ

第二章　邦人海外渡航問題

第一節　邦人ノ海外渡航取締及旅券下付ノ一般的方針

第一款　概　説

我國現下ノ國情ハ國民ノ海外發展ニ俟ツコト大ナルモノアルヲ以テ旅券乃チ海外渡航ニ關スル事務ハ國運ノ消長ニ多大ノ關係ヲ有スル緊要ナル事務ナリトス而シテ邦人海外發展ノ實績如何ハ主トシテ在外同胞ノ人物如何ニ因ルヲ以テ海外渡航ノ取締及旅券下付ノ一般的方針モ其ノ重點ハ之ヲ當該本人ノ人物閲歴其ノ他思想關係等ニ置クト同時ニ對內的ニハ常ニ普ク國內ノ情勢ヲ考察スルト共ニ對外的ニハ渡航目的國ノ移民法其ノ他外國人入國關係法則ニ準スルヲ要ス

第二款　各國別

滿　洲　國

滿洲國側ニ於テ日滿兩國ノ特殊關係ニ基キ本邦人ノ入國ニ對シ旅券又ハ國籍證明書ノ携帶ヲ必要トセス但シ特殊地帶タル黑河省、興安北省、濱江省ノ內虎林縣、密山縣、東寧縣、穆稜縣、三江省ノ內蘿

一〇

北縣、綏濱縣、同江縣、撫遠縣、饒河縣及間島省ノ內琿春縣ニ旅行又ハ移住セントスル者ハ昭和十二年八月以來其ノ出發ニ際シ內地ニ於ケル居住地所轄警察署長ヨリ滿洲國特殊地帶旅行又ハ移住證明書ノ發給ヲ受ケ携帶スルヲ要スルコトトナレリ右證明書ハ昭和十二年二月以來滿洲國ニ居住スル者ニ對シテハ立入地ノ在滿帝國領事ヨリ又關東州ニ居住スル者ニ對シテハ關東局警察署長ヨリ之ヲ發給ス

蒙古方面

蒙古ヘノ渡航ニ關シテハ近時入蒙者ノ增加ニ伴ヒ之カ取締ノ必要ヲ認メ關東軍司令部ニ於テハ在滿大使館ト協議ノ上昭和十年四月入蒙取締暫定規程ヲ制定シ滿洲國方面ヨリ入蒙セントスル者ハ總テ關東軍司令部ノ許可ヲ受クルヲ必要トシ且入蒙後ハ當分營利ヲ目的トスル事業ヲ經營スルヲ得サルコトトセリ

支那國

大正六年八月中華民國ニ於テ外國人入國規則ヲ制定シ同國ニ入國スル一般外國人ニ對シ旅券ノ携帶ヲ必要トセシカ當時同國ハ從來日支間ニ於ケル特別ノ交通關係ニ鑑ミ我國ノ要求ニ應シ特ニ本邦人ニ對シテハ同國ヘノ入國ニ關シ旅券ノ携帶ヲ免除シタルヲ以テ現今本邦人ハ旅券ヲ要セスシテ同國ニ渡航シ居レルカ特ニ旅券ノ發給ヲ希望スル者ニハ之ヲ下付シ居レリ

23

但シ英領香港ヲ經由シテ廣東其ノ他ノ支那國内各地ニ赴ク者ハ香港上陸ノ爲ニ旅劵ヲ必要トシ又臺灣籍民ノ中華民國渡航ニ關シテハ臺灣總督府ノ取締方針ニ基キ我方ノ自發的措置トシテ特ニ旅劵ヲ携帶セシメ居レリ

今回ノ日支事變ノ事情ニ鑑ミ渡支取締ノ必要ヲ認メ暫定的措置トシテ當分ノ間支那ニ渡航セントスル者ニ對シテハ内地及各外地トモ居住地所管警察署長ヨリ身分説明書ヲ發給スルコトトシ右證明書ヲ有スルカ又ハ再渡支者ニ在リテハ在支帝國領事發給ノ身分證明書ヲ有スルニ非サレハ出發セシメサルコトトシ昭和十二年九月十日ヨリ實施セリ

英領香港

香港ニ赴ク本邦人ハ一般外國人ト同樣大正八年一月以降ハ同領政廳制定ノ旅劵規則ニ依リ旅劵ヲ必要トシタルモ實際上殆ント檢査ヲ爲ササリシ爲之ヲ所持セスシテ渡航スル者頗ル多カリシ處晩近同領政廳ハ方針ヲ改メ外國人ノ取締ヲ嚴ニスルコトトナリ昭和九年六月ヨリ外國人登錄令ヲ施行シ更ニ千九百三十五年三月ヨリ移民及旅劵令ヲ實施シタル結果十五歲以上ノ本邦人（臺灣籍民ヲ除ク）ハ滯在期間ノ如何ヲ問ハス總テ旅劵ノ携帶ヲ要スルコトトナリタルヲ以テ醜業婦、醜業媒介ノ虞アル者又ハ兩親ニ同伴若ハ呼寄セラルルニ非サル幼年者等ヲ除キテハ旅劵ヲ下付シ居レリ但シ査證ハ之ヲ必要トセス

葡領澳門

葡領澳門ニ於ケル外國人ノ出入及滯在取締ニ關スル一九〇六年七月四日附ノ法律施行規則（現行）ニ依レハ居住ノ目的ヲ有セス一時的ニ澳門及同附屬地ニ入ラントスル外國人ニ對シテハ旅券又ハ其ノ他ノ書類ノ提出ヲ要セスシテ入國ヲ許可セラレタルモ昭和十三年九月澳門政廳ハ爾後三日以上滯在スル者ニ對シテハ澳門ヲ旅行目的地トスル旅券ニ葡國領事ノ査證ヲ要スル旨公布セリ

比律賓群島

比島渡航者ニ對シ渡航許可又ハ旅券ヲ下付シ得ルハ(一)移民取扱人ノ取扱ニ係ル移民(二)在留民ノ呼寄ニ係ル者(三)就職口ノ確定セル者(四)商用、視察等一時的用務ノ爲渡航スル者ノ四種ニ分チ得ル處同島ニハ一九一七年ノ米國移民法適用セラレ同法第三條ニ依リ親妻子以外ノ者ノ呼寄又ハ同伴ニ係ル前記(一)、(二)及(三)該當者ハ總テ契約勞働者ト看做サレ入國ヲ禁止サルル虞アルヲ以テ是等ノ者ニ對スル旅券面記載方ニ付テハ特ニ注意ヲ拂ヒ其ノ上陸ニ支障ナキヲ期シツツアリ

又比島ニ於テハ一九三二年漁業法實施以來外國人ハ其ノ當時既ニ比島官憲ヨリ漁業免許證ノ下付ヲ受ケタル既得權者ヲ除ク外ハ三噸以上ノ漁船ニ依リ新規漁業ニ從事シ得サルコトトナリ居ル關係上最近比島官憲ハ「漁業ノ爲」ト記載セル旅券所持者ニ對スル取締ヲ嚴密ニセル趣ナリ從テ新ニ漁業ニ從事スル爲渡比スル者ニ對シ從來通リ「漁業ノ爲」ト記載シタル旅券ヲ携行セシムルトキハ益々比島側

ヲ刺戟シ將來本邦人ノ入國ヲ困難ナラシムル虞アルニ付漁夫ノ初渡航者ニ對シテハ旅劵面ノ渡航目的ハ「農業ノ爲」トシ又再渡航者ニ對シテモ單ニ「再ヒ」ト記載スルコトトセリ

三噸以下ノ漁船ニ依リ漁業ニ從事スル者ハ一九三二年漁業法ノ適用外ナルヲ以テ邦人漁業者ハ漁網ニヨル漁業鑑札ヲ市郡役所ヨリ受ケ漁業ニ從事シ居タル處昭和十一年十一月法律第一一五號ヲ以テ漁業法第六十七條、第六十九條及第七十條ヲ修正シ第六十七條中外國人ノ既得權ニ關スル部分削除セラレタルヲ以テ「ダヴァオ」稅關長ハ之ヲ以テ既得權ノ停止ナリト解釋シ昭和十二年四月二十七日此ノ種邦人漁業者ニ對シ營業停止命令ヲ發シタリ

右稅關長ノ營業停止命令ハ邦人漁業者二百名ヲ含ム家族五百名ノ生活ニ影響スル重大問題ニシテ單ニ稅關長ノ獨斷的法文ノ解釋ニ依リ之ヲ決定セラルヘキニ非ス仍テ在「ダヴァオ」帝國領事ハ稅關長ニ對シ法律第一一五號ノ規定ハ市郡ニ鑑札發給ノ權限ヲ賦與スル規定ニシテ之ヲ實施スルニハ市郡ハ更ニ市郡令ヲ發スル必要アリ然ルニ今日迄市郡令ノ發布ナク從テ稅關長ノ營業停止命令ハ市郡令ニ基カサルモノニシテ無效ナリト抗議セル結果稅關長モ一應之ヲ諒トシ右營業停止命令ヲ撤回セリ元來第一一五號修正ハ比島ノ天然資源ハ原則トシテ比島市民ノ手ニ依リ開發スヘシトスル比島憲法ニ準據スルモノナルカ外國人ノ既得權ハ同シク同憲法ニ依リテ保護セラレ居ルヲ以テ右修正條項ヲ違法ナリトシテ、我カ既得權ヲ主張シ得ヘキ樣解セラルルモ漁業鑑札ハ一年毎ニ更新セラルルコトトナリ居ルヲ以テ

既得權ヲ主張スル根據薄弱ナリ殊ニ外國人ニ對シ漁業ヲ許可セサルコトヲ以テ國策ト爲シ居ル關係上本問題ヲ中央ニ持出ストスルモ我方ノ勝利ヲ得ルコト確實ナリト云フ能ハス假ニ我方ニ有利ニ解決シ得ルトシテモ從來使用シ來レル船及漁網ノ生命期間丈ケ更新シ得ラルル程度ニ止マルヘキ虞ナシトセス且又三噸以下ト稱スル我カ漁船ノ再檢查强行セラルル場合ハ却テ我方ニ不利ナル事實ヲ暴露スル懸念モアリ結局此ノ際邦人漁業ノ安全ヲ期スル爲ニハ日比合辨トスルコト得策ナルヘシト云ハル

叙上ノ如ク邦人ノ比島ニ於テ漁業ニ從事スルコトハ比島法文ノ不備ト共ニ極メテ機微ノ關係ニアルヲ以テ比島行渡航者ニシテ假令三噸以下ノ船舶ニ依リ漁業ニ從事スルモノト雖モ其ノ携行スル旅券面ニ「漁業ノ爲」ト記載スルコトハ徒ニ比島側ヲ刺戟シ惹テ本邦人ノ入國ニ對シ將來好マシカラサル結果ヲ齎ス虞アリト思料セラル

支那人入國ニ關シ比律賓移民當局ノ相當大規模ナル不正事件曝露ノ結果移民局ノ大改革ト共ニ支那人入國取締ノ嚴化ヲ期シ差當リ昭和十三年十一月十一日附ヲ以テ外國人入國規則中一部ヲ次ノ如ク改正セリ、卽チ

一、移民法、支那人排斥法及支那人登錄法等ノ適用ヲ受クルモノニシテ入國資格ヲ具備スルモノハ正面及右横顔ノ寫眞各十二枚（縱二吋半、横一吋四分ノ三）ヲ提出スルコト

二、一切ノ渡航外國人ハ移民局ニ於テ指紋（三歲以下ハ兩手ノ掌紋）ヲ取ルニアラサレハ入國又ハ移

民收容所ヲ出所スルコトヲ得ス

右改正規則ハ本來支那人ヲ目標トシテ制定セラレタルニ不拘、文理的ニハ一般渡航外國人ニ適用セラルルノ觀アルヲ以テ在「マニラ」總領事代理ヨリ同國移民局長代理ニ之ヲ質シタル處同局長代理ハ「同規則ハ支那人入國ノ取締ヲ嚴ニスルニアリ臺灣人ハ支那人系トシテ同規則ヲ適用セラルヘキモ日本人ハ除外セラルヘシ」ト答ヘタル趣ナレハ臺灣籍民ニ對シテハ同規則ノ適用免レ難シト認メラルルニ付今後同國ニ渡航スル臺灣籍民ニハ正面及右横顏寫眞各十二枚ヲ携帶スルコト竝ニ指紋ヲ取ラルルコトヲ豫メ承知セシメ置クコトヲ要ス

尙右改正規則ハ移民局長代理ノ言明ニ依レハ本邦人ニ適用セサル趣ナルモ支那人取締嚴化ノ結果ハ本邦人ノ入國ニモ多大ノ影響アルヘキヲ以テ同國渡航者ノ取扱方ニ關シ從來ノ當省發地方長官宛通牒ノ各注意事項ヲ一層勵行シ入國上問題ヲ發生セサル樣留意スルコトヲ要ス

葡領「チモール」植民地

葡領「チモール」植民地ニ於ケル入國滯在ニ關スル一九三四年一月二十七日附同植民地法令第五號ニ依レハ外國人ノ同領入國ニ關シテハ一時的旅行者ヲ除キ葡國領事ノ査證アル旅券ノ携帶ヲ必要トシ居ル外何等取締規定ヲ設ケ居ラサルトコロ我方ニ於テハ同地ノ國際的地位ニ顧ミ當分ノ間南洋興發株式會社關係者以外ノ者ニ對シテハ原則トシテ其ノ渡航ヲ許可セサルコトトシ居レリ

英領「ボルネオ」（英領北「ボルネオ」、「ブルネイ」、「サラワク」）

本邦人ノ英領「ボルネオ」入國ニ關シテハ何等差別取扱ヲ受ケ居ラサルモ「サラワク」王國ノ移民法（一九三四年十二月十七日實施）ニ依レハ三等船客ハ移民トシテ取扱ヒ居リ尚男子移民ハ當該官憲ノ承認ヲ得タル保證人ナキ限リ入國ヲ許サス尚又病者、不具者、精神病者、生計無能力者、浮浪人、乞丐、醜業關係者等ハ入國ヲ禁止セラレ居ルヲ以テ我方ニ於ケル英領「ボルネオ」渡航者ニ對スル渡航又ハ旅券下付ノ標準ハ大體(一)視察、商用、觀光等ノ一時的旅行者ニ在リテハ身許確實ニシテ渡航差支ナシト認メタル者ナルコト(二)再渡航、呼寄又ハ同伴ニ依リ渡航スル者ニ在リテハ原則トシテ在新嘉坡帝國總領事發給ノ再渡航、呼寄又ハ同伴ニ關スル證明書ヲ有スル者ナルコト(三)右證明書ヲ有セサル者及其ノ他ノ渡航者ニ對シテハ身許確實ニシテ其ノ渡航理由等ニ徴シ渡航差支ナシト認メタル者ナルコトヲ要スルコトトシ居レリ

蘭領東印度

蘭印政府ハ自國産業ノ保護及國內ノ失業問題等ニ關聯シテ一九三三年十一月四日附勅令第一四號ヲ以テ一九一六年二月四日制定ノ外國人入國令第十八條又第十九條ノ間ニ左ノ通追補改正ヲ行ヒ一九三四年一月一日ヨリ實施セリ

第十八條a

一 毎年政府令ヲ以テ左記事項ヲ決定ス

(イ) 其ノ翌年度ニ於テ入國ヲ許可スヘキ外國人總數

(ロ) 國別外國人數但シ入國許可ニ關スル他ノ條件ニ抵觸スルコトヲ得ス

(二) 前項(ロ)ノ人數ハ各國ニ對シテ同數トス

第十八條b

(一) 或ル年度ニ於テ入國ヲ許可セラレタル外國人數カ第十八條a第一項(イ)ニ依リ定メラレタル人數ノ限度ニ達セサル限リ同項(ロ)ニ依リ定メラレタル國別人數ハ本規定實施ノ年度前十年間ニ蘭領印度ヘ入國シタル當該國人總數ノ一割マテ超過スルコトヲ得

(二) 或ル年度中ニ第十八條a第一項(イ)ニ依リ定メラレタル總數ニ達シタルトキハ同條(ロ)ニ依リ定メラレタル人數ニ未タ達セサル國ノ外國人ニ對シテノミ其ノ未滿人數丈更ニ入國ヲ許可ス

而シテ右政府令ニ依リ昭和十二年度ニ於テ入國ヲ許可スヘキ外國人總數ヲ一萬二千名トシ更ニ國別外國人ヲ地方別ニ十五ニ區分シ各地方ニ對シ各八百名ヲ割當テ居レリ

本邦ハ前記新規定ニ依リ日本委任統治地域ト併合シテ一地域ヲ爲シ本年度一年間ノ入國許可數八百名ナルカ蘭印政府ノ計算ニ於テハ第十八條bノ(一)ニ依ル一割超過數ハ八百三十三名トナルヲ以テ結局本年度本邦人入國數ノ最大限度ハ昨年度同樣一千六百三十三名ニ制限セラレ居レリ他方蘭印政府

ハ昭和十年八月二十四日非常時外國人勤勞條令ヲ公布シ外國人從業員ノ從業ヲ取締ルコトトナリタルヲ以テ我方ニ於テハ本邦人ノ同領渡航ニ關シ前記入國割當限度內ニ於テ而モ右勤勞條令ニ牴觸セサル樣注意シ大體左記ノ者ニ限リ渡航ヲ許可シ又ハ旅券ヲ下付シ居レリ

(一) 視察觀光等ノ一時的旅行者

(二) 蘭印ニ於テ獨立營業ヲ爲シ又ハ爲サントスル者

(三) 初渡航從業員ニシテ蘭印政府司法長官ノ從業ニ關スル許可ヲ取付ケタル者

(四) 再渡航者タル從業員ニシテ其ノ有スル前回ノ入國許可證又ハ永住權證ニ蘭印出國ノ際移民官憲ノ出國査證ヲ取付ケ有效期限內（入國許可證ハ一年以內又ハ永住權證ハ一年半以內）ニ再入國スル者

(五) 從業員タルト將又獨立營業者タルトヲ問ハス其ノ在留地ニ呼寄スル父母妻子

(六) 入國條件ヲ具備スル、初渡航者カ同伴スル父母妻子

昭和十三年九月入國令一部左ノ通リ改正實施セラル

外國人入國者ニシテ確實ニ出生地又ハ出發國ニ歸還シ得サル外國人ノ入國ハ之ヲ拒否ス

英領「ニュー、ギニア」（濠洲委任統治領）

英領「ニュー、ギニア」ニ於ケル現行外國人入國規定ハ一九三二年六月ノ移民法令及同年十月ノ移民法令施行規則ニ依ルモノナリ

右ニ依レハ入國ヲ許可セラルル者ハ、イ、同領內ニ永住スヘキ家ノアル者、ロ、有效期間內ノ書取試驗免許證ヲ有スル者、ハ、英國軍人、ニ、政府ノ艦船員、ホ、船員ニシテ領域內碇舶中上陸スル者、ヘ、外國政府ヨリ派遣セラレタル者以外ハ(一)同領政府發行ノ入國許可證ヲ有スルカ(二)英國政府ノ承認セル外國政府ニ依リテ發給セラレタル旅券ヲ有シ右旅券ニ英國領事ノ同領入國ノ查證ヲ有スル者ニ限ル入國許可證ハ同領ノ稅關長又ハ濠洲聯邦ノ主要ナル稅關吏ニ申請シテ之ヲ受ク(申請書ニハ願人ノ濠洲ニ到着セル年月日及乘船セシ船名ヲ記入セサルヘカラス)、旅券ニ查證ヲ受クルニハ濠洲居住者ヲ除キ英國領事館ニ申請シ英國領事ハ查證ヲ與フル前普通書面ニテ濠洲聯邦ニ照會シタル上查證ヲ附與スルコトトナリ居レリ此ノ場合約二箇月ヲ要ス

「パプア」

「パプア」ニ於ケル現行外國人入國規定ハ一九〇七年四月移民制限令ニ依ルモノニシテ入國ヲ許可セラルル者ハ

イ、書取考查ニ合格セル者

ロ、英國ノ陸海正規軍人

ハ、各國政府ノ公船船長及船員

ニ、英本國其ノ他ノ政府ヨリ「パプア」及濠洲聯邦政府ニ對シ正當ニ派遣セラレタル者又ハ特別使命

ヲ帶ヒテ各國政府ヨリ派遣セラレタル者

ホ、基督敎傳導會ニ依リ傳導師トシテ雇傭セラレタル者

ヘ、農園所有者若ハ經營者ノ願出ニ應シ特殊技能ヲ有スル勞働者ニシテ右所有者若ハ經營者ニ對シ書取考査免除ノ有效期間記入ノ證明書ヲ付與セラレタル者

ト、濠洲聯邦間ト入國關係ニ付取極ヲ有スル國ノ國民若ハ市民ハ濠洲聯邦ヘノ入國條件ト同一ノ條件ニテ入國ヲ許可ス

チ、一期間若ハ數期間ヲ通シ總計五ケ年以上「パプア」內ニ居住シ「パプア」ヲ退去スル際再入國許可證ヲ受ケ右期間內ニ歸還スル者

英領「フィジー」島

「フィジー」島ハ英本國直轄ノ植民地ニシテ本邦人ハ其ノ旅劵ニ在本邦英國領事ノ查證ヲ取付ケタルトキハ入國シ得ヘク又同島政廳ノ許可ヲ受クルトキハ滯在シ得ルコトトナリ居レルニ付同島渡航者(大部分ハ一時滯在ノ視察者ナリ)ニ對シテハ身許確實ニシテ且充分ノ資力アルコトヲ確メタル上渡航ヲ許可シ又ハ旅劵ヲ下付シ居レリ

米領「サモア」

米領「サモア」ニ於ケル現行外國人入國法規ハ一九三四年四月米領「サモア」知事制定ノ外國人入國

ヲ要セス、又從來濠洲ニ在留スル本邦商人カ妻子ヲ呼寄スル場合ニハ豫メ聯邦政府ノ許可ヲ要シタルモ其ノ許可ヲモ必要トセサルコトトナレリ

佛領印度支那

佛領印度支那ニ於ケル外國人ノ入國及滯在規則（一九三三年八月三十一日附佛國大統領令一九三四年六月二十八日施行）ハ日本人ニ對シ何等差別的取扱規定ヲ設ケ居ラス且帝國ト佛領印度支那政府間ニ於ケル旅券査證相互廢止ノ取極ニ依リ旅券ニ査證ヲ要セサルヲ以テ本邦人ハ旅券ノ外ニハ非移民ニ在リテハ在本邦佛國領事館ニ於テ作成シタル非移民申告書ヲ、移民ニ在リテハ所轄警察署長發給ノ刑罰ヲ受ケタルコトナキ旨ノ證明書及醫師ノ健康診斷書ヲ有スルノミニテ渡航シ得ルコトトナリ居ルモ我方ニ於ケル渡航許可又ハ旅券下附ノ一般的標準ハ(一)同領通過、視察、商用、觀光等ノ一時的旅行者ニ在リテハ身許確實ニシテ渡航差支ナシト認メタル者ナルコトヲ要シ(二)再渡航、呼寄又ハ同伴ニ依ル渡航者ニ在リテハ原則トシテ當該帝國領事發給ノ再渡航、呼寄又ハ同伴ニ關スル證明書ヲ有スル者ナルコトヲ要シ(三)其ノ他ノ渡航者ニ對シテハ身許、渡航理由等嚴査ノ上渡航差支ナシト認メタル者ナルコトト爲シ居レリ

英領馬來（海峽植民地、馬來聯邦及非聯邦諸邦）

海峽植民地外國人入國法（一九三三年一月一日實施）ニ依リ本邦人ハ病者、不具者、盲者、痴者、瘋

癲、生計ノ途ナキ老衰者、本人ノ生活竝ニ其ノ義務者ヲ扶養スルニ足ル資力ナキ者、就職ノ目的ナキカ移民官ニ於テ就職ノ見込ナシト認メラレタル者、乞丐、浮浪人、公共又ハ慈善團體ノ負擔トナル惧アル者、他國ヨリ追放セラレタル者、醜業婦等ニ非サレハ上陸ヲ許可セラルルコトトナリ居レリ從テ我方ニ於テハ視察、商用、觀光等ノ一時的旅行者ヲ除キ其ノ渡航許可又ハ旅券下付ノ標準ハ(一)在新嘉坡帝國總領事發給ノ再渡航、呼寄又ハ同伴ニ關スル證明書ヲ所持スル者ナルコト(二)其ノ他ノ渡航者ニ對シテハ身許確實ニシテ且其ノ渡航理由等ニ徴シ差支ナシト認メタル者ニ限リ渡航ヲ許可シ又ハ旅券ヲ下付シ居レリ

尙最近在新嘉坡帝國總領事ノ報告ニ依レハ目下同方面ニ於ケル本邦人漁夫ハ相當飽和狀態ニ在ルノミナラス近時邦人漁夫ノ進出ニ伴ヒ海峽植民地政府ハ同方面沿岸漁業ニ從事セル多數馬來人及同地出生支那人ノ生計ヲ脅カスコト多大ナリトノ理由ヲ以テ是等英國臣民ノ沿岸漁業ヲ保護スルノ必要ニ迫ラレ居ル氣運アル趣ナルヲ以テ今後ハ原則トシテ在新嘉坡帝國總領事發給ノ呼寄證明書ヲ有スル者ニ限リ許可スルノ方針ヲ採リ居レリ

昭和十三年四月總督ハ外國人上陸員數ニ關スル制限令ヲ以テ從來通過旅客以外ノ外國人上陸數ハ國籍ヲ同フスル外國人ヲ一般會社ニ就キ一ケ月二十五名以下トシ右制限中ニハ女ヲ含マサリシ處爾今女ヲモ右制限二十五名中ニ含ムコトトセリ

二五

本邦人ハ暹羅新外國人入國法（昭和十二年九月二十日公布）上從前通リ許可取付等ノ必要ナク査證ヲ得テ自由ニ入國シ得ヘク（但シ新入國者ハ總テ移民官ヨリ居住證明書ノ發給ヲ受クルヲ要シ二百銖以下ノ手數料ヲ徴收セラル）只再渡航者ニシテ昭和六年十一月十五日前ニ入國シタル者ハ暹羅國地方官憲發給ノ歸還許可書ヲ又同日以後ニ入國シタル者ハ同國移民官憲發給ノ居住證書ヲ必要トスルニ過キサルモ新法第二十一條ニ依レハ一定ノ期間內ニ入國シ得ル外國人總數ヲ規定シ規定總數以上ハ入國ヲ拒絶スルコトアルヘキ趣ナリ從ツテ日暹兩國國交ノ親善ニ悪影響ヲ及ホス虞アルカ如キ者（例ヘハ昭和十年四月同國ニ於ケル政府倒壞陰謀事件）ノ渡暹ハ可成之ヲ差控ヘシムル方針ナルモ貿易業者、商業視察者等政治上ニ關係ナキ邦人ノ暹羅國渡航ニ對シテハ願出通渡航ヲ許可シ又ハ旅劵ヲ下付シ居レリ尚昭和十三年八月入國法一部改正セラレ右ニ依レハ從來未成年者ノ單獨渡航者ハ入國ニ先立チ暹羅國內務省ノ許可ヲ要シタル處今後ハ保護者ニ同伴セサル未成年者ト雖モ所定ノ入國税ヲ納入スレハ入國ヲ許可セラル、又外國人「トラホーム」患者ノ入國ハ嚴重制限規定ヲ有セル處嘗テ暹羅國內ニ居住セル證據ヲ有スル者ニハ「トラホーム」ノミニテノ禁止條項ハ免除シ入國ヲ許可ス但シ新渡航者ニ對シテハ所定ノ手續ヲ履行セシム

英領印度及錫蘭島

第二節　渡航許可又ハ旅券下付ニ關スル取締方針

本件ハ出願者本人ノ事情（例之思想、素行、財力、體力、經歷等）ト本邦ノ法規竝ニ對外關係ヲ愼重考慮スル處ナルカ其ノ各事項別取締標準大體次ノ如シ

第一款　醜業婦又ハ醜業媒介者ノ渡航取締

邦人醜業婦又ハ醜業媒介者竝ニ其ノ種賤業ニ從事スル虞アル者ノ海外渡航取締方ニ關シテハ不斷深甚ノ考慮ヲ拂ヒ居ル所ナルカ是等醜業關係者ノ渡航ヲ防遏セント欲セハ須ラク內地官憲ト在外公館トノ間ニ緊密ナル聯絡ヲ保持シ以テ其ノ渡航ヲ阻止シ他面渡航後賤業ニ變スルカ如キ者ニ對シテハ極力善導シテ正業ニ就カシムルコト肝要ナリトス仍テ帝國政府ハ屢々各地方長官ニ對シ右取締方訓令スルト共ニ在外公館長ニ對シテハ在外邦人醜業關係者ノ轉業又ハ廢業措置方ニ關シ一般的訓令ヲ發シ鋭意之カ絕滅ヲ期シ居ル次第ニシテ現在ニ於テハ支那及滿洲國ヲ除キテハ南洋方面ニ尙少數ノ在留者アルノミニテ其ノ他ノ海外各地ニ於テハ邦人賤業婦ノ絕滅近キニ在リ

右ノ方針ニ基キ苟モ醜業從事又ハ醜業媒介ノ虞アリト認メラルル者ノ海外渡航願出ニ就テハ嚴重警察調査ヲ經テ許否ヲ決定スルコトト爲シ居レリ

昭和十二年十二月ヨリ同十三年十一月ニ至ル間ニ於テ醜業關係者トシテ海外渡航ヲ制限セル者ノ數ハ比島行一件ノミナリ

第二款　比島行呼寄ニ依ル養子女ノ渡航制限撤廢

従來比島在留邦人ノ呼寄ニ依リ渡航セントスル養子女ハ入籍後五年以上ヲ經過シタル者ニ非サル限リ許可セサルコトニ制限セラレアリタル處右制限ノ目的ハ表面養女トシテ之ヲ呼寄セ醜業ニ從事セシムル等ノ弊害ヲ除去セントシタルニ在リ然ルニ現在ニ於テハ比島在留邦人ニシテ醜業ニ從事スル者殆ト無ク又僞裝ノ養子女ヲ呼寄セントスル者亦漸次減少セルニ不拘右制限ヲ存置スルハ一方ニ於テ眞面目ナル移民ノ渡航ヲ抑制スル結果トナリ面白カラサルニ因リ昭和十二年六月十九日附ヲ以テ關係方面ニ通牒ヲ發シ右制限ヲ撤廢シタリ然ルニ昭和十二年十二月ヨリ昭和十三年十一月ニ至ル間ニ於テ明カニ僞裝養子女呼寄ト認メラルル者二件アリ何レモ不許可處分トセリ因ニ比島渡航ノ醜業婦取締ニ關シテハ從來發セラレタル他ノ通牒ニ依リ嚴重抑制スルモノトス

第三款　刑余者ニシテ再犯ノ虞アル者、刑ノ執行猶豫中ノ者及保釋出所中ノ者ニ對スル渡航取締

前科アル者ト雖モ嚴査ノ上改悛ノ狀顯著ニシテ再犯ノ虞ナシト認メラルル者ニ對シテハ渡航目的國ノ法令ニ牴觸セサル限リ其ノ渡航ヲ許可シ海外ニ於テ更生ノ途ヲ拓カシムルコト望マシキモ反之刑余者

七五

88

ニシテ再犯ノ虞アル者ノ渡航ハ在留同胞ノ發展ヲ阻碍スルコト不尠又刑ノ執行猶豫中ノ者ニ付テハ司法當局ニ於テ特ニ其ノ渡航ヲ承認シタル場合ノ外ハ何レモ嚴ニ渡航ヲ禁スルヲ要ス尙保釋出所中ノ者ニ付テモ同樣ナリ

刑ノ執行猶豫中ノ者ニ對シ比島行旅劵下付ノ實例

恐喝詐欺罪ニ依リ昭和十一年七月懲役六ヶ月三年間刑ノ執行猶豫ヲ受ケタル經歷アル著述業影山知二ヨリ昭和十三年九月視察ノ爲比島行旅劵下付方願出タル趣ヲ以テ東京府ヨリ協議越タリ仍テ右ニ對スル旅劵下付ノ當否ニ關シ司法省ノ意嚮ヲ照會シタル處同省ニ於テハ影山其ノ後ノ行狀ニ鑑ミ旅劵發給差支ナキ旨回答アリタルニ付十月二十七日比島行旅劵ヲ下付セリ

附記、刑余者及保釋出所中ノ者ニ對スル實例ナシ

第四款　單獨幼年者ノ渡航取締

單獨幼年者ノ外國渡航ニ關シテハ明治二十九年移民保護法實施ニ際シ同保護法ニ關スル解釋及注意トシテ各地方長官ニ訓令シ勞働ヲ目的トスル十五歲未滿ノ者ノ單獨海外渡航ハ人道上ノ見地ヨリ之ヲ禁止シ現在ニ於テモ右ノ方針ニ依リ十五歲未滿ノ者ハ父母ニ同伴セラルルカ又ハ父母若ハ近親者ニ扶養セラルル場合ニシテ領事證明ヲ有スルカ又ハ右證明ヲ有セストモ其ノ呼寄關係明瞭ナル場合ノ外ハ之カ渡航ヲ許可セサルコトニ取扱ヒ居レリ

實　例

十五歳未滿ノ單獨渡航者ヨリノ出願三件アリタルモ何レモ滿十五歳ニ達シタル上許可スルコトトセリ

第五款　兵役關係者ノ渡航取締

兵役關係者ノ海外渡航取締ニ關シテハ大體左記（A）、（B）、（C）ノ三種ニ區別スルコトヲ得而シテ其ノ各場合ニ於ケル取扱方ノ概要左ノ通リ

（A）兵役法第四十一條ニ依ル在學徵集延期中ノ者ナル場合

（イ）夏季其ノ他學校ノ休暇ヲ利用シ當該休暇間渡航スル場合又ハ文部大臣ノ承認ヲ得テ國際運動競技參加ノ爲渡航スル學生ニ對シテハ願出ニ依リ直ニ渡航許可又ハ旅劵ヲ下付ス

（ロ）修學ノ目的又ハ止ムヲ得サル家事上ノ事情ニ因リ在籍學校長ノ承認ヲ得テ概ネ六箇月ヲ超エサル期間渡航スル學生ハ本籍地聯隊區徵兵官ヨリ該渡航ニ關スル承認書ヲ取付クルヲ要ス

（ハ）以上（イ）及（ロ）ニ該當セサル學生ハ總テ徵兵檢査ヲ受クルヲ要シ右受檢ノ結果ニ依リ渡航ノ許否ヲ決定ス

（B）徵兵適齡者ノ徵兵檢査後ニ於ケル場合

徵兵檢査後外國ニ渡航セントスル者ノ取扱方

（一）、現役兵、第一補充兵役、第二補充兵役、徵集延期、徵集免除又ハ兵役免除等ノ處分決定前ノ者ニ

同	大塚一郎	靜岡	同

（以上八名「國際」所屬員）

英國	岡田伊代松	愛知	一三、一一、二三
同	佐藤秀夫	新潟	同
同	森八郎	香川	同
同	川合新市	岡山	同
同	伊與田修一	愛知	同
同	高橋邦夫	靜岡	同
同	乙貫行典	栃木	同
同	加藤巻二	愛知	同
同	若林平三郎	長野	同
白耳義及和蘭	二宮勇	愛知	同

（以上十名「中央」所屬員）

第四節　海外在留不良分子ノ再渡航取締方針

第一款　不良分子ノ再渡航取締制度

帝國領事館ハ支那及滿洲國以外ノ外國ニ於テハ管下在留邦人ニ對スル强制的取締ノ權能ヲ有セサルヲ以テ往々在留邦人間ノ平和ヲ攪亂シ或ハ我國ノ利益ニ背反スルカ如キ行爲ヲ敢テ爲ス者アリ之ニ對シ適切且效果的ナル制裁方法無ク在留民保護指導上遺憾ノ點尠カラサルニ鑑ミ昭和十二年四月左記要領ノ取締內規ヲ制定シ外務省ニ於テ「旅券下付要注意人名簿」ヲ設備シ之ニ記載シタル者ニ對シテハ取消ノ決定アルニ至ル迄ハ本人ノ歸國後更ニ外國ニ渡航方願出ツルモ絕對ニ旅券ヲ下付セサルコトトセリ而シテ右名簿ニ登載スルヤ否ヤ又ハ之ヲ取消スヤ否ヤニ關シテハ當該領事官ト聯絡シ愼重詮議ノ上決定スルモノトス斯クシテ在外要注意人物ノ反省ヲ促シ且在留民ニ對スル領事官ノ保護指導上ニ於ケル地位ノ强化ニ資スルコトトセリ

旅券下付在外要注意人物取締內規

一、領事官ハ其ノ管轄區域內ニ於ケル在留邦人中次ニ該當スル者ノ性行、外國在留好マシカラスト認ムル事情等ヲ可成詳細且具體的ニ本省ニ內申スルコト

(1) 在留邦人ノ平和及秩序ヲ攪亂シ又ハ風俗ヲ紊ル者

(2) 思想的容疑人物ト認メラルル者

(3) 帝國ノ利益ニ背反スル行動ヲ爲ス疑アル者

(4) 對外關係上外國在留面白カラスト認メラルル者

SP. 338　101

(5) 其ノ他外國在留好マシカラスト認メラルル者

二、亞米利加局第三課ニ於テハ「旅券下付要注意人名簿」ヲ設備シ置キ前項ノ内申及其ノ他ノ資料ニ基キ外國在留邦人中將來外國旅券ヲ下付スヘカラスト認メタル者ニ對シテハ關係局部課ト協議ノ上高裁ヲ經テ右名簿ニ記載ノ手續ヲ爲シ同時ニ其ノ旨關係領事官ニ通知スルコト

三、「旅券下付要注意人名簿」ニハ本人ノ氏名、年齡、本籍、外國在留地及其ノ渡航年月竝ニ外國在留中ノ行動事實等ヲ記入整備スルコト

四、「旅券下付要注意人名簿」ニ記載セラレタル者ニ對シテハ之カ取消ノ決定アル迄ハ外國旅券ヲ下付セサルコト

五、關係領事官ハ第二項ニ依リ「旅券下付要注意人名簿」ニ記載ノ通知ヲ受ケタルトキハ自己ノ裁量ニ依リ適宜之ヲ利用スルコトヲ得又同名簿ニ記載シアル者ノ中之ヲ取消スコト可然ト認メタル者アルトキハ直ニ其ノ旨本省ニ内申スルコト

本省ニ於テ右名簿ニ記載シアル者ヲ取消シタル場合ハ其ノ旨速ニ關係領事官ニ通知スルコト

六、本内規ニ於テ領事官トハ帝國領事官ノ駐在セサル地ニ於テハ帝國大使又ハ公使ニ之ヲ準用スルコト

第二款　要注意人名簿ニ登載シタル實例

八九

102

(一) 東京府在籍川本英ナル者大正十四月蘭領爪哇ニ渡航シ柑橘園ヲ經營ノ傍ラ雜貨又ハ寫眞業ヲ營ミ一時ハ相當隆盛ニ赴キシモ數年ニシテ漸次經營難ニ陷リ昭和十年頃ヨリ精神ニ異狀ヲ呈シ入院加療セシモ全治ノ見込ナキヲ以テ翌十一年十月當該帝國領事ノ保護送還ニ依リ歸國セルカ今尙全治(誇大妄想狂)スルニ至ラス自ラ婚約者ナリト稱スル前蘭印總督「ヨンダ」氏ノ令孃トノ結婚ヲ夢ミ屢々「ヨンダ」氏夫妻ニ對シ右結婚ノ實現ヲ要請スル意味ノ書簡ヲ寄セ先方ニ於テハ痛ク迷惑ヲ感シ居ル趣ヲ以テ當該帝國領事ヨリ同人ノ渡航禁止方內申越タリ仍テ審議ノ結果同人ヲ要注意人名簿登載ニ決定セリ

(二) 熊本縣人村田利八ハ十數年前移民トシテ祕露ニ渡航シタル者ナルカ性粗暴ニシテ酒癖アリ常ニ在留邦人ノ體面ヲ汚損スルノ行爲アルノミナラス祕露官憲ニ對シテモ侮辱的言動ヲ敢テシ殊ニ昭和九年中拳銃ヲ發射シ自己ノ恩人ニ瀕死ノ重傷ヲ負ハシメ二年ノ懲役ニ處セラレタリ然ルニ昭和十二年三月出獄後モ全ク改悛ノ情ナク反テ前科ヲ看板ニ無辜ノ在留邦人ヲ威嚇シ益々兇暴性ヲ逞フスル等所謂極惡ノ札付者ナルニ依リ昭和十二年五月當該帝國領事ニ於テ送還命令ヲ發シ昭和十二年六月歸國シタルモノナリ以上同人ノ行跡ニ關スル當該帝國領事ノ報告ニ基キ審議ノ結果同人ヲ要注意人名簿登載ニ決定セリ

(三) 三重縣人山中勘兵衛ハ大正五年祕露ニ渡航シ大正十五年一時歸朝更ニ昭和六年同國ニ再渡航昭和

十二年六月一時歸朝中ノ者ナルカ同人ハ性陰險卑劣ニシテ言行常ニ奇矯ニ亙リ且饒舌癖ヲ利用シテ下級在留邦人ヲ使嗾煽動シ其ノ平和ヲ紊シ殊ニ昭和十一年在留邦人間ニ於テ里馬日本人小學校敎員問題ノ論議セラレタル際之ヲ賣名的自己宣傳ニ利用シ徒ニ頑迷固陋ノ言辭ヲ弄シテ敎育會長及學務委員長彈劾ノ擧ニ出テ全會ノ擯斥ヲ買ヒ又平素惡辣手段ヲ以テ在留民ヲ苦メ嘗テハ祕露官憲ノ認可ナク共榮社ナルモノヲ設立シ賴母子講或ハ借用證書ノ古物ヲ蒐集シ之ヲ以テ理不盡ニ邦人關係者ヲ窘迫シ自己ノ利殖ヲ圖ル等其ノ非行ハ在留邦人間ノ平和ト統制ヲ攪亂シ邦人ノ發展ヲ阻害スル趣ヲ以テ當該帝國領事ヨリ同人ノ再渡航阻止方内申越タリ依テ審議ノ結果同人ヲ要注意人名簿登載ニ決定セリ（以上昭和十二年四月ヨリ同年十一月迄ニ登載シタル者）

（四）鳥取縣人梅津卷藏ハ明治四十二年移民トシテ祕露ニ渡航シタル者ナルカ渡航後一定ノ職業ヲ有セス祕露國法規其ノ他ノ習慣事情等ニ通セサル一般在留邦人ヲ相手ニ各種ノ「ブローカー」或ハ三百代言的業務ニ從事シテ當國官公署ノ下級官吏ト結託シテ種々ノ誤魔化シヲ行ヒ在留邦人間又ハ日祕人間ノ紛糾問題等ノ解決斡旋ニ乘リ出シテ殊更ニ紛糾ヲ擴大セシメテ關係者ヲ喰物トナシ又昭和十一年六月祕露國大統領令ノ公布ニ依リ本邦人ノ入國ニ對シテ著シキ制限ヲ設ケラルルヤ在留邦人ノ弱味ニ附ケ込ミ祕露國外事總務部ノ下級官吏ト通謀シ邦人ノ密入國ヲ幇助シ其ノ手數料ヲ獲得シテ生活シ居ル者ニシテ斯ル同人ノ行爲ハ帝國領事館ニ於ケル在留邦人ニ對スル統制ヲ紊リ且ツ一般在

留民同胞ノ平和ト福利ヲ傷クルハ勿論邦人團體側ニ於テモ會員ノ指導統制上種々障害アルヲ以テ帝國領事ニ對シ同人ノ適當處分方陳情アリタリ仍テ本年三月當該領事ニ於テ送還命令ヲ發シ四月横濱ニ上陸シタルモノナリ以上同人ノ行跡ニ鑑ミ當該領事ヨリ渡航禁止方內申越タリ仍テ審議ノ結果同人ヲ要注意人名簿登載ニ決定セリ

（五）福島縣人磯海國敏ハ昭和五年比島ニ渡航シ「マニラ商工新報」（現在「マニラ日々新聞」ト改稱）記者タリシ處人物極メテ下劣ニシテ浮薄、種々惡辣ナル行爲アリ而モ一種ノ婦女誘惑常習者トシテ一般ノ排斥ヲ買ヒ遂ニ同地ヲ退去一時歸國ノ已ムナキニ至リタル札附ノ人物ナルカ更ニ昭和十二年比島ニ再渡航シ同年六月在「ダヴァオ」南進時報主筆トシテ就職中ノ者ナルカ同人ハ軟派ノ不良青年ニシテ性輕薄徒ニ低調惡辣ナル言辭ヲ弄シ善良ナル社會人ニ對シ誹謗攻擊ヲ加ヘ在留邦人ノ權利ヲ害スルカ如キ行爲ヲ敢テシ、又ハ麻栽培小作人ヲ煽動シテ勞働爭議ヲ起サシメ且ツ在留民ヲ煽動シテ日比人關係ノ惡化ヲ誘致スルノミナラス最近强窃盜横行事件發生スルヤ帝國領事館及比島官憲ノ無能ヲ唱道シ比島政府ヨリ賠償金ヲ取ルヘシトカ或ハ武力ニ依リテ問題ヲ解決スヘシ等ト叫ヒ日比人相互ノ關係ヲ阻害スルノミナラス在留民ニ對スル出先官憲ノ統制ヲ紊ルコト甚大ナルヲ以テ本年七月同人ヲ歸國セシメタルモノナリ以上同人ノ行跡ニ鑑ミ當該領事ヨリ其ノ再渡航ハ絕對ニ差止メラレ度旨內申越セリ仍テ審議ノ結果同人ヲ要注意人名簿登載ニ決定セリ

(六) 福島縣人菅野嘉納ハ大正四年比島ニ渡航シ當初太田興業株式會社雇人トシテ就働シ其ノ後「ピリアフェルテ」耕地次イテ「カステリオ」耕地ノ支配人トナリタルカ性極メテ狡猾ニシテ在留邦人間ノ信用更ニ無ク耕作地ニ在ル邦人ヨリ賄賂ヲ捲キ上ケ又ハ地主トノ關係斡施ヲ口實ニ脅迫的ニ出金ヲ求ムル等邦人ヲ喰物トシテ私腹ヲ肥シ邦人耕作者間ニ常ニ惡辣ナル手段ヲ以テ常ニ悶着ヲ惹起セシメ若ハ耕作者ニ迷惑ヲ掛クル等同人ノ在留ハ邦人間ノ平和秩序ヲ攪亂スルコト甚大ニシテ此種人物ノ海外ニ於ケル跳梁ハ在留民ノ不利ヲ招キ且ツ帝國官憲ノ統制ヲ紊シ延テハ對外關係ニモ惡影響アルヲ以テ同人ノ再渡航阻止方當該領事ヨリ内申越セリ仍テ審議ノ結果同人ヲ要注意人名簿登載ニ決定セリ

(七) 東京府人土方久敬（東京市小石川區林町六十二番地、明治三十一年四月十六日生）ハ筆名ヲ與志ト稱シ大正十一年東京帝大文學部ヲ中途退學シ多年「プロ」演劇ニ貢獻シ來リタル者ナルカ昭和七年十月露都「モスコー」ニ於テ開催ノ筈ナリシ國際勞働者演劇同盟主催ノ同盟第一回國際大會竝ニ演劇「オリンピヤード」ニ「プロット」代表トシテ同年九月入露ノ爲旅劵下付方出願シタルモ斯ル機會ニ共産運動ノ國際的提携ヲ强化シ主義宣傳ニ關スル諸般ノ協議ニ參加セントスル不穩ノ企圖ニ外ナラスト認メラレタルヲ以テ右出願ヲ却下セリ其ノ後宮内省及同人親戚方面ヨリ同人ニ對シ「プロ」運動ノ渦中ヨリ脱退方勸說アリテ本人モ海外ニ在リテ轉向ノ機會ヲ得タキ希望ヲ洩シ居リシ模樣ナリシト又獨逸新民衆劇場ヨリ本人ニ對シ演出方招聘狀ヲ送付越シタル等ノ事情ニ依リ歐洲諸國漫遊ノ目的ヲ以テ家族同伴旅券下付方願出アリタリ右渡航ハ前記招聘ニモ依ルモノト認メラレタルヲ以テ左翼文藝運動ノ國際的現勢ニ鑑ミ特ニ目的國中ヨリ「ソ」聯邦竝ニ獨逸ヲ除外シ昭和八年四月歐洲諸國行旅券ヲ發給セリ然ル處土方ハ昭和八年六月「モスコー」ニ於テ開催ノ國際革命藝術家同盟大會出席ノ爲入露セル佐野碩ト共ニ日本「プロット」代表トシテ出席シタル旨新聞ニ報道セラレ更ニ昭和九年八月東京日日新聞「モスコー」特電ニ依レハ同月「モスコー」ニ開催中「ソヴィエト」作家大會ニ出席シテ演説ヲ爲シタル等ノ報道アリ同人ノ入「ソ」經路ハ不詳ナルモ渡佛後直ニ「ソ」聯官憲ニ付旅券查證ヲ受ケ家族同伴入露シタルモノノ如ク同人ハ本邦出發前宮內省關係、警視廳及東京府關係當局ニ對シ入露ヲ絕對ニ否定シ特ニ宮內省ニ對シテハ此ノ旨誓約書ヲ提出シテ外國旅行ニ關スル認可ヲ受ケタル後旅券下付申請ニ及ヒタルモノニシテ入露以來革命劇場ノ助監督トシテ國賓的待遇ヲ受ケツツ「ソ」聯演劇界ニ華華シク活動ヲ續ケ來リタルモノナルカ最近ニ於ケル日「ソ」關係ノ尖銳化ニ依ル邦人ノ「スパイ」視ト肅淸工作ニ依リ右劇場ノ解散ヲ見ルニ至リ遂ニ昭和十二年八月妻ト共ニ佛國ニ轉出シ巴里郊外ニ於テ宿痾タル肺患ノ治療ニ努メ居ル模樣ナリ而シテ同人ノ母愛子(明治十年生)ハ久敬ノ病氣見舞ヲ兼ネ思想ノ轉向及歸國方慫慂ノ目的ヲ以テ昭和十三年六月渡佛シタルカ同人ハ聊モ其ノ思想轉向ノ模樣竝ニ歸國ノ意志ナク益々自分ノ主義ニ殉セントスル

意嚮ナリ以上ノ如ク同人ノ思想、行動振リニ明瞭ナルヲ以テ高裁案ヲ俟タス要注意人名簿登載ニ決定セリ

(八) 東京府人佐野碩(東京市神田區小川町三十三/三十四番地、明治三十八年一月十四日生)ハ大正十五年一月東京帝大佛法科ヲ中途退學スルト共ニ「プロレタリア」文藝聯盟ニ加入シ其ノ後「ナップ」ニ加盟日本「プロレタリア」劇場同盟書記長トナリ昭和四年八月日本共產黨員某ノ勸誘ニ依リ活動資金ヲ提供又日本共產黨中央委員長某ヲ隱匿庇護シ自ラ日本共產黨ニ加入同黨員間ニ於ケル連絡會合等ノ斡旋活動中昭和五年四月警視廳ニ檢擧セラレ東京地方裁判所檢事局ニ於テ轉向ヲ誓ヒ起訴留保處分トナリタル者ナルカ曩ニ昭和六年四月東京府ヲ經テ映畫研究ノ爲歐米各國行旅劵下付方願出アリタルニ對シ同人ノ閱歷等ニ徵シ其ノ際特ニ渡航目的國中ヨリ蘇聯邦ヲ除外シ同年四月旅劵ヲ發給セリ然ルニ同人ハ其ノ後途中ノ經路不明ナルモ本邦當局ニ對スル誓約ニ違反シテ祕ニ蘇聯邦ニ潛入シ昭和十年三月蘇聯邦「ドン、キノ」ニ於ケル「ソヴィエト」映畫十五年祭ニ際シ「日本ノ革命的藝術家ヨリ」ト題スル「メッセージ」ヲ送リ又昭和十一年十一月「プロレタリア」演劇同盟幹部小野某ノ劇場葬執行ニ際シ莫斯科ヨリ大衆煽動的ノ弔電ヲ寄セタル等ノコトアリシカ其ノ後同人ハ昭和十二年八月蘇聯ヨリ佛國ニ赴キ同年十月在巴里米國總領事ニ渡米旅劵査證方願出タル趣ヲ以テ同人ノ身許ニ關シ在莫斯科米國大使館ヨリ同地帝國大使館ニ問合アリタル旨在蘇重光大使ヨリ來電アリタルニ付當時內務省側トモ協議ノ上同人ノ入米ハ同志トノ連絡ヲ容易ナラシムル惧アルヲ以テ米國官憲

側ニ手配シ同人ノ渡米ヲ阻止スル樣措置方夫々取計ヒ置キタリ

然ル處昭和十三年八月在佛杉村大使ヨリ佐野碩ハ同月十六日巴里發「ル、アーブル」經由約半年ノ豫定ヲ以テ渡米ノ途ニ就キタル趣電報アリタルニ付直ニ在紐育若杉總領事宛同人ノ上陸阻止手配方電訓シタル處之ニ對シ同總領事ヨリ同人ハ八月二十三日紐育着ト同時ニ「エリス」島移民局ニ留置セラレ居ルトコロ同移民局長ノ意嚮ヲモ探求セシ結果ニ依レハ本人ハ單ニ共産主義者ナリトノ理由ノミニテハ入國禁止ノ理由不充分ノ憾アリ其ノ經歷以外同人ノ入米ハ必スヤ日米國交ニ有害ナル宣傳ヲ爲ス惧アルコトヲ立證スヘキ警視廳調書ノ寫等ヲ提出スレハ極メテ有效ナル旨回電アリタルニ付直ニ警視廳ニ就キ前記同人ノ經歷ヲ記載シ最後ニ本人ノ在米ハ共産主義ノ立場ヨリシテ日米關係ニ有害ナル大衆的宣傳及煽動ヲ爲シ兩國國交ノ親善ヲ阻害スル虞アル旨ヲ記載シタル調書ヲ徵シ其ノ寫竝ニ同人ハ可成本邦ヘ向ケ追放セラルル樣配慮方電報シタル處其後同總領事ヨリノ來電ニ依レハ本人ニ對シテハ九月二日入米禁止ノ決定アリタルカ同人ハ右決定ニ對シ華府「ボード、オブ、レビユウ」ニ控訴セシモ保障人又ハ保證金ナキ爲目下尙エリス島移民局ニ留置セラレ居ル趣ナリ以上ノ如ク同人ノ思想行動餘リニ明瞭ナルヲ以テ高裁案ヲ俟タス要注意人名簿登載ニ決定セリ

第三款　要注意人名簿ニハ登載セサルモ旅券作成ノ際特ニ注意ヲ要スヘキ者

(甲)　海外在留邦人ニシテ昭和十二年十二月以降外國官憲ニ依リ好マシカラサル等ノ理由ニ依リ追放處

分ヲ受ケ送還セラレタル者

(一) 本　籍　東京市赤坂區青山高樹町五番地
現住所　同

郷間正平
明治二十七年十一月二日生

右者昭和十一年七月臺灣總督府ヨリ商業視察ノ名義ニテ香港、海峽植民地及印度行旅券ノ下付ヲ受ケ渡航セル者ナル處昭和十三年二月十七日新嘉坡英國官憲ニ依リ海軍根據地附近ニ於テノ動靜好マシカラサリシ理由ノ下ニ裁判ニ附スルコトナク同年三月二十一日遂ニ新嘉坡出帆ノ香取丸ニテ送還セラレタリ

(二) 本　籍　群馬縣北甘樂郡富岡大字富岡二一番地
現住所　高崎市新紺屋町一五番地

保坂雅次
明治三十年八月三十日生

右者昭和十一年六月八日椰子及護謨園經營並ニ物産賣買ノタメ群馬縣廳ヨリ海峽植民地、蘭領東印度及英領ボルネオ行旅券下付ヲ受ケ妻子四名同伴渡航シタル處昭和十三年三月二十一日香取丸ニ依リ郷

間正平ト全ク同時ニ同一理由ノ下ニ送還セラレタリ

(三) 本　籍　東京市品川區上大崎三丁目三三六番地
現住所　東京市北品川四丁目七八、寺田伊平次方

江　原　喜　雄
大正三年十二月九日生

右者佛領印度支那ニ於テ石炭貿易並ニ採掘事業ニ從事中ノ父吉之助ノ呼寄ニ依リ警視廳ヨリ昭和十二年九月二十二日移民トシテ旅劵ノ下付ヲ受ケ渡航セル處六月十三日印度支那ニ佛國官憲ニ依リ同人ハ「スパイ」行爲、不良性酒癖及最近ニ於ケル不遜ノ態度等ニ依リ結局好マシカラサル人物トシテ追放處分ニ附セラレ六月二十六日歸京セル者ナリ因ニ本人ニ關シテ參謀本部ノ晴氣少佐ニ照會シタルニ最近佛印ヨリ歸京セル「山根」ノ言ニ依レハ江原ハ「ゴロツキ」ヲ問題ニスル人物ニ非ストノコトナリ

(四) 本　籍　山口縣玖河郡岩國町大明小路
現住所　東京市大森區山王二ノ一九一五白井惠方

寫眞業　白　井　貞　彦
明治三十四年　月　日生

右者昭和四年九月山口縣廳ヨリ旅劵ノ下付ヲ受ケテ寫眞業經營ノタメ馬來半島ニ再渡航シ業務ニ從事

中新嘉坡海軍根據地改築以來兎角英官憲ノ邦人ニ對スル取扱振リニ付遺憾ノ點アリタル處遂ニ昭和十三年四月十四日英國官憲ニ依リ白井ハ從來屢々飛行機上ヨリ撮影セル新嘉坡ノ寫眞ヲ內密ニ邦人ニ賣却シ居リタル廉ニテ好マシカラサル人物トシテ追放處分ニ附セラレ遂ニ五月一日ノ箱根丸ニテ送還セラレタリ

(五) 本　籍　三重縣多賀郡美濃波多村六〇三番地

現住所　東京市淀橋區下落合四ノ二〇〇三翠巒莊

辻　森　民　三(三七歲)

明治三十五年　月　日生

右者昭和十三年四月十四日英國官憲ニ依リ逮捕セラレ別ニ罪名ノ說明ヲ爲サス單ニ好マシカラサル人物トシテ五月一日箱根丸ニテ送還セラレタリ因ニ本人ハ新嘉坡ニテ南洋及日本人社ニ勤務シタルコトアリ又嘗テハ「寶庫スマトラノ全貌」ナル著書ニ於テ和蘭政府ノ植民政策ヲ攻擊シ蘭領印度ヨリ追放セラレタルコトアリ最近ニ於テハ肺ヲ病ンテ無爲徒食ヲ送リタル人物ナリト

(六)

遠　藤　步兵大尉

右者昭和十一年五月ヨリ十ケ月ノ豫定ニテ佛語研究ノ目的ヲ以テ河内ヘ赴キタル處參謀本部ヨリ兵要地誌編纂資料ノ供給並ニ在廣東臼田中佐ヨリ印度支那事情諜報ノ使命ヲ託サレ居タリ自動車旅行ニ依

リ佛印及雲南兩國境附近ニ赴キタル際寫眞ヲ撮影シ又飛行場爆撃個所及河内攻略ニ關スル上陸地點等ヲ地圖ニ書込置キタルニ其ノ寫眞及地圖ヲ尾行ノ安南探偵ニ竊取セラレテ（昭和十三年二月十四日）軍探ノ嫌疑ヲ受ケ翌十五日午前河内治安警察署長ニ卽時退去ヲ命セラレタルカ同大尉ハ河内總領事ト相談ノ結果事ヲ荒立テルコトトセス將來ノ事態ヲ考慮ノ上抗議等ヲ爲サス穩カニ河内ヲ退去セリ

（七）　　宮崎省造

右者昭和十三年三月十五日河内保安警察ニ召喚セラレ八日以内ニ佛印立退ヲ命セラレタリ同人ハ遠藤大尉ト特ニ親交アリタル處遠藤大尉カ佛印退去後モ文通アリ更ニ二月一日東亞經濟調査局囑託ノ辭令ヲ受ケ同局ト機密ニ係ル書面ノ往復ヲ行ヒタル等ノ事情ニ依リ當局ノ忌憚ニ觸レタルモノト思考セラル

（八）　本籍　福岡縣筑紫村原田二四七五

現住所　東京市中野區野方町二ノ一四二二　山内博方

貿易商　山田正路

明治三十二年十月三十日生

右者大正十二年十月臺灣銀行香港支店勤務ノタメ臺南州ヨリ旅券ノ下付ヲ受ケ渡支、昭和三年雲南省昆明市東拓路ニ於テ省政府ヲ相手トシテ日本雜貨ノ貿易ヲ營ミ居レル處昭和十三年四月五日支那事變

ノタメ佛領印度支那河內ニ避難シ事業整理中佛印官憲ハ「住所不定」ナル理由ニ依リ追放ヲ命シタリ
同人ハ河內總領事館ノ情報事務ニ携ハリ居タル關係上或ハ佛印官憲ニ此ノ點ヲ察知セラレ追放セラレタルモノト思料セラル而シテ三月二日出帆ノ「ホール、ズーメ」號ニテ退去ノ命令ヲ受ケタルモ河內總領事ヨリ本人カ來佛印以來一定ノ所ニ住所ヲ有シ居ルニ拘ラス追放命令ノ理由カ前記ノ通リ住所不定ニテハ薄弱ナリトノ建前ニヨリ命令取消方ノ交涉ヲ重ネタルモ結局我方ノ要請ハ佛當局ノ容ルル所トナラス已ムナク三月五日海防出帆ノ廣東號ニテ退去セリ

(九) 本籍 廣島縣佐伯郡八幡村大字利松二八ノ一　岡田覺　二十七歲

右者昭和十年三月「ダヴァオ」ニ渡航後自昭和十一年一月至同十二年八月「ダヴァオ」郊外「ラサン」日本人小學校ノ代用敎員タリシコトアリ退役海軍二等下士、上海事變ノ歷戰者ニシテ金鵄勳章功七級乙、勳七等ノ帶勳者ナリト自稱シ前述小學校敎員ヲ辭任ノ際歸國スルト稱シ「ラサン」地方在留民ヨリ餞別ヲ詐欺シタルヲ始メ私文書僞造、官名詐稱、印章盜用、無錢飮食、竊盜等惡質ノ智能常習犯ナルノミナラス殊ニ軍事探偵ナルカ如ク裝フ等在留民ニ迷惑ヲ及ホスト共ニ對外的ニモ好マシカラサル結果ヲ招來スル惧アルヲ以テ在「マニラ」總領事ヨリ嚴重說諭ノ上八月二十二日該地出帆ノ「がんぢ

一〇一

す」丸ニテ諭示送還セラレタルモノナリ

(十) 本　籍　福岡市若宮町八

津　吉　譽　治

六十四歳

右者臺灣香港間ヲ往復シ臺灣方面ノ賭博嗜好者ヲ澳門ニ誘惑シツツアル賭博常習者ニシテ同人ノ再渡航ハ在支邦人ニ迷惑ヲ及ホスコト甚大ナルノミナラス邦人ノ保護取締上面白カラサル趣ヲ以テ在香港總領事ヨリ再渡航差止方申越ノ次第有之タルニ付注意中ノ人物ナリ

(乙) 現在海外在留中ノ者

(一) 本　籍　鳥取縣八頭郡若櫻村大字孚白見三六番屋敷

在留地　比律賓群島ダヴァオ市クラヴェリア街

新聞社主　岡　崎　平　治

明治二十四年七月一日生

右者大正九年九月移民トシテ比島ニ渡航シタル者ナルカ性暴惡ニシテ邪智ニ富ミ且誇大妄想ノ癖アルモ能ク猫ヲ冠リテ其性癖ヲ蔽ハントシ居ルモノノ如クナルモ時々私怨ノ為本性ヲ現ハシ他人又ハ團體ニ暴行ヲ加ヘ或ハ自己經營ノ新聞ヲ以テ不當ニ攻擊シ又ハ新聞刊行物ヲ名トシ威嚇ヲ以テ農民ヨリ金

錢ヲ搾取シ土地問題、小作爭議其ノ他時々ノ諸問題ニ關シ在留民ヲ煽動シ日比人關係ヲ惡化セシメツツアリ

(二) 本籍 北海道石狩國樺戸郡新十津川村字上德富一二五ノ一

西村義雄

明治十五年二月二日生

右者明治三十七年四月北海道廳ヨリ北米合衆國行旅券ノ下付ヲ受ケ渡航シ各地ニ於テ家庭働ヲ爲シ爾來紐育邦人勞働團體倶樂部ヲ主導セシモノノ如ク常ニ社會主義勞働運動ニ從事シ一時在米邦人共産代表者トシテ蘇聯本部ヨリ承認セラレタル模樣アルモ現在果シテ代表トシテ存在スルヤ否ヤ不明ナリ支那事變勃發以來米國西部諸州ヲ巡歷シ宣傳演説ヲ爲シ本邦ニ不利ナル勞働運動ヲ爲シツツアルヤ思料セラル。現在紐育方面ニ在留セリ

(三) 本籍 和歌山縣東牟婁郡太地町大字太地三三九一

雜貨商 石垣榮太郎

明治二十六年十二月一日生

右者明治四十二年十月二十五日實父政治ノ呼寄ニ依リ和歌山縣ヨリ渡航許可神奈川縣ニ於テ旅券ノ下付ヲ受ケ加奈陀ヘ渡航シ其ノ後北米合衆國ヘ轉航シタル者ニシテ西部方面ヨリ紐育ニ到リ純然タル共

一〇三

SP. 338 116

產主義者ニシテ紐育邦人勞働團體倶樂部ニ出入シ左傾印刷物ノ頒分ヲ爲シ又ハ邦字新聞ニ寄稿シ共產系邦人同志ヲ指導シ紐育共產系ノ頭目ノ地位ニアリ

(四) 本　籍　滋賀縣愛知郡稻村大字上西川五一

西　野　喜　一

明治二十三年一月十八日生

右者明治四十一年（十八歳ノ時）無斷家出シ其ノ後阪神地方ヲ流浪シ居リシニ神戸港ヨリ海員トシテ乘船後北米合衆國ヘ密入國シタル者ナルカ入米後多年勞働運動ニ從事シ今次支那事變勃發以來抗日反戰宣傳ヲ爲シ居レリ別名ヲ西野鐵槌又ハ岡本ナトト稱シ居リ共產系邦人運動者中ノ主要ノ一人ナリ

(五) 本　籍　鹿兒島縣龍鄕村戸口一九一〇

保　忠　藏

明治二十年二月十九日生

右者ノ渡米記錄調査セル處同人ノ兩親、實兄長男敏雄ハ何レモ死亡シ姉妹ハ文盲ニシテ同人ノ渡航ヲ關知セス大體大正九年頃入米セルモノヽ如ク入米後各地ニ於テ料理店ノ給仕等ニ從事シ目下紐育方面ニ在リテ共產黨員及邦人同志ト連絡間接ニ共產事業及勞働運動ヲ助力劃策シ居ルモノヽ如シ

(六) 本　籍　和歌山縣東牟婁郡太地町太地三三九一　田中三四郎二女　石垣榮太郎ノ妻

田中綾子

明治三十六年九月二十一日生

右者大正十五年八月六日附公用旅券第五六五五三號ノ發給ヲ受ケ大使館員ノ從者トシテ渡米シ「コロンビヤ」大學ニ社會學ヲ研究シ昭和五年十二月一日紐育ニ於テ石垣榮太郎ト結婚同棲ス、共産黨運動ニ從事シ白人同志ト連絡會合ヲ爲スト共ニ、「松井ハル」ト稱シテ日米兩國雜誌ニ寄稿シ亦常ニ北米各地ヲ巡歷共産主義ノ講演ヲ爲シ居レリ石垣ト共ニ邦人共産主義者間ニ重キヲ爲セル人物ナリ

第五節 中村藤吉ニ對スル米國官憲ノ送還命令ト入國許可經緯

(一) 中村藤吉ノ渡米ト送還命令

中村藤吉ハ北米武德會會長、劍道教師トシテ視察ノ爲大正四年六月以來渡米六回ニ及ヘル人物ナルカ昭和十年三月報知新聞社特派通信員トシテ同社ヨリ米國ニ派遣セラルルコトトナリ野間社長ヨリ保證書及證明書ヲ提出越セルヲ以テ本人ニ對シ渡米後通信員タルノ本務ニ精勵スル樣篤ト注意シタル上同年三月二十日附米國行旅券ヲ下付シ斯クテ本人ハ在京米國總領事ノ査證ヲ受ケ同月二十九日

第十節　支那及比律賓渡航者ニ對スル傳染病豫防ニ關スル手續要領

(一) 天津

「コレラ」、昭和十二年十月六日天津方面ニ於ケル「コレラ」病發生ノ事態ニ鑑ミ之カ防止策トシテ同地軍當局ノ意嚮モアリ內地及大連ヨリノ渡航者ニ對シ乘船前豫防注射ヲ受ケ右證明書ノ提示ヲ要スル旨在天津總領事ヨリ通報アリタルニ付同月九日右各渡航者ニ對シ此ノ旨周知方取計ヒタリ然ル處同十二月十四日病勢漸次終熄セルニ付豫防注射證明書ノ携帶ノ要ナキ旨來電アリタルニ付右證明書ノ携帶ヲ中止スヘキ旨夫々周知方取計ヒ置タリ

越エテ昭和十三年五月上海方面ヲ「コレラ」流行指定地ト認メ同地方ヨリ天津ニ渡來スル者ニ對シテハ豫防注射證明書ノ所持ヲ要求スルコトトナリタルニ付此ノ旨六月一日附ヲ以テ各汽船會社ニ對シ周知方取計置ケリ

天然痘、昭和十三年十一月天津ニ於テハ北京、濟南ト共ニ目下種痘證明書ヲ必要ト認メ居ラサル旨報告アリタリ

(二)、青島

天然痘、昭和十三年十一月上海方面ヨリノ渡航者ニ對シテハ上陸ノ際種痘ヲ施行中ナルカ一般ニ種

痘ヲ望ムモ證明書ノ提示ヲ求メ居ラス

(三) 上　海

「コレラ」、昭和十二年十月十二日上海ニ於ケル「コレラ」病流行狀況ニ鑑ミ之カ防止策トシテ當分ノ間同方面ヘノ邦人乘船者ハ必ス豫防注射ヲ受ケ右注射濟證明書ノ携帶ヲ要スル趣無洩周知方取計置キタル處同年十二月「コレラ」病漸次終熄セルヲ以テ豫防注射ヲ廢スルコトニ決定セル旨報告アリ此ノ旨關係官廳ニ通牒シ置ケリ

越エテ昭和十三年五月二十七日ニ至リ再ヒ「コレラ」病發生シ之カ防備ノ徹底ヲ期スル爲上海ヘノ渡航者ニ對シテハ一率「コレラ」豫防注射證明書ノ提示ヲ必要トスルコトトナリタルニ付五月三十日關係官廳ニ對シ此ノ旨周知方取計置ケリ

天然痘、昭和十三年十一月十六日邦人渡來者中痘瘡罹病者發生セルニ付右流行ヲ防衞スルタメ種痘ノ實施ヲ爲シ尚右有效證明書ノ携帶ヲ要求スルニ至レルヲ以テ其ノ旨同地旅行者ニ周知方關係官廳ニ手配セリ

(四) 厦　門

「コレラ」、昭和十三年五月香港ヲ次テ八月南支沿岸各港ヲ「コレラ」流行地ニ指定セルニ付同地方ヨリ厦門ヘノ渡來者ハ總テ「コレラ」豫防注射濟ノ證明書ヲ提示スルカ又ハ上陸前注射ヲ施行セラ

ルルコトトナリタルニ付其ノ旨周知方取計置ケリ

天然痘、昭和十三年十一月二十一日中南支方面ニ天然痘發生セルニ鑑ミ厦門ヘノ渡航者ニ對シ一率種痘證明書ヲ必要トスルコトトナリタルニ付此ノ旨旅行者ニ周知方手配セリ

(五) 香　港

「コレラ」、昭和十三年香港政廳ハ五月十八日附厦門ヲ次テ十九日附廣東ヲ二十九日附汕頭ヲ六月二十日附上海ヲ及二十七日附澳門ヲ夫々虎列剌流行地ト指定セリ

(六) 比律賓

「コレラ」、昭和十二年九月比島檢疫長官ハ亞細亞沿岸地方ニ於ケル「コレラ」流行擴大セルニ付比島入港ノ客船ハ總テ檢査ノタメ「マリスヘレス」檢疫所ニ寄港シ三等船客ハ全部下船セシメ「コレラ」患者ニアラサルコト判明スル迄同地ニ抑留セラルヘキ旨通告ヲ發セリ尚同年十二月十五日以降本邦及臺灣ヨリ直接比島ニ往航スル船舶ハ檢疫所ニ寄港ノ要ナク直接馬尼剌其ノ他ノ貿易港ニ入港シ得ルコト及該船客ニ對シテハ發便檢査ヲ要セサルモ本邦檢疫官若ハ船醫發給ノ豫防注射證明書ヲ提示スルヲ要スル旨公布シタルカ越エテ十二月二十二日ニハ本邦臺灣、支那、香港、佛領印度支那及暹羅方面ヨリノ船客ニ對シテハ總テ比島當局ノ承認ヲ得タル「コレラ」豫防注射證明書ノ提示ヲ要スル旨公布セルニ付同月二十三日其ノ旨關係官廳ニ對シ指達方取計タリ

天然痘、昭和十三年一月二十七日比島檢疫長官ハ天然痘防疫ニ關シ香港ヨリノ比島向船客ニ對シテハ一ヶ年以內ニ種痘ヲ爲シタル有效證明書ニ在香港米國總領事館附衞生官ノ裏書又ハ查證ヲ受ケタルモノヲ提示スルヲ要スルコトトセルニ付右渡航者ニ對シ周知方取計タリ

尙十一月二十五日附ヲ以テ比島官憲ハ中南支方面ニ於ケル天然痘發生ニ鑑ミ同地方ヨリ比島向若ハ通過船客ニ對シテハ種痘有效證明書ノ提示ヲ求ムルコトトセルニ付關係官憲竝ニ船會社ニ對シ十二月六日右ノ旨移牒ノ上一般渡航者ニ周知方取計置タリ

第十一節　臺灣ニ於ケル滿洲國及中華民國渡航證明規則制定竝ニ外國旅券規則中改正

本邦人ノ支那渡航ハ日清通商航海條約ニ依リ旅券ヲ必要トセス彼我ノ交通ハ自由ナルヲ原則トスルモ從來臺灣籍民ニ關スル限リ支那人トノ識別困難ナル爲種々取締上ノ必要ニ基キ旅券ヲ携帶スルニ非サレハ外國ニ渡航セシメサルコトニ臺灣總督府ノ外國旅券規則中ニ規定セラレアル處右ハ前記條約ノ精神ニ鑑ミ妥當ナラサルノミナラス同籍民ノ海外發展ヲ抑壓スルノ憾アルヲ以テ右從來ノ制度ヲ撤廢シ之ニ代フルニ滿洲國及中華民國ニ渡航スル同島民ニ對シテハ郡守、警察署長又ハ支廳長ヨリ本人ノ本籍、現住所、戶主又ハ戶主トノ續柄、氏名、生年月日、渡航目的、渡航地名、職業、身分、特徵等ヲ

記載シ寫眞ヲ貼附シタル臺灣總督名義ノ渡航證明書ヲ新ニ發給スルコトトシ尙右渡航證明書ノ種類ヲ普通、往復及團體ノ三種ニ分チ其ノ手數料ヲ普通渡航證明書三圓、數次往復渡航證明書五圓、團體渡航證明書ヲ十圓トシ昭和十三年九月十六日臺灣總督府令ヲ以テ之ヲ公布シ同年十月一日ヨリ實施セリ同時ニ臺灣ノ外國旅券規則中ヲ改正シ渡航證明規則ト牴觸スル規定ノ整理ヲ行ヒ併セテ實際ニ運用セサル條文ヲ削除シ又對外發展助長ノ見地ヨリ同一旅券ヲ以テ三ケ年間數次往復シ得ヘキ地ヲ從來指定ノ香港ノ外佛領印度支那、暹羅、海峽殖民地、馬來聯邦及非聯邦諸邦、英領印度、緬甸、「セイロン」、英領「ボルネオ」及蘭領東印度ニ擴張シ同年十月一日之ヲ告示セリ

第十二節　外國旅券關係

第一款　旅券ニ使用スル國語ノ「ローマ」字綴方統一

國語ノ「ローマ」字綴方ニ關シテハ昭和十二年九月二十一日附內閣訓令第三號ヲ以テ公示セラレタルニ付旅券關係上使用スヘキ國語ノ「ローマ」字綴方モ原則トシテ右訓令ノ趣旨ニ據リ昭和十三年一月一日ヨリ之ヲ實行スルコトト致シ尤モ個人ノ姓名及商社名ニシテ從來特有ノ綴リヲ用キ居ル爲右訓令ノ綴方ニテハ支障ヲ生スル者ニ對シテハ例外トシテ其ノ特有ノ綴リヲ使用セシムルモ差支ナキ旨豫メ一般ニ周知方昭和十三年九月二十七日附ヲ以テ各地方長官（警視總監ヲ含ム）、關東州廳長官、拓務次

國領事ノ査證ヲ得本邦ニ渡來シタルカ如キ又我國ノ少年團カ目的國領事ノ査證ヲ得外國ニ渡航シタルカ如シ

第四款　日暹間學生修學旅行團ノ簡易上陸取扱方

千九百二十三年在盤谷帝國總領事館ト暹羅國外務省間ニ於ケル本件取極ノ往復書翰ニ依レハ學生ノ修學旅行團ニ對シテハ日暹兩國孰レモ一定條件ノ下ニ右團員ノ連名渡航證明書ヲ携帶スルノミニテ之ニ行先國官憲ノ査證ヲ要セスシテ相互ニ上陸及國內旅行ヲ許容スルコトトナリ居ルモ從來實際ノ取扱ニ於テハ本邦ヨリ暹羅國ニ渡航シタル學生修學旅行團ハ何レモ右連名渡航證明書ノ末尾ニ在京暹羅國公使ノ一括査證ヲ得テ渡航シ居リ其ノ取扱振前記取極ト一致シ居ラサル處今後ハ右取極通連名渡航證明書ノミニテ一括査證ヲ要セス相互ニ上陸及國內旅行ヲ許可スルコトト致度右樣取扱方目下在盤谷帝國總領事ヲ通シ暹羅國當局ニ協議中ナリ

第十四節　邦人海外渡航ノ趨向

昭和十二年度ニ於ケル邦人ノ海外渡航者總數（但シ中華民國及滿洲國渡航ノ本邦人ハ旅券ノ携帶ヲ必要トセサルニ依リ之ヲ除キタルモ臺灣島民ノ前記方面渡航者ハ取締上旅券ヲ携帶セシメ居レルニ付本論中ノ同方面渡航者ハ主トシテ臺灣島民ナリトス）ハ四萬六千六百二十九名ニシテ其ノ內譯ハ移民一

萬七百四十九名、非移民一萬二千五百四十名、公用及外交旅券ニ依ル者一千五百四十二名、蘇聯邦領極東地方行季節移民二萬一千百九十六名及國籍證明書ニ依ル船舶廻航船員六百二名ナリ

第一款　移　　民

昭和十二年度ニ於ケル本邦出移民總數（但シ別項記載ノ蘇聯邦領極東地方行季節移民ヲ除ク）ハ一萬七百四十九名ニシテ之ヲ本邦出移民數ノ最高記錄タル昭和九年度ノ二萬八千八十七名ニ比シ一萬七千三百三十八名ノ減少トナリ前年昭和十一年度ノ一萬一千四十名ニ比較スルトキハ二百九十一名ノ減少ヲ示セリ

昭和十二年度ニ於テ昭和九年度ニ比シ前記ノ如キ著シキ減少ヲ見タル理由ハ昭和九年五月伯國政府制定ノ入移民制限令ノ影響ニ因ルモノニシテ卽チ昭和九年度ノ伯國行移民二萬二千九百六十名ヲ同十二年度ノ四千六百七十五名ニ比較スルニ其ノ差實ニ一萬八千二百八十五名ノ減少トナリ又昭和十一年度ニ比シ減少ヲ示シタルハ南米祕露國行移民數ニ於テ激減アリタルニ因ルモノニシテ卽チ昭和十一年度ノ五百九十三名ニ對シ昭和十二年度ハ僅ニ百六十六名ニシテ其ノ減少數ハ四百二十七名ナリ

昭和十二年度出移民ノ主要ナル渡航先地ヲ摘出スルニ南米方面ニ於テハ伯剌西爾四、六七五名、亞爾然丁三〇七名、祕露一六六名、「パラグアイ」一五〇名、南洋方面ニ於テハ比律賓群島三、八八一名、英領馬來四一四名、濠洲聯邦二二二名、蘭領東印度一三一名、英領北「ボルネオ」一七八名及其ノ他

ノ諸地方六二五名ナリ

次ニ職業上ヨリ大別スルニ農業及農業勞働者七、七五八名、漁業及漁業勞働者七四〇名、商業及商業勞働者五二五名、工業及工業勞働者二六五名、鑛業及鑛業勞働者二五三名及其ノ他一、二〇八名ナリ

（註、尙昭和十二年度本邦移民ノ詳細ニ關シテハ嚢ニ配布シタル「昭和十二年度移民渡航者統計」ヲ參照セラレタシ）

昭和十二年中北海道ヨリ渡航シタル蘇聯邦領極東地方行季節移民ノ總數ハ二一、一九六名ニシテ之ヲ前年度ノ二二、八三三名ニ比較スルトキハ一、六三七名ノ減少ヲ示セリ而シテ前記總數ノ內譯ハ漁業勞働者一九、四八〇名、鑛業勞働者一、一三二名及木材積取勞働者五八四名ナリ

昭和十三年一月ヨリ六月ニ至ル六箇月間ニ於ケル本邦出移民總數（但シ後出蘇聯邦領極東地方行季節移民ヲ除ク）ハ四、〇一〇名ニシテ前年同期ノ五、七一九名ニ比較スルトキハ一、七〇九名ノ減少トナリ其ノ渡航先地ニ於テ著シキ減少數ヲ示シタルハ伯剌西爾ノ一、〇四〇名、比律賓群島ノ四〇四名及英領馬來ノ二三五名ニシテ增加ヲ示シタルハ僅ニ英領北「ボルネオ」ノ二八七名ナリ

前記移民ノ主要ナル渡航先地ハ南米方面ニ於テハ伯剌西爾一、七七〇名、亞爾然丁一三五名ニシテ南洋方面ニ於テハ比律賓群島一、三一六名、英領北「ボルネオ」三六六名及其ノ他ノ諸地方四二三名ナリ

次ニ其ノ職業上ヨリ大別スルニ勞業三、二二〇名、漁業一八一名、商業一三八名、工業九七名及其ノ他三七四名ナリ

蘇聯邦領極東地方行季節移民ハ總數一九、〇〇六名ニシテ其ノ內譯ハ漁業勞働者一八、五一七名及鑛業勞働者四八九名ナリ

第二款　非　移　民

昭和十二年度ニ於ケル非移民旅劵ニ依ル本邦海外渡航者總數（外交公用旅劵ニ依ル渡航者ヲ除ク）ハ一萬二千五百四十名ニシテ之ヲ前年昭和十一年度ノ一萬五千七百六十九名ニ比較スルニ三千二百二十九名ノ減少ヲ示シタリ

右減少ノ原因ハ今次支那事變ノ影響ニ因リ中華民國渡航ニ際シ旅劵ノ携帶ヲ必要トスル臺灣ヨリノ渡航者數ニ於テ三千百九十五名ノ激減アリタルニ因ルモノニシテ其ノ他ノ渡航先ニ就テ見ルニ多少ノ增減アルモ之カ全般的ニ見ルトキハ殆ト變化ナキ狀態ナリ

昭和十二年度非移民ヲ其ノ渡航先地ニ依リ大別スルニ臺灣ヨリ中華民國及滿洲國ニ渡航セル者三、三五〇名、南洋方面（香港及澳門ヲ含ム）五、四五二名（內比律賓群島一、一六六名及蘭領東印度九六五名）、歐米諸國二、七七五名、中南米諸國三〇二名、蘇聯邦（主トシテ極東地方）二七九名及其ノ他ノ諸地方三八二名ナリ

次ニ職業及渡航目的ニ依リ之ヲ大別スルニ商業關係四、一〇四名、工業關係八二〇名、生產業關係一、〇二四名、自由業關係及雜三、八一六名竝ニ視察研究等一時的用務ヲ目的トスル者二、七七六名ナリ

（註、昭和十二年度本邦非移民渡航者ノ詳細ニ關シテハ曩ニ配布シタル「昭和十二年度非移民渡航者統計」ヲ參照セラレタシ）

尙其ノ他外國ニ於テ購入シタル船舶廻航ノ爲國籍證明書ニ依リ渡航シタル船員ノ數ハ六〇二名ニ上リ其ノ渡航先地ハ北米合衆國、加奈陀、英領印度、英國及和蘭等ナリ

昭和十三年一月ヨリ同年六月ニ至ル六ケ月間ニ於ケル本邦非移民渡航者總數（外交公用旅券ニ依ル渡航者ヲ除ク）ハ四、八六七名ニシテ之ヲ前年同期ノ七、八四六名ニ比較スルニ二、九七九名ノ減少ヲ示セリ而シテ右減少ノ原因ハ昭和十二年度非移民渡航者ノ項ニ於テ述ヘタルト同樣ノ理由竝ニ昭和八年三月二十九日施行ノ外國爲替管理法ニ對スル昭和十二年八月二十八日、十二月九日及同月十一日改正ニ依ル外國送金制限ニ基因スルモノニシテ其ノ著シキ減少ヲ示シタル渡航先地ハ中華民國ノ一、五二六名（主トシテ臺灣島民）、南洋方面ノ八七一名及歐米方面ノ五七七名ナリ右非移民ヲ其ノ渡航先地ニ依リ大別スルニ中華民國及滿洲國一、一八六名、南洋方面（香港及澳門ヲ含ム）二、二二九名（內比律賓群島五九四名及蘭領東印度四一四名）歐米諸國一、〇六一名、中南米諸國一二四名、蘇聯邦（主トシテ極東地方）九七名竝ニ其ノ他ノ諸地方一七〇名ナリ

次ニ職業及目的ニ依リ大別スルニ商業關係一、四五三名、工業關係三三三名、生産業關係五一六名、自由業關係及雜一、七九一名竝ニ視察研究等一時的用務ヲ目的トスル者七七四名ナリ

尙其ノ他昭和十三年度上半期ニ於テ外國ニ於テ購入シタル船舶廻航ノ爲國籍證明書ニ依リ渡航シタル

船員ノ數ハ一〇名ニシテ其ノ渡航先地ハ全部新嘉坡ナリ

第三款　外交及公用渡航者

昭和十三年度上半期ニ於テ諸官廳ノ請求ニ依リ本省ニ於テ發給セル外交旅券及公用旅券數ハ四百五十四冊ニシテ其ノ延人員ハ五百三十二名ナリ之ヲ外交旅券帶有者及公用旅券帶有者ニ區分スレハ前者ハ二百十一冊二百八十七名、後者ハ二百四十三冊二百四十五名ナリ

本年同期間ニ於ケル植民地官廳ノ發給ニ係ル公用旅券ヲ帶有シテ渡航シタル者ノ數ハ二百四十七名ニシテ之ニ外務省發給ノ外交及公用旅券帶有渡航者數五百三十二名ヲ合算スレハ其ノ數七百七十九名ナリ

右昭和十三年度上半期ニ於ケル外交及公用旅券帶有海外渡航者數七百七十九名ヲ過去三ケ年ニ於ケル同渡航者數ト比較スレハ左表ノ通

區別	十年	十一年	十二年	十三年(上半期)
外交旅券ニ依ル渡航者數	三五八	三六六	五〇七	二八七
公用旅券ニ依ル渡航者數	五七九	八二〇	八二七	二四五
植民地官廳發給ニ依ル公用旅券有渡航者數	一六三	三四三	二〇八	二四七
合計	一、一〇〇	一、四二九	一、五四二	七七九

昭和十三年度上半期ニ於ケル外交及公用旅券帶有海外渡航者數ヲ各請求官廳別ニ示セハ左表ノ通

一三一

官廳別	件數	人員數
外務省（外交公用）	二一一	四〇〇
陸軍省	一八	一八
海軍省	二七	二七
農林省	三〇	三〇
文部省	二一	二一
拓務省	一一	一一
商工省	七	七
鐵道省	七	七
内務省	三	三
厚生省	三	三
遞信省	一	一
地方廳	四	四
計	四五四	五三二

第四款 邦人海外渡航者一覧表（植民地ヲ含ム）

暦年度	移民	非移民	公用（外交ヲ含ム）	小計	蘇聯邦領極東地方行季節移民	國籍證明書ニ依ル船舶週航船員	總計
昭和九年	六、〇八七	三四、四八七	一、二五一	四一、八二五	三二、三五四	八〇一	七四、九八〇
昭和十年	一〇、八一三	一五、八五四	一、一〇〇	二七、七六七	二〇、七六八	三六二	四八、八九七
昭和十一年	一一、〇四〇	一五、七六九	一、四二九	二八、二三八	二二、八六五	二二二	五一、三二五
昭和十二年	一〇、七四九	一二、五四〇	一、二四三	二四、五三二	二一、一九六	四〇一	四六、一二九

昭和十三年度上半期ニ於ケル邦人海外渡航者一覧表（植民地ヲ含ム）

種別	移民	非移民	公用（外交ヲ含ム）	小計	蘇聯邦領極東地方季節移民	國籍證明書ニ依ル船舶廻航船員	總計
	四、〇一〇	四、八七七	七九	八、九六六	一九、〇〇六	一〇	二八、九八二

一三五

第三章　不良分子ノ渡支取締

第一節　渡支取締制度

從來支那ニ渡航スルニハ旅券ノ必要ナク自由ナリシ處今回ノ日支事變ニ關聯シ支那在留邦人ハ多數引揚ケ其ノ遺留財産ニ對スル保護警戒等モ行渡リ兼ヌル際或ハ殘留セル邦人ヲ煽動シテ事ヲ爲サントシ或ハ混亂ニ紛レテ私利ヲ逞フセントスルカ如キ無頼不良ノ徒ノ支那渡航ハ治安保持上此際嚴ニ之ヲ取締ルノ必要ヲ認メ昭和十二年八月關係官廳トモ協議ノ結果今後當分ノ間支那ニ渡航セントスル（一）一般本邦人ニ對シテハ所轄警察署長ヨリ（二）前在留民ニシテ再ヒ渡支スル者ニ對シテハ在支所轄帝國公館長ヨリ（三）又公務ノ爲ニ派遣セラルル者ニ對シテハ派遣官公署ヨリ夫々左記手續ニ依リ身分證明書ヲ發給スルコトトシ右身分證明書ヲ有スルカ又ハ正式旅券ノ發給ヲ受ケタル者ノ外ハ支那ニ向ケテ渡航セシメサルコトニ措置方關係官廳ニ通牒シ昭和十二年九月十日ヨリ之ヲ實施セリ

支那渡航取扱手續

（一）日本內地及各植民地ヨリ支那ニ渡航スル日本人（朝鮮人及臺灣籍民ヲ含ム）ニ對シテハ當分ノ間居住地所轄警察署長ニ於テ本籍、現住所、職業、氏名、生年月日及支那ヘ渡航ヲ必要トスル目的、

理由、期間等ヲ記載シタル身分證明書ヲ發給スルモノトス
但シ制服着用ノ日本軍人軍屬ニ對シテハ此ノ限ニ在ラス
前項ノ身分證明書ハ公務ノ爲派遣セラルル官吏其ノ他ノ者ニ對シテハ派遣官公署ニ於テ之ヲ發給スルモノトス

（二）警察署長第一項ノ身分證明書ノ下付願出アリタルトキハ本人ノ身分、職業、渡航目的、要件、期間等ヲ調査シ左ノ通取扱フ

（イ）素性、經歷、平素ノ行動等不良ニシテ渡支後不正行爲ヲ爲スノ虞アル者ニ對シテハ身分證明書ヲ發給セス

（ロ）其ノ他ノ者ニ對シテハ速ニ身分證明書ヲ發給ス

（三）支那在留者ニシテ業務上家庭上其ノ他正當目的ノ爲本邦ニ往復ヲ必要トスル者及一旦引揚ケタル者ニテ前記目的ノ爲支那ヘ歸還ヲ必要トスル者ニ對シテハ在支所轄帝國公館長ヨリ身分證明書ヲ發給スルモノトス

（四）出發港所轄警察署長ハ第一項及第三項ノ身分證明書又ハ帝國政府發給ノ旅券ヲ有スル者ニ非サレハ支那ニ向ケ乘船乘車又ハ航空機ニ搭乘セシメサルモノトス

（五）本身分證明書ノ發給ニ對シテハ手數料ヲ徵收セス

（六）本手續ハ支那行外國旅券ノ發給ヲ妨クルモノニ非ス

（七）本手續ハ支那現地ノ事態ノ許ス限リ可及的速ニ之ヲ解除スルモノトス

（八）本手續ハ即時施行ス

但シ第四項ニ關スル限リ昭和十二年九月十日ヨリ之ヲ施行スルモノトス

支那各地渡航者ニ對スル右支那渡航取扱手續適用ノ現狀左ノ如シ

（一）北京、天津、青島、濟南、上海、南京等

右北支竝ニ中支方面渡航者ニ對シテハ最初ハ統制ノ必要上前居留民ノ外ハ業務上家庭上至急渡支ヲ必要トスル事情アル者ヲ除クノ外ハ可成渡航ヲ自發的ニ差控ヘシメ居リシ時期アリシモ今日ニ於テハ不良分子ニ非サル限リ凡テ身分證明書ヲ發給スルコトトシ居レリ

（二）厦門

昭和十三年六月以降一定ノ順序ヲ以テ前居留民ノ復歸及新渡航ヲ許可スルコトトシ居ルカ同島ハ大陸トノ交通ハ斷絶シ上海、香港方面トノ交通ハ不充分ニシテ獨リ臺灣トノ間ニ交通アルニ過キサル狀態ナルヲ以テ新渡航者ニ取リ大ナル經濟的發展ヲ期待シ難シ

（三）廣東

現地ノ事情ニ鑑ミ漸増主義ヲ採ルノ必要ヲ認メ當分ノ間（一）前居留民ニシテ復歸スル者（二）軍部關係ノ商人及其ノ用務者（三）業務上家庭上其ノ他用務ノ爲特ニ至急渡航ヲ必要トスル事情アル者ニ

對シテノミ身分證明書ヲ發給スルモノトシ其ノ他ハ渡航ヲ差控ヘシメ居レリ

(四) 漢口

昭和十三年十一月現地ニ於ケル外務及陸海軍連絡會議ニ於テ決定セル左記趣旨ノ下ニ身分證明書ヲ發給シ居レリ

(イ) 特別區（支那ノ囘收シタル舊外國租界）及支那街ニ事務所又ハ店舖ヲ有スル商社竝ニ個人營業關係者ハ渡航差支ナキコト

(ロ) 日本租界ノ被害程度ハ家屋軒數ニ於テ約四割見當ニシテ之カ復興ハ資金其ノ他ノ關係上相當時日ヲ要スルモ差當リ現存スル住宅及店舖ノ前居住者ヲシテ優先的ニ復歸セシムルコト

(ハ) 個人營業者ニ付テハ其營業ニ相當スル資金又ハ技術ヲ有スル者ハ渡航差支ナシ但シ船腹ノ關係モアリ當分ノ間前居住者ヲ優先的ニ復歸セシムルコト

(ニ) 料理店ハ適當ノ區域及家屋ニナルヘク速ニ復歸セシムルコト

(ホ) 原則トシテ個人店舖ハ一人一業主義ニ依ルコトトス

(ヘ) 渡航者ハ總テ在上海帝國總領事館又ハ在南京帝國總領事館ニ出頭シ指示ヲ受クヘキコト

尙昭和十二年九月渡支取締制度ノ實施以來本年八月末迄ノ間ニ支那ニ渡航シタル本邦人ノ數ハ二十一萬二千十八人ナリ

第二節　青島方面渡航者ノ取締緩和

昭和十三年一月十八日附及二月八日附公信ヲ以テ青島、濟南並ニ張店、博山等膠濟鐵道沿線渡航者ニ付テハ當分ノ間前居留民ニシテ復歸セントスル者ノ外ハ青島ニ向ケ渡航セシメサル樣致度旨各關係官廳ヘ通牒シ置キタル處在青島大鷹總領事ヨリ其後膠濟沿線ノ治安モ漸次回復シ且青島方面居留民ノ復歸モ一段落着キタルヲ以テ同年七月一日以後ハ初渡船者ト雖モ青島ニ向ケ渡航ヲ許シ差支ナシ尤モ青島ヨリ奥地ニ入込ムコトハ陸軍側ニ於テ尙相當制限スル意嚮ノ趣來電アリタルニ付七月一日ヲ期シ青島ヲ目的トシテ渡航スル初渡航者ニ對シテモ天津又ハ上海方面渡航者ト同樣昭和十二年八月三十一日附米三機密合第三七七六號當省次官ノ依命通牒ニ依リ渡支後不正行爲ヲ爲ス惧ナキ者ニ限リ身分證明書ヲ發給シタル上渡航セシメ差支ナク又青島ヨリ奥地ニ入込ム目的ヲ以テ青島ニ向ケ渡航セントスル初渡航者ニ對シテモ陸軍側ヨリ制限セラルル場合アルコトヲ豫メ篤ト說明ノ上其ノ危險ヲ本人ニ於テ負擔スルコトヲ承諾スル者ニ限リ是又前記依命通牒ノ趣旨ニ依リ身分證明書ヲ發給シ渡靑セシメ差支ナキ旨昭和十三年六月八日各關係官廳ヘ通牒セリ

第三節　厦門入島許可取扱振

支那及南洋各地ヨリ厦門ニ赴ク內、臺人及外、支人ノ厦門入島許可取扱振ハ左ノ通ナル趣在厦門內田總領事ヨリ申越アリタリ

一、內地人及臺灣人ハ所在地所轄帝國領事館發給ノ身分證明書竝ニ虎列剌及窒扶斯ノ豫防注射證明書ヲ携行スルコト但シ右豫防注射ハ厦門到着後行フモ差支ナシ

二、外國人及支那人ハ一旦鼓浪嶼共同租界側ニ上陸セシメ外國人ニ對シテハ所屬國官憲發給ノ旅券又ハ身分證明書ニ在厦門帝國總領事館ニ於テ厦門入島許可ノ査證ヲ與ヘ、支那人ニ對シテハ虎列剌及窒扶斯ノ豫防注射ヲ爲シタル上治安維持會發給ノ通行證ヲ受領セシメ入島ヲ許可ス但シ右通行證ヲ得ルニハ鼓浪嶼在住者二名ノ保證ヲ要ス

在外帝國領事館ノ證明書ヲ所持スル者ニ對シテハ入島手續上ノ便宜ヲ供與ス

三、入島者ハ成ルヘク日本船ニ依ルヲ便トス

四、外國船ニ依リ厦門島ニ隣接スル鼓浪嶼島（外國共同租界、外人ノ俗ニ厦門ト稱スル地）ニ寄港上陸遊覧ノ場合ニハ何等特別ノ手續ヲ要セサルモノトス

第四節 廣東渡航者ノ統制方

廣東渡航者ニ就テハ現地ノ實情ニモ鑑ミ漸增主義ヲ採ルノ必要ヲ認ムルニ付追テ何分ノ儀申進スル迄當分同地ヘノ渡航者ハ㈠前居留民ニシテ復歸スル者㈡軍部關係ノ商人及其ノ用務者㈢業務上家庭上其他用務ノ爲特ニ至急渡航ヲ必要トスル事情アル者ニ對シテノミ所轄警察署長ヨリ渡支ニ必要ナル身分證明書ヲ發給スルコトトシ其他ノ者ハ此ノ際廣東渡航ヲ差控ヘシムルコトト致度旨昭和十三年十一月十一日各關係官廳ヘ通牒セリ

第五節 邦人ノ漢口渡航復興案

昭和十三年十一月漢口ニ於ケル外務及陸海軍聯絡會議ニ於テ漢口居留民ノ復興案ヲ決定セルカ其内本邦ヨリ同地ヘノ渡航ニ關係アル事項大體左記ノ通ナルニ付以後本趣旨ニ依リ同地渡航者ニ對シ身分證明書ヲ發給スル樣同年十一月十五日各關係官廳ニ通牒セリ

㈠ 特別區（支那ノ囘收シタル舊外國租界）及支那街ニ事務所又ハ店舖ヲ有スル商社竝ニ個人營業關係者ハ渡航差支ナキコト

(二) 日本租界ノ被害程度ハ家屋軒數ニ於テ約四割見當ニシテ之カ復興ハ資金其ノ他ノ關係上相當時日ヲ要スルモ差當リ現存セル住宅及店舖ノ前居住者ヲシテ優先的ニ復歸セシムルコト

(三) 個人營業者ニ付テハ其營業ニ相當スル資金又ハ技術ヲ有スル者ハ渡航差支ナシ但シ船腹ノ關係モアリ當分ノ間前居住者ヲ優先的ニ復歸セシムルコト

(四) 料理店ハ適當ノ區域及家屋ニナルヘク速ニ復興セシムルコト

(五) 原則トシテ個人店舖ハ一人一業主義ニ依ルコトトス

(六) 渡航者ハ總テ在上海帝國總領事館又ハ在南京帝國總領事館ニ出頭シ指示ヲ受クヘキコト

第六節　皇軍占據地域ノ支那內地旅行取締狀況

皇軍ノ占據セル支那內地ヲ旅行セントスル者ニ對シテハ軍ノ行動竝ニ治安維持ノ必要上各地何レモ概ネ許可制ヲ採リ日本側又ハ支那側ニ於テ許可證、證明書若ハ護照等ヲ發給シツツアルトコロ右ハ一般外國人、無國籍人、支那人及本邦人等ノ間多少取締程度ヲ異ニシ又各地方ニ依リ其ノ取扱振一樣ナラサルモノアリ其ノ狀況大要左ノ如シ

(一) 蒙疆聯合委員會管轄區域

本邦人ノ蒙疆方面ヘノ旅行ハ不良者ニ對シテハ嚴重取締ソ必要アルモ眞ニ要務アル者ニ對シテハ旅

行ヲ容易ナラシムル爲蓮沼兵團本部ニ於テハ昭和十三年三月右取扱方ヲ左ノ通決定シ各關係官廳ニ之ヲ通達セリ

(イ) 入蒙(蒙古聯盟自治政府管內トス但シ京綏沿線ニ限リ之ヲ適用セス)者ニ關シテハ特ニ蒙古人保護ノ必要上關東軍司令部制定ノ入蒙取締暫行規定ニ準據シ關東軍司令部ノ許可ヲ要ス

(ロ) 察南、晋北地域及內蒙內京綏沿線地區ノ旅行者ハ左記ノ範圍ニ限ル

(1) 日本、滿洲、北支或ハ蒙疆ニアル日本官憲ニ於テ北支又ハ蒙疆方面ノ旅行ヲ許可シ其ノ證明ヲ與ヘタル者

(2) 旅行證明ナキモ身分證明書又ハ之ニ準スル物ヲ所持シ之ニ依リ日本官憲ニ於テ旅行ノ必要ヲ認メタル者

(3) 蒙疆地域內ニ居住スル者

(ハ) 關東軍司令部制定ノ入蒙取締暫行規定ノ要領左ノ如シ

近時入蒙希望者益々增加ノ傾向ニ在リ然ルニ一般ニ蒙古ノ事情不案內ナル爲不知不識ノ間ニ蒙古人ニ誤解惡感ヲ與ヘ日滿兩國ニ不良ノ惡影響ヲ及ホセルコト尠カラサルニ鑑ミ之カ取締ノ必要ヲ認メ昭和十年五月關東軍ニ於テハ在滿大使館トモ協議ノ上入蒙取締暫行規程ヲ制定シ滿洲方面ヨリ入蒙セントスル者ニ對シテハ豫メ關東軍司令部ノ許可ヲ受ケシムルコトトシ關東軍司令部ニ於テハ各地

SP. 338　　161

特務機關長、警備隊長、獨立守備隊長、憲兵分隊長等ヲシテ本人ノ身許、入蒙ノ目的、其ノ他ノ所要事項ヲ調査セシメ差支ナシト認メタルトキハ入蒙許可證ヲ下付スルコトトシタリ而シテ入蒙者ニ對シテハ蒙古在住ノ人民ニ損害ヲ與ヘ又ハ其ノ誤解惡感ヲ與フルカ如キ一切ノ行動ヲ禁シ且當分蒙古内ニ於テ營利ヲ目的トスル事業ノ經營ヲ許サザルコトトセリ

(二) 北　京

(イ) 一般外國人ニ對シテハ北京特別市公署ニ於テ旅券ニ「何地ニ赴ク者ニ相違ナキ」旨ノ證明ヲ附與ス

(ロ) 無條約國人竝ニ無國籍人ニ對シテハ支那側警察局ニ於テ遊歷護照ヲ發給ス

(ハ) 支那人ニ對シテハ北京特別市公署警察局發給旅行證暫行規則ニ依リ警察局ニ於テ旅行證明書ヲ發給ス

(ニ) 日本人ニ付テハ非營業鐵道地域ヲ旅行スル本邦人ハ軍特務部、特務機關又ハ在支帝國公使館ノ證明書ヲ要ス但シ渡支ニ際シ行先地ヲ明記セル日本官憲發給ノ證明書ヲ有スル者ハ右證明書ニアル目的地迄旅行スルコトヲ得

(三) 天　津

(イ) 一般外國人ニ對シテハ旅券又ハ國籍證明書ノ餘白ニ支那側警察局ニ於テ遊歷查證印ヲ押捺シ且

旅行心得ヲ貼附ス但シ英國人ノミハ英國總領事發給ノ奥地遊歷護照ヲ使用ス

(ロ) 無國籍人ニ對シテハ支那側警察局ニ於テ本人所持ノ居留執照及注册（身許ニ關スル證明書）ヲ一時預リタル上遊歷執照ヲ發給ス

右(イ)(ロ)ノ手續ハ北京、北戴河、塘沽間ノ旅行ニハ適用ナシ

(ハ) 支那人ニ對シテハ店舗ヲ有スル信用アル支那人二名ノ保證アル願書ヲ提出セシメ又外國商館使用ノ支那人及支那國籍ヲ取得セル外國人ニ對シテハ關係國領事ノ保證書ヲ提出セシメ夫々軍特務機關ノ捺印アル證明書ヲ發給ス但シ河北省内ノ旅行ニハ適用ナシ

(ニ) 日本人ハ日本官憲發給ノ渡支身分證明書ニテ旅行スルコトヲ得

(四) 濟南

津浦線鐵道ニ依ル旅行取締左ノ通

(イ) 外國人ニ對シテハ軍特務機關ニ於テ差支ナシト認メタル者ニ限リ許可ス

(ロ) 支那人ハ特務機關ノ加印セル支那側警察局發給ノ證明書ヲ要ス

(ハ) 日本人モ特務機關ノ許可ヲ受クルコトヲ要ス

(五) 青島

膠濟線鐵道ニ依ル旅行取締左ノ通

(イ)外國人ニ對シテハ旅行中生命財産ノ危險ニ對シ日本官憲ニ於テ責任ヲ負ハサルコト竝ニ軍事上必要ナル日本官憲ノ一切ノ命令ニ服從スヘキ旨ノ誓約書ヲ提出セシメ帝國總領事館ニ於テ身許調査ノ上許可證ヲ發給シ更ニ之ヲ軍特務機關ニ提出セシメ同機關ノ許可ヲ受ケシム

(ロ)支那人ニ對シテハ軍特務機關ノ許可ヲ受ケシメ陸軍宣撫班ニ於テ身許調査ノ上許可證ヲ發給ス

(ハ)日本人ハ日本官憲發給ノ渡支身分證明書ニテ旅行スルコトヲ得

(六)上海

(イ)外國人ニ對シテハ内地タルト商埠地タルトヲ問ハス陸軍ノ占據地域ノ旅行ニ付テハ所屬國領事館ヲ通シテ帝國總領事館ニ出願セシメ之ヲ陸軍側ニ移牒シ軍特務部又ハ軍司令部ニ於テ許可證ヲ發給ス又海軍占據區域ヘノ來往ニハ海軍側ノ許可ヲ必要トス

(ロ)支那人ニ對シテハ市民協會又ハ知合ノ邦人等ヲ通シ憲兵司令部ニ出願セシメ右司令部ヨリ軍特務部ニ移牒シ軍特務部ニ於テ詮議ノ上許可ス

(ハ)日本人ハ憲兵司令部ヲ通シ軍特務部ニ願出テ許可ヲ得ル次第ナルモ慰問團又ハ知名人士ノ旅行ニハ許可ヲ必要トセス又取引ヲ目的トスル場合ハ取引許可書ノミニテ許容セラルルモノニシテ特ニ旅行許可證ヲ必要トセス

(ニ)日本人又ハ支那人ニシテ宣撫取引ヲ爲サントスル者ハ取引許可書ヲ必要トス右ハ先ツ帝國總領

一五一

164

事館ニ願出テ同館ニ於テ之ヲ關係官民ヲ以テ組織スル諮問委員會ニ移牒シ右委員會ニテ詮議決定ノ上總領事館ヨリ許可書ヲ發給シ更ニ軍特務部ニ於テ之ニ査證ス

2) 아메리카국 1941~1942년 사무보고(제3과 관계)

亞米利加局,「昭和16-17年度 執務報告(第三課關係)」, 1941.~1942. 9.

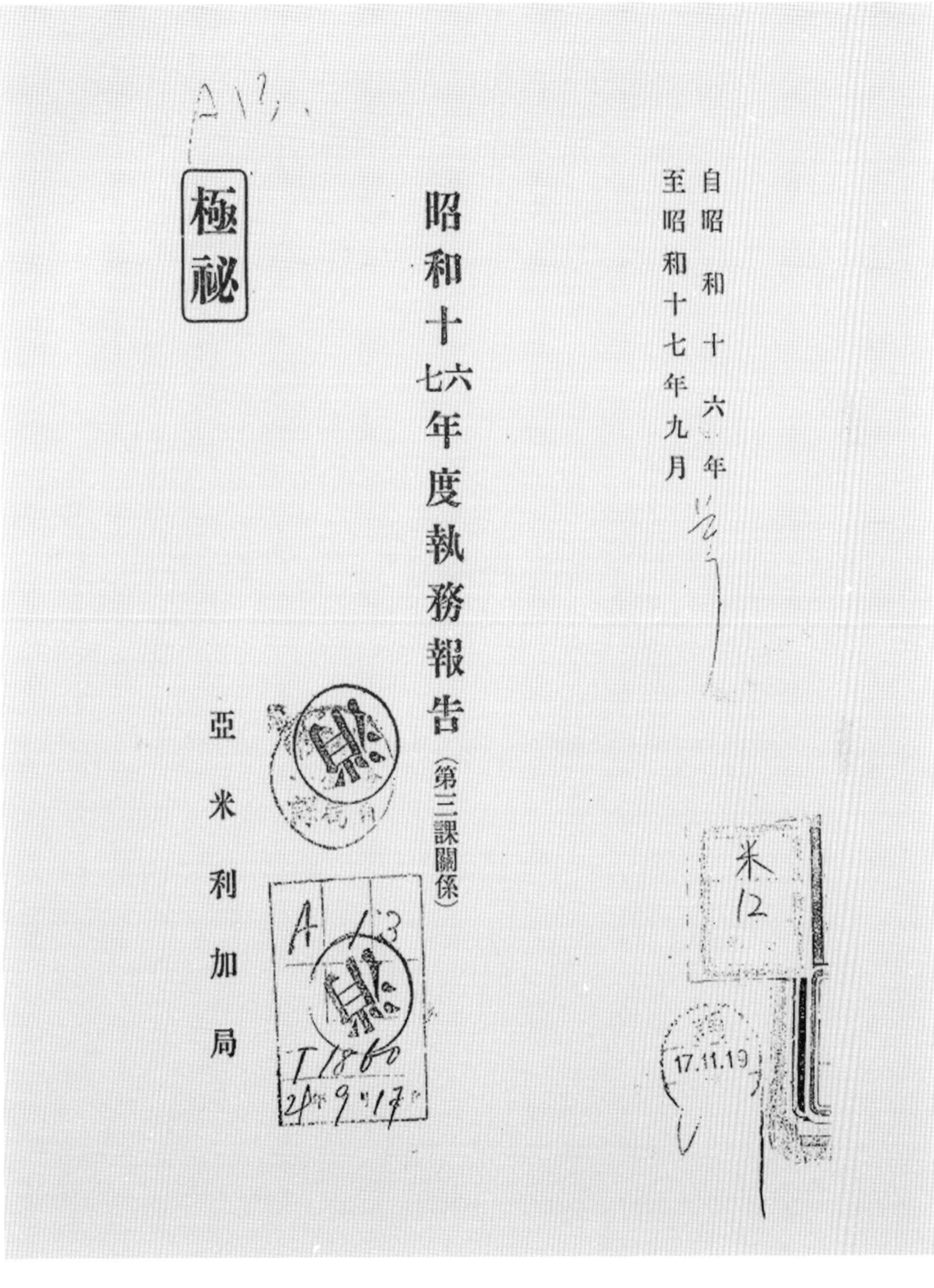

自昭和十六年
至昭和十七年九月

昭和十六七年度執務報告（第三課關係）

極祕

亞米利加局

正誤表

頁	正	誤
目次一頁……九	英領「ニュー、ギニア」（濠洲委任統治領）	英領「ニューギニア」（濠洲委任統治領）
目次二頁……一八	「シリア」、「リバン」、「アラウィト」、「ディエベル、ドリュズ」	「シリア」、「リバン」、「アラウィト」、「イエベル、トリュズ」
目次二頁……一九	「アフガニスタン」國	「アフガニスタン」
目次二頁……二〇	「クウエイト」國	「クウエイト」
目次二頁……二〇	「サウディ、アラビア」王國	「サウディ、アラビア」
目次二頁……二一	「イエーメン」國	「イエーメン」
目次二頁……二一	「オマン」國	「オマン」
目次三頁……二六	「ポルトガル」領「サントメ」及「プリンシペ」植民地	「ポルトガル領、サントメ」及「プリンシペ」植民地
目次四頁……三七	「コスタ、リカ」國	「コスタリカ」國
目次五頁……五六	南方占領地行邦人渡航者ニ對シ發給スベキ渡航證ニ關スル件ノ經緯	南方占領地行邦人渡航者ニ對シ發給スベキ渡航證ニ關スル經緯
本文一頁二行目	第一節　海外渡航取締及旅券下付ノ一般的方針	第一節　海外渡航及旅券下付ノ一般的方針
本文四頁一行目	「フィリッピン」聯邦	「フ・リッピン」群島
本文二六頁，五行目	「ポルトガル」領「サントメ」及「プリンシペ」植民地	「ポルトガル」領「サメトン」及「プリンシペ」植民地
本文二八頁五行目	「ベルギー」領「コンゴー」（委任統治地域「ルアンダ、ウルンディ」ヲ含ム）	「ベルギー」領「コンゴー」（及委任統治領「ルアンダ、ウルンディ」ヲ含ム）
本文一〇八頁二行目	第三節　邦人支那渡航者數	第三節　支那渡航者數
本文二〇〇頁四行目	第一款　獨逸保護領「ベーメン」及「メーレン」ノ國籍民ニ對スル取扱振	第一款　獨逸保護領「ベーメン」及「メーレン」ノ國籍民ニ對スル取扱

目次

第一章　邦人海外渡航關係

第一節　海外渡航及旅券下付ノ一般的方針

國民ノ海外發展ハ國運ノ消長ニ多大ノ關係ヲ有ス而シテ邦人海外發展ノ實績如何ハ主トシテ在外同胞ノ人物如何ニ因ルヲ以テ海外渡航取締ノ一般的方針モ其ノ重點ハ之ヲ當該本人ノ人物閲歷其ノ他思想關係等ニ置クト同時ニ對內的ニハ常ニ國內ノ情勢ニ順應スルト共ニ對外的ニハ渡航目的國ノ移民法其ノ他ノ外國人入國關係法規ニ準據スルヲ要ス

現下我國ノ實情ハ觀光若ハ漫然タル視察ノ如キ不要不急ノ海外渡航ハ之ヲ許容シ難キモノアルヲ以テ此ノ種旅行ハ當分ノ間中止セシムルコトトシ商社海外支店勤務者、再渡航者、在外邦人ノ呼寄ニ依ル者、移民及其ノ家族以外ノ者ノ海外渡航ニ付テハ其ノ旅行ヲ必要トスル事由ヲ具體的ニ詳細申出テシメ以テ其ノ許否ヲ愼重ニ審査スルコトトセリ

第二節　各國別海外渡航取扱狀況

第一款　大東亞戰爭勃發前迄ノ取扱狀況

滿洲國

滿洲國側ニ於テハ日滿兩國ノ特殊關係ニ基キ本邦人ノ入國ニ對シ旅券又ハ國籍證明書ノ携帶ヲ必要ト

ニ

セス但シ特殊地帶タル黑河省、興安北省、濱江省ノ內虎林縣、密山縣、東寧縣、穆稜縣、三江省ノ內蘿北縣、綏濱縣、同江縣、撫遠縣、饒河縣及間島省ノ琿春縣ニ旅行又ハ移住セントスル者ハ昭和十二年八月以來其ノ出發ニ際シ內地ニ於ケル居住地所轄警察署長ヨリ滿洲國特殊地帶旅行又ハ移住證明書ノ發給ヲ受ケ携帶スルヲ要スルコトトナレリ右證明書ハ昭和十二年二月以來滿洲國ニ居住スル者ニ對シテハ立入地ノ在滿帝國領事ヨリ又關東州ニ居住スル者ニ對シテハ關東局警察署長ヨリ之ヲ發給ス又臺灣籍民ノ滿洲國渡航ニ付テハ郡守、警察署長又ハ支廳長ヨリ寫眞ヲ貼附シタル臺灣總督名義ノ渡航證明書ヲ發給ス

蒙古方面

蒙古ヘノ渡航ニ關シテハ近時入蒙者ノ增加ニ伴ヒ之カ取締ノ必要ヲ認メ關東軍司令部ニ於テハ在滿大使館ト協議ノ上昭和十年四月入蒙取締暫定規程ヲ制定シ滿洲國方面ヨリ入蒙セントスル者ハ總テ關東軍司令部ノ許可ヲ受クルヲ必要トシ且入蒙後ハ當分營利ヲ目的トスル事業ヲ經營スルヲ得サルコトトセリ

支那

大正六年八月中華民國ニ於テ外國人入國規則ヲ制定シ同國ニ入國スル一般外國人ニ對シ旅券ノ携帶ヲ必要トセシカ當時同國ハ從來日支間ニ於ケル特別ノ交通關係ニ鑑ミ我國ノ要求ニ應シ特ニ本邦人ニ對シテハ同國ヘノ入國ニ關シ旅券ノ携帶ヲ免除シタルヲ以テ現今本邦人ハ旅券ヲ要セスシテ同國ニ渡航シ居レルカ特ニ旅券ノ發給ヲ希望スル者ニハ之ヲ下付シ居レリ

但シ英領香港ヲ經由シテ廣東其ノ他ノ支那國內各地ニ赴ク者ハ香港上陸ノ爲ニ旅券ヲ必要トシ又臺灣

籍民ノ中華民國渡航ニ付テハ郡守、警察署長又ハ支廳長ヨリ寫眞ヲ貼附シタル臺灣總督名義ノ渡航證明書ヲ發給シ居レリ

支那事變ノ實情ニ鑑ミ渡支取締ノ必要ヲ認メ渡支邦人暫定處理方針ニ從ヒ當分ノ間支那ニ渡航セントスル者ニ對シテハ内地及各外地トモ在支帝國領事館警察署ノ發給ニ係ル渡支事由證明書ヲ有スル者ニ對シ本人ノ居住地所轄警察署長ヨリ身分證明書ヲ發給スルコトトシ右身分證明書ヲ有スルカ又ハ再渡支者ニ在リテハ在支帝國領事發給ノ身分證明書ヲ有スルニ非サレハ出發セシメサルコトトシ居レリ

英領香港

視察、商用等ノ一時的旅行者ヲ除キ其ノ渡航許可又ハ旅券下付ノ標準ハ(一)在香港帝國總領事館發給ノ再渡航、呼寄又ハ同伴ニ關スル證明書ヲ所持スル者ナルコト(二)其ノ他ノ渡航者ニ對シテハ身許確實ニシテ且其ノ渡航理由等ニ徵シ差支ナシト認メタル者ニ限リ渡航ヲ許可シ又ハ旅券ヲ下付シ居レリ

香港ニ於テ毛糸織物類ノ安賣又ハ上海向ケ再輸出スル者ノ大部分ハ内地製造業者等ヨリ直接派遣セラレタル駐在員又ハ行商式ノ旅行者ナルニ付今後此ノ種商人ノ香港渡航方ニ付テハ篤ト吟味アリタキ旨在香港帝國總領事ヨリ申越タルニ付右ニ對スル旅券下付ニ當リテハ充分精査シ必要ニ依リテハ現地ニ問合セタル後旅券發給スル樣取計居レリ

「ポルトガル」領澳門

澳門渡航者ニ付テハ身許確實ニシテ且其ノ渡航理由等ニ徵シ差支ナキモノト認メタル者ニ對シテハ渡航ヲ許可シ又ハ旅券ヲ下付シ居レリ

四

「フィリッピン」群島

(甲)「フィリッピン」政府ニ於テハ新ニ比島移民法ヲ制定シ昭和十六年一月一日ヨリ實施セリ右ニ依レハ本邦人ニシテ「フィリッピン」群島ヘ渡航スル者ハ左記ノ如ク分類セラレ居ル處我方ニ於テハ願人ノ比島移民法上ノ資格竝ニ之カ立證資料ヲ願書面及添附書類等ニ依リ明確トナラシメタル上非移民タルト移民タルトヲ問ハス凡テ當省ヘ協議ノ上夫々渡航許可竝ニ旅券下付シ居レリ

記

一、非移民 (イ)一時的旅行者 (ロ)通過者 (ハ)國際貿易商人 (ニ)再渡航者 (ホ)學生

二、移民

(一)非割當移民

(イ)比島ニ於テ豫メ手配セラレ居ル勞務ニ從事スル爲渡航スル者（國際貿易商人トシテ取扱フヘキモノヲ除ク）及之ニ同伴シ又ハ之ト同居ノ爲本人ノ入國後二年以內ニ渡航スル其ノ妻竝ニ二十一歲未滿ノ未婚ノ子女

（本項ニ基ク渡航者ハ本人カ査證ヲ受クルニ當リ豫メ比島ニ於ケル雇傭主ヨリ移民長官ニ對シ當該勞務ニ從事スル者ヲ比島ニ於テ發見シ得サルコト及本人ノ入國ハ比島ノ公共利益タルヘキコト等ヲ立證シタル請願書ヲ提出シ事前ノ許可ヲ取付クルコトヲ要ス）

(ロ)比律賓市民タル者ノ妻。夫又ハ二十一歲未滿ノ未婚ノ子女ニシテ同伴又ハ同居ノ爲渡航スル者

(ハ)永住ノ目的ヲ以テ前回比律賓ニ適法ニ入國シタル者ノ一時的海外旅行中ニ其ノ地ニテ出生

シタル子女

(ニ) 同伴ノ親ニ對シ移民查證ヲ發給シタル後出生シタル子女（但シ右ノ查證ハ有效ナルコトヲ要ス）

(ホ) 以前比律賓市民タリシモ外國人トノ婚姻ニ依リ又ハ夫ノ比律賓市民權ノ喪失ニ依リ比律賓市民權ヲ喪失シタル婦人及之ニ同伴シ又ハ同居ノ爲渡航スル二十一歲未滿ノ未婚ノ子女

(ヘ) 本法實施期日以前ニ永住ノ目的ヲ以テ適法ニ比律賓ニ入國シ且現住シ居ル者ノ妻・夫又ハ二十一歲未滿ノ未婚ノ子女（但シ右期日以後二ケ年以內ニ入國申請ヲ爲シタルトキニ限ル）

(二) 割當移民

前記非移民及非割當移民ニ屬セサル比島渡航者ニシテ其ノ數ハ一曆年五百名以內ナリ

「ボルトガル」領「チモール」

「ポ」領「チモール」植民地ニ於ケル入國滯在ニ關スル一九三四年一月二十七日附同植民地法令第五號ニ依レハ外國人ノ同領入國ニ關シテハ一時的旅行者ヲ除キ「ポ」國領事ノ查證アル旅券ノ携帶ヲ必要トシ居ル外何等取締規定ヲ設ケ居ラサルトコロ我方ニ於テハ同地ノ國際的地位ニ顧ミ當分ノ間南洋興發株式會社關係者以外ノ者ニ對シテハ原則トシテ其ノ渡航ヲ許可セサルコトトシ居レリ

英領「ボルネオ」（英領北「ボルネオ」、「ブルネイ」、「サラワク」）

本邦人ノ英領「ボルネオ」入國ニ關シテハ何等差別取扱ヲ受ケ居ラサルモ「サラワク」王國ノ移民法（一九三四年十二月十七日實施）ニ依レハ三等船客ハ移民トシテ取扱ヒ居リ尙男子移民ハ當該官憲ノ承認ヲ得タル保證人ナキ限リ入國ヲ許サス尙又病者、不具者、精神病者、生計無能力者、浮浪人、乞丐、醜業關係者等ハ入國ヲ禁止セラレ居ルヲ以テ我方ニ於ケル英領「ボルネオ」渡航者ニ對スル渡航許可又ハ旅券下付ノ標準ハ大體(一)視察、商用、觀光等ノ一時的旅行者ニ在リテハ身許確實ニシテ渡航差支ナシト認メタル者ナルコト(二)再渡航、呼寄又ハ同伴ニ依リ渡航スル者ニ在リテハ原則トシテ在「サンダカン」帝國領事發給ノ再渡航、呼寄又ハ同伴ニ關スル證明書ヲ有スル者ナルコト(三)右證明書ヲ有セザル者及其ノ他ノ渡航者ニ對シテハ身許確實ニシテ其ノ渡航理由等ニ徵シ渡航差支ナシト認メタル者ナルコトヲ要スルコトトシ居レリ尙旅券査證及提示金制度左ノ如シ

(一)旅券査證　昭和十四年二月一日英領北「ボルネオ」政府ハ新ニ旅券査證規則ヲ制定シ同地渡航者ハ英國領事ノ査證ヲ必要トスルコトトナレリ

(二)提示金　本邦人ノ英領北「ボルネオ」ヘ渡航スル滿十五歲以上ノ者ハ銀七十弗及十五歲未滿ノ者ハ銀十弗ノ提示金ヲ必要トシタル處昭和十五年六月以降ハ滿十五歲以上ノ者ハ銀十弗及十五歲未滿ノ者ハ銀三弗ニ夫々減額セリ

蘭領東印度

蘭印政府ハ自國產業ノ保護及國內ノ失業問題等ニ關聯シテ一九三三年十一月四日附勅令第一四號ヲ以テ一九一六年二月四日制定ノ外國人入國令第十八條及第十九條ノ間ニ左ノ通追補改正ヲ行ヒ一九三四年一月一日ヨリ實施セリ

第十八條a

(一)每年政府令ヲ以テ左記事項ヲ決定ス

(イ)其ノ翌年度ニ於テ入國許可スヘキ外國人總數

(ロ) 國別外國人數但シ入國許可ニ關スル他ノ條件ニ牴觸スルコトヲ得ス

(二) 前項(ロ)ノ人數ハ各國ニ對シテ同數トス

第十八條b

(一) 或ル年度ニ於テ入國ヲ許可セラレタル外國人數カ第十八條a第一項(イ)ニ依リ定メラレタル人數ノ限度ニ達セサル限リ同項(ロ)ニ依リ定メラレタル國別人數ハ本規定實施ノ年度前十年間ニ蘭領東印度ヘ入國シタル當該國人總數ノ一割マテ超過スルコトヲ得

(二) 或ル年度中ニ第十八條a第一項(イ)ニ依リ定メラレタル總數ニ達シタルトキハ同條(ロ)ニ依リ定メラレタル人數ニ未タ達セサル國ノ外國人ニ對シテノミ其ノ未滿人數丈更ニ入國ヲ許可ス

而シテ右政府令ニ依リ昭和十五年度ニ於テ入國ヲ許可スヘキ外國人總數ヲ一萬二千名トシ更ニ國別外國人ヲ地方別ニ十五ニ區分シ各地方ニ對シ各八百名ヲ割當テ居レリ本邦ハ前記新規定ニ依リ日本委任統治地域ト併合シテ一地區ヲ爲シ一年間ノ入國許可數八百名ナルカ蘭印政府ノ計算ニ於テハ第十八條bノ(一)ニ依ル一割超過數ハ八百三十三名トナルヲ以テ結局一ケ年本邦人入國數ノ最大限度ハ一千六百三十三名ニ制限セラレ居レリ他方蘭印政府ハ昭和十年八月二十四日非常時外國人勤勞條例ヲ公布シ外國人從業員ノ從業ヲ取締ルコトトナリタルヲ以テ我方ニ於テ本邦人ノ同領渡航ニ關シ前記入國割當限度內ニ於テ而モ右勤勞條令ニ牴觸セサル樣渡航ヲ許可スルヲ要スル次第ナルモ現下我國ト蘭領東印度間ノ關係機微ナルモノアルニ鑑ミ我方ニ於テハ昭和十五年九月關係官廳協議ノ上當分ノ間同地向邦人渡航者ノ取締方針ヲ左ノ通決定シ爾來實行中ナリ

一、原則トシテ當分ノ間渡航者ノ出發ヲ差止ムルコト

七

八

二、但シ左記例外ヲ除ク

(イ) 再渡航者

現地ニ商社ヲ有スル者又ハ其ノ使用人ニシテ一時日本ニ歸朝シ又ハ蘭印以外ノ外國ニ出張シタル者

但シ蘭印ヨリ追放處分ニ付セラレタル者ヲ除ク

(ロ) 在留邦人ノ呼寄ニ係ル家族

(ハ) 從業員ノ交替

但シ歸朝セル被交替者ハ交替者カ蘭印ニ滯在スル限リ再渡航者トシテ認メス

(ニ) 從業員增員

蘭印ニ於ケル現在ノ事業ノ維持ノ爲必要ナリト認メタル者

(ホ) 政府ニ於テ資源調査、貿易、企業及營業ノ進出又ハ擴張ノ爲渡航ヲ必要ト認メタル者

(ヘ) 官廳ノ公務又ハ其ノ委囑ヲ受ケテ渡航スル者

(ト) 學術、宗教、文化研究ノ爲ノ一時的渡航者ニテ政府ニ於テ必要ト認メタルモノ

(チ) 確實ナル新聞記者

右ノ者ノ渡航ニ付テハ總テ外務省ニ協議ヲ要ス

昭和十五年七月蘭印政府ハ「バタヴィア」港（「プリオク」港ノコト）ノ東部隣接區域ヨリ魚市場附近ニ至ル地帶ニ於テ寫眞撮影並寫眞機ノ携行ヲ禁止スルト共ニ港域及一般道路以外ノ區域ニ於ケル居住及立入リニハ官憲ノ發給スル身分證明書ヲ要スル旨公布セリ

昭和十六年二月一日以降本邦人ノ蘭印渡航者ニ對シテハ旅券査證ヲ要スルコトトナレリ

英領「ニュー、ギニア」（濠洲委任統治領）

英領「ニュー、ギニア」ニ於ケル現行外國人入國規定ハ一九三二年六月ノ移民法令及同年十月ノ移民法施行規則ニ依ルモノナリ

右ニ依レハ入國ヲ許可セラルル者ハ（イ）同領内ニ永住スヘキ家ノアル者、（ロ）有效期間内ノ書取試驗免許證ヲ有スル者、（ハ）英國軍人、（ニ）政府ノ艦船員、（ホ）船員ニシテ領域内碇泊中上陸スル者、（ヘ）外國政府ヨリ派遣セラレタル者ニシテ右以外ハ（一）同領政府發行ノ入國許可證ヲ有スルカ（二）英國政府ノ承認セル外國政府ニ依リテ發給セラレタル旅券ヲ有シ右旅券ニ英國領事ノ同領入國ノ査證ヲ有スル者ニ限ル入國許可證ハ同領ノ稅關長又ハ濠洲聯邦ノ主要ナル稅關吏ニ申請シテ之ヲ受ク（申請書ニハ願人ノ濠洲ニ到着セル年月日及乘船セシ船名ヲ記入セサルヘカラス）、旅券ニ査證ヲ受クルニハ濠洲居住者ヲ除キ英國領事館ニ申請シ英國領事ハ査證ヲ與フル前普通書面ニテ「オーストラリア」聯邦ニ照會シタル上査證ヲ附與スルコトトナリ居レリ此ノ場合約二箇月ヲ要ス

「パ　ブ　ア」

「パプア」ニ於ケル現行外國人入國規定ハ一九〇七年四月移民制限令ニ依ルモノニシテ入國ヲ許可セラルル者ハ

（イ）書取考査ニ合格セル者
（ロ）英國ノ陸海正規軍人
（ハ）各國政府ノ公認船長及船員

(ニ) 英本國其ノ他ノ政府ヨリ「パプア」及「オーストラリア」聯邦政府ニ對シテ正當ニ派遣セラレタル者又ハ特別使命ヲ帶ヒテ各國政府ヨリ派遣セラレタル者

(ホ) 基督教傳道會ニ依リ傳道師トシテ雇傭セラレタル者

(ヘ) 農園ノ所有者若ハ經營者ノ願出ニ應シ特殊技能ヲ有スル勞働者ニシテ右所有者若ハ經營者ニ對シ書取考査免除ノ有效期間記入ノ證明書ヲ付與セラレタル者

(ト) 「オーストラリア」聯邦ト入國關係ニ付取極ヲ有スル國ノ國民若ハ市民ハ「オーストラリア」聯邦ヘノ入國條件ト同一ノ條件ニテ入國ヲ許可ス

(チ) 一期間若ハ數期間ヲ通シ總計五ケ年以上「パプア」内ニ居住シ「パプア」ヲ退去スル際再入國許可證ヲ受ケ右期間内ニ歸還スル者

、英領「フィジー」島

「フィジー」島ハ英本國直轄ノ植民地ニシテ本邦人ハ其ノ旅券ニ在本邦英國領事ノ査證ヲ取付ケタルトキハ入國シ得ヘク又同島政廳ノ許可ヲ受クルトキハ滯在シ得ルコトトナリ居レルニ付同島渡航者（大部分ハ一時滯在ノ視察者ナリ）ニ對シテハ身許確實ニシテ且充分ノ資力アルコトヲ確メタル上渡航ヲ許可シ又ハ旅券ヲ下付シ居レリ

米領「サモア」

米領「サモア」ニ於ケル現行外國人入國法規ハ一九三四年四月米領「サモア」知事制定ノ外國人入國法ニ依リ規律セラレ同地ニ入國セントスル外國人ハ其ノ乘船シタル船長ヲ介シ同地ノ公衆衛生官ノ文書ニ依ル同意ヲ取付ケ更ニ税關長ニ對シ米貨五十弗以上二百五十弗以下ノ金額ヲ供託スルトキハ（右供託

(二) 前記取極ニ依ル商人、學生、旅行者

(三) 前顯(一)ノ(ロ)及(二)該當者ノ呼寄又ハ同伴ニ依ル妻子(妻子ハ夫又ハ親ニ同伴セラルル場合ハ入國許可ヲ受クル必要ナシ)下婢、家庭女教師ニシテ「オーストラリア」官憲ノ入國許可ヲ取付ケタル者、

(四) 移民取扱人ノ取扱ニ係ル眞珠採貝夫

(五) 其ノ他「オーストラリア」政府ヨリノ入國ヲ特ニ許可セラレタル者例ヘハ船舶廻航員或ハ初生雛雌雄鑑別技術師又ハ少年團等

從來本邦商人及其ノ妻子ハ入國一年後更ニ滯在セントスル場合ハ書取試驗免除證書ノ發給方ヲ帝國總領事館ヲ通シテ申請シ聯邦政府ノ許可ヲ受クルコトヲ要シ、其ノ後引續キ滯在スル場合ニ於テモ亦同樣延長ノ申請ヲ爲ス必要アリタルトコロ、在「シドニー」帝國總領事ト「オーストラリア」聯邦外務大臣トノ間ニ於ケル折衝ノ結果聯邦政府ハ昭和十二年七月二十六日附書翰ヲ以テ右手續ハ卽日之ヲ廢止スル旨通告シ來レリ從テ今後總テノ商人ハ同地帝國總領事ニ登錄スルノミニテ聯邦政府ニ在留延期許可申請ノ手續ヲ要セス、又從來「オーストラリア」ニ在留スル本邦商人カ妻子ヲ呼寄スル場合ニハ豫メ聯邦政府ノ許可ヲ要シタルモ其ノ許可ヲモ必要トセサルコトトナレリ。

佛領印度支那

(イ) 印度支那渡航者ノ取締方針

佛領印度支那ニ於ケル外國人ノ入國及滯在規則(一九三三年八月三十一日附佛國大統領令一九三四年六月二十八日施行)ニ依レハ旅券ノ外ニ非移民ニ在リテハ在本邦佛國領事館ニ於テ作成シタル非移民申告書ヲ、移民ニ在リテハ所轄警察署長發給ノ刑罰ヲ受ケタルコトナキ旨ノ證明書及醫師ノ健康診斷

一三

書ヲ有スルノミニテ渡航シ得ルコトトナリ居ルモ現下我國ト佛領印度支那間ノ關係機微ナルモノアルニ鑑ミ昭和十五年八月關係官廳協議ノ上當分ノ間同地向邦人渡航者ノ取締方針ヲ左ノ通決定シ爾來實行中ナリ

一、原則トシテ當分ノ間渡航者ノ出發ヲ差止ムルコト

二、但シ左記例外ヲ除ク

(イ) 再渡航者

現地ニ商社ヲ有スル者又ハ其ノ使用人ニシテ一時日本ニ歸朝シ又ハ佛印以外ノ外國ニ出張シタル者

但シ佛印、蘭印ヨリ追放處分ニ付セラレタル者ヲ除ク

(ロ) 在留邦人ノ呼寄ニ係ル家族

(ハ) 從業員ノ交替

但シ歸朝セル被交替者ハ交替者カ佛印ニ滯在スル限リ再渡航者トシテ認メス

(ニ) 從業員増員

佛印ニ於ケル現在ノ事業ノ維持ノ爲必要ナリト認メタル者

(ホ) 政府ニ於テ資源調査、貿易、企業及營業ノ進出又ハ擴張ノ爲渡航ヲ必要ト認メタル者

(ヘ) 官廳ノ公務又ハ其ノ委囑ヲ受ケテ渡航スル者

(ト) 學術、宗教、文化研究ノ爲ノ一時的渡航者ニシテ政府ニ於テ必要ト認メタルモノ

(チ) 確實ナル新聞記者

右ノ者ノ渡航ニ付テハ總テ外務省ニ協議ヲ要ス

從來本邦及佛領印度支那間ニハ旅券査證相互廢止ノ取極ニ依リ旅券ニ査證ヲ要セサリシ處昭和十四年九月二十一日以降右取極ヲ廢止シ佛領印度支那ニ渡航スル者ハ同領官憲ノ許可ニ基キ在本邦佛國領事ヨリ豫メ査證ヲ受クルヲ要スルコトトナレリ、而シテ右同領行査證申請ニ際シテハ質問書四通ニ所定事項ヲ記載シ佛國領事ニ提出スルヲ要ス

(ロ) 印度支那ニ於ケル外國人ノ入國許可條件ニ關スル大統領令ニ規、定スル非移民及移民

佛領印度支那ニ於ケル外國人ノ入國及滯在規則ニ依レハ外國人ヲ左記ノ通リ非移民ト移民ニ區別ス

一、非　移　民

イ、滯在期間ノ如何ヲ問ハス外國領事館員竝ニ其ノ家族及其ノ隨員

ロ、本國政府ノ許可ヲ得テ印度支那ニ渡來スル外國ノ官吏、公吏、雇員、代理者竝ニ其ノ家族ニシテ滯在期間三箇月ヲ超過スルコトナキ者、滯在期間ハ地方長官ノ許可ヲ得テ三箇月毎ニ更新スルコトヲ得

ハ、通過旅行者竝ニ最終目的地ニ赴ク爲汽船ヲ待ツ者ニシテ其ノ滯在期間三箇月ヲ超過スルコトナキ者

ニ、復航切符ヲ有スル觀光客

ホ、業務開設ノ爲渡來スル商店代表者、銀行家、商人、工業家、農場所有者ニシテ其ノ滯在期間三箇月ヲ超過スルコトナク且ツ營業鑑札ノ發給ヲ必要トスル商行爲ヲ爲サザル者

非移民査證ヲ請求スル外國人ハ其ノ本國ナレバ佛蘭西領事官憲ニ又佛蘭西ニ居住スル場合ハ本國領事官憲ニ所定ノ樣式ニ基キ正副二通ノ申告書ヲ提出シ非移民タルノ條件ヲ滿タセル者ナルコトヲ證明スルヲ要ス

二、移　民

イ、印度支那ニ於テ職業又ハ工業ヲ營ム目的ヲ以テ渡來スル外國人

ロ、印度支那ニ於ケル商業、工業、農業又ハ鑛業上ノ支配人、傭人、監督若ハ職工トシテ勞務ニ從事スル爲ニ渡來スル外國人竝ニ家內勞働ニ從事スル爲又ハ勞働者トシテ渡來スル者

ハ、非移民ノ項ニ明示シタル階級ニ屬セサル外國人移民ハ印度支那入國ノ許可ヲ得ル爲ニハ

1、移民ノ本國ニ於テ犯罪人名簿抄本ヲ交付スル規定アル場合ハ該抄本ヲ提出シ然ラサル場合ハ之ニ代ルヘキ公式書類又ハ申告書ヲ提出スルヲ要ス右ノ書類ハ旅券ニ査證ヲ與フル官憲ノ適當ト認ムル樣式ニ依リ作成發給スルモノニシテ出發前三箇月以內ニ作成シタルモノトス

2、佛蘭西官憲又ハ本國官憲ノ公認スル醫師ニ於テ移民ノ從事セントスル勞働又ハ職業ニ不適當ナル何等ノ疾病又ハ癈疾ヲ有セサル旨ヲ證明シタル最近ノ健康診斷書ヲ提出スルヲ要ス

英領馬來（海峽植民地、馬來聯邦及非聯邦諸邦）

海峽植民地外國人入國法（一九三三年一月一日實施）ニ依リ本邦人ハ病者、不具者、盲者、痴者、瘋癲、生計ノ途ナキ老衰者、本人ノ生活竝ニ其ノ義務者ヲ扶養スルニ足ル資力ナキ者、就職ノ目的ナキカ又ハ移民官ニ於テ就職ノ見込ナシト認メラレタル者、乞丐、浮浪人、公共又ハ慈善團體ノ負擔トナル惧アル者、他國ヨリ追放セラレタル者、醜業婦等ニ非サレハ上陸ヲ許可セラルルコトトナリ居レリ

従テ我方ニ於テハ視察、商用、觀光等ノ一時的旅行者ヲ除キ其ノ渡航許可又ハ旅券下付ノ標準ハ(一)在新嘉坡帝國總領事發給ノ再渡航、呼寄又ハ同伴ニ關スル證明書ヲ所持スル者ナルコト(二)其ノ他ノ渡航者ニ對シテハ身許確實ニシテ且其ノ渡航理由等ニ徵シ差支ナシト認メタル者ニ限リ渡航ヲ許可シ又ハ旅券ヲ下附シ居レリ

昭和十三年四月總督ハ外國人上陸員數ニ關スル制限令ヲ以テ從來通過客以外ノ外國人上陸數ハ國籍ヲ同ジウスル外國人ヲ一般會社ニ就キ一ケ月二十五名以下トシ右制限中ニハ女ヲ含マサリシ處爾今女ヲモ右制限二十五名中ニ含ムコトトセリ

又昭和十四年三月九日英領海峽植民地政廳ハ入國査證手續ヲ改正セル結果本邦人ノ英領馬來ヘノ渡航者中同地通過者以外ノ者ニ對スル旅券査證ニ當リテハ其ノ滯在期間ノ長短ニ拘ハラス又初渡航者ナルト再渡航者タルトヲ問ハス總テ在本邦英國領事館ニ於テ査證請求人ヨリ一定書式ノ請求書ヲ徵シ一應新嘉坡移民局ニ照會ノ上其ノ意見ニ基キ許否ヲ決定スルコトトナリタルニ付相當制限ヲ受クルニ至レリ

「タ　イ」國

本邦人ハ「タイ」國新外國人入國法(昭和十二年九月二十七日公布)ニ依リ從前通リ許可取付等ノ必要ナク査證ヲ得テ自由ニ入國シ得ヘク(但シ新入國者ハ總テ移民官ヨリ居住證明書ノ發給ヲ受クルヲ要シ二百銖以下ノ手數料ヲ徵收セラル)唯再渡航者ニシテ昭和六年十一月十五日前ニ入國シタル者ハ「タイ」國地方官憲發給ノ期間許可證ヲ又同日以後ニ入國シタル者ハ同國移民官憲發給ノ居住證書ヲ必要トスルニ過キサルモ新法第二十一條ニ依レハ一定ノ期間内ニ入國シ得ル外國人總數ヲ規定シ規定總數

以上ハ入國ヲ拒絶スルコトアルヘキ趣ナリ從テ日「タイ」兩國國交ノ親善ニ惡影響ヲ及ホス虞アルカ如キ者(例ヘハ昭和十年四月同國ニ於ケル政府倒壊陰謀事件)ノ渡泰ハ可成之ヲ差控ヘシムル方針ナルモ貿易業者、商業視察者等政治上ニ關係ナキ邦人ノ「タイ」國渡航ニ對シテハ渡航ヲ許可シ又ハ旅劵ヲ下付シ居レリ尚昭和十三年八月入國法一部改正セラレ右ニ依レハ從來未成年者ノ單獨渡航ハ入國ニ先立チ同國内務省ノ許可ヲ要シタル處今後ハ保護者ニ同伴セラレサル未成年者ト雖モ所定ノ入國税ヲ納入スレハ入國ヲ許可セラル、又「トラホーム」患者ニ對シテハ入國ヲ禁止シ居ルモ嘗テ「タイ」國内ニ居住セル證據ヲ有スル外國人「トラホーム」患者ハ他ノ入國禁止條項ニ抵觸セザル限リ入國ヲ許可ス

英領「インド」及錫蘭島

本邦人ノ英領「インド」入國ニ關シテハ何等差別的取扱ヲ受ケ居ラザルヲ以テ我方ニ於テハ身許確實ニシテ且其ノ渡航理由等ニ徴シ支障ナキ限リ渡航ヲ許可シ又ハ旅劵ヲ下付シ居レリ

「ベルチスタン」

「ベルチスタン」ニ於テハ外國人ノ入國、滯在、出國ニ關シテ特別ノ法規ナキモ英領「インド」ノ一部ナルヲ以テ旅行者ハ英領「インド」ヘノ入國査證ヲ取付ケ居レハ自由ニ同地方ヲ旅行スルコトヲ得

「アフガニスタン」國

「アフガニスタン」國ニ於ケル現行外國人出入國、査證及滯在等ニ關スル一般法規(一九三五年三月二十二日施行)ニ依レハ同國ノ入國査證ニハ(一)一時的入國査證(有效期間十五日)(二)期限附入國査證(有效期間ハ「ア」國官吏ノ認定ニ依ルモ六箇月ヲ超ユルコトヲ得ス)及(三)長期入國査證(有效期間一箇年)ノ三種アリ前記(一)及(二)ノ査證ハ本人ノ希望ニ依リ内務省ハ之カ更新ヲ爲スコトヲ得ルコトトナリ

「ウルグアイ」國ニ於テハ昭和十二年十一月三十日移民法細則公布實施セラレタルカ本邦人ニ關係アル主要ナル事項ハ左ノ通ナリ

(一) 「ウルグアイ」居住ヲ目的トスル二、三等客外國人ハ總テ移民ト看做サレ右ハ(イ)生計能力アル善良ナル十八以上六十歳迄ノ者(但シ家族ヲ除ク)(ロ)豫メ移民局ヨリ入國許可ヲ取付ケタル者(ハ)許可取付ニ際シテハ移民局ノ裁定ニ依リ六百「ペソ」ヲ供託スルヲ要シ(同供託金ハ毎月五十「ペソ」宛返戻セラル(ニ)職業、善行、健康、種痘ノ各證明書竝ニ入國許可書ヲ携帶スル者タルコトヲ要ス

(二) 「ウルグアイ」國政府ノ認ムル文化的使命ヲ有スル者及外交官竝ニ其ノ使用人ハ本令ノ適用ヲ免除セラル

(三) 「ウルグアイ」國領事ノ證明アル漫遊客ハ滯在一箇年、通過者ハ一、二等客ニ限リ滯在一箇月ヲ許可セラル

尙一等船客ハ從來通ノ取扱ナリ

第二款　大東亞戰爭勃發後ニ於ケル取扱狀況

(イ) 佛領印度支那及「タイ」國方面行邦人渡航者取扱方針

大東亞戰爭勃發ニ伴ヒ本邦ト諸外國間トノ交通ハ殆ント杜絕スルニ至リタルヲ以テ邦人ノ海外渡航ハ激減セルモ「ソ」聯邦、佛領印度支那及「タイ」國方面行一般渡航者ハ從前通リ引續キ渡航シ得ル次第ニテ最近佛領印度支那及「タイ」國行渡航者激增シ中ニハ緊急用務ヲ有セサル漫然タル渡航者多數アルニ鑑ミ政府ニ於テハ右南方方面邦人ノ渡航ニ付テハ(一)再渡航者(二)在留邦人ノ呼寄ニ係ル家族(三)從業員ノ交代及增員(四)官廳ノ公務又ハ其ノ委囑ニ依リ渡航スル者(五)政府ニ於テ資源調査、貿易企業

及營業進出擴張又ハ學術宗教文化等研究ノ爲必要ト認メタル者ノ外ハ當分ノ間原則トシテ一般ノ渡航ヲ差控ヘシムルコトトナシ居レリ

尙(一)外國爲替管理トノ關係上旅費其ノ他トシテ二百圓以上ノ金額ヲ持出ス者ハ事前ニ爲替許可ノ手續ヲ採ラシメ(二)技術者ニ付テハ關係廳ト密接ナル連絡ヲ取リ(三)兵役關係者ニ付テハ嚴密ナル調査ノ上所定ノ手續ヲ履行セシメ(四)又渡航先ノ事情ニ依リ政治上通商上或ハ其ノ他ノ見地ヨリ種々指導統制ヲ加ヘ居ル關係上常ニ關係當局ト緊密ナル協議ヲ遂ゲ若クハ現地ニ照會ジタル上夫々旅劵ヲ下付スルコトトセリ

(ロ) 南方占領地行邦人渡航者ニ對シ發給スヘキ渡航證ニ關スル件ノ經緯

一、南方占領地行邦人渡航者ニ對シ發給スヘキ渡航證ニ關シテハ本年三月二日企畫院第六委員會ニ於テ決定ヲ見タル「邦人ノ南方渡航者統制ニ關スル暫定措置要領」ニ基キ外務省ニ於テ渡航證ヲ發給スルコトトナリ右發給制度ニ關シ外務、內務、大藏、陸軍、海軍、商工及拓務省關係係官間ニ研究ヲ重ネ、省令案ヲ得タルガ法制技術上ノ見地ヨリ更ニ考究シタル結果省令案ニ依ルコトヲ改メ占領地ト內地トノ法制上ノ特殊關係ニ鑑ミ事實上ノ取扱ニ依ルコトトシ渡航證發給ノ手續等ハ告示乃至訓令ニテ之ヲ取リ定ムルヿトトナリ右方針ニテ關係省間ニ審議ヲ繼續スルコトトナリタリ

二、然ルニ南方占領地ニ渡航セントスル者ハ目下ノ所軍徵用船ニ便乘セサルヘカラサルトコロ其ノ出發港、寄港地、出帆日取、乘客數ハ外部ニ祕匿セラレ居ル一方現實問題トシテ渡航者ハ軍ノ指示ニ依ル者及軍ノ認メタル再渡航者ニ限ラレ居ルヲ以テ當分ノ間ハ船舶ノ運航ヲ司リ居ル軍ニ於テ渡航身分證明書ヲ發給スルコト便宜ト認メ先般來實行セラレ來リツツアリ

三、右軍側ノ便宜措置ノ爲本件審議ハ一時中斷ノ狀態ニ在ル處軍トシテハ將來交通狀態ノ回復、占領地ノ防衛及行政機構ノ整備ニ伴ヒ一般邦人ノ渡航差支ナシト認メラルル時機ニ立至ラハ本件渡航證發給事務管掌方外務省ニ依賴スルコトト致度キモ種々ノ事情モ有之ニ付軍側トシテハ本件ノ審議ハ暫クノ間之ヲ見合スコトト致度キ旨連絡アリタリ

第三節　渡航許可又ハ旅券下付ニ關スル取締及制限

第一款　醜業婦又ハ醜業媒介者ノ渡航取締

邦人醜業婦又ハ醜業媒介者竝ニ賤業ニ從事スル虞アル者ノ海外渡航取締方ニ關シテハ不斷深甚ノ考慮ヲ拂ヒ居ル所ナルカ是等醜業關係者ノ渡航ヲ防遏セント欲セハ須ラク內地官憲ト在外公館トノ間ニ緊密ナル聯絡ヲ保持シ以テ其ノ渡航ヲ阻止シ他面渡航後賤業ニ變スルカ如キ者ニ對シテハ極力善導シテ正業ニ就カシムルコト肝要ナリトス仍テ帝國政府ハ屢々各地方長官ニ對シ右取締方訓令スルト共ニ在外公館長ニ對シテハ在外邦人醜業關係者ノ轉業又ハ廢業措置方ニ關シ一般的訓令ヲ發シ鋭意之カ絕滅ヲ期シ居ル次第ニシテ現在ニ於テハ支那及滿洲國ヲ除キテハ南洋方面ニ尙少數ノ在留者アルノミニテ其ノ他ノ海外各地ニ於ケル邦人賤業婦ハ殆ト絕滅セルモノノ如シ

右ノ方針ニ基キ苟モ醜業從事又ハ醜業媒介ノ虞アリト認メラルル者ノ海外渡航願出ニ就テハ嚴重警察調査ヲ經テ許否ヲ決定スルコトト爲シ居レリ

第二款　刑餘者ニシテ再犯ノ虞アル者刑ノ執行猶豫中ノ者及保釋出所中ノ者ニ對スル渡航取締

前科アル者ト雖モ嚴査ノ上改悛ノ狀顯著ニシテ再犯ノ虞ナシト認メラルル者ニ對シテハ渡航目的國ノ法令ニ牴觸セサル限リ其ノ渡航ヲ許可シ海外ニ於テ更生ノ途ヲ拓カシムルコト望マシキモ反之再犯ノ虞アル者ノ渡航ハ在留同胞ノ發展ヲ阻碍スルコト不尠又刑ノ執行猶豫ノ者及假出獄中ノ者ニ付テハ司法當局ニ於テ特ニ其ノ渡航ヲ承認シタル場合ノ外ハ何レモ嚴ニ渡航ヲ禁スルヲ要ス尙保釋出所中ノ者ニ付テモ同様ナリ

第三款　單獨幼年者ノ渡航取締

單獨幼年者ノ外國渡航ニ關シテハ明治二十九年移民保護法實施ニ際シ同保護法ニ關スル解釋及取扱上ノ注意トシテ各地方長官ニ訓令シ勞働ヲ目的トスル十五歲未滿ノ者ノ單獨海外渡航ハ人道上ノ見地ヨリ之ヲ禁止シ現在ニ於テモ右ノ方針ニ依リ十五歲未滿ノ者ハ父母ニ同伴セラルルカ又ハ父母若ハ近親者ニ扶養セラルル場合ニシテ領事證明ヲ有スルカ又ハ右證明ヲ有セストモ其ノ呼寄關係明瞭ナル場合ノ外ハ之カ渡航ヲ許可セサルコトニ取扱ヒ居レリ

第四款　兵役關係者ノ渡航取締

兵役關係者ノ海外渡航取締ニ關シテハ大體左記(A)、(B)、(C)ノ三種ニ區別スルコトヲ得而シテ其ノ各場合ニ於ケル取扱方ノ概要左ノ通リ

(A)　兵役法第四十一條ニ依ル在學徵集延期中ノ者ナル場合

(イ)　夏季其ノ他學校ノ休暇ヲ利用シ當該休暇間渡航スル場合又ハ文部大臣ノ承認ヲ得テ國際運動競技參加ノ爲渡航スル學生ニ對シテハ願出ニ依リ直ニ渡航許可又ハ旅券ヲ下付ス

(ロ)　修學ノ目的又ハ止ムヲ得サル家事上ノ事情ニ因リ在籍學校長ノ承認ヲ得テ概ネ六箇月ヲ超エサ

昭和十六年十一月十五日陸軍省令第五十三號ニ依リ兵役法施行細則改正セラレタル結果歸休兵、豫備兵、補充兵又ハ第一國民兵竝ニ昭和六年以後徴兵檢査ヲ受ケ丙種合格トナリタル第二國民兵ニシテ內地ヨリ帝國外ノ地（關東州、滿洲國、支那、香港又ハ澳門ヲ除ク）ニ旅行又ハ在留セントスル者ハ出發前兵役法施行規則第六十四條ニ依ル外國旅行（在留）屆ヲ本籍地ノ市町村長ヲ經テ本籍地ノ聯隊區司令官ニ屆出ツル要アル旨關係官廳ニ通牒セリ

第六款　本邦各種工業技術者ノ南洋印度方面渡航制限

近年本邦輸出統制漸次確立セラルルニ伴ヒ本邦工業ノ海外移動乃至邦人產業技術者ノ海外渡航取締方ニ關シ關係組合等ヨリ陳情ノ次第モアル處事業竝ニ技術ノ種類ニ依リテハ我方ノミノ消極的方針ヲ以テシテハ必スシモ本邦當業者ノ所期スルカ如キ內地產業保護ノ目的ヲ遂シ得ス却テ邦人海外企業進展ノ好機ヲ他國ニ讓ルカ如キ結果トナルヲ保シ難ク斯テハ從來政府ノ採リ來レル邦人海外企業獎勵助長ノ方針ニ悖ルノミナラス邦人ノ海外渡航自由ノ原則ヲ著シク制限スルコトトナリ大局上面白カラサルニ付昭和九年三月關係當局トノ間ニ協議ノ上前顯內地產業保護、邦人海外企業助成及海外渡航自由ノ三者ノ間ニ一致點ヲ求メ差當リ南洋印度方面行渡航取締ノ統一ヲ圖ルコトトセルモ實際ノ許可ニ當リテハ我國內產業狀態及海外ノ事情等ニ付考慮ノ要アルヲ以テ本邦各種工業ニ關スル技術者、職工徒弟ニシテ渡航後外國人ニ技術ヲ傳授スルノ疑アル者ニ對シテハ其ノ都度一々商工省ト協議ノ上之カ渡航ノ許否ヲ決シ居レリ

第七款　「ポルトガル」領「チモール」渡航者ニ對スル制限

「ポ」領「チモール」ヘノ進出計畫ノ實行ニ當リテハ同島ヲ繞ル國際關係ノ機微ナル事情アルニ鑑ミ不言

實行ノ精神ニ則リ統制アル行キ方ヲ執ルコト最モ適切且肝要ナリト認メラルル處現在右進出ヲ目論見居ルモノノ內南洋興發株式會社ノ計畫ハ敍上ノ趣旨ニ照シ機宜ニ適シタルモノト認メ當分ノ間ハ專ラ同社ヲシテ之ニ當ラシメ原則トシテ同社關係ノ出願ニ對シテノミ渡航ヲ許可シ居レリ

第八款　雛雌雄鑑別師ノ海外渡航手續

外國ヨリ邦人雛雌雄鑑別師ノ派遣方ヲ要望シ來ルモノアルトキハ當省ニ於テハ之ヲ農林省ニ移牒シ同省ニ於テハ社團法人養鷄組合中央會ヲシテ一定ノ考査ヲ行ハシメタル上之ヲ選定シ當省ニ推薦シ來リ當省ニ於テハ右農林省ノ推薦ニ係ル者ノミニ對シ旅券ヲ發給スルコトトシ居レリ

昭和十四年十二月ヨリ同十七年六月ニ至ル間ニ於ケル右農林省ノ推薦ニ基キ海外派遣雛雌雄鑑別師ニ對シ旅券ヲ發給セシ者左ノ如シ

渡航先	鑑別師氏名	本籍	旅券下付年月日
英、白	浦部　高良	愛知	昭和十五年一月十三日
同	鈴木　誠一	靜岡	同
英、白、蘭	余語彥三郎	愛知	同
英、和	加藤　巻二	同	同
同	森　八郎	香川	同
英、白、蘭	目黒　壽雄	北海道	同
英	稲垣　鈴磨	愛知	同
白、蘭	伊藤　昇	長崎	同
同	松岡　勇	愛知	同一月三十日
白、蘭、英	宮本　三郎	茨城	同
白、蘭	富加見龍雄	靜岡	同
白、蘭	藤原　寛一	兵庫	昭和十五年一月三十日
同	後藤　金雄	靜岡	同
同	瓜生　省吾	福岡	同
同	白石　清	愛媛	同
同	大林　茂雄	愛知	同
同	二宮　男	同	同
濠洲	片岡　秀雄	香川	同五月十八日
同	白石　清	愛媛	同
「ニュージーランド」	尾澤　清	靜岡	同五月二十七日
同	名倉泰次郎	同	同
濠洲	片岡　勞雄	東京	昭和十六年五月三十一日

－六一－

第四節　海外在留不良分子ノ再渡航取締

第一款　不良分子ノ再渡航取締制度

帝國領事館ハ支那以外ノ外國ニ於テハ管下在留邦人ニ對スル强制的取締ノ權能ヲ有セサルヲ以テ往々在留邦人間ノ平和ヲ攪亂シ或ハ我國ノ利益ニ背反スルカ如キ行爲ヲ敢テ爲ス者アリ之ニ對シ適切且效果的ナル制裁方法無ク在留民保護指導上遺憾ノ點尠カラサルニ鑑ミ昭和十二年四月左記要領ノ取締內規ヲ制定シ外務省ニ於テ「旅券下付要注意人名簿」ヲ設備シ之ニ記載シタル者ニ對シテハ取消ノ決定アルニ至ル迄ハ本人ノ歸國後更ニ外國ノ渡航方願出ツルモ絕對ニ旅券ヲ下付セサルコトトセリ而シテ右名簿ニ登載スルヤ否ヤ又ハ之ヲ取消スヤ否ヤニ關シテハ當該領事官ト聯絡シ愼重詮議ノ上決定スルモノトス斯クシテ在外要注意人物ノ反省ヲ促シ且在留民ニ對スル領事官ノ保護指導上ニ於ケル地位ノ强化ニ資スルコトトセリ

旅券下付在外要注意人物取締內規

一、領事官ハ其ノ管轄區域內ニ於ケル在留邦人中次ニ該當スル者ノ性行、外國在留好マシカラスト認ムル事情等ヲ可成詳細且具體的ニ本省ニ內申スルコト

(1) 在留邦人ノ平和及秩序ヲ攪亂シ又ハ風俗ヲ紊ル者

(2) 思想的容疑人物ト認メラルル者

(3) 帝國ノ利益ニ背反スル行動ヲ爲ス疑アル者

(4) 對外關係上外國在留面白カラスト認メラルル者

(5)　其ノ他外國在留好マシカラスト認メラルル者

二、亞米利加局第三課ニ於テハ「旅券下付要注意人名簿」ヲ設備シ置キ前項ノ内申及其ノ他ノ資料ニ基キ外國在留邦人中將來外國旅券ヲ下付スヘカラスト認メタル者ニ對シテハ關係局部課ト協議ノ上高裁ヲ經テ右名簿ニ記載ノ手續ヲ爲シ同時ニ其ノ旨關係領事官ニ通知スルコト

三、「旅券下付要注意人名簿」ニハ本人ノ氏名、年齡、本籍、外國在留地及其ノ渡航年月並ニ外國在留中ノ行動事實等ヲ記入整理スルコト

四、「旅券下付要注意人名簿」ニ記載セラレタル者ニ對シテハ之カ取消ノ決定アル迄ハ外國旅券ヲ下付セサルコト

五、關係領事官ハ第二項ニ依リ「旅券下付要注意人名簿」ニ記載ノ通知ヲ受ケタルトキハ自己ノ裁量ニ依リ適宜之ヲ利用スルコトヲ得又同名簿ニ記載シアル者ノ中之ヲ取消スコト可然ト認メタル者アルトキハ直ニ其ノ旨本省ニ内申スルコト

本省ニ於テ右名簿ニ記載シアル者ヲ取消シタル場合ハ其ノ旨速ニ關係領事官ニ通知スルコト

六、本内規ニ於テ領事官トハ帝國領事官ノ駐在セサル地ニ於テハ帝國大使又ハ公使ニ之ヲ準用スルコ

第二款　要注意人名簿ニハ登錄セサルモ旅券發給ノ際特ニ注意ヲ要スヘキ者

(甲)　海外在留邦人ニシテ昭和十六年以降外國官憲ニ依リ好マシカラサル等ノ理由ニ依リ送還セラレタルモノ

(一)　本　籍　　大阪市東區北濱町四丁目十四番地

六三

住所　新嘉坡

宮田利助

明治二十三年三月二十三日生

右者曩ニ盗罪ニ由リ警察官憲ニ檢擧セラレ懲役三ヶ月ニ處セラレ服役中ノ處追放ヲ命セラレ昭和十六年十二月十五日出帆ノ淺間丸ニテ送還セラレタリ

(二) 本籍　長崎縣南高來郡東有家町三九

現住所　新嘉坡

馬場鹿藏妻　馬場キミノ

明治二十二年二月十二日生

右者ハ新嘉坡市「イーストコースト」路二五三號ニ旅館業ヲ營ミ居リタル處淫賣婦宿ノ嫌疑ニ依リ英官憲ニ檢擧セラレ旅館業違反ニテ禁錮トナリタル處本人ヨリ特ニ追放方願出テタルニ依リ追放處分トナリ昭和十六年六月十五日出帆ノ「ハンブルグ」丸ニテ送還セラレタリ

(三) 本籍　鹿兒島縣薩摩郡永利村百次二〇番戸

住所　「新嘉坡」

下別府吉藏

明治二十三年三月二十五日生

右者曩ニ英領政府ニ好マシカラサル人物ナリトシテ逮捕セラレ留置中ノ處「好マシカラサル人物」トシテ追放ヲ命セラレ昭和十六年十二月十五日出帆ノ淺間丸ニテ送還セラレタリ

(四) 本籍　新潟縣中頸城郡谷濱村大字長濱一、一九七

住所　新嘉坡

齋藤惣治

大正十三年三月十日生

右者ハ郵船長門丸船員ニシテ同船「シンガポール」寄港ノ際港内風景寫生中英官憲ニ檢擧セラレ戰時防衞地域法違反ノ廉ニテ九ケ月間ノ懲役ニ處セラレ服務後終身追放處分ニ處セラレ昭和十六年九月十九日出帆ノ箱根丸ニテ送還セラレタリ

(五) 本籍　和歌山縣西牟婁大都河村　酒井忠治 (四十七歳)

(六) 本籍　和歌山縣西牟婁郡田並村　里田良吉 (二十九歳)

右兩名ハ何レモ密航者トシテ「ホノルル」ヘ上陸シタル者ナルコト判明セルニ付昭和十六年六月十日龍田丸ニテ送還セラレタリ

(乙) 現在歸國中ノ者ニシテ再渡航ニ關シ注意ヲ要スル者

(一) 本籍　宮崎縣兒湯郡妻町大字妻二四八番地ノ一

榮妻　原田シメ

明治三十七年二月一日生

右者ハ昭和十三年四月夫榮ト共ニ比島ニ渡航シタルガ同棲一年後夫ニ無斷ニテ「マニラ」市都食堂ニ仲

六五

居奉公中素行收マラズ且又一般在留邦人ニ對シ種々迷惑ヲ來タシタルモノナルニ付同人ノ比島再渡航禁止セラレ度旨在「マニラ」帝國總領事ヨリ申越アリタリ

(二) 本　籍　長崎縣南高來郡堂崎村甲二二番地ノ第二　　小嶺カキヨ

明治二十三年五月二十四日生

右者ハ三十年前「メダン」ニ渡航シ英國人家事使用人トシテ在留中ナリシ處日支事變勃發以來母國ヲ侮辱スル言辭不尠痛ク在留邦人ノ憤激ヲ買ヘルカ再渡航後如何ナル暴言ヲ吐クヤモ知レサルニ付再渡航出願ノ際旅券下付相成ラサル樣在「メダン」帝國領事ヨリ申越アリタリ

(三) 本　籍　熊本縣天草郡維和村六一三

現住所　「スマトラ」東海岸「メダン」市上海街一六　　益野シツ

明治十七年二月二十五日生

右者ハ表面都「ホテル」ヲ經營シ居ルモノナルガ常ニ土人ヲ相手ニスル密淫賣稼業ヲ本職トシ且養女「シマ」(二十七歲)ヲモ密淫賣セシメツツアリシ處今般歸國シタルモノナルニ付再渡航禁止方在「メダン」帝國領事ヨリ申越アリタリ

(四) 本　籍　長崎縣長崎市西山町三丁目四五

現住所　「スマトラ」東海岸州「メダン」市「マドラス」街八　　浦川トヨ

明治二十年五月十一日生

右者ノ長女「ツル」（二十一歳）ハ蘭人農園支配人ノ妾トナリ一家ヲ支ヘ居ル處今般北野丸ニテ三兒ヲ連レ歸國セル處再渡航セハ三兒共密淫賣婦カ又ハ洋妾ニ陷ル虞アルモノナルニ付再渡航阻止方在「メダン」帝國領事ヨリ申越アリタリ

（丙）現在海外在留中ノ要注意人物

（一）本　籍　長崎縣南高來郡湊町九三〇

現住所　「スマトラ」東海岸「メダン」市「サインテス」街三〇

鈴　木　秀　男

三十歳

「ランサ」在住蘭人洋妾邦人某カ支那人ヨリ貰兒シ入籍シタ者ニシテ目下徴兵猶豫中ナリ本人ハ「コタラジヤ」ノ中學ヲ卒業セルカ蘭側ハ表面日本人ナルヲ以テ雇ハス素行良カラス邦人モ忌避シ居ル爲職ナク目下ハ蘭側ノ密偵トナリ邦人ノ行動ノ監視及電話ノ「センサー」ヲ爲シ居ルモノナリ

（二）本　籍　長崎市西坂町二丁目五二

現住所　「スマトラ」東海岸州「メダン」市「グテー」街「マタハリホテル」

木　下　キ　ク　エ

明治二十年十二月二十七日生

娘子軍出身「サバン」ニ於テ土人密淫賣婦ノ爲「ホテル」ヲ營ミ十二歳ノ貰兒「マサー」ヲ蘭人有婦ハ伍長

六七

ノ妾トナシ月三十盾ノ仕送ヲ受ケタルコト發覺シ官憲ノ起訴ヲ受ケ豫審ニ於テ九ケ月ヲ求刑セラレ目下控訴中ナリ右記事數回馬支字紙ニ現ハレ邦人ノ面目ヲ失セシム

(三) 本　籍　熊本縣天草郡佐伊澤村二三一三
現住所　「スマトラ」東海岸州「メダン」市「タミアン」街四

岡村阿佐志

明治二十年二月六日生

英人農園ノ苦力頭ニ就職中女苦力ト關係ヲ結ビ「ミエ」（二十五歲）ナル女ヲシテ密淫賣ヲ勸メシメタルコトアリ

(四) 本　籍　長崎縣西彼杵郡上長崎片淵町一五三
現住所　「スマトラ」東海岸「シャンタル」

小田マキ

明治十七年五月二十八日生

土人密淫賣婦ノ爲朝日「ホテル」ヲ營ミ日土人混血兒「ミエ」（十七歲）ヲ貰ヒ受ケ之レヲシテ醜業ヲナサシメタリ

(五) 本　籍　長崎市川上町二七
現住所　「スマトラ」東海岸「シンパンテガ」

竹川萬德

明治二十一年一月十八日生

右者ノ貰兒「トシエ」（十八歳）ハ密淫賣中支那人トノ間ニ一子ヲ上ゲ近ク歸國スル噂アルニ付再渡航禁止アリ度旨在「メダン」帝國領事ヨリ申越アリタリ

（六）本　籍　和歌山縣西牟婁郡串本町

現住所　「スマトラ」東海岸「メダン」市「ウイルヘルミナ」街一三一

管　トミ

明治四十三年五月十二日生

英八ノ洋妾ヲ稼キ其ノ收入ニテ母「トラ」及其ノ内夫松田政之助ヲ扶養シ居レリ

（七）本　籍　長崎市丸尾町二丁目四

現住所　「スマトラ」東海岸州「メダン」市「バタンプラン」街五三

村木　ツタエ

大正十二年十一月一日生

父長松母「カメ」其ノ他弟妹ト同居「メダン」國民學校卒業後主ニ印度人相手ノ密淫賣ニテ一家ヲ支ヘ居レリ

（八）本　籍　熊本縣天草郡志岐村大字上津深江四四二六

現住所　「スマトラ」東海岸州「メダン」市汕頭街二

本田　勘　吉

明治十七年一月二十二日生

六九

內妻前田「クワ」ト共ニ土人密淫賣婦ノ爲横濱「ホテル」ヲ營ミ「クワ」ハ蘭側ノ摘發ヲ受ケ二ケ月ノ禁錮ニ處セラレ新聞ヲ賑ハシ邦人ノ面目ヲ失セリ

、(九) 本　籍　岡山縣土房郡有漢村二〇九四

現住所　「スマトラ」西海岸州「エイルバンギス、ウジュンガデン」

莊　得　一

水產講習所卒業後渡南情落シ「ミナンカバウ」族婦人ト結婚シ目下上記奧地部落ニテ一家稻作ニ從事シ辛シテ生活シ居レリ

第五節　「ブラジル」國渡航問題經緯

一、伯國政府ハ歐洲戰爭勃發以來歐洲方面ヨリ猶太人ノ不正入國頻出シ居ルタメ之カ防止策トシテ一般外國人ニ對スル入國査證ヲ中止スルコトトナリ其ノ旨昭和十六年一月中旬外務省ヨリ「サーキュラー」ヲ在外領事ニ對シ發送セリ

但シ右回章ニ依レバ米洲國人、「ポルトガル」人、契約藝人及農工技術者竝ニ歸來許可書所持者（有效期限內ノモノニ限ル）ヲ除クコトトナリ居レリ

二、右回章ハ一月下旬航空郵便ニテ一齊ニ發送シ而モ本訓令到着前旅劵ニ査證取付ケスミノ者ニ對シテハ何等入國ニ際シ支障ナキ趣ナリシヲ以テ伯國ニ於テ事業ヲ經營セル會社竝ニ同地ニ支店ヲ有スル貿易商社ニ對シ社員交替ノタメ渡航スヘキ者又ハ増員トシテ近ク赴任スヘキ者アラハ伯國行旅劵

七八

第八節　海外渡航者ニ對スル傳染病豫防ニ關スル取扱振

第一款　支那方面

従來内地ノ痘瘡病毒ハ主トシテ滿洲支那方面ヨリ輸入スルヲ常トスル實情ニ鑑ミ同方面トノ交通關係ニハ防疫上警戒ヲ加フルノ要アルヲ認メ昭和十三年十二月以降滿洲國及支那各地ヘノ渡航者ニ對シテハ豫メ内地出發前ニ種痘ヲ受ケシメ以テ本人ノ自衛上ノミナラス國内防疫上遺憾ナカラシムル樣取計方厚生省ヨリ各地方長官宛通牒セリ

支那渡航者ノ携帶スヘキ防疫證明書ハ別表ノ通リナリ

地名	種痘	「コレラ」	「チブス」	「ペスト」
北支方面				
山海關	必要	必要		
天津	必要	必要		
芝罘	必要	必要	必要	
青島	必要		必要	
中支方面				
徐州	必要	必要		
津浦線				
明光驛	必要	必要		

南　京	必要	必要		
上　海	必要	「チプス」ノ豫防注射證明書必携		
漢　口	必要	必要		
南支方面				
厦　門	必要	必要		
廣　東	必要	必要	必要	
海南島	必要	必要		必要
澳　門		必要（英文）		
滿　洲				
蘇　聯	滿洲經由ノ場合必要（露文）			

第二款　「タ　イ」國

「タイ」國當局ハ昭和十五年四月三日佛領印度支那ヲ天然痘及「コレラ」流行地ト指定シ同方面ヨリノ「タイ」國向渡航者ハ種痘及「コレラ」豫防注射ヲ六日以上六箇月以內ニ實施セル各證明書ノ携帶ヲ必要トスルコトトナリタル旨在「タイ」國帝國公使ヨリノ通報越アリタルニ付同月十三日此ノ旨佛印經由「タイ」國渡航者ニ周知方各關係官廳ニ手配セリ

第九節　旅券、査證、査證料關係

第一款　本邦人ノ渡航ニ關シ旅券ヲ必要トセサル國

滿洲國

支那　但シ所轄警察署長又ハ在支帝國公館長發給ノ身分證明書ヲ要ス

右以外ノ各國ニ渡航スルモノハ旅券ヲ必要トシ右旅券ニハ行先國在外官憲ノ査證ヲ受クルコトヲ要ス

第二款　本邦渡航外國人ニ對スル査證料

從來本邦渡航外國人ニ對スル査證料ハ米國人、墨國人、蘇聯邦人、智利國人及一般外國人ニ分チ一定セル査證料ヲ徴收シ居リタル處、諸外國官憲ノ本邦人ノ渡航ニ關シ徴收スル査證料トノ間ニ著シキ差異アルニ依リ本邦側トシテモ其ノ査證料ヲ相互主義ニ基キ各國官憲カ本邦人ニ對シ徴收スル査證料ト同額迄增徴スルコトトシ在外公館長ニ於テ之カ徴收料額ヲ決定スルコトトセリ

第三款　在本邦各國官憲カ本邦人ニ對シ徴收スル査證料（昭和十六年六月調）

國名	入國査證料	通過査證料
「イギリス」	一〇金法（十三圓九十錢）	一金法（一圓四十錢）
「フランス」	七五法（七圓二十九錢）	一〇法（九十八錢）
「イタリア」	一〇金「リラ」（十四圓）	入國査證料ト同シ
「ドイツ」	四「ライヒスマルク」（五圓二十錢）	二「ライヒスマルク」（二圓六十錢）
「オランダ」	蘭印行六「ギルダ」（十三圓七十錢）	入國査證料ト同シ
「ベルギー」	一五「ベルカ」（十二圓）	入國査證料ト同シ
「ラトヴィア」	五圓	一圓
「フィンランド」	一〇〇「フィンランド」「マルク」（七圓五十錢）	入國査證料ト同シ

「アフガニスタン」 六ケ月間有效 五佛金法 二佛金法
十二ケ月同 一〇佛金法

「エジプト」 三八六「ミリアムス」（十一圓四十五錢） 三九「ミリアムス」（一圓十錢）

「トルコ」 二土貨磅（八圓） 一土貨磅（四圓）
數同ノ旅行ニ有效ナル査證
二ケ月間有效五土貨磅（二十圓）
四ケ月間有效六土貨磅（二十四圓）
十ケ月間有效八土貨磅（三十二圓）

第四款 「トルコ」國行本邦人中査證料ヲ要セサル者

「トルコ」國行
(イ) 學生 (ロ) 文武官 (ハ) 通信員

第五款・數次往復旅券ヲ適用スル地方

曩ニ昭和十年外務省令第八號外國旅券規則第十條ニ依リ同一旅券ヲ以テ數次往復シ得ベキ地ヲ左ノ通定メタルカ其後澳門及「ポルトガル」領「チモール」ハ從來同地ニ赴ク邦人極メテ尠ナカリシ爲數次往復旅券ヲ適用スル地ヨリ除外セラレ居リタルカ此ノ程日葡兩國間ニ「パラオ」及「チモール」間航空連絡業務ニ關スル協定ノ成立ヲ見、大日本航空會社ニ於テハ近ク定期航空ヲ開始スルコトトナリ是等東亞ニ於ケル「ポルトガル」領ト帝國トノ間ノ貿易交通關係ハ頓ニ緊密ノ度ヲ加ヘ來リ邦人ノ商用其ノ他ノ目的ノ爲同地ニ往復スル者增加セントスル形勢トナリタルニ付主トシテ是等定期航空ニ從事スル者ノ便宜ヲ計リ併セテ通商振興ノ一助ニ供センカ爲澳門及「ポルトガル」領「チモール」ヲ數次往復旅券ヲ適用スル地ニ追加スルコトトナリ外務省告示第五十一號昭和十六年十一月十五日ノ官報ヲ以テ公布セリ

記

一、「ソヴイエト」聯邦極東地方
一、中華民國（同國ヘノ渡航ニハ旅券ノ必要ナキモ本人ノ希望ニ依リテハ之カ下付ヲ妨ケス）
一、佛領印度支那
一、「タイ」國
（以下省略）

第六款　外國旅券面ノ國名記載方改正

條約文又ハ之ニ準スル文書中ニ表ハルル國名（日本國、滿洲國及中華民國ヲ除ク）ノ全部ヲ假名書ニ改ムルコトトナリタルヲ以テ外國旅券記載用語例中邦字ヲ以テ記載スル國名ニ付テモ左記甲ノ通リ假名書ニ改ムルコトトシ尚漢字ニ依ル國名略稱ニ付テハ左記乙ニ掲クルモノノミ之ヲ認ムルコトトセル旨昭和十六年七月八日附ヲ以テ關係官廳ニ通牒セリ

甲號

「アフガニスタン」國
「アイスランド」國
「アイルランド」國
「アルバニア」國
「アメリカ」合衆國
「アンドラ」國
「アルゼンティン」共和國
「ベルギー」國
「ブータン」國
「ボリヴィア」國
「ビルマ」
「ブラジル」國

リタリ

第十一節　臺灣ニ於ケル滿洲國及中華民國渡航證明規則制定竝ニ外國旅劵規則中改正

本邦人ノ支那渡航ハ日清通商航海條約ニ依リ旅劵ヲ必要トセス彼我ノ交通ハ自由ナルヲ原則トスルモ從來臺灣籍民ニ關スル限リ支那人トノ識別困難ナル爲種々取締上ノ必要ニ基キ旅劵ヲ携帶スルニ非サレハ外國ニ渡航セシメサルコトニ臺灣總督府ノ外國旅劵規則中ニ規定セラレアル處右ハ前記條約ノ精神ニ鑑ミ妥當ナラサルノミナラス同籍民ノ海外發展ヲ抑壓スルノ慨アルヲ以テ右從來ノ制度ヲ撤廢シ之ニ代フルニ滿洲國及中華民國ニ渡航スル同島民ニ對シテハ郡守、警察署長又ハ支廳長ヨリ本人ノ本籍、現住所、戸主又ハ戸主トノ續柄、氏名、生年月日、渡航目的、渡航地名、職業、身分、特徴等ヲ記載シ寫眞ヲ貼附シタル臺灣總督名義ノ渡航證明書ヲ新ニ發給スルコトトシ尙右渡航證明書ノ種類ヲ普通、往復及團體ノ三種ニ分チ其ノ手數料ヲ普通渡航證明書三圓、數次往復渡航證明書五圓、團體渡航證明書ヲ十圓トシ昭和十三年九月十六日臺灣總督府令第百十八號ヲ以テ滿洲國及中華民國渡航證明規則ヲ公布シ同年十月一日ヨリ實施セリ

同時ニ臺灣ノ外國旅劵規則中ヲ改正（昭和十三年府令第百十九號）シ右渡航證明規則ト牴觸スル規定ノ整理ヲ行ヒ併セテ實際ニ運用セサル條文ヲ削除シ又對外發展助長ノ見地ヨリ同一旅劵ヲ以テ三ケ年間數次往復シ得ヘキ地ヲ從來指定ノ香港ノ外佛領印度支那、泰國、海峽植民地、馬來聯邦及非聯邦諸邦、英領印度、緬甸、「セイロン」、英領「ボルネオ」及蘭領東印度ニ擴張シ同年十月一日告示第三百三

十六號ヲ以テ公示セリ

尙籍民ニシテ一旦內地又ハ臺灣以外ノ外地ニ渡航シタル後渡支渡滿スル場合ノ取扱ニ關シテハ同總督府ニ於テ考究ノ結果右府令制定ノ趣旨ニモ鑑ミ昭和十四年七月以降此ノ種臺灣籍民ノ渡支渡滿ニ際シテハ本邦人ノ渡支取締ニ基ク手續ニ準シ本人居住地所轄警察署長發給ノ身分證明書ヲ携帶セシムルコトトシ當該警察署長ニ於テ右下付願書ヲ受理シタルトキハ臺灣人ニ對スル旅劵下付ノ場合ト同樣本人ノ身許等ニ關シ一應本籍地所轄州廳ヘ照會シ其ノ差支無キ者タルコトヲ確メタル上之ヲ下付スルコトトシ右協力方依賴越シタルニ付此ノ旨內地及外地各關係官廳ヘ通牒セリ

又右渡航證明規則ニ依リ滿洲國又ハ中華民國ニ渡航スル同島人ニ對シ所轄郡守、警察署長又ハ支廳長ヨリ普通渡航證明書、數次往復渡航證明書又ハ團體渡航證明書ヲ發給シ本人等カ目的地ニ渡航シタル後ニ於テ更ニ渡航證明書ニ記載ノ地以外ノ滿洲國又ハ支那ノ他ノ地方ニモ渡航セントシ目的地ノ追記方ヲ行先地ノ帝國領事官ニ願出テタル場合ニ於テハ普通渡航證明書ノ目的地名追記ニ付テハ行先地帝國領事官ノ裁量ニ依リ之ヲ決シ又數次往復渡航證明書及團體渡航證明書ノ目的地名追記ニ付テハ右領事官ハ證明書ヲ發給セシ郡守、警察署長又ハ支廳長ノ意見ヲ照會シタル上ニテ之ヲ決シ追記差支ナキ場合ニ於テハ渡航證明書中渡航地名欄ノ餘白ニ渡航地名ヲ追記ノ上右追記カ正式ニ行ハレタルコトヲ證スル爲其ノ個所ニ官印ヲ押捺スル樣致度旨申越アリ右樣取扱方昭和十五年四月十七日附ヲ以テ在滿支各公館長宛訓令セラレタリ

第十二節　邦人海外渡航ノ趨向

昭和十五年中ニ於ケル邦人ノ海外渡航ノ爲旅券又ハ渡航證明書ノ下付ヲ受ケタル者ノ總數（但シ中華民國及滿洲國渡航ノ本邦人ハ旅券ノ携帶ヲ必要トセザルモ臺灣籍民ノ前記方面渡航者ハ取締上渡航證明書ヲ携帶セシメ居レル關係上同方面渡航者ハ主トシテ臺灣籍民ナリトス）ハ三萬五千百二名ニシテ其ノ内譯ハ移民三千二百十六名、非移民一萬一千八百三十七名、公用及外交旅券ニ依ル者一千五百八十名、「ソ」聯邦領極東地方行季節移民一萬八千四百六十九名ナリ

昭和十六年中ニ於テ海外渡航ノ爲旅券又ハ渡航證明書ノ下付ヲ受ケタル者ハ三萬三百八十名ニシテ其ノ内譯ハ移民二千七十一名非移民八千三百二十六名、公用及外交旅券ニ依ル者一千九百八十五名、「ソ」聯邦領極東地方行季節移民一萬七千九百九十八名ナリ

第一款　移民

昭和十五年中ニ於ケル移民旅券下付者數（但シ別項記載ノ「ソ」聯邦領極東地方行季節移民ヲ除ク）ハ三千二百十六名ナリ

同年出移民ノ主要ナル渡航地及渡航者數ヲ示セハ南米方面ニ於テハ「ブラジル」一千五百六十四名比律賓六百二十六名北「ボルネオ」二百九十三名「アルゼンチン」百八十三名東印度百二十一名「ペルー」百十一名「メキシコ」六十七名馬來地方及昭南島六十三名「パラグァイ」三十八名ナリ

次ニ右渡航者ヲ職業上ヨリ大別スルニ農業及農業勞働者二千八十名工業及工業勞働者二百四名漁業及漁業勞働者百五十九名商業及商業勞働者百五十六名及其ノ他六百十八名ナリ

（註） 尙昭和十五年中本邦移民ノ詳細ニ關シテハ並ニ配布シタル「昭和十五年中移民渡航者統計」ヲ參照セラレタシ

昭和十五年中北海道ヨリ渡航シタル「ソ」聯邦領極東地方行季節移民ノ總數ハ一萬八千四百六十九名ニシテ其ノ內譯漁業勞働者一萬八千百五十七名、鑛業勞働者三百十二名ナリ

昭和十六年中移民旅券下付者數（但シ別項記載ノ「ソ」聯邦領極東地方行季節移民ヲ除ク）ハ二千七十一名ニシテ前年卽チ昭和十五年ノ三千二百十六名ニ比較スルトキハ一千百四十五名ノ減少ヲ見タリ右ハ國際情勢險惡化セルタメ渡航者激減セルニ依ルモノナリ

之ヲ主要渡航地別ニ示セハ「ブラジル」一千二百七十七名比律賓三百四十七名「アルゼンチン」百二十四名「パラグァイ」八十三名佛印五十六名東印度五十一名「タイ」三十一名「メキシコ」二十八名「ペルー」二十四名ナリ

尙昭和十六年中北海道ヨリ渡航シタル「ソ」聯邦領極東地方行季節移民ノ總數ハ一萬七千九百九十八名ニシテ其ノ內譯漁業勞働者一萬七千六百四十七名及鑛業勞働者三百五十一名ナリ

第二款　非　移　民

昭和十五年中ニ於ケル非移民旅券ニ依ル本邦海外渡航者總數（外交公用旅券ニ依ル渡航者ヲ除ク）ハ一萬一千八百三十七名ニシテ其ノ渡航先地ニ依リ大別スレハ左ノ如シ

中華民國及滿州國ニ渡航セル者四千二百三十一名、南洋方面三千四百八十七名、（內比律賓群島千四百三十七名及東印度千三百五十九名南亞細亞方面二千百三十七名北米方面千二百十二名、中南米方面三百五十二名歐洲方面百十八名、歐米諸國方面十八名、「ソ」聯邦（主トシテ極東地方）二百四十名、「アフリカ」方面二十三名其ノ他十九名ナリ次ニ職業及渡航目的ニ依リ之ヲ大別スルニ商業關係三千六百

九三

八十四名、工業關係千三十三名、生産業關係千二百四十一名、自由業關係及雜四千八百六十二名竝ニ視察研究等一時的用務ヲ目的トスル者一千三十七名ナリ

（註） 昭和十五年中本邦非移民渡航者ノ詳細ニ關シテハ曩ニ配布シタル「昭和十五年中非移民渡航統計」ヲ參照セラレタシ

昭和十六年中ニ於ケル非移民旅券下付者數（外交公用旅券下附者數ヲ除ク）ハ八千三百二十六名ナリ之ヲ渡航先地ニ依リ大別スルニ中華民國及滿洲國ニ渡航セル者三千四百七十二名南洋方面二千二十五名（內比律賓群島七百七十一名及東印度七百八十一名）南亞細亞方面千八百二十九名北米方面四百七十五名中南米方面二百三十九名歐洲方面百十七名歐米諸國行四名「ソ」聯邦（主トシテ極東方面）百六十名其ノ他五名ナリ

又職業及渡航目的別ニ依レハ商業關係二千百五十二名工業關係二千二百四十八名生産業關係五百六十七名自由業關係及雜三千二十二名竝ニ視察研究等一時的用務ヲ目的トスル者三百三十七名ナリ

第三款　外交及公用渡航者

昭和十五年中ニ於テ外交及公用旅券帶有海外渡航者數ハ千五百八十名ニシテ其ノ內譯本省ニ於テ發給セル外交公用旅券帶有者ハ千二百八十九名外地官廳ニ於テ發給セル公用旅券帶有者ハ二百九十一名ナリ

次ニ昭和十五年中ニ於テ諸官廳ノ請求ニ依リ本省ニ於テ發給セル外交及公用旅券帶有海外渡航者數ヲ各請求官廳別ニ示セハ左表ノ通リ

請求官廳別		人員數	請求官廳別	人員數	請求官廳別	人員數
外務省	外交	五五七	內閣	一	大藏省	一
	公用	二一〇	內務省	五	陸軍省	一六三

海軍省	八四	遞信省	一三	興亞院	一九
司法省	二	鐵道省	二二	貴族院	一三
文部省	四七	拓務省	一二	衆議院	二〇
商工省	五五	厚生省	二	地方廳	五
農林省	五八	企畫院	一	計	一、二八九

昭和十六年中ニ於ケル外交及公用旅券帶有海外渡航者數ハ一千九百八十五名ニシテ其ノ內譯本省ニ於テ發給セル外交及公用旅券帶有者ハ一千六百七十七名、外地官廳ニ於テ發給セルモノ三百八名ナリ

次ニ昭和十六年中ニ於テ諸官廳ノ請求ニ依リ本省ニ於テ發給セル外交及公用旅券帶有海外渡航者數ヲ各請求官廳別ニ示セハ左ノ如シ

請求官廳別	人員數	請求官廳別	人員數	請求官廳別	人員數
外務省（外交）	八一一	司法省	—	厚生省	一
外務省（公用）	三九四	文部省	二五	企畫院	二
內閣	一二	商工省	一一	興亞院	六
內務省	一三	農林省	四〇	貴衆兩院	二四
大藏省	四	遞信省	七	地方	二
陸軍省	一八一	鐵道省	三五	合計	一、六七七
海軍省	九一	拓務省	一八		

尙昭和十四年ヨリ昭和十六年ニ至ル間ノ外交及公用旅券帶有海外渡航者數ヲ示セバ次ノ如シ

區別／年度別	昭和十四年	昭和十五年	昭和十六年
外交旅券ニ依ル渡航者數	四九五	五五七	八一一
公用旅券ニ依ル渡航者數	五五〇	七三二	八六六
外地官廳發給ニ依ル公用旅券帶有渡航者數	三一二	二九一	三〇八

九五

第四款 邦人海外渡航者一覧表（外地ヲ含ム）

年度／種別	移民	非移民	公用（外交ヲ含ム）	「ソ」聯邦領極東地方行季節移民	國籍證明書ニ依ル船舶乘組船員	總計
昭和十二年	一〇、七四九	一二、五四〇	一、五四二	二一、一九六	六〇二	四六、六二九
昭和十三年	六、五六〇	一一、五九五	一、三八六	一九、一三三	二六	三八、七〇〇
昭和十四年	三、六七三	一四、八〇〇	一、三五七	一八、一六七	二三	三八、〇二〇
昭和十五年	三、二一六	一一、八三七	一、五八〇	一八、四六九	—	三五、一〇二
昭和十六年	二、〇七一	八、三二六	一、九八五	一七、九九八	—	三〇、三八〇

第十三節　在外本邦人ノ送還

帝國領事官ハ其ノ管轄區域內ニ在ル本邦人ニシテ救助又ハ取締ノ爲必要アルトキハ領事官職務規則第五條ニ依リ日本船舶ノ船長ニ命シ當該本人ノ送還ヲ命スルト共ニ其ノ送還ノ事由竝ニ送還船名及出港期日等ヲ豫メ外務省ニ報告シ本省ニ於テハ可及的速ニ右報告ヲ本人乘船ノ到着港所在地ノ地方長官竝ニ被送還者ノ本籍地及住所地管轄ノ地方長官（朝鮮人及臺灣人ノ場合ハ朝鮮、臺灣ノ各總督府）宛又送還事由ニ依リテハ關係各省宛（犯罪及追放ノ場合ハ內務省警保局長、禁劑品密輸ノ場合ハ厚生省衛生局長及脫船々員ノ場合ニハ遞信省管船局長等）尙其ノ他參考トシテ出發港所在地ノ各地方長官宛ニ移牒シ置キ而シテ被送還者カ本邦ニ到着シタルトキハ其ノ到着港管轄ノ地方長官ヲシテ右送還者ノ取調內容及其ノ身柄ノ處置等ヲ其ノ都度報告セシメ居レリ然ル處在米及在加奈陀本邦人ノ送還ハ主トシテ右兩國ノ移民法ニ基キ其ノ國移民官憲ノ手ニ依リテ行ハレ帝國領事ハ右官憲ノ通知ニ基キ其ノ旨ヲ本省ニ報告シ居レルトコロ右關係領事ヨリノ報告ハ當該移民官憲ヨリノ通知遲延スル爲多クハ被送還者

第二章　支那渡航關係

第一節　渡支邦人暫定處理方針

從來渡支者ニ對スル身分證明書ノ發給ニ關シテハ昭和十二年八月三十一日附米三機密合第三七七六號外務次官發各地方長官宛依命通牒「不良分子ノ渡支取締方ニ關スル件」ニ依リ取扱ヒ主トシテ本人ノ素性、經歷、平素ノ行動等ニ徵シ渡支後不正行爲ヲ爲ス虞ナキヤ否ヤヲ考慮ノ上其ノ虞ナキ者ニ限リ右證明書ヲ發給シツツアリシ處該制度實施以來昭和十四年十二月末迄ニ於ケル本邦人渡支者ノ延人員ハ五十九萬人餘ニ達スル狀態ナリ一方現地ニ於ケル圓系通貨(聯銀券、軍票等)ノ膨脹著シク之カ價値維持ノ必要上極力是等圓系通貨ノ氾濫ヲ防止スルノ措置ヲ講スルハ喫緊ノ要務ナル處此種通貨ノ氾濫ヲ防止スル手段ニ關シテハ各方面ニ涉リ夫々ノ見地ヨリ詳細ニ檢討考慮ヲ要スヘキコト勿論ナルモ上記ノ渡支者ニ於テモ夫々相當ノ邦貨ヲ携行シ現地ニ於テ圓系通貨ヲ放出スル次第ニテ其ノ額ハ一ケ年間概ネ一億圓ノ巨額ニ達スル實情ナルニモ鑑ミ此方面ヨリスル圓系通貨ノ膨脹ヲ防止スルコトモ亦極メテ緊要ナリ然ルニ是等個人又ハ團體ノ中ニハ其ノ渡支ノ目的理由等ニ徵シ必スシモ上述ノ如キ現地ノ切迫シタル實情ヲ無視シテ迄渡支セシムルノ必要ナキ者多々有之モノト認メラルルノミナラス視察、慰問等ニ藉口スル不要不急ノ旅行客亦尠カラサル現狀ナルニ付テハ渡支身分證明書ノ發給ニ當リテハ獨リ警察上ノ取締ニ止マラス現地ノ實情ト睨ミ合セ在支圓系通貨放出制限ノ見地ヨリ不必要ト認メラルル邦人ノ渡支ハ極力制限スルコト適切緊要ナリ以上ノ理由ヲ以テ昭和十五年五月本件取扱方針ニ付左ノ通閣議決定ヲ見今後ハ從來ニ於ケル不良分子ノ取締ノ外右取扱方針ヲモ併セ實施シ不要不急ノ目的ニ出ツル支那渡航ヲ禁止シ以テ國策ノ緊急性ニ卽應スルコトトナリタリ

取扱方針

一般ニ視察ヲ目的トスル支那渡航ハ當分ノ間之ヲ禁止スルコトトシ其ノ他特ニ支那渡航ヲ要スルモノニ對シテハ左記ニ該當スル場合ニ限リ所轄警察署長ニ於テ身分證明書（第一號樣式）ヲ發給シ渡航セシムルモノトス外地ニ於テモ本方針ニ準シ措置スルモノトス

本方針ハ支那現地ノ事態ノ許スニ至リタルトキハ速ニ之ヲ緩和スルモノトス

記

一、慰問（演劇又ハ演藝ニ依ル慰問ヲ含ム）ノ爲渡支セントスル者（團體ヲ含ム）ニ就テハ豫メ陸海軍省ノ承認ヲ得タルモノ

二、家事用務ノ爲一時渡支セントスル者ニ就テハ在支關係者ノ所轄領事館警察署ノ證印ヲ押捺セル文書ヲ有スルモノ

三、商取引ノ爲一時旅行セントスル者ニ就テハ在支關係會社、商店又ハ取引先ノ所轄領事館警察署ノ證印ヲ押捺セル文書ヲ有スルモノ

四、定住又ハ現地勤務ノ爲渡支セントスル者ニ就テハ行先地所轄領事館警察署ノ證印ヲ押捺セル文書ヲ有スルモノ又ハ在支陸海軍ノ發給シタル軍屬タルノ身分證明書（呼寄證明書ヲ含ム）ヲ有スルモノ

五、其ノ他ノ者ニシテ眞ニ已ムヲ得サル事情アリト認メラルルモノ

以上

右取扱方針ノ下ニ關係官廳協議ノ上左ノ通許可要領竝ニ支那渡航取扱手續ヲ定メ昭和十五年五月二十日ヨリ實施スルコトトナリ夫々關係官廳ニ訓令セラレタリ、又各外地ニ於テモ本件內地同樣ニ取扱ヒ尙滿洲國ニ於テモ同年十月十日ヨリ右本邦側ノ取扱ト略同樣ニ實施シ居レリ

因ニ前記取扱方針中ノ「所轄領事館警察署ノ證印ヲ押捺セル文書」ハ第二號樣式ニ依ルコトトシ在支各領事館警察署又ハ同分署ニ於テハ右用紙ヲ備ヘ置キ願出ノ都度願人ヲシテ右渡支事由證明願用紙ノ各項ニ夫々記入セシメ精査ノ上奥書證印ヲ與ヘ居レリ

許　可　要　領

本件取扱方針ノ中

一、ニ於ケル

陸海軍省ノ承認ヲ得タルモノトハ陸軍省恤兵部、海軍省軍事普及部ノ證印アル文書ヲ有スルモノニ限ルモノトス

二、ニ於ケル

家事用務ノ爲トハ近親者ノ葬儀及養護看護等眞ニ已ムヲ得サル場合ニ限ルモノトス

三、ニ於ケル

商取引ノ爲トハ在支關係會社、商店又ハ取引先トノ間ニ現實ニ商行爲存在シ又ハ具體的ナル商業進出者ニシテ渡支セサレハ眞ニ處理シ難キ事情アル場合ニ限ルモノトス

四、ニ於ケル

定住又ハ現地勤務ノ爲トハ半永久的ニ支那ニ居住シ具體的計畫ト所要ノ準備トヲ以テ一般實務ニ從

一〇一

事セントスル場合、在支商社ニ勤務セントスル場合、現地軍採用ニ係ル軍屬又ハ雇傭人ノ渡支セントスル場合並ニ永住ヲ目的トスル家族呼寄ノ場合ニ限ルモノトス

五、ニ於ケル

其ノ他ノ者ニシテ眞ニ已ムヲ得サル事情アル場合トハ

イ、正當ノ事由ニヨリ第二號ニ揭クル所轄領事館警察署ノ證印ヲ押捺セル文書ノ下附ヲ受クル暇ナキ場合

ロ、政治、經濟、文化的見地ヨリ事變處理ニ直接且積極的ニ關係アル使命ヲ有スルモノニ付興亞院又ハ外務省ニ於テ關係官廳ト協議ノ上承認シタルモノニシテ興亞院（第三號樣式）又ハ外務省（第四號樣式）ノ證印ヲ押捺セル文書ヲ有スル場合

ニ限ルモノトス

尙右外務省ノ渡航承認書發給ニ際シテハ第五號樣式ノ支那渡航承認願ヲ提出セシムルモノトス

支那渡航取扱手續要領

一、日本內地及外地ヨリ視察ノミヲ目的トスルモノニ非スシテ特ニ支那渡航ヲ要スル一般邦人（朝鮮人、臺灣籍民ヲ含ム）ニ對シテハ當分ノ間居住地所轄警察署長ニ於テ前記第一號樣式ノ渡航身分證明書ヲ發給スルモノトス

公務ノ爲派遣セラルル官公吏（日系及招聘官公吏ヲ含ム）其ノ他ノ者ニ對シテ派遣官廳（公吏ニ對シテハ監督官廳）ニ於テ第六號樣式ニ依ル身分證明書ヲ發給スルモノトス

滿洲國在留者一時本邦ニ歸國シ支那ヲ經由歸滿セントスルトキ亦同シ

二、昭和十六年十二月六日公布同十七年一月十日ヨリ實施セラレタル勞務調整令ニ依ル雇入、就職制限ノ適用ヲ受クル者ニシテ雇傭セラレテ渡支セントスル者ニ對シ渡支身分證明書ヲ發給セントスル場合ハ所定ノ證明書ノ他ニ其ノ被傭者又ハ雇傭主ニ與ヘラレタル第七號樣式ニ依ル國民職業指導所長發給ノ證明書ヲ必要トス

尙在上海總領事館中支警察部ニ於テハ興亞院華中連絡部ト打合ノ上勞務ノ一元的統制ト其適正配置ヲ行フ爲勞務者ノ渡支事由證明願ニハ第八號樣式ノ渡支事由證明書副書ヲ添付セシムルコトトシ居レリ

三、現住所所轄ノ警察署長渡支身分證明書下付ノ願出アリタルトキハ本人ノ身分、職業、渡航目的、期間關係携帶文書等ノ調査ヲナシ左ノ通取扱フ

(イ) 素性、經歷、平素ノ言動等ノ不良ニシテ渡支後不正行爲ヲ爲スノ虞アルモノニ對シテハ身分證明書ヲ發給セス

(ロ) 取扱方針竝許可要項ニ基ク關係文書ヲ有スルモノニ對シテハ愼重精査ノ上證明書ヲ發給ス

(ハ) 取扱方針第五號竝許可要領第五號ニ基キ實情眞ニ止ムヲ得サル事情アリト認ムル場合ニハ特ニ愼重精査ノ上身分證明書ヲ發給ス

(ニ) 保釋中ノ者、刑ノ執行猶豫中ノ者、刑ノ執行停止中ノ者、假出獄中ノ者其ノ他裁判（豫審又ハ公判）繫屬中ニシテ身柄不拘束ノ者等渡支ヲ出願シタル場合ハ豫メ所轄檢事局ト打合ノ上許否ヲ決定スルコト

四、渡航ヲ阻止シタル場合ハ克ク渡航制限ノ趣旨ノ徹底ニ務ムルモノトス

五、出發地所轄警察署長ハ第一號ノ身分證明書又ハ帝國領事官發給ノ身分證明書若クハ帝國政府發給ノ旅券（臺灣籍民ニ對シテ發給スル渡航證明書ヲ含ム）ヲ有スルモノニ非サレハ支那ニ向ケ渡航セセシメサルモノトス但シ現役又ハ召集中ノ帝國軍人軍屬ニシテ制服着用ノ者ハ此ノ限ニ非ラス

六、一時歸國中ノ邦人ニシテ在支帝國領事官發給ノ證明書ヲ所持スル者再渡支前證明書ノ有效期間ヲ經過シタル爲之ガ奥書證明ヲ出願シタルトキハ其遲延ニ付キ正當ノ理由アル場合ニ限リ居所又ハ出發港（航空機ノ出發地ヲ含ム）所轄警察署長ハ其所持スル在支帝國領事官發給ノ證明書ニ奥書證明ヲ爲スモノトス

七、渡支身分證明書ノ發給ニ關シテハ手數料ヲ徵收セサルモノトス

八、本手續ハ支那行外國旅券（臺灣籍民ニ對シ發給スル渡航證明書ヲ含ム）ノ發給ヲ妨ケス

九、本手續ハ昭和十五年五月二十日ヨリ實施ス

昭和十二年八月三十一日附米三機密合第三七七六號外務次官通牒「不良分子ノ渡支取締方ニ關スル件」中「支那渡航取扱手續」ハ本手續實施ト共ニ之ヲ廢止ス

第一號樣式

渡支身分證明書

署印

寫眞

本籍
現住所
職業

氏名
生年月日

一、支那へ渡航ヲ必要トスル
目的
理由
期間

右證明ス

年　月　日

警察署長　官　氏　名　印

第二號樣式

渡支事由證明願

一、渡支セントスル本人

本籍

現住所

職業　氏名　生年月日

一、保證人

本籍

現住所

職業　氏名　生年月日

一、渡支ヲ必要トスル事由

右ノ通相違無之事ヲ御證明被下度及御願候也

右（本人又ハ保證人）　氏名

在　領事館警察（分）署長　殿

右證明ス

年　月　日

在　領事館警察（分）署長　氏名（印）

第三號樣式

渡航承認書

本籍

現住所

職業

氏名

一、渡航目的

一、用務地

一、期間

右者渡航申出ノ處必要ナリト認メ茲ニ承認スルモノナリ

昭和　年　月　日　興亜院

第四號樣式

米三普通第　號

昭和　年　月　日　外務省

縣（府）警察署長　殿

右者今般　氏名　生年月日

爲（一時渡航者ノ分ニ對シテハ「何年何月何日ヨリ何年何月何日迄ノ豫定ヲ以テ」ト記入ス）支那（用務地名）ヘ渡航スルニ付渡支身分證明書ヲ發給セラレ度シ

第五號樣式

支那渡航承認願

本籍

現住所

現住所所轄警察署

職業

一〇五

氏名

年月日生

私儀今般左記用務ヲ以テ支那ニ渡航致度候ニ付テハ之カ御承認相成度及御願候也

記

一、渡航用務

一、用務地（及經由地）

一、同伴者氏名及本人トノ續柄　氏名

（滿十五歲以上ハ願書別紙ノコト）　年月日生

一、携帯旅費（又ハ旅費負擔）

一、期間　自　月　日 至　月　日（　間）

一、出發豫定日及乘船地

昭和　年　月　日

右　氏名（印）

外務省御中

第六號樣式

身分證明書

官職　氏名

生年月日

一、支那ヘ渡航ヲ必要トスル目的、用務

右證明ス

年　月　日

派遣官廳官職　氏名

第七號樣式

第　號

證明書

氏名

年月日生

右ハ勞務調整令ニ依リ當所ノ紹介（認可）ヲ受ケ左記ノ者ニ雇入レラレタル者ナルコトヲ證明ス

記

一、雇傭主ノ氏名

二、使用場所ノ名稱及所在地

年　月　日

國民職業指導所長　印

參考

本證明書ハ左ノ場合ニ於テ發給セラル

(一) 技能者

勞務調整令第四條ノ規定ニ依リ認可又ハ紹介ヲ受ケタル雇傭主又ハ被傭者ヨリ申請アリタル場合

(二) 國民學校修了者

同令第六條ニ依リ紹介又ハ同令施行規則第六條第一項第五號ニ依リ認可ヲ受ケタル雇傭主又被傭者ヨリ申請アリタル場合

(三) 一般青壯年

同令第七條第一號ニ依リ紹介又ハ第三條ニ依リ認可ヲ受ケタル雇傭主又ハ被傭者ヨリ申請アリタル場合

第八號樣式

渡支事由證明書副書

一、渡支セントスル本人
本籍
現住所
職業　姓名
生年月日

一、保證人

一、渡支ヲ必要トスル理由
（イ）勞務調整令關係ノ有無
（ロ）增員補充ノ別及現地調辨不可能ノ具體的事由
右必要ト被認ニ付渡支事由證明相成度

昭和　年　月　日

興亞院華中連絡部

在、、領事館警察署（分署）長殿

第二節　布教師等ノ渡支取扱ニ關スル件

支那ニ渡航スル布教師取扱ニ付テハ昭和十五年五月閣議決定ニ基ク「渡支邦人暫定處理ノ件」ニ據リ取扱ヒ來タレル處對支宗教文化工作上之カ統制方ニ付テハ豫テ關係官廳ニ於テ協議シ此ノ結果昭和十六年十一月二十一日附興亞院政務部長ヨリ左記要旨ノ通申越シタルヲ以テ外務省ニ於テモ爾今右ノ趣旨ニ協力スルコトトシ其旨昭和十六年十二月八日附米三祕第一三九一號ヲ以テ在支各公館長宛通牒セリ

記

布教師等ノ渡支取扱ニ付テハ興亞院文化部長、文部省宗教局長連名ヲ以テ教宗派管長及基督教團宛「布教師等ノ渡支ニ關シテハ從來文部省宗教局通牒ニ依リ取扱ヒ來リタル處爾今布教師等ノ渡支ハ左ノ通リ取扱フコトトシタル」旨昭和十六年十一月二十一日附通牒セリ

取扱要領

一、布教師等ノ渡支ハ左ノ各號ノ一ニ該當スルモノニシテ文部省ノ推薦アルモノニ付興亞院ニ於テ關係官廳ト協議ノ上承認ヲ與フルモノトス

一〇七

(1) 豫メ興亞院ニ於テ決定シタル教派、宗派及教團ノ對支年度計畫（當該年度中途ニ於テ變更シタルモノヲ含ム）ニ基ク

(2) 前號以外ノ渡支者ニシテ開教上緊急已ムヲ得サルモノトシテ文部省ニ於テ特ニ認メタルモノ

二、前項ノ場合布教師トシテ渡支スル者ハ教師ニシテ原則トシテ興亞院所定ノ錬成ヲ經タルコトヲ要ス

三、第一項ノ場合對支布教ニ關スル用務ノ爲現地ノ視察其ノ他ノ一時旅行ヲ爲ス者ハ教派、宗派及教團ノ役職員又ハ之ニ準スヘキ者ニシテ其ノ職務上ノ必要ニ因ルモノタルコトヲ要ス

四、布教師等ヲ渡支セシメントスルトキハ管長又ハ教團統理者ヨリ別ニ定ムル樣式ニ依ル渡航承認願及推薦願ヲ文部省ニ提出スルコト但シ佛教各宗派ニ在リテハ豫メ大日本佛教會興亞局ニ協議スルコト

註 本取扱中布教師「等」トハ直接布教ニ從事セサル事務員、宗教團體經營學校ノ教師、醫師、看護婦等ノ如キ者ヲ指稱ス

第三節 支那渡航者數

昭和十二年九月渡支取締制度實施以來昭和十七年三月末迄ノ間ニ支那ニ渡航シタル本邦人ノ總數ハ百十九萬七千三百三人ニシテ右ノ中北支方面渡航者ハ八十一萬六千八百九十八人上海方面三十八萬四百五人ナリ

第四節 支那ニ渡航スル第三國人ノ旅券查證措置振

일제침탈사 자료총서 95

식민지 조선과 일본군'위안부' 문제 자료집 I
– 중일전쟁 이후 일제의 도항 통제 (자료 편) –

초판 1쇄 인쇄 2020년 12월 20일
초판 1쇄 발행 2020년 12월 30일

엮은이 동북아역사재단
펴낸이 이영호
펴낸곳 동북아역사재단

등 록 제312-2004-050호(2004년 10월 18일)
주 소 서울시 서대문구 통일로 81 NH농협생명빌딩
전 화 02-2012-6065
팩 스 02-2012-6189
홈페이지 www.nahf.or.kr
제작·인쇄 동국문화

ISBN 978-89-6187-590-5 94910
ISBN 978-89-6187-589-9 (세트)